성령의 재발견

Copyright ⓒ 2017 by Michael S. Horton
Originally published in English as *Rediscovering the Holy Spirit* by Zondervan, Grand Rapids, MI, USA.
All rights reserved.
This Korean translation Edition © 2019 by Jipyung Publishing Co., Seoul, Republic of Korea
Published by arrangement with Zondervan a division of HarperCollins Christian Publishing, Inc. through rMaeng2, Seoul, Republic of Korea.

이 한국어판의 저작권은 알맹2 에이전시를 통하여 Zondervan과 독점 계약 한 지평서원에 있습니다.
신 저작권법에 의하여 한국 내에서 보호받는 저작물이므로 무단 전재와 무단 복제를 금합니다.

성령의 재발견

마이클 호튼 지음 | 황영광 옮김

지평서원

CONTENTS

추천의 글 • 6

들어가는 말 | 푸르스름하면서도, 잘 보이지는 않는 • 11

1장 | 주님이요 생명을 주는 분이신 성령 • 39

2장 | 창조의 영 • 71

3장 | 몸의 준비: 구속사 안에서의 성령 • 129

4장 | 마지막 날 심판과 능력의 성령 • 171

5장 | 자리 바꾸기: 고별 강화 • 201

6장 | 성령의 시대 • 229

7장 | 성령 세례 • 283

8장 | 구원의 선물 • 339

9장 | 성령이 주시는 것 • 381

10장 | 성령은 어떻게 주시는가 • 413

11장 | 영광의 성령 • 479

12장 | 성령과 신부 • 489

색인 | 주제 색인, 인명 색인, 성구 색인 • 542

추천의 글

"마이클 호튼이 이 중요한 책에서 언급하는 모든 것에 동의할 필요는 없다. 그러나 그의 핵심적인 생각은 분명히 옳으며, 우리를 완전히 변화시킬 만하다. 성령은 수줍어하는 분이 아니다. 그렇다고 삼위일체 하나님 중 한 분으로서, 성부와 성자가 제대로 하지 못한 일을 메꾸시는 분도 아니다. 호튼은 구속사 전반에 걸쳐 휘몰아치는 성령의 사역을 보여 줌으로써 우리로 하여금 성경을 더욱 깊이 이해하게 할 뿐만 아니라, 하나님을 삼위일체로 고백한다는 것이 무엇을 의미하는지를 깨닫게 해 준다. 그리하여 우리를 더욱 깊은 예배로 인도한다."

D. A. 카슨 D. A. Carson
(트리니티 복음주의 신학교 명예교수)

"호튼은 이 책을 통해 성령의 존재와 사역에 대해 권위 있는 설명을 제시할 뿐만 아니라, 기독교의 교리 전체를 훑을 수 있는 여정으로 우리를 이끈다. 그 여정 가운데, 호튼은 성경을 풍성하게 통찰할 수 있도록 도우며, 천 년의 전통을 거슬러 올라가 주요한 인물들과 대화하게 한다. 또한 동시대의 긴급한 논의들을 제시하고, 우리의 신앙과 삶, 예배와 선교에 대하여 성경 위에 확고하게 서 있는, 그리고 삼위일체 성령론적인 적용들을 이끌어 낸다."

_수잔 맥도날드 Suzanne McDonald

(웨스턴 신학대학 조직신학 및 역사신학 교수)

"이 책은 마이클 호튼과 더불어 대화하면서 신학적인 진리들을 발견해 나가는 참된 여행과도 같다. 그는 성경신학의 대양에 놀라운 길을 그려 내는 동시에 조직신학의 구획들을 나누어 간다. 그리고 거기에 '성령을 믿사오며'라는 교회의 고백으로 신앙의 이정표를 세운다. 그 길을 가면서, 그는 성령의 신적 존재와 그분의 창조·구원·완성의 사역이라는 숨이 멎을 듯한 풍경들과 영광스러운 파노라마를 보여 준다. 이 여행 내내 신선한 통찰과 기쁨 넘치는 설명을 동시에 제공하면서 위대한 주제를 제시하는 호튼의 놀라운 재주를 다시 한 번 만나게 된다. 이 작품은 독자들로 하여금 다시 돌아와 교회 안에서 다양한 연령대들이 함께 기쁨으로 무릎 꿇고 '성부와 성자와 함께' 성령을 예배하게 할 것이다."

_싱클레어 퍼거슨 Sinclair B. Ferguson

(리폼드 신학교 조직신학 특임교수)

"여기에 세심하게 쓰인 작품이 있다. 이것은, 지나치게 자주 분리되는 것들은 연결하고 한데 뭉뚱그려 버리는 것들은 구분하면서, 성령론이라면 있어야 할 내용들을 모두 담아 다시 정리한 작품이다. 여기에 나타난 성령론은 우리가 은연중에 가지고 있었던 생각들을 뒤흔든다. 성령을, 화목하게 하실 뿐만 아니라 온전하게 하시며(창조와 종말에 관하여 성령을 설명한 부분에서 돋보인다) 거룩하게 하실 뿐만 아니라 구분하시는(심판과 구별이라는 성령의 역할이 굉장히 강조된다) 분으로 섬세하게 그리고 있기 때문이다. 이 책에서 성령에 관한 이야기를 호튼의 이전 책에서보다 훨씬 더 많이 듣게 된 것은 정말 멋진 일이다. 동시에 그가 말하는 바가 삼위일체에 뿌리박고 구속사 전체를 아우르며 교회의 일상적 사역에 직접적으로 연결되고자 하는, 그의 신학적 작업 전체와 일맥상통하다는 사실도 참으로 멋지다."

_프레드 샌더스 Fred Sanders

(바이올라 대학교 신학과 교수)

들어가는 말

"푸르스름하면서도, 잘 보이지는 않는"

영화 "천국에 다녀온 소년(Heaven is for Real, 2010)"은 40주 연속 뉴욕 타임즈 베스트셀러 1위였던 토드 부포(Todd Burpo)의 책을 토대로 만들었다. 여기서는 3살 난 남자아이가 응급 수술을 받던 도중 천국을 보았다는 이야기를 다룬다. 아이는 고인이 된 조부모들을 상세히 묘사하고, 예수님도 그렇게 묘사한다. 꼬마 콜튼은 예수님의 무릎에 앉아 그분의 눈이 '바다처럼 푸른 것을 보았고, 그분이 무지갯빛 말을 가지고 계시다는 것도 알았다. 천사 가브리엘도 아버지 하나님과 더불어(하나님도 푸른 눈을 가지고 있다) 온갖 빛깔로 묘사된다. 하나님은 유명한 천사보다 조금 더 큰 존재로 묘사된다. 그런데 성령만은 '푸르스름하면서도 잘 보이지는 않는' 분으로 등장한다.

'푸르스름하면서도 잘 보이지는 않는'이라는 표현으로 우리의 탐험을 시작해 보자. 도대체 삼위일체 중 이 신비로운 제삼위는 정확히 누구인가? 어째서 그분에 대한 묘사는 아버지나 아들에 비해 덜 현실적이거나 더 적은 것 같은가? 이런 문제는 단지 교회와 교회가 형성한 대중적 의견 때문에 생기는 것인가, 아니면 더욱 널리 퍼진 주류 기독교 신앙과 관습 자체가 성령의 정체에 대해 모호한 태도를 취하는 것인가? 청교도 신학자인 존 오웬(John Owen)에 따르면, 우리는 "삼위일체 하나님의 각 위와 독특한 연합"을 누린다.[1] 물론 여기에는 성령이 포함된다. 그런데 실제로 그러한가? 혹시 우리는 은연중에 성부, 성자, 성령을 한 위격이 가진 세 가지 이름이나 '얼굴'로 생각하는 것은 아닌가? 오히려 성령을 신성한 힘이나 에너지를 얻기 위해 플러그를 연결할 수 있는 영적 에너지원 정도로 생각하지는 않는가? 또는 성령을 하나님의 더 친절하고 부드러운 측면, 그러니까 좀 더 친밀한 측면이라고 생각할 수 있지는 않을까? 그런데 성령이 위격, 즉, 삼위일체 하나님의 세 위 중 하나라고?[2]

어려운 말로 성령론이라 부르는 내용, 즉 성령의 존재(person)와 사역(work)에 지속적으로 관심을 가지는 것은 언제나 중요하다. 특히 현재 우리가 처한 시대 상황에서는 더욱 적절한 일이다. 벨리-마티 캐르크캐이넨(Veli-Matti Kärkkäinen)은 다음과 같이 말한다. "최근까지도 성령론 관련

---

1) John Owen, *Communion with the Triune God*, ed. Kelly M. Kapic and Justin Taylor (Wheaton, IL: Crossway, 2007), 95.

2) 역자주 – 위격, 위는 모두 person을 번역한 것이다. 삼위일체에서 각 위 하나님을 구별하여 부를 때 위격이라 한다. 우리말에서는 사람에게는 '인격'이라고 하고, 삼위일체의 각 하나님께는 '위격'이라는 구별된 용어를 사용하나, 영어에서는 모두 person을 사용한다. 여기서 저자는 성령을 인격으로 여기는 것이 우리에게 생소한 일임을 강조하고 있다.

논문은 흔히 성령이 얼마나 간과되고 있는지를 슬퍼하는 것으로 시작하곤 했다." 그런데 "신학계에서 가장 놀라운 진전 중 하나는 성령에 대해 유례없는 관심이 나타난 것이다."[3] 이러한 관심은 다양한 전통들 전반에서 일어나 논의되었다. 더욱 일반적으로 새로운 관심을 얻은 삼위일체 신학이 그러하듯, 재발견에는 왜곡의 여지도 함께 있다. 근래 들어, 다양한 기독교 전통에서 중대한 통찰들이 봇물처럼 터져 나왔다. 동시에 기나긴 기독교 역사가 흐르는 동안 성령을 간과한 것에 대한 비판(때로는 지나친)과 그에 따른 과도한 수정도 함께 나타났다.

신학은 학문적으로 가장 높은(적합한) 수준에 이르러야 하지만, 그 일은 궁극적으로 학교가 아닌 교회를 위해 행해져야 한다. 그리고 너무나 분명하게도, 우리의 교회에서는 성령에 관한 태도가 심각하게 양분화되어 버렸다. 오순절이나 은사주의 운동에 반대하는 그리스도인들은 이 주제 자체에 의문을 제기한다. 우리는 대부분 옛 킹제임스 성경에 나오는 "성령(Holy Ghost)"이라는 표현을 기억한다. 대다수 현대인들에게 귀신(ghost)은 성령강림 주일보다 핼러윈데이와 더 쉽게 연결된다. 특히 오늘날 성령은 (진지하게 말하지만) 삼위일체 중 '으스스한' 분으로 여겨진다. 만일 당신이 과학으로 설명할 수는 없지만 실제로 경험하게 되는, 그런 유의 일에 관심이 많다면, 성령은 거기에 딱 맞는 대상이다.

나는 성령에 관한 이 모든 견해들을 '비상함(extraordinary)'이라는 말로

---

[3] Veli-Matti Kärkkäinen, *Holy Spirit and Salvation: The Source of Christian Theology*, ed. Veli-Matti Kärkkäinen (Louisville: Westminster John Knox, 2010), xi.

반박하고자 한다. 모든 측면에서 유감스럽다. 이 견해들은 하나같이 성령의 사역을 아버지와 아들의 사역과 지나치게 날카롭게 구분한다. 또한 우리의 세상과 삶 가운데 역사하시는 성령의 광범위한 사역에 집중하지 못하게 한다. 오순절에 관한 양극단의 입장 모두가 성령을 기독교의 '비상한(extra)' 일들을 밀어 둘 만한 빈자리 정도로 생각하기 십상이다. 물론 우리에게는 아버지와 아들이 있지만, 성령도 필요하다. 당신이 구원받았을 수도 있다. 그렇다면 성령으로 세례를 받았는가? 말씀은 생명을 좌우한다. 그러나 성령도 잊어서는 안 된다. 교리는 중요하다. 그러나 체험도 분명 존재한다.

이런 결과로, 성령에게는 결국 예측 가능한 진부한 역할만 주어진다(대체로 카메오[cameo]에 불과하며, 특히 사도행전에서 그러하다). 그 역할은 오늘날에도 동일한 이적과 기사가 일어나기를 바라야 하는가 하는 논쟁을 불러일으킨다. 우리는 중생과 성화, 그리고 이에 비해 논란이 많은 은사에 관해 논할 때에 성령을 이야기한다. 다른 때 곧 비상한 은사가 드러나지 않을 때에 성령은 우리의 관심 밖에 있다.

한편 오순절 신학자인 프랭크 마키아(Frank D. Macchia)는 이렇게 관찰했다. "오순절주의자들은 성령론의 중요성에 관해 말하지만, 그들의 관심은 여전히 더 넓은 성령론적 틀이 아니라 은사나 선교에 동력을 제공하는 좁은 수준의 성령론에 머물러 있다."[4]

---

4) Frank D. Macchia, *Baptized in the Spirit: A Global Pentecostal Theology* (Grand Rapids: Zondervan, 2006), 18.

여기서 사람들의 생각에 차이가 발생하는 지점은 주로 '비상함'이다. 즉, 교회의 삶에서 비상한 일들이 가지는 중요성과 그 일이 지속될 때 감당하는 기능에 대한 의견이 나뉜다.

이적과 기사에 관한 논의는 성령에 관해 논의하면서 다루어야 할 범위를 협소하게 만든다. 성령의 역할이 우리의 신앙과 실천에서 경이롭거나 직접적이고도 충동적이며 형식을 벗어난 일들로 축소되는 것이다. 그렇게 되면, 우리는 형식주의 아니면 열광주의를 택할 수밖에 없는, 잘못된 선택의 기로에 놓인다. 성령의 중요성이 개인의 내적 체험으로 축소되면, 우리는 성령의 위격과 사역에 관하여 가장 흥미롭고도 필수적인 부분들을 놓치게 된다.

비록 일반화하기는 했지만, 베네딕트회의 신학자인 킬리안 맥도넬(Kilian McDonnell)이 이 문제를 잘 표현했다.

개신교와 가톨릭 양측 모두는 성령에 관한 교리, 즉 성령론을 대체로 공적 경험이 아니라 사적 경험과 관련지었다. 개신교의 경우, 성령론은 대체로 경건주의에서 내면이나 정신적 기능의 측면과 관련하여 관심의 대상이 되었다. 로마 가톨릭에서는 영성이나 은사적 갱신, 또는 교회의 구조적 요소를 논할 때에 주로 등장하였다. 서구 기독교계는 주로 기독론적인 범주에서 생각했으며, 성령은 덤이자 부가물이었다. 이는 신학의 체계를 세우는 일에서 균형과 대칭을 잡지 못한 '잘못된' 사고의 틀이다. 기독론적 범주들을 구조화하여 거대한 신학적 건축물을 세운 후, 이차적으로 구조에 영향을 미치지 않는 한에서 이미 세워진 체계에 허술한 성령론적 뼈대라는 금박을 살짝 입힌 셈이다.[5]

19세기 말에 아브라함 카이퍼(Abraham Kuyper)도 마찬가지로 애석해 하였다. "비록 우리가 아버지께 영광을 돌리고 아들을 믿지만, 성령 안에 사는 것은 얼마나 부족한가! 때때로 우리는 성령을 우리의 성화를 위해 위대한 구속 사역에 우연히 더해진 무언가로 여길 정도이다."[6]

성령을 이토록 자주 신학의 부산물 정도로 여긴다면, 우리의 기도와 대화와 찬양과 그 밖에 날마다 행하는 경건 활동에서 성령을 격하시키는 태도가 스며드는 것도 이상한 일이 아니다. 아버지는 분명 하나님이시다. 신실한 개신교도들은 아들의 참된 신성에 관해 위대한 싸움을 수행해 왔다. 그런데 성령은 우리가 아버지와 아들과 맺는 관계에서 촉진제 정도로 여겨지기가 일쑤이다. 그러나 성령은 아버지와 아들과 동일한 의미로 참된 하나님이 아니신가? 우리가 성령을 '성부와 성자와 함께 예배와 영광을 받으실 분'으로 고백할 때, 니케아 신경이 우리를 잠시 멈춰 세우는가? 만약 어떤 이들이 아들을 아버지보다 열등하게 보고자 한다면, 제삼위 하나님의 신성을 아들보다도 더 낮게 보는 것은 일도 아니다. 이는 성령을 지

---

5) Veli-Matti Kärkkäinen, *The Holy Spirit: A Guide to Christian Theology* (Louisville: Westminster John Knox, 2004), 82에서 Killian McDonnell, "The Determinative Doctrine of the Holy Spirit," *Theology Today* 39.2 (1982):142를 재인용.

6) Abraham Kuyper, *The Work of the Holy Spirit*, trans. Henri De Vries (New York: Funk & Wagnalls, 1900; rept., Grand Rapids: Eerdmans, 1979), xii.

칭할 때 비인격을 가리키는 주어인 'it'을 사용하는 데서 가장 분명하게 드러난다. 이런 오류들까지는 아니더라도, 우리는 자주 의도치 않게 성령을 너무 늦게 언급한다.

이번 장에서 나의 주된 관심 중 하나는 삼위일체 하나님의 모든 외적 사역 가운데서 특별히 구별되는 성령의 역할이 무엇인지를 살피는 것이다. 성령은 '부끄러워'하시는 분도 아니고, 프리랜서 조작자(operator)도 아니다. 성령의 사역은 아버지와 아들이 행하시는 창조와 구속 사역을 그저 보충하는 것이 아니라, 하나님의 드라마가 시작해서 끝날 때까지 없어서는 안 될 사역이다. 한마디로, 나는 성령의 사역을 바라보는 우리의 시야를 넓히고자 한다.

아버지는 아들과 성령의 원천이시다. 또한 창조와 구원의 모든 좋은 것의 원천이시다. 그리스도는 성경 드라마의 주요 배역이다. 그분은 알파와 오메가이시며, 창세기에서부터 계시록에 이르기까지, 창조에서부터 완성에 이르기까지 역할을 감당하신다.

"만물이 다 그로 말미암고 그를 위하여 창조되었고"(골 1:16; 요 1:3,10; 고전 8:6; 히 1:2 참고).

그런데 성령도 성경의 두 번째 구절부터 등장하신다. 그분은 창조에서 독특한 역할을 감당하셨다. 그리고 그리스도의 성육신, 그분의 사역과 기적, 순종, 죽음과 부활에서 나타난 성령의 역사를 떠나서는 그리스도의 위격과 사역을 이야기할 수도 없다. 성령의 사역을 '구속의 적용' 부분에서 처음으로 소개해서는 안 된다. 창조, 섭리, 그리스도의 위격과 사역, 성경,

설교, 성례, 교회, 그리고 종말론에 이르기까지, 모든 참된 성경 교리는 행위자로서의 성령에 관한 견고한 설명을 담고 있어야 한다.

이 책의 주된 강조점을 요약하기 전에, 우리가 다룰 논의의 배경과 관련된 두 가지 질문을 제기하면 도움이 될 듯하다. 먼저, 왜 성령의 위격과 사역(성령론)이 최근 수십 년 동안 최대 관심사가 되었는가? 다음으로, 이처럼 새롭게 일어난 관심은 어떤 도전과 기회를 제공하는가?

배경: 성령에 관해 새롭게 일어난 관심

신학자들은 자신의 저작들이 기독교 안에서 구체적인 논의와 기도를 만들어 낸다고 생각하고 싶어한다. 그러나 사실 신학의 동향은 교회 안에서 이루어지는 실제 삶과 신자들의 통찰 및 경험이 반영되어 탄생한다. 신자들은 니케아와 콘스탄티노플 공의회 훨씬 이전부터 삼위일체의 이름으로 세례 받고 기도하며 살아갔다. 그리스도 안에서 성령으로 말미암아 주어지는 성부에 관한 지식은 무엇보다 먼저 경험된 실재였다. 물론 이것은 하나님께서 역사 속에서 계시하셨으며, 정경으로 보존되었다. 여기서부터 그리스도와 성령을 성부와 같이 완전한 신성을 지닌 분으로 보는 '높은 관점'이 나타났다.[7] 이어지는 신학적 논의는 드라마(하나님께서 역사 속에서 행하신 바)와 교리들(이 사건들에 대한 하나님의 해석), 그리고 성경이

---

7) 고든 피는 다음 책에서 이 점을 밝히 설명한다 *God's Empowering Presence: The Holy Spirit in the Letters of Paul* (Peabody, MA: Hendrickson, 1994).

계시하는 송영 및 제자도와 더불어 씨름하려는 시도이다.[8] 바질(Basil)이 4세기에 쓴 『성령에 관하여』(*On the Holy Spirit*)가 속사도(postapostolic) 시대 교회에 나타난 고전적인 예가 될 것이다. 포아티에의 힐러리(Hilary of Poitiers)와 히포의 어거스틴(Augustine of Hippo)은 성령이 성부와 성자의 위격적 사랑과 선물이라는 풍성한 사유를 제공했다.

이후 시대에는(특히 서구에서) 성령의 사역이 교회의 통치로 이양되었다는 식의 퇴행적 관점이 빈번하게 나타났다. 가톨릭 신학자 이브 콩가(Yves Congar)는, 성례가 성령이 역사하시는 수단이 아니라 성령과는 무관하게 그것 자체로 효력을 가지는 것으로 여겨져 버렸다고 지적한다. 교황, 성인들, 성모 마리아가 "성령의 대리"가 될 수도 있었다.[9] 이에 대한 반작용으로 여러 성령주의 운동이 일어나, 성령을 교회와 말씀과 성례 사역의 대척점에 세웠다. 온통 성령을 악용하였던 위계적 기관과 교회의 일반적 사역에서 벗어나, 환상과 기적과 황홀경을 통해 직접적이고도 개인적으로 하나님을 경험하고자 추구하는 은사주의적 개인들 사이에 깊은 골이 형성된 것이다.

워필드(B. B. Warfield)의 말대로, 종교개혁이 성령을 재발견한 중대한 기회였다고 말하는 것은 과장이 아니다. 중세 신학은 은혜를 영혼의 상승을 돕기 위해 영혼에 주입된 바 창조된 실재라고 강조했다. 반면 종교개혁

---

8) 이 설명들은 내가 *The Christian Faith: A Systematic Theology for Pilgrims on the Way* (Grand Rapids: Zondervan, 2011), 13-15에서 언급한 내용을 의미한다.

9) Yves Congar, *I Believe in the Holy Spirit: The Complete Three-Volume Work in One Volume*, trans. David Smith, Milestones in Catholic Theology (New York: Crossroad Herder, 1997), 1:160-166.

자들은 피조되지 않은 성령이 죄인들을 그리스도 및 그분이 주시는 모든 선한 것들과 연합시키시는 선물이라고 선포했다. 비록 루터는 '열광주의자'들을 맹렬히 비난했으나, 소요리문답에서 다음과 같이 말한다. "나는 오직 성령께서 복음으로 나를 부르고 그분의 선물들로 나를 밝히며 참된 믿음 안에서 나를 성결하게 하고 지키지 않으신다면, 나 자신의 이성과 힘으로는 나의 주 예수 그리스도를 믿거나 그분께로 나아갈 수 없다는 것을 믿습니다."[10]

널리 알려진 대로, 권위 있는 개혁자들 중 존 칼빈(John Calvin)은 성령에 관해 특히 풍성한 논의를 남겼다. 오순절파 신학자인 벨리-마티 캐르크캐이넨은, 칼빈이 루터와 마찬가지로 성령과 말씀을 분리하려는 '열광주의자'들을 비판하였으나 그의 신학은 종교개혁자들 중 가장 철저히 성령론에 물들어 있었다고 고찰한다.[11] 로마 가톨릭 신학자인 브라이언 게이바(Brian Gaybba)는 심지어 다음과 같이 말한다. "교부 시대 이후 사실상 잊혔던 성경적 사상, 곧 일하시는 하나님의 성령에 관한 사상이 (적어도 서구에서는) 칼빈에 의해 재발견되었다."[12] 위대한 인문주의자 데시데

---

10) Theodore G. Tappert, ed., "The Small Catechism (1529)," *in The Book of Concord* (Philadelphia: Fortress, 1959), 329.

11) Veli-Matti Kärkkäinen, *Pneumatology: The Holy Spirit in Ecumenical, International, and Contextual Perspective* (Grand Rapids: Baker Academic, 2002), 46.

12) Brian Gaybba, *The Spirit of Love: Theology of the Holy Spirit* (London: Geoffrey Chapman, 1987), 100. 더불어 나는 Matthew Levering, *Engaging the Doctrine of the Holy Spirit* (Grand Rapids: Eerdmans, 2016), 321n43에서 이 인용을 찾았다. 나는 게이바의 주장이 이 점에서 지나쳤다고 본다. 그렇다 할지라도 칼빈의 성령론적 사유들은 중세 후기 논문들에서 일반적으로 나타났던 방식과는 다르게 그의 신학적 주요 저술들과 주석 전체에 걸쳐 풍성하게 드러난다.

리우스 에라스무스(Desiderius Erasmus)는 칼빈의 선배이자 동료인 기욤 파렐(Guillaume Farel)에게 제네바를 비난하는 조소 가득한 편지를 썼다. "프랑스 난민들은 그들의 입술에 복음, 하나님의 말씀, 믿음, 그리스도, 성령이라는 다섯 단어를 달고 다니는군요."[13] 칼빈 외에 종교개혁을 주도한 다른 이들의 이름을 살펴보면 우리는 이 지점에서 결코 칼빈이 혼자가 아니었음을 알 수 있다. 잘 알려진 이들인 부처(Bucer), 버미글리(Vermigli), 크랜머(Cranmer), 녹스(Knox), 얀 래스키(Jan Łaski)와 베자(Beza)는 물론이고, 여성 작가들인 나바의 왕비(Queen of Navarre), 잔느 델브레트(Jeanne d'Albret), 올림피아 풀비아 모라타(Olympia Fulvia Morata)도 있다. 종교개혁 시기의 신앙고백서와 요리문답들은 그리스도 중심성을 굳게 지키면서도 성령의 위격과 사역에 명백한 자리를 부여했다. 심지어 하이델베르크 요리문답의 경우 첫 번째 질문에서부터 성령에 대한 언급이 등장한다.

개혁파 정통주의라고 불리는 시기에는 성경과 더불어 교부 및 중세의 자료들을 살폈다. 이를 통해 학문적으로 더 깊이 탐구할 수 있었으며, 예전과 경건의 영역으로까지 성령을 웅대하게 조망할 수 있는 길을 새롭게 열어 주었다. 성령을 다루는 존 오웬의 긴 논문은 윌리엄 퍼킨스(William Perkins), 리처드 십스(Richard Sibbes), 토마스 굿윈(Thomas Goodwin)과 같은 청교도들의 영향을 보여 주는 예에 불과하다. 독자들은 길레스피(Gillespie)와 루터포드(Rutherford) 같은 스코틀랜드인들과 동시대 대륙

---

13) Emile G. Leonard, *The Reformation*, vol. 1 of *A History of Protestantism*, ed. H. H. Rowley, 2 vols. (London: Thomas Nelson and Sons, 1965), 306에서 재인용.

에서 살았던 체코의 얀 코멘스키(Jan Komenský, 코메니우스), 푸치우스(Voetius), 비찌우스(Witsius), 아 브라켈(à Brakel), 피에르 드 몰랭(Pierre du Moulin)이나 장 타펜(Jean Taffin) 등을 떠올릴 수도 있다. 이 사람들의 영향에 관해서는 나중에 아브라함 카이퍼의 저서 『성령의 사역』(The Work of the Holy Spirit)과 더불어 다룰 것이다. 분명한 사실은 넓게는 개신교 전체적으로, 좁게는 개혁파 안에서 잊힌 성령에 관한 내용이 우리가 잊은 과거의 찬란한 보화 중 일부라는 것이다.

  종교개혁 시기에 신학적 논의들이 대중들의 광범위한 관심에서 벗어나 주로 대학에서만 이루어졌던 것처럼, 지난 세기 동안 성령에 대한 방대한 관심은 대부분 오순절 계통과 은사주의 운동에 의해 주도되었다. 과거에는 작은 분파로 여겨졌던 이들이 이제 세계 전역에서 폭발적으로 성장하여 기독교 주류가 되었다고 해도 과언이 아닐 정도이다. 대다수 주류 개신교도들이 오순절주의를 주로 극단적 웨슬리안 부흥주의에 뿌리박은 이질적인 전통으로 여기는 동안, 은사주의 운동은 로마 가톨릭과 개신교회를 휩쓸었다. 이런 운동들이 전 세계 기독교의 신앙과 실천에 다양한 방식으로 영향을 미쳤고 변화까지 일구어 냈다는 사실에는 의심할 여지가 없다.

  그 결과 오순절주의의 신세대 신학자들은 범교회 운동에 정교하게 접근하며 과거의 반지성주의적 경향을 탈피하려고 한다. 더욱 의미심장한 점은, 로마 가톨릭과 정교회뿐만 아니라 주류 루터교와 성공회, 장로교, 개혁파, 침례교 신학자들 중에서 자신을 '오순절/은사주의 신학자(renewal theologians)'라고 밝히는 이들의 수일 것이다. 일례로 감리교 신학자인 라일 댑니(D. Lyle Dabney)는 침례교 신학자인 클라크 피녹(Clark Pinnock)과 같은 비오순절 계통의 신학자 다수에게 조직신학의 모든 각론에서 성령의 우선성을 고려해 보라고 권하였다.[14] 한편 스스로를 이런 신학자로 여기지 않는 이들도 성령에 대해 폭넓은 관심을 보이고 있다.

삼위일체에 대한 관심이 새롭게 일어나는 때이지만, 성령에 대한 새로운 관심이 언제나 역사적인 기독교의 가르침을 분명히, 또는 일관되게 의미하지는 않는다. 사람들이 생각하는 성령이 성경이 말하는 성령과 동일하리라 여겨서는 안 된다. 어쨌든 신학자들이 성육신한 하나님으로서 예수님을 말하게 되면 필연적으로 삼위일체에 관심을 가지게 되며, 이내 성령의 위격과 사역에 관심을 두게 된다. 니케아–콘스탄티노플 신경(Nicene-Constantinopolitan Creed)을 고백하게 된 신학적 발전 과정이 바로 그러했다.

걱정거리들

사도 바울은 거짓 가르침을 용인한 고린도 교인들을 책망했다.

---

14) D. Lyle Dabney, "Why Should the Last Be First? The Priority of Pneumatology in Recent Theological Discussion," in *Advents of the Spirit: An Introduction to the Current Study of Pneumatology*, ed. Bradford E.Hinze and D.Lyle Dabney (Milwaukee: Marquette University Press, 2001), 240-261. 나는, 모든 각론에서 성령론적 사유가 더 풍성해져야 한다는 댑니의 주장에 동의한다. 실제로 이 책에서 나는 이 의견을 피력하며 옹호한다. 물론 건전한 성령론은 반드시 삼위일체 신학의 결과물이어야 한다. 성령과 그의 사역은 성부 및 성자와 분리될 수 없기 때문이다. 결과적으로, 성령과 다른 위격들 간의 관계를 나오심과 행하시는 일 안에서 이해할 때에야(따라서 신학 전체의 주제에 걸쳐서 이해할 때에야) 우리의 성령론은 성경적 성격을 유지하며, 성령론만을 따로 구분하여 다루는 것이 아니라(이것은 사변화될 위험이 더 크다) 삼위일체의 경륜에 계속 연결된 상태로 있게 된다.

"만일 누가 가서 우리가 전파하지 아니한 다른 예수를 전파하거나 혹은 너희가 받지 아니한 다른 영을 받게 하거나 혹은 너희가 받지 아니한 다른 복음을 받게 할 때에는 너희가 잘 용납하는구나"(고후 11:4).

이 "지극히 크다는 사도들(the super apostles)"(고후 11:5 참고)은 다른 예수와 복음뿐만 아니라 성령이 아닌 다른 영을 전파했다. 복음적 신앙에 헌신하는 이들이라면 누구나 성경을 단지 (개인적이든 공동체적이든) 경건한 삶에 대한 계시로 여기지 않고, 하나님으로부터 온 하나님의 계시로 인정한다. 성령은 이 말씀 가운데 그 아들 안에서 우리를 아버지께로 이끄신다. 우리 교회들과 서구 문화에는 바울 서신의 일차 수신자들이 살았던 세계와 비슷한 점이 상당히 많다. 한 가지 우려되는 점은, 현대의 많은 접근법이 성령을 비인격화하는 방향으로 가고 있다는 사실이다. 이 우려는 마지막 장까지 명확히 드러나지 않을 것이므로, 이렇게 말하는 이유를 여기서 설명하고자 한다.

신학계에서 비인격화되는 성령

나는 우리가 무신론보다는 오히려 범신론 사회나 적어도 범재신론(汎在神論)적 사회에 살고 있다고 생각한다.[15] 스토아학파, 플라톤주의와 신

---

[15] 범신론은 '모든 것이 신'이고 '신이 모든 것'이라는 사상이며, 범재신론은 '모든 것이 신 안에 있다'고 가르치는 사상이다. 범재신론은 범신론과 달리 신이 세상보다 크다고 말하지만, 전통적 신론과는 달리 신과 세상의 상호 의존성에 대한 견해를 견지한다. 이 주제를 탁월하게 다루고 있는 책으로 다음을 참고하라. John W. Cooper, *Panentheism: The Other God of the Philosophers* (Grand Rapids: Baker Academic, 2006).

플라톤주의는 무생물을 움직이는 우주의 신적 중심인 '세계영혼(또는 세계정신)에 대한 관념을 서구 사상에 남겼다. 이는 동방의 종교 및 철학과 매우 유사한 것으로서, 유대교, 기독교, 이슬람교의 극단적 신비주의 전통들이 떨쳐 내기 힘든, 또는 그 기초가 되는 경전이나 가르침과 조화를 이루는 완고한 도그마(dogma)로 자리잡았다.

관념주의 철학자인 헤겔(G. W. F. Hegel)은 삼위일체 중 제3위를 비인격적인 '절대 영혼'으로 보았으며, 온전한 내재적 완성을 향해 가는 역사의 발전과 구별하지 않았다. 주류 신학자들이 다시금 주목한 성령론은 헤겔의 개념적 원천을 경이로운 모습으로 새롭게 발견한 것과 같다. 이 도전에 관해서는 2장에서 더욱 직접적으로 다룰 것이다.

이런 직접적인 영향 외에도 더 일반적인 영향으로, 낭만주의적인 범신론의 분위기가 서구 대중문화와 학계 모두에서 뚜렷해진 것을 들 수 있다. 어떤 사람은 "이제 우리는 모두 '열광주의자들'입니다"라고 말할지도 모른다. 기독교 외에 여러 종교 및 철학들에서는 '성령(The Spirit)' 또는 일반적 의미의 '영(Spirit)'이 중심이 되었다. 그리하면 성육신한 아들이신 나사렛 예수를 배제하고, 세계를 초월하는 절대주권의 창조주요 통치자요 심판자이신 아버지를 축소시킬 수 있기 때문이다. 달리 말하면, 삼위일체 중 성령이 이 세상과 개인의 영혼, 공동체(교회와 같은)의 영혼이나 불교, 영지주의, 뉴에이지 등이 생각하는 세계영혼과 동일시되기 가장 쉬운 위격인 것이다. 복음의 한정성(specificity)에 질색하는 이들에게 성령 또는 영은, '영적이지만 종교적이지는 않다'고 여기는 이들이 가장 선호할 만한 신성인 셈이다.

'만유의 아버지가 되시는 하나님'은 초기 개신교 자유주의의 중심 도그마였다. 여기서는 보편적 도덕성과 절대의존감정이 강조된다. 예수는 '어떤 의미에서는' 신적이지만, 2천 년 동안 그리스도인들이 고백해 온 바 아버지와 동일한 본질을 지닌 이로서 신적인 분은 아니었다. 한편 '전능하신 아버지 하나님'에 관한 확신은 여러 신학 학파로부터 고통받아 왔다. 이 표현은 모든 복의 근원 됨이 아니라, 위계에 의한(특히 남성적인) 억압을 암시하는 것으로 여겨졌다. 뿐만 아니라 아버지와 아들의 관계(특히 전통적인 속죄 교리에서)는 '우주적 아동 학대'를 의미한다고 주장되었다. 심지어 그리스도 중심의 신학들 안에서도 종교 간이나 소위 기독교라 주장하는 신앙 간에 신조로 구분하는 것이 이렇다 저렇다 떠드는 이야기를 더욱 많이 듣게 되었다. 게다가 그리스도에 관한 신조의 고백은 (당연히 틀렸다고 알거나 알아야 하는) 형이상학의 산물이라고 주장된다. 이 문제들은 너무나 엉켜 있어서 풀려고 하기보다는 그냥 내버려 두는 편이 나아 보일 정도이다. 적어도 오늘날 주목받고 있는 몇몇 신학 주제들을 보면 그러하다.

상황이 이렇다 보니, 삼위일체 중 성령은 이 다원주의 시대에 딱 어울리는 위격인 듯 보인다. 오늘을 살아가는 거의 모든 사람들은 '영적'이다. 더 나아가 성령(또는 영)은 모든 곳에 존재하며, 혼자 하기에는 너무 어려운 일들을 감당하게끔 모든 이들에게 힘을 더하고 있다. 역사적 성령을 찾아야 한다는 열렬한 논쟁 따위는 없다. 그리스도가 예수를 전공한 학자들에 의해 밀랍 인형으로 만들어졌다고 한다면, 성령은 관념적이고도 주관적인 조작과 관념화에 훨씬 더 쉽게 영향을 받을 것이다. 이처럼 성령은 아버지와 아들의 독특성을 피하고 이 독특성에 수반되는 역사적 연관성을 피할 수 있는 까닭에 필연적으로 문화의 선택을 받게 되었다.

성령은 비인격화되고 보편화되면서 내재화되어 버렸다. 즉, 피조 세계와 뒤섞여 버렸다. 성령이 세계 또는 한 개인 안에 있는 영혼과 동일시되다 보니, 이러한 '영' 중심의 운동이 쉽사리 신이교주의로 넘어가 버렸다. 간단히 말해, 성령에 관한 열광적인 논의가 도리어 우리 자신에 관해 떠드는 방식 중 하나가 되어 버렸을지도 모른다는 것이다. 성령의 역할이 정확히 이런 일이 일어나지 않도록 만드는 것인데 말이다.

교회에서 비인격화되는 성령

더 넓은 기독교 신앙에서 보더라도, 성령을 힘 있는 사람보다 더 강력한 힘이나 힘의 원천 정도로 여기는 경향이 존재한다. 사람들은 능력 얻기를 기대한다. 우리는 여전히 우리가 주도권을 가지기를 원한다. 다만 이 꿈을 이루는 데 육적으로나 영적으로 도움이 될 만한 힘의 원천을 발견하고자 할 뿐이다. 기독교계 안에서 우리는 '성령을 사용한다'라고 표현하곤 한다. 패커(J. I. Packer)의 표현대로, 마치 우리가 "스위치를 켰다 껐다"하는 콘센트나 발전기 같은 것으로 성령을 끌어와 쓸 수 있다는 듯 말이다.[16] 의심할 여지없이 이런 경향은 인간의 자율성에 집착하는 이 시대의 전형이다. 우리는 하나님의 십자가와 부활 이야기에 캐스팅되어 기록되기보

---

16) J. I. Packer, *Keep In Step with the Spirit*, 2nd rev. ed. (Grand Rapids: Baker, 2005), 26.

다 자신의 개인적 의미와 성공과 성취라는 이야기 안에서 하나님의 자리를 내드리려 할 뿐이다.

우리는 삼위일체의 각 위격을 한 인격 안으로 욱여넣으려는 유혹을 자주 만난다. 바로 양태론이라 불리는 이단이다. 우리는 기도하거나 생각 가운데서 위격을 혼동하곤 하는데, 특히 성령에 관해 혼동할 위험이 더욱 크다. 우리는 아버지와 아들을 명확히 구별하여 생각하면서도, 성령을 신적 존재(주님이요 생명을 주는 분)로 생각하지 않고, (본질적 의미의) 하나님 안으로 함몰시켜 버리기가 일쑤이다. 혹시 성령을 성부와 성자와 함께 '예배와 영광을 받으시는 분'이라고 고백할 때에 잠깐 멈칫하지는 않는가? 여기에 우리가 말과 노래로 올바르게 기도함으로써 삼위일체 신앙 안에서 우리의 심령을 훈련하는 것의 강점이 있다.

이 믿음의 성패는 매주 모이는 성도들의 연합인 공적 예배에 달려 있다. 예배에서 받아들여지고 행해지고 선포되는 것들이 아들 안에서 성령에 의해 아버지와 가지게 되는 개인적 관계를 형성한다. 4세기에 가이사랴의 바질은 당시 널리 행해지던 의식들을 개혁하여, 온전한 삼위일체 교리를 더욱 의도적으로 가르치도록 했다. 그는 목회자들에게 다음과 같이 촉구하였다. "성령을 아버지와 아들에게서 분리하지 말고, 성도들이 세례 받을 때 배운 교리를 신앙고백과 송영 모두에서 보존하게 하라."[17] 우리에게는 *Gloria Patri*라고 알려진 바질의 서문이 좋은 예가 될 것이다. "성부와 성자와 성령께 영광이 있을지어다." 이로 인해 성령을 예배하는 것을 적절하

---

17) Basil, *On the Holy Spirit* 10.26 (NPNF 8:17). 강조는 저자의 것.

지 않게 여겼던 이들과 상당한 논쟁이 일어났다. 성령을 성부와 성자와 더불어 "예배하고 영화롭게 하는" 것은 단지 신앙고백의 법칙이어서가 아니다. 이런 의식들을 통해 우리가 실제로 아들 안에서, 성령에 의하여, 아버지께 간구하게 되기 때문이다.

그런데도 오늘날 많은 교회에서 기도와 찬양 가운데 삼위일체에 대한 언급이 사라졌다. 이전 세대에서는 삼위일체에 대한 언급이 예배의 씨실과 날실마다 엮여 있었는데 말이다. 그 결과, 즉흥적으로 기도할 때 양태론적 이해가 기본적으로 드러나는 것도 놀랄 일이 아니다. 심지어 전통적인 교리를 따르는 무리 가운데서도 다소 혼란스러운 기도가 들리곤 한다. 삼위일체의 각 위가 서로 바뀔 수 있는 것처럼, 또는 한 위격인 것처럼 말하기도 한다. 적어도 구체적인 설명 없이 위격 사이를 왔다 갔다 하면서 그 이름을 부르는 것처럼 보인다. 이 땅에 오셔서 우리를 구원하신 분으로, 우리 죄를 위해 죽으신 분으로, 우리 안에 거하시는 분으로, 또는 다시 오실 분으로 아버지 하나님께 감사한다. 너무나 자주 "당신의 이름으로 기도합니다, 아멘" 하면서 기도를 끝맺는다. 대체 누구의 이름으로 기도한 것인가? 성경은 우리에게 아버지께 그리스도의 이름으로 기도하라고 가르친다. 아버지나 성령이 아니라 아들이 우리의 중보자이시다.

오늘날 어느 찬양 가사들도 아들에게 돌려야 할 구체적인 행위를 아버지께 돌린다든지, 말씀이 성령의 속성으로 가르치는 특정 행위를 아들에게 돌린다든지 하는 식으로 위격 간의 혼란을 드러내거나 가중시킨다. 예를 들어, 유명한 찬양인 "당신만이(You Alone)"를 부를 때, 성도들은 아리우스주의자처럼 기도하는 셈이 된다. "당신만이 아버지이시며 / 당신만이 선하십니다 / 당신만이 구원자이시며 / 당신만이 하나님이십니다."[18]

예배의 노래는 그저 개인적인 감정을 더욱 잘 표현하기 위한 것이 아니다. 이는 우리 가슴 밑바닥까지 진리를 노래하기 위한 것이다. 바울은 이렇게 권면한다.

"그리스도의 말씀이 너희 속에 풍성히 거하여 모든 지혜로 피차 가르치며 권면하고 시와 찬송과 신령한 노래를 부르며 감사하는 마음으로 하나님을 찬양하고"(골 3:16).

누가는 초기 그리스도인들이 사도의 가르침을 받아 서로 교제하고 떡을 떼며 오로지 기도하기(the prayer)에 힘썼다고 우리에게 상기시킨다(행 2:42 참고). 회당에서 자란 사람은 누구든 이 '기도'가 무엇인지를 잘 알았다. 당시 성도들이 되뇌고 불렀던 정형화된 기도문은 정원에 있는 넝쿨이 타고 올라갈 수 있도록 만들어 놓은 틀과 같이, 공예배는 물론 가정예배나 홀로 드리는 예배 같은 비공식 예배에서도 틀이 되었다. 우리는 아버지와 아들과 성령의 이름으로 세례를 받았으며, 아들 안에서 우리와 함께하시는 성령의 능력으로 말미암아 아버지께 기도한다. 여기에 특별한 예식서(book of liturgies)가 필요하지는 않다. 그러나 적어도 우리는 의식적으로 선진들을 본받아 삼위일체 신앙을 오늘날 이 세대의 심장부에 심어야 한다. 이는 명시적인 가르침을 통해서뿐만 아니라, 기도와 찬양 가운데 삼위하나님과 나누는 교제를 통해서도 이루어져야 한다.

---

18) David Crowder Band, "You Alone," *The Lime CD* (Six Step Records, 2004).

우리는 왜 성령을 비인격화하고 축소시키는가?

성령이라는 위격이 삼위일체 중 가장 쉽게 비인격화될 수 있는 것은 단지 문화의 영향 때문만은 아니다. 이 문제를 범신론적 방향으로 보지 않더라도, 성경이 계시하는 성령의 존재와 사역 자체가 성령을 보지 못하게 할 수도 있다.[19] 심지어 어떤 사람은, 성령이 어느 정도 잊히는 것은 맡은 역할로 말미암아 생기는 위험으로 감내해야 할 것이라고 말할지도 모른다. 달리 말해, 성령에 대해 우리가 혼란스러워하는 것은 참된 성경의 진리를 왜곡하는 데서 기인한다는 것이다.

첫째, 하나님은 완전히 이해할 수 없는 신비한 분이시다. 하나님은 믿음 안에서 그분을 이해하기에 충분한 만큼 계시하셨다. 그러나 우리는 그분의 내적 본질을 알 수 없다. 사실상 삼위일체 논의에서 사용되는 '위격'이라는 표현도 유비적이고도 신인동형론적 의미의 용어이다. 삼위일체 하나님의 존재(subsistences)는 세 사람이 각각 독립된 의식과 의지와 그러한 힘의 중심을 가진 인격들(persons)이 되는 것과 같은 방식으로 위격들(persons)이 되시는 것이 아니다. 성경은 우리에게 성령의 존재(identity)와 사역에 관해 충분히 계시한다. 그러나 우리는 종종 그 테두리 안에 머물기를 어려워하곤 한다.

둘째, 우리가 하나님이 삼위일체시라는 이해할 수 없는 계시를 받아들인다 하더라도, 성령을 우리의 경험과 연결하기란 쉽지 않다. 아버지와 아

---

19) 역자주 - 우리말에는 남성과 여성 대명사의 구분이 없으나, 저자는 이 책에서 성령을 항상 남성 대명사로 지칭한다. 저자는 이에 관해, 자신이 성령이 성별을 지녔다고 생각하기 때문이 아니라 단지 성경과 전통의 언어를 따를 뿐이라고 밝힌다.

들의 관계는 인간적인 의미에서 이해할 수 있겠지만, 대체 성령은 어느 위치에 두고 이해해야 하는가? 대중적인 로마 가톨릭 신앙에서는 가족적인 이미지가 정리되면서 오히려 예수님의 어머니 마리아가 제삼위 하나님에 가까운 위치를 차지하곤 한다. 근래에는 몇몇 신학자들이 우리가 경험하는 가족 관계에 더욱 부합하도록, 성령을 어머니에 대응해 삼중적 관계를 설명하기도 했다. 그러나 이는 주해적 기초가 빈약한 움직임들이다. 설령 몇몇 구절에서 성령이 어머니나 암탉과 유사하게 묘사되었다 하더라도, 이는 피조물과의 관계에서 설명한 것이지 삼위일체 내재적 본질에 부합하는 진술은 아니다. 더 나아가 이런 가족적인 개념들은 신학적으로 성자 하나님이 성령에게서 나오는 것처럼 보이게 만든다. 이런 가족적인 이해 자체가 잘못된 것일 뿐만 아니라, 아들과 성령이 아버지와 가지는 관계는 자녀와 아내가 아버지와 가지는 관계와는 매우 다르다.[20] 담대하게도 성령을 아버지와 아들 사이에 존재하는 사랑의 띠로 규정하려는 시도는 차치하더라도, 내재적 삼위일체 안에서 성령이 하시는 역할을 말하는 구절을 많이 찾아볼 수 없는 것은 분명하다. 심지어 우리 주님께서 성령에 관해 많이 가르치신 요한복음에서조차, 그 강조점이 예수님이 아버지의 영원한 아들이심을 계시하는 것이다. 어쨌든 우리는 창조와 구속의 경륜 속에서 성령이 담당한 사역에 관한 계시를 상당히 발견한다. 그리고 이것이 바로 우리가 집중적으로 탐구하는 무대가 될 것이다.

 셋째, 성령이 우리 삶에 너무나 개별적으로(subjectively), 그리고 적극

---

20) Wayne Grudem, *Systematic Theology* (Grand Rapids: Zondervan, 1995), 257.

적으로 관여하시므로, 우리는 그분의 함께하심을 당연시하거나 우리 자신의 내적 자아와 동일시할 수도 있다. 우리는 성령을 개인적인 신비주의로 길들임으로써 우리의 가장 깊숙한 내면에서 나오는 목소리로 만들어 버렸다. 그러나 이는 진리를 왜곡한 것이다. 성령은 우리 안에서 역사하는 위격이시다. 그분은 우리 안에 거하시며, 우리 마음 안에서 중보의 역할을 하신다. 그렇다고 하여 성령이 우리의 영인 것은 아니다. 성령의 목소리와 우리의 목소리를 혼동해서는 안 된다. 성령은 우리 안에 계시는 신적 위격이지, 인간의 신적 일부가 아니다.

넷째, 우리가 그리스도에게 적절하게 집중하는데도 부적절하게 성령이 성경의 드라마에서 부수적인 역할을 한다고 말할 수도 있다. 앞서 언급한 다른 위험들과 마찬가지로, 이 오류 역시 진리에 직접 반대하는 것이라기보다는 진리를 왜곡하는 것이다. 어쨌든 예수님은 우리에게 예수님을 중심에 두고 성경을 읽으라고 가르치셨다(눅 24:25-27; 요 5:39 참고). 예수님은 우리에게 성령이 자신에 관해 증언하실 것이라고 친히 가르치셨다(요 15:26, 16:14,15 참고). 패커는 성령을 야간에 웅장한 성당을 주목하여 비추는 조명과 비교한다.[21] 우리는 빛을 쳐다보지 않고, 그 빛을 통해 구세주를 바라본다. 그리하면 성령께서 어디서 활동하시는지를 확실히 알 수 있다. 성령은 바로 예수 그리스도가 죄인들의 구세주로 들어올려지는 곳마다 활동하신다. 우리가 성령을 주목하여 비출 때조차 항상 그리스도와 연관된 무언가를 만나게 된다. 단지 성경의 이야기에서만이 아니라 우리의 삶

---

21) Packer, *Keep In Step with the Spirit*, 57.

에서도 그것을 경험한다. 우리가 하나님을 처음 만났던 것도 성령과 함께 한 경험이었다. 바로 성령께서 우리로 하여금 그리스도를 알게 하시고 그분과 연합시키신다. 그리고 우리는 그리스도를 통해 자비로운 아버지를 만난다. 성령께서 우리의 삶에서 활동하시므로, 우리는 성령이 아닌 다른 두 분께 초점을 맞출 수 있다!

사도들은 사도행전에 기록된 설교와 서신서에 인용된 구약의 구절들을 통해 이러한 그리스도 중심적인 초점을 잘 보여 준다. 사실 성령의 사역의 효과는 우리가 "믿음의 주요 온전케 하시는 이"(히 12:2)이신 그리스도께 얼마나 초점을 맞추는지에 따라 가늠된다. 바울 서신에서 성령은 "그리스도의 영"이시다. 성령의 역사가 그리스도와 밀접하게 연관되어 있기 때문이다. 성령은 성령 중심적인 기독교를 원하지 않는다. 성령께서 성공적으로 사역하신다는 것은, 우리로 하여금 삶에서 성령보다 그리스도께 관심을 집중하게 하시는 것이라고 이해할 수 있다. 간략히 말해, 우리는 성령을 당연한 분으로 받을 수 있다. 왜냐하면 우리가 그리스도께 초점을 맞추는 과정에서 성령을 의지하고 있기 때문이다.

또한 약속과 성취에 대한 역사에 동일하게 성령이 포함된다. 성경은 성령이 성육신한 구속자가 되신다고 약속하지 않았다. 다만 성육신이 성령의 사역을 통해 나타났을 뿐이다. 아버지와 아들과 더불어 성령은 창세기 1장 2절에서부터 요한계시록 22장 17절에 이르기까지 모든 사역에서 중심이 되신다. 그리스도는 참으로 우리를 아버지께로 인도하시는 분이다. 그런데 그 일은 오직 성령으로만 가능하다. 성령을 간과하는 것은 그저 삼위일체 하나님 중 한 위격을 만날 수 없게 되는 것이 아니다. 성령론이 약해지면 필연적으로 다른 중요한 교리들, 예를 들어 그리스도의 위격과 사역에 관한 교리가 왜곡되는 결과를 낳을 수밖에 없다.

성령을 비인격화하거나 축소시키지 않으려면, 성령을 아버지와 아들보다 지나치게 중요시하지 않도록 조심하고 예민하게 반응해야 한다. 성령께서 우리 안에 내주하시는 까닭에, 우리는 그분을 삼위일체 하나님 중 친밀하고도 친근히 다가갈 수 있는 위격으로 여길지도 모른다. 그렇다면 아버지는 멀리 떨어져 계신다는 것인가? 이 화난 아버지가 우리와 인격적인 관계를 맺으려면, 누군가가 달래 주기라도 해야 하는가? 아들 역시 너무나 멀리 있는 것 같아서 나와는 상관없이 느껴지는가? 아버지께로 올라가 마지막 때에야 다시 몸으로 오실 테니 말이다. 한편 성령은 왠지 모르게 다가가기 좋고 우리와 상관있는 다정한 위격 같으신가?

다시금 말하지만, 우리는 성령이 말하는 진리를 왜곡시킨다. 성령께서 우리와 가지시는 친밀한 관계도, 심지어 우리 안에 거하신다는 사실조차도 그분을 점차 아버지와 아들에게서 분리시키는 방향으로 잘못 해석될 수 있다. 성경은 분명 성령께서 우리를 중생시키며, 성령 안에서 그리스도와 아버지와 성령 안에서 연합하게 하신다고 말한다. 또한 우리 안에 거하면서 우리 마음들을 중보하신다고 말한다. 아버지와 아들과 이웃을 사랑하며 사귀도록 우리를 움직이신다고 말한다. 우리는 이 외줄과 같은 진리 위를 걸어가야만 한다. 삼위일체 하나님과의 첫 만남이 성령께서 우리를 영적인 죽음에서 다시 살리시고 우리 안에 거하심을 통해 이루어지기 때문에 우리가 삼위일체의 위격 가운데 성령을 접근하기 좋은 분이라고 잘못 결론 내릴 수 있다. 그러나 우리는 아버지께서 이 성령의 사역을 시작하시고 아들이 값으로 샀으며 중보하심을 보아야 한다. 성령의 사역을 통해 삼위 하나님의 각 위격이 우리와 가까워지고, 삼위 하나님의 내재적 사귐 안으로 우리를 인도하신다.

이런 이유들을 비롯해 더 많은 이유들로 인해, 우리는 때때로 한 걸음 물러나 성령께, 곧 그분의 존재와 사역에 집중해야 한다. 그리할 때, 우리가 성령을 예수님이나 우리 인간이나, 또는 신적 능력이나 힘의 원천 같은 것으로 생각하지 않을 수 있다. 성령의 사역에 해당하는 광대한 영역을 탐구해야 한다. 이렇게 숙고하고 나면, 비로소 우리는 소망 가운데 우리 삶의 모든 영역에서 성령을 새롭게 의지하게 될 것이다.

1장 | 주님이요 생명을 주는 분이신 성령

성령은 삼위일체 하나님 안에서, 즉 아버지 안에서 아들을 통하여 영원히 일하신다. 창조, 섭리, 구속, 완성이라는 삼위일체의 모든 외적 사역에서, 성령은 아들 안에서 아버지의 말씀이 유효하게 하심으로써 말씀하신 분의 의도가 성취되게 하신다. 아버지의 말씀은 이루어지지 않은 채 그분께로 돌아오는 일이 결코 없다. 아버지의 영이 아들 안에서, 그리고 아들을 위하여 하신 모든 말씀을 피조계 안에서 "아멘"이 되게 하시기 때문이다.

본 장에서 크게 강조하여 다루려는 점은 다음 두 가지이다. 첫째로, 성령이 아버지와 아들과 하나(unity)이시며, 더불어 존재와 사역에서 구별되는(distinctness) 분이라는 점이다. 둘째로, 성경을 통해 성령의 사역을 식별하는(identification) 것이다. 그 사역에는 특별하고도 즉흥적이며 직접적인 사역뿐만 아니라 사실상 더 자주 나타나는 일반적이고도 질서 정연하며 피조계의 방편을 활용하여 수행하시는 사역들이 모두 포함된다.

먼저, 성령이 아버지와 아들과 하나이심을 다루는 동시에, 성령의 존재와 사역이 구별되고도 독특하다는 것을 살펴보자. 내 개인적인 경험에서도 성령을 그림자 같은 존재, 다른 위격과 연관된 존재로만 여기려는 경향이 보인다. 때로는 예수 그리스도가 눈에 띄게 등장하면서 성령이 더 희미해지곤 한다. 나는 이 책에서 성경의 이야기(narrative)를 해석하는 것과 밀접하게 관련하여 성령을 논할 것이다. 다만 이 작업을 먼저 중요한 교리적 좌표에서 시작해야 한다.

"주님이요······성부와 성자와 함께 예배와 영광을 받으시는 분"

니케아 신경[1] 의 세 번째 단락에서 우리는 두 가지 중대한 고백을 한다. 바로 성령은 '주님'이요 '생명을 주는 분'이라는 고백이다. 성령이 주님이심을 고백함으로써, 우리는 그분이 아버지와 아들과 한 본질을 가지고 한 사역을 하신다는 사실을 선포한다. 주님은 세 분일 수 없고 오직 한 분이시다. 결과적으로, 삼위일체 하나님에 의해 완성된 모든 것은 한 분 하나님의 사역이다. 이 점은 유서 깊은 금언에서 잘 드러난다. "삼위일체 하나님의 외적 사역은 나뉠 수 없다(*opera trinitatis ad extra indivisa sunt*)." 이에 대해서는 아래에서 더 다룰 것이다.

---

[1] 실제로 최종 형태는 콘스탄티노플 1차 공회(AD 381년)에서 완성되었기 때문에 니케아-콘스탄티노플 신경이다. 그러나 여기서는 간단하게 니케아 신경이라고 하겠다.

성령은 아버지와 아들이 주님이시라는 것과 정확히 동일한 의미로 주님이시다. 성령은 신적 에너지나 신 바로 아래 위치하는 신의 대리자가 아니라 주 하나님, 여호와(YHWH)이시다.

때때로 성령은 하나님이신 한 위격의 다소 부드러운 측면을 대표하는 듯 제시되곤 한다. 아버지(한 분 참된 하나님)는 절대적 권위로 다스리시는 초월자이므로 거리감이 있지만, 성령은 친근하고 잘 알 수 있는 모습의 하나님인 것 같다. 제임스 던(James D. G. Dunn)에 따르면, "하나님의 영"은 이스라엘의 성경에서 "지혜나 말씀이라는 표현과 같이 신적 내재성을 설명하는 방법이다."[2] 이런 체계에서 성령은 존재론적 측면보다는 계시적 측면으로 계신다. 즉, 구별된 위격적 하나님이 아니라 하나님의 내재성을 강조하는 한 가지 방법이라는 것이다. 그러나 기독교 신앙고백에서 성령은 성부와 성자와 함께 예배와 영광을 받으시는 분'이다. 성령은 절대주권적 초월성과 자신의 위격적 특성에 따라 세상 가운데서 행하시는 내재적 활동을 다른 두 분과 공유하신다.[3]

그리스도인들은 구약에서 삼위일체를 발견해 내고자 하는 열정으로 종종 창세기 1장 26절을 붙든다.

"우리의 형상을 따라 우리의 모양대로 우리가 사람을 만들고."

비록 이 구절이 그들이 주장하고 싶은 만큼 말해 주지는 않지만, 그들의

---

[2] James D. G. Dunn, *Did the First Christian Worship Jesus? The New Testament Evidence* (Louisville: Westerminster John Knox, 2010), 126.
[3] 던은 다음과 같이 강조한다. "주의를 기울여야 할 것은 '하나님의 영에게 경배가 올려졌다는 힌트는 찾아볼 수 없다는 점'이다." (Ibid., 74.).

직감은 옳다. 구약은 신약의 빛 아래에서 읽어야 한다. 예수님께서 성경을 바로 이렇게 해석하셨다(마 12:40; 눅 24:27; 요 5:39 등 참고). 사도들도 그렇게 설교했다(행 2:14-36, 3:17,18, 15:13-19, 17:3, 26:23 등 참고). 이제 아버지께서 자신의 아들과 영을 우리의 세상에 보내심으로써 구속사가 절정에 이르렀으므로, 우리는 성경 전반부를 읽을 수 있는 새로운 관점(spectacles)을 가지게 된다. 예를 들어, 요한은 분명히 창세기 1장을 반영하면서 자신의 복음서를 시작한다. 그는 예수님을 세상의 모든 것을 창조하신 영원한 말씀으로 드높인다. 이 로고스(*logos*)라는 주요 주제는 이미 일찍이 유대교에도 존재했으며, 다소 숨어 있는 형태이나 구약에도 존재하고 있었다.[4] 유사한 예로, 오순절 사건 이후 명백하게 나타나는 성령의 부어짐과 임재는 이스라엘의 역사 전체에 걸쳐 나타나는 바 성령께서 역사하신 광대한 장을 살피는 관점을 제공한다.

삼위 하나님 중 구별되는 위격으로서 성령의 정체는 성경의 두 번째 절에서 더 확실하게 논증된다.

"땅이 혼돈하고 공허하며 흑암이 깊음 위에 있고 하나님의 영은 수면 위에 운행하시니라"(창 1:2).

다른 곳에서와 마찬가지로, 루아흐 엘로힘(*ruakh 'elohim*)이라는 구는 여기서 "하나님의 바람(NRSV의 예)"으로 번역될 수 있다. 루아흐는 바람 또는 영을 의미한다. 분명한 사실은 하나님께서 피조물을 형성하는 주체

---

4) Daniel Boyarin, "Logos, A Jewish Word: John's Prologue as Midrash," in *The Jewish Annotated New Testament* ed. Amy-Jill Levine and Marc Z. Brettler (Oxford: Oxford University Press, 2011), 546-549.

이시며, 성령께서 창조물이 실제 존재하도록 말씀하시는 분과 구별된다는 점이다. '운행한다'는 행위 자체는 인격적인 것이다. 바람은 부는 것이다. 바람을 운행한다고 말하면 이상할 것이다. 여기에는 어떤 의미가 의도적으로 암시되어 있다. 더 나아가 시편 104편 30절과 같은 본문에서는 성령께서 당연히 생명을 주는 분이 되신다는 사실이 계시된다.

"주의 영(루아흐)을 보내어 그들을 창조하사 지면을 새롭게 하시나이다."

성령은 뿜어져 나오는 힘이 아니라 보내진 인격이시다.

구약은 "영원하신 성령"(히 9:14)의 구별되는 위격성을 명백히 의미하면서, 동시에 이 구별된 위격을 하나님으로 묘사한다. 모세는 성령을 힘입어 기적을 행했으며(출 8:19 참고), 이스라엘이 홍해에서 세례의 물을 통과하도록 인도했다. 성령은 특별한 임무들을 감당하도록 특정한 사람들에게 은사를 주셨고(출 31:1-11, 36:30-35 참고), 선지자들에게 임하여 그들로 하여금 하나님의 말씀을 증언하게 하셨다(삼하 23:2; 사 59:21; 렘 1:2,8,15,19; 딤후 3:14-17; 벧후 1:21 참고). 성령은 단지 가르치는 지혜를 부여하는 능력이 아니라 그분 자신이 가르치는 하나님이시다. 성령은 단지 성전에서 발산되는 주님의 영광이 아니라 하나님께서 임재하시는 성전으로부터 발산되는 영광을 지닌 주님이시다. 성령께서 성전에 오셨고, 거기에서 떠나셨다. 성령은 단지 계시하고 감찰하는 하나님의 능력이 아니라, 계시자요 감찰자인 하나님 자신이시다(고전 2:10 참고).

앞으로 살펴보겠지만, 성령은 특히 선지자들 안에서 역사하실 때 더욱 신적이고도 인격적이셨다. 성령은 마지막 때에 하나님의 모든 백성들에게 부어지고 그들 가운데 거하실 것이다(겔 37:1-14, 39:29; 욜 2:28-32 참고). 능력이나 바람도 사람을 감쌀 수는 있겠지만, 오직 인격적 존재만이 슬퍼할 수 있다. 성령은 이스라엘이 언약을 범했을 때 탄식하셨다(사 63:7-14 참고). 그리고 오늘날 우리가 거룩하게 하시는 그분의 영향력을 거부할 때 탄식하신다(엡 4:30 참고). 성경은 성령을 하나님과 동일한 이름으로 부르며(출 31:3; 행 5:3,4; 고전 3:16; 벧후 1:21 참고), 하나님의 속성이 성령께도 해당하는 것으로 묘사한다(편재하심 ▶ 시 139:7-10 / 전지하심 ▶ 사 40:13,14; 고전 2:10,11 참고). 하나님의 사역과 관련해서도 마찬가지이다(창조 ▶ 창 1:2; 욥 26:13, 33:4 / 섭리적 갱신 ▶ 시 104:30 / 중생 ▶ 요 3:5,6; 딛 3:5 / 죽은 자의 부활 ▶ 롬 8:11 참고). 또한 성령은 하나님께만 돌리는 경외를 동일하게 받으신다(마 28:19; 롬 9:1; 고후 13:14 참고). 예수님과 사도들은 성령을 하나님의 말씀 자체인 성경의 저자로 지목한다(막 12:36; 행 1:16; 히 3:7, 9:8, 10:15; 벧전 1:11; 벧후 1:21 참고). 사실 요한계시록 2장 7,11,17,29절 및 3장 6,13,22절에서 "성령이 말씀하사"와 "예수께서 말씀하시니"는 서로 바꾸어 사용할 수 있다.

예수님은 아버지를 계시하듯이 성령도 계시하셨다. 반대로, 성령은 예수님을 중보자로 계시하시며, 아버지를 우리가 "아빠 아버지"(롬 8:15)라 부를 수 있는 '우리 아버지'로 계시하신다. 예수님은 고별 강화를 통하여 제자들에게 하늘로부터 오는 '또 다른 보혜사(*paraklētos*, 파라클레토스)'를 기다리라고 가르치셨다. 성령은 이스라엘을 구원하여 백성들을 이끌어 약속의 땅으로 들어가셨으며, 이스라엘이 언약을 범했을 때 성전을 떠나셨다. 그리고 이 땅의 모든 민족들 가운데 거룩한 나라를 세우고자 보냄 받으실 것이다. 요한복음 14-16장의 강화(이 강화에 관해서는 다른 장에서 더 길게 숙고할 것이다)에서 예수님은 '오고,' '가며,' '보내고,' '다시 오는' 각각의 임무에 관해 말씀하시면서, 성령이 자신과 동일하지만 구별되는 존재이심을 강조하셨다. 구속의 경륜 안에서 이루어지는 바 서로 보내고 보냄 받는 모습은 우리가 완전히 이해할 수 없는, 다함없는 영원한 교제를 누리시는 위격들 간의 페리코레시스적(perichoretic), 곧 상호 내재적 관계를 드러낸다.[5]

사도행전 5장에서 베드로는 아나니아와 삽비라를 만난다. 베드로는 그들이 성령을 속였다고 책망한다(행 5:3 참고). 그들은 '사람에게 거짓말한 것이 아니요 하나님께' 거짓말하였다(행 5:4 참고). 또한 사도 바울은 고린도후서 3장에서 아들과 성령을 동일한 주님으로 묘사한다.

"그러나 언제든지 주(예수)께로 돌아가면 그 수건이 벗겨지리라"(고후 3:16).

이는 출애굽기 38장에서 모세가 주님께 수건으로 가리는 것 없이 얼굴을 마주하여 보고 싶다고 말한 것을 가리키는 내용이다. 이어서 바울은 성령에 관한 내용을 언급한다.

"주는 영이시니 주의 영이 계신 곳에는 자유가 있느니라"(고후 3:17).

---

5) 한 가지 덧붙이자면, 관련 말씀들(특히 요 14-17장)을 살펴보는 것도 의미 있을 것이다. 페리코레시스 (perichoresis)는 위격 간의 상호 내재로서, 열린 관계가 아니라 엄격하게 위격들 간의 내재적 관계만을 지칭한다. 위르겐 몰트만의 이론(*Trinity and the Kingdom of God* [San Francisco: Harper & Row, 1981], 172-178)과 달리, 페리코레시스는 일체를 대체하는 것이 아니라 본질적 일체를 전제하는 개념이다.

두 위격은 그다음 절에서 함께 언급된다.

"우리가 다 수건을 벗은 얼굴로 거울을 보는 것같이 주(그리스도)의 영광을 보매 그와 같은 형상으로 변화하여 영광에서 영광에 이르니 곧 주의 영으로 말미암음이니라"(고후 3:18).

바로 성령 하나님께서 우리를 성자 하나님과 연합시키시고 그분의 형상을 닮도록 만들어 가신다.

이 점을 강조할 때, 아들이나 성령이 아버지 하나님보다 존재론적으로 열등하다고 가르치는 이단인 종속설(subordinationism)을 물리칠 수 있다. 동시에 이 전통적 공식은 삼신론(tritheism), 곧 각 위격이 사실상 구별되는 세 신들이며 그들의 연합은 동등한 본질 간의 연합이 아니라 단지 합의나 동등한 목적을 가진다는 의미일 뿐이라고 가르치는 잘못된 견해를 배제한다.[6] 성령의 하나님 되심은 그 방식 및 수준이 아버지와 아들과 완전히 동일하다.

"생명을 주는 분"

세 위격이 동일한 본질(essence)을 가지는 한 하나님이라는 진리는 세 위격이 동일한 인격(person)을 지녔다는 결론으로 우리를 이끌 수 없다. 이것이 바로 역사에 나타난 양태론(modalism)의 위험이었다. 사벨리안주의(Sabellianism)이라고도 알려진 양태론은 3세기에 사벨리우스라는 사제

---

[6] 이런 경향은 최근에 위르겐 몰트만이 주장하는 '사회적 삼위일체론(social Trinitarianism)'에서 잘 드러난다. 한 하나님만이 존재한다. 성령은 아버지와 아들과 마찬가지로 온전한 하나님이시다. 이 관점은 10장에 잘 요약되어 있다.

가 주장한 가르침이다. 양태론은 오직 하나의 신적 위격이 있으며, 그 신적 위격이 때로는 아버지로, 때로는 아들로, 때로는 성령으로 스스로를 드러 낸다고 주장한다. 각 위격은 단지 드러나는 모습, 또는 '가면'일 뿐이다. 한 배우가 여러 역할을 맡아 쓰는 가면(*persona*) 말이다.

종속설과 양태론은 모두 하나님이 일체이심을 강조하다가 각 위격의 참된 복수성을 희생시킨 경우에 해당한다.[7] 교회사 속에서 이 이단들을 옹호하는 자들이 언제나 있어 왔다. 특히 급진적 형태의 개신교 안에서(소시니안주의, 이후 유니테리안주의로 알려진다) 관심을 끌더니, 프리드리히 슐라이어마허(Friedrich Schleiermacher)에게서 비롯된 자유주의 신학의 특징으로 드러나게 되었다.

큰 어려움 가운데 고대 교회는 이 이단들과는 다른 삼위일체의 일반 교의를 공식화했다. 그 과정에 여러 중요한 구별들이 있었는데, 그중 두 가지가 큰 역할을 하였다. 첫 번째는 행하심(missions)과 낳으심 및 내보내심 (processions)을 구별한다.[8] 이는 내재적 삼위일체와 경륜적 삼위일체로도 알려져 있다.[9] 실제로 두 종류의 삼위일체가 있다는 의미가 아니다. 다만 내적 연합 및 낳으심과 내보내심(이것들은 필수적인 것들이다)과 삼위 하

---

7) 아리안주의(Arianism) 역시 여기에 속한다. 아리안주의는 그리스도가 하나님의 피조물 중 으뜸이요 가장 고귀한 존재라고 주장하면서 그분의 하나님 되심을 부정한다.

8) 역자주 – 저자는 'procession'이라는 용어로 성부의 '성자를 낳으심'과 '성령을 내보내심'을 함께 표현한다.

9) 브루스 마샬은 기독교 전통이 낳으심 및 내보내심과 행하심을 구별하였다고 주장한다. 이른바 내재적 삼위일체와 경륜적 삼위일체의 구별은 적어도 19세기 프란츠 안톤 스타우덴마이어에 의해 처음으로 구별하는 기준이 되었다("The Unity of the Triune God: Reviving an Ancient Question," *The Thomist* 74 [2010]:8).

나님께서 세상 속에서 행하시는 것에 대한 계시(이것들은 우유적인, 또는 자유로운 것들이다)를 구별할 수 있다는 것이다.

가장 기본적으로, 성부는 성자를 영원히 낳으셨으며, 성령을 영원히 내보내셨다. 이는 삼위일체 외부에 존재하는 외적(*ad extra*) 사역과 달리, 삼위일체 내적인(*ad intra*) 필연적 행위이다. 다시 말해, 성부께서 홀로 존재하다가 성자와 성령을 낳아야겠다고 결정하신 것이 아니다. 필연적이고도 영원하며 불변하시는 성부, 성자, 성령을 제외하고 다른 신은 없으며, 이제까지도 없었다. 영화 '제리 맥과이어(Jerry Maguire, 1996)'에서 주인공(톰 크루즈 분)이 아내에게 이렇게 말한다. "당신은 날 완성시켜." 그러나 피조 세계의 어떤 것도 하나님을 완성시킨 적이 없다. 삼위 하나님은 삼위 간에 공유하시는 본성이나 그들 간의 사랑과 기쁨과 관련해 영원히, 그리고 변함없이 온전하시다. 하나님 위격들의 외적 사역인 창조, 구속, 완성은 위격들 각각의 정체성이나 공유되는 신성을 구성하지 않는다. 하나님은 역사에 관여하심으로써 정체성이 변하거나 자아를 완성해 가지 않으신다.

반면 창조와 구속처럼 삼위 하나님이 자유롭게 뜻하신 외적 사역이 있다. 이 사역들은 창조와 은혜의 경륜 안에서 드러났다. 예를 들어, "때가 차매" 성자와 성령을 보내신 것은 영원 가운데 성자를 낳으시고 성령을 내보내신 것과는 본질적으로 다르다. 그렇다 할지라도 자유롭게 의지된 성자의 성육신과 성령의 부어짐은 영원한 발생에 '부합'하며 그와 조화를 이룬다. 성자께서 성부로부터 나셨으므로, 성부나 성령이 아니라 성자가 우리와 우리의 구원을 위해 육신이 되신 것은 합당하다. 그러나 세상이 창조되지 않았다거나 세상을 구속하기 위해 성자를 보내리라 결정되지 않았다 하더라도, 성자는 영원히 삼위일체 안에서 아들이시다. 경륜, 즉 하나님께서 역사 속에서 행하기로 결정하신 바는 삼위일체의 내재적 생명에 관한 진리를 드러낼 뿐 그것에 무엇을 더하거나 빼지는 않는다.

한편 내재적 삼위일체는 그 역사적 경륜 안에서 실제로 드러난다. 행하심(성자와 성령을 보내심)은 낳으시는 성부와 낳은 바 된 성자와 숨으로 내쉰 바(breathed-out) 된 성령이라는, 영원한 낳으심과 내보내심 안에 나타나는 하나님에 관한 진리와 일치한다. 다른 한편으로 우리는 단순히 경륜적 삼위일체에서 내재적 삼위일체의 비밀을 유추할 수는 없다. 예를 들어, 성육신에서 성령이 육신을 만드는 역할을 하셨다는 것이 성자가 성령으로부터 나셨다는 의미는 아니다. 마찬가지로, 예수님께서 "아버지는 나보다 크심이라"(요 14:28)라고 하신다고 하여 성자가 성부보다 영원 안에서도 열등하시다는 의미는 아니다.

두 번째로, 본 장을 시작하면서 오래된 금언을 소개한 바 있다. "삼위일체 하나님의 외적 사역은 나뉠 수 없다." 삼위 하나님의 사역은 위격들 간에 배분될 수 없다. 성부와 성자가 주님이듯이, 성령은 주님이시다. 다시 말해, 성부와 성자와 성령은 동일한 신적 본질과 속성을 공유하신다. 또한 성부와 성자와 마찬가지로, 성령은 삼위 하나님의 모든 사역에 동참하신다. 전유 교리(the doctrine of appropriations)에 따르면, 우리는 성부를 창조자로, 성자를 구속자로, 성령을 성화를 이루시는 분으로 부를 것이다.

이는 설명하기 위한 표현이다. 하나로 동시에 모든 것을 말할 수 없으니 말이다. 조직신학은 공회에서 합의한 신조들의 개요를 따라 이런 양식을 보여 준다. 그러나 이런 접근법에는 삼위 하나님의 사역을 각 위격들의 것으로 나눌 수 없다는 법칙을 깰 위험이 항상 존재한다. 하나님께서 하시는 모든 일은 성부에 의해, 성자 안에서, 성령을 통하여 이루어진다. 물론 성령은 주님이시다. 계속 살펴보겠지만, 성령은 구원을 적용하시듯, 창조와 구속 사역의 완성에도 관여하셨다.

사역은 위격처럼 나뉘지 않으나, 그렇다 하더라도 세 위격이 존재한다. 나뉘지 않으나 차이는 있는 것이다. 성령은 하나님이시다. 그러면서도 삼위일체 중 특별히 생명을 수여하는 역할을 하시는 위격이다.

"주의 영을 보내어 그들을 창조하사 지면을 새롭게 하시나이다"(시 104:30).
"하나님의 영이 나를 지으셨고 전능자의 기운이 나를 살리시느니라"(욥 33:4).

이런 장면에서 성령은 성부께 보냄 받아 창조와 새롭게 하시는 일을 하시는, 대체 불가능한 등장인물이다.

따라서 우리는 본질적 속성과 위격적 속성을 구별해야 한다(때때로 일반 속성과 고유 속성으로도 불린다). 본질적 속성이란 전지하심, 영원하심, 불변하심, 사랑하심, 의로우심, 전능하심처럼 성부 및 성자와 다르지 않은 성령의 속성이다. 본질적 속성은 위격 간에 아무런 차이도 없다. 그러나 위격적 속성들에는 차이가 있다.[10] 가장 확실한 것은 성부는 나지 않으셨

---

10) 개혁과 정통주의 저자들은 이 위격적 속성들이 '비공유적'이라고까지 말한다. 달리 말하면, 성자와 성령은 성부로부터 날 수밖에 없으며, 성부는 결코 성령과 성자로부터 나올 수 없다. 즉, 각 위격은 자기 고유의 존재 양식을 가진다.

으며, 성자는 나셨고, 성령은 나오셨다는 것이다. 성자와 성령은 영원 가운데 성부로부터 위격적 존재를 받으셨다. 그러나 그분들은 본질적으로 성부에 종속되지 않는다. 동일한 본질을 공유하기 때문이다.

성경의 드라마를 풀어 가다 보면, 우리는 세 '위격'을 만난다기보다 분명히 구별되는 세 존재를 만나게 된다. 단지 세 역할이 아니라 세 배우를 만나는 것이다. 우리는 창조와 구속과 완성의 근원이신 성부를 만난다. 또한 중보자이신 성자와, 모든 사역을 완성에 이르게 하시는 성령을 만난다.

이 신비를 풀 수 있는 다양한 접근법이 존재한다.

• 성자는 성부의 형상이다. 성령은 성자와 성부 사이를 잇는 사랑의 띠이다. 결론적으로 삼위 하나님의 모든 외적 사역에서 성부는 원천이며, 성자는 중보자이고, 성령은 완성자이다. 창조는 성부로부터, 성자 안에서, 성령의 능력에 의해 이루어진다. 새 창조에서 그리스도는 머리가 되시며, 성령은 구성원들을 연합시키고 그리스도의 형상을 따라 성부의 영광에 이르기까지 새롭게 하신다.

• 성부는 우리를 위해 일하시고, 성자는 우리 가운데 역사하시며, 성령은 우리 안에서 역사하신다고 말할 수도 있다.

• 성경에서 하나님의 창조와 새 창조 사역은 일반적으로 하나님의 말씀에 의해 수행된다. 따라서 우리는 이렇게 말할 수도 있다. 성자가 성부의 말씀이며 성부(또는 성부와 성자)가 성령을 내쉬시는 것과 같이, 성부가 성자 안에서 하신 모든 말씀은 그 일을 온전히 이루시는 주체인 성령에 의해 유효하게 된다. 우리는 성부의 음성을 듣지만, 그리스도의 얼굴을 통

해 하나님의 얼굴을 본다. 예수님은 빌립에게 이렇게 말씀하셨다.

"나를 본 자는 아버지를 보았거늘"(요 14:9).

"나와 아버지는 하나이니라"(요 10:30).

그리고 이어지는 구절에서 예수님이 계속 짚어 주시듯(요 14:15-27 참고), 성령은 바로 이 사실을 우리에게 깨닫게 해 주신다. 고린도후서 4장 6절에서도 삼위일체에 대한 설명이 은연중에 드러난다.

"어두운 데에 빛이 비치라 말씀하셨던 그 하나님(성부)께서 예수 그리스도의 얼굴에 있는 하나님의 영광을 아는 빛을 (성령으로 말미암아) 우리 마음에 비추셨느니라."

- 한 가지 방식을 더 소개하자면 다음과 같다. 곧 은혜 언약에서 성부는 언약을 맺으시는 분이고(히 6:13 참고), 성자는 언약이시며(고후 1:20 참고), 성령은 우리 안에서 믿음으로 '아멘'을 불러일으키시는 분이다(고전 12:13 참고).

앞서 언급한 타당한 접근법들은 경륜적 삼위일체로 매우 많이 기울어져 있다. 즉, 세상을 향한 삼위 하나님의 모든 사역에서 각 위격의 구별되는 역할을 강조한다. 그리고 마땅히 그래야 한다. 계시의 무게는 '우리와 우리 구원을 위한' 삼위 하나님의 외적 사역에 실려 있기 때문이다.

이미 2세기에 오리겐(Origen)은 모든 외적 사역 안에서 구별되는 하나님 위격들을 탐구하였다. 모든 사람들은 성부(창조자)와 성자(말씀, *Logos-Word-Reason*)께 참여한다. 자신의 존재와 존재 이유가 성부와 성자 안에 있다. "그러나 우리는 오직 성도들만이 성령께 참여할 수 있음을 보게 된다."[11] 또한 "여기서 우리는 삼위일체 안에 분리가 없음을 매우 분명하게 보게 된다. 그러나 소위 '성령의 은사'라는 것이 성자를 통해 베풀어지며 성부 하나님에 의해 작용하는 것도 본다." 날 때부터 이미 로고스(곧 Reason)이신 성자께 참여한 이들은, 이제 성령의 사역에 의해 은혜로 말미암아 "그리스도를 하나님의 의로서 새롭게 받아들일 수 있게 된다."[12] 다시 말해, 우리가 은혜로 성부와 성자께 참여할 수 있게 된 것은 성령의 덕분이다. 이는 우리가 날 때부터 성부와 성자께 참여하는 것과는 질적으로 다른 것이다.

아타나시우스(Athanasius)는 삼위일체에 관해 더 풍성하게 설명하면서 "성부가 수원이라면 성자는 강이며, 우리는 성령을 마시도록 명령받았다"라고 고찰한다.

"또 다 한 성령을 마시게 하셨느니라"(고전 12:13)라고 기록하기 때문이다. 그러나 우리가 성령을 마시고자 할 때, 우리는 그리스도를 마신다. "다 같은 신령한 음료를 마셨으니 이는 그들을 따르는 신령한 반석으로부터 마셨으매, 그 반석은 곧 그리스도"(고전 10:4)이시기 때문이다……그러나 우리가 성령 안에서 다시 살게 되었을 때, 우리 안에서 그리스도가 사신다고 말씀하신다. "내가 그리스도와 함께 십자가에 못 박혔나니 그런즉

---

11) Origen, *On First Principles*, trans. G. W. Butterworth (Gloucester, MA: Peter Smith, 1973), 36-37 (1.3.7).

12) Ibid., 38.

이제는 내가 사는 것이 아니요 오직 내 안에 그리스도께서 사시는 것이라"(갈 2:20).[13]

성경은, 위격들이 구별되나 분리될 수 없으며 본질이 서로 다르지 않다는 사실을 확언할 수 있는 이유를 충분히 제공한다. 성경은 그것이 사실임을 알려 주지만, 어떻게 그럴 수 있는지에 관해서는 말하지 않는다. "어떻게 성령이 우리 안에 있다고 하면서 성자가 우리 안에 거한다고 말할 수 있으며, 성자가 우리 안에 있을 때 성부가 우리 안에 있다고 말할 수 있는가?" 이런 질문에 대해 아타나시우스는 이렇게 답한다. "정신 나간 사람들의 뻔뻔함이 하나님에 관해 이런 식으로 질문하게 만든다."[14] 이와 유사하게, 라틴의 교부인 암브로스(Ambrose)는 이렇게 말한다.

따라서 성부와 성령이 함께 성자를 보내셨다. 성부가 성자를 보내셨다. "내가 아버지께로부터 너희에게 보낼 보혜사 곧 아버지께로부터 나오시는 진리의 성령"이라고 기록되어 있다. 만약 성부가 성자를 보내신 것과 더불어 성자와 성령이 서로를 보내셨다면, 거기에는 우열의 차등이나 복종의 관계가 없으며 능력의 연합체(community of power)만이 있는 것이다.[15]

---

13) "Letters to Serapion concerning the Holy Spirit," in *Athanasius*, trans. and ed. Khaled Anatolios (London: Routledge, 2004), 217-219 (1.19-20).

14) Ibid.

15) Ambrose, *The Holy Spirit* 3.1.8 (*NPNF*² 10:136).

하나님의 위격들은 서로 다른 사역을 행하시는 것이 아니라 모든 사역에서 서로 다른 역할을 감당하신다. 이는 우리의 사고뿐만 아니라 예배와 삶과 사명을 바꾸는 패러다임이 될 수 있다. 성경의 계시라는 전체 그림에서 성령의 독특한 역할을 분별하기 시작할 때, 우리는 우리의 삶 속에서 이루어지는 성령의 구별된 역할을 깨닫기 시작한다. 특히 4세기 갑바도기아 교부들(바질과 그의 형제 닛사의 그레고리[Gregory of Nyssa], 그리고 이들의 친구였던 나지안주스의 그레고리[Gregory of Nazianzus])은 그들의 저작에서 이 점을 강조하기 시작했다. 예를 들어, 닛사의 그레고리는 어느 위격도 다른 위격과 무관하게 사역하시지 않는다고 기록하였다. "그러나 하나님에게서 창조 세계로 나아가는 모든 사역은……성부에게서 기원하며 성자를 통해 진행되고 성령에 의해 온전해진다."[16] 제네바의 종교개혁자인 존 칼빈은 갑바도기아 교부들의 이러한 교의를 자주 자신의 말로 반복하여 기술하였다. "성부에게는 사역의 시작과 모든 것의 원천과 근원을 돌린다. 성자에게는 사역의 지혜와 권면과 조율하심을 돌린다. 성령에게는 사역의 힘과 유효하게 하심을 돌린다."[17] 이는 칼빈의 신학에 적지 않은 영향을 미쳤다.

다시금 강조하지만, 우리가 성령의 위격과 사역을 특정 사역(중생이나 영적 은사 같은)으로 국한시키면서 성령이 하나님의 모든 사역에서 감당하

---

16) Gregory of Nyssa, *On "Not Three Gods" to Ablabius* (*NPNF²* 5:334).
17) John Calvin, *Institute of the Christian Religion*, trans. Lewis Ford Battles, ed. John T. McNeill (Philadelphia: Westerminster John Knox, 1960), 1.13.18.

시는 역할을 인식하지 못한다면, 성령의 위격과 사역을 매우 좁은 시야로 보게 될 것이다. 창조와 구속과 완성에서 성령은 생명을 주는 분이시다.

이러한 이해는 우리가 살아가는 후기 기독교(post-Christian) 문화에 변증론적인 접점을 마련한다. 우리는 절대주권의 성부로부터 구원자 예수님에게로, 그리고 우주의 중심에서 유약하다고 짐작되는 성령에게로 '사다리를 타고 내려갈' 수는 없다. 성령은 성부와 성자와 동일한 방식으로 주님이시다. 그럼에도 성령은 '생명을 주는 분'으로서 창조계 안에서 신적 주권, 곧 성자 안에서 성부께서 부여하신 내재하는 가능성 안에서 창조 세계로 하여금 풍성히 열매 맺으며 번성하게 하는 신적 주권을 행사한다. 일반적으로 오늘날 녹색신학은 성령을 환경 친화적인 시대를 위한 독특한 위격으로 여긴다. 그러나 이런 관점은 결실하게 하고 완전하게 하시는 주체로서 성령의 역할을 근원으로서의 성부와 중보자로서의 성자의 역할로부터 추출하려 한다. 이 세계는 삼위의 내적 사랑으로 말미암아 형성되고 유지되어 가며 구속되고 궁극적으로 완성되는 거대한 작품이다. 창조계는 하나님의 존재(being) 또는 생성(becoming)에 반드시 필요한 것이 아니다. 그것은 삼위 하나님의 자의적이지 않으면서도 완전히 자유로운 말씀에 의해 존재하게 되었으며, 유지되고 있다.

성부는 폭정을 일삼는 군주가 아니며, 이 사랑으로 맺어진 이 관계(enterprise)의 원천이시다. 성자는 실제로 스스로 영원히 세상의 실재를 입고 계신다. 그분은 임마누엘, 즉 우리와 함께하는 하나님이시다. 요한복음 13장에서 예수님은 제자들의 발을 씻기셨다. 이 행위를 통해 제자들에게 자신이 죽음과 부활을 통해 그들을 위해 이루려 하는 바가 무엇인지를 비유적으로 가르치신 것이다. 제자들이 이방의 통치자들처럼 권력을 휘두르려 했던 것과는 대조적으로, 예수님은 이 비유를 통해 자신을 주님이라고 부르는 것이 무슨 의미인지를 보이셨다. 이처럼 성부와 성자는 이 땅의 모든 폭정과 반대되는 절대주권을 계시하셨다. 성령은 성부에 의해 성자 안에서 주님이요 생명을 주는 분으로 뜻하신 바 되셨다. 그런데도 성령은 창조계 안에서 자신의 신적 절대주권을 행사하시며 피조물들의 일치를 얻어 내시고, 피조물들이 성자 안에서 성부에 의해 말씀된 일을 결실하도록 하신다. 헤르만 바빙크(Herman Bavinck)는 성부와 성자와 성령이신 "우리 하나님은 우리 위에 계시며 우리 앞에 계시고 우리 안에 계신다"라고 고찰하였다.[18]

한마디로, 성령을 '주님'이요 '생명을 주는 분'으로 고백하는 데는 굉장히 많은 내용이 녹아 있다. 이 두 가지 정의는 우리에게 좌표를 제공한다. 성령은 단지 신적 힘이나 능력이나 원리가 아니다. 성령은 하나님이며, '성부와 성자와 함께 예배와 영광을 받으시는 분'이다. 성령은 하나님의 도구가 아니라, 성부와 성자와 더불어 주 하나님이시다. 오직 성령만이 피조계 안에서 자신이 사용하는 모든 방편들을 유효하게 하신다. 어거스틴이 삼위일체론에서 강조했듯이, 예수님이 하나님을 드러내시는 것은 그분이 하

---

[18] Herman Bavinck, *Reformed Dogmatics: God and Creation*, ed. John Bolt, trans. John Vriend (Grand Rapids: Baker, 2004), 2:260. 이쯤에서 내가 속성을 다룬 후에 삼위일체를 논한 것은, 하나님의 하나이심이 삼위이심보다 더 중요해서가 아니라 하나님의 각 위격이 가진 특성들을 먼저 논하는 편이 이해하는 데 좋기 때문임을 밝힌다.

나님이시기 때문이며, 동시에 (성부) 하나님과 함께 계시기 때문이다. 요한복음의 첫머리에서도 이 점이 드러난다. 이와 비슷하게, 성령은 "모든 것, 곧 하나님의 깊은 것까지도 통달"(고전 2:10)하신다. 성령께서 삼위 하나님의 구별된 한 위격이시기 때문이다.

창조의 때에 성령은 혼돈의 물질을 거주할 수 있는 집으로 형성하셨으며, 그분의 숨결로 진흙 덩이가 살아 움직이는 "생령(*nephesh*, 네페쉬)"(창 2:7)이 되었다. 그리고 이 생령은 장차 성육신하실 성자의 모습을 따라 지어졌다. 바로 성령께서 창조 사역 가운데서 우리 안에 역사하여 생명을 지탱하셨다. "허물과 죄로 죽었던"(엡 2:1) 이들에게 영적 생명을 주시는 분도 성령이시다. 더 나아가 성경은 이렇게 말한다.

"예수를 죽은 자 가운데서 살리신 이의 영이 너희 안에 거하시면 그리스도 예수를 죽은 자 가운데서 살리신 이가 너희 안에 거하시는 그의 영으로 말미암아 너희 죽을 몸도 살리시리라"(롬 8:11).

성부는 성자와 성령을 동일한 행하심 가운데 서로 다른 단계로 보내셨다. 성육신하고 우리 죄를 짊어지며 몸(교회)의 머리로 다시 살아나신 분은 성령이 아니다. 성자가 스스로 마리아에게서 잉태되신 것도 아니며, 우리를 중생시키고 마지막 날 영광 가운데 일으키시는 것도 아니다. 매우 구체적으로, 성령은 하나님의 모든 외적 사역에서 '생명을 주는 분'이시다. 성령은 성부와 성자보다 열등하지 않으시며, 다만 다른 효과를 가진 다른 방법으로 창조하고 구원하신다. 우리 안에서 역사하시는 성령 없이는, 우리를 위해 성자 안에서 행하시는 성부의 사역이 완성될 수 없다.

이어지는 장에서 우리는 성령이 삼위 하나님의 모든 외적 사역을 온전하게 하는 주체가 되심을 고찰할 것이다. 이는 구속 사역뿐만 아니라 창조 및 장차 올 시대에 이루어질 하나님의 위대한 사역의 완성에도 해당된다.

모든 것을 변화시키시는 성령

앞서 말했듯이, 우리는 성령이 독특하게 수행하시는 사역들을 찾을 것이 아니라, 모든 사역에서 성령이 행하시는 독특한 역할을 살펴야 한다. 워필드는 다음과 같이 말한다. "(성령은) 삼위일체 중 실행자이시다. 세상을 창조하고 유지하며 선지자와 사도들을 영감하시는 것 말고도 영혼을 중생시키고 성화시키는 일과 관련해서도 그러하다."[19] 아브라함 카이퍼는 이를 더욱 잘 표현한다. "우리는 일반적인 구별에서 시작한다. 바로 모든 사역에서 성부와 성자와 성령이 함께 효과를 내신다는 것이다. 사역을 시작하는 힘은 성부에게서 나온다. 조율하는 힘은 성자에게서 나온다. 그리고 온전하게 하는 힘은 성령에게서 나온다."[20] 창세기부터 요한계시록까지, 창조에서 완성까지 성령의 사역을 살필 때, 공통적인 결론이 드러난다. 곧 성령께서 삼위 하나님 중 모든 것을 완성으로 이끄시는 위격이라는 것이다. 성령은 모든 것을 변화시키신다. 바로 이것이 우리가 이 책을 통

---

19) B. B. Warfield, "Introductory Note," in Abraham Kuyper, *The Work of the Holy Spirit*, trans. Henri De Vries (New York: Funk & Wagnalls, 1900; repr., Grand Rapids: Eerdmans, 1979), xxvi.
20) Kuyper, *Holy Spirit*, 19.

해 반복하여 고찰할 주제이다.

온전하게 하시는 성령

성령은 집을 가정으로 바꾸시는 분이다. 그분께서 창조된 공간을 자기 백성과 더불어 거하시는 언약적 공간으로 바꾸신다. 성령은 이 연합을 위해, 창조 때에 물을 갈라 마른땅이 생기도록 하셨다. 성령은 언약을 어긴 아담과 하와를 심판하는 자리에도 임하셨다. 바다가 풍성히 생산하도록 물 위를 운행하시고 자신의 복을 더하기 위하여 창조계를 살피시던, 생명을 주는 분이신 성령께서, 그 일을 살피기 위해 동산에 나타나신 것이다. 뿐만 아니라 이어지는 성경의 계시를 통해 성령께서 심판 및 칭의와 동일시된다는 것이 분명히 드러난다. 이것이 예수님께서 성령을 '보혜사(파라클레토스, 변호자라는 뜻)'라고 부르신 이유이다. 성령은 세상을 정죄하실 것이다(요 16:7,8 참고). 첫 언약이 깨진 동산에서 성령은 이미 이 일을 하고 계셨다.

성령은 홍해를 가르셨고, 자기 백성을 구원하시는 동시에 대적들을 수장시켜 물로 심판하셨다. 성령은 할례와도 연결된다. 이 의식은 육체의 일부를 베어 냄으로써 하나님과의 교제로부터 전 인격이 잘려 나가지(추방당하지) 않기 위한 것이었다. 유사하게 선지서에서 성령의 강림은 "마지막 때"와 연관되어 있었다(욜 2:28 참고; 행 2:17,18에서 성취됨). 구체적으로는 앞선 심판들이 그림자로서 미리 보여 준 바 장차 올 심판과 연관되어 있었다. 마지막 때의 중요한 징조 중 하나는 성령이 부어지는 것이다(사 2:2,

32:15,16; 겔 11:19, 36:25-27; 미 4:1; 슥 12:10 참고). 성령이 나타나시는 곳은 곧 재판정이 되었다. 심지어 예수님은 성령을 '또 다른 파라클레토스'라고 하셨다. 여기서 파라클레토스는 '위로자'보다는 '변호자'로 번역하는 것이 더 정확하다(요 14:16 참고).

또한 성령은 이제 우리에게 심판의 물로 세례를 주시고, 그리스도와 함께 십자가에 못 박히고 부활하게 하신다. 성령은 단지 성막 위나 성전의 언약궤 위에 영광스러운 구름으로만 임하지는 않으신다. 마지막 때에 성령은 성전의 살아 있는 돌들인 하나님의 백성 한 사람 한 사람에게 내주하신다. 이 내주하심조차도 법정적 의미를 가진다. 이에 관해 바울은 법률 용어인 '아라본(*arrabōn*)'을 사용한다. 이 단어는 담보 또는 "기업의 보증"(엡 1:14)이라는 의미이다(롬 8:23; 고후 1:22 참고). 성령은 역사라는 하나님의 재판정에 우리를 증인으로 세우신다. 오순절 사건 때 각 제자들의 머리 위에 나타난 불꽃이 이를 상징한다. 결국 제자들은 그리스도의 사역을 직접 목격한 자들이었는데도 성령을 받기 전까지는 세상으로 나아가 그리스도를 증언할 준비가 되지 않았던 것이다(눅 24:49 참고).

법적 또는 법정적 측면 외에도, 성령의 '나누시는' 사역은 깨끗하게 하시는 사역으로 드러난다. 성령이 운행하시는(hover) 곳은 어디든지 거룩해졌다.[21] 바로 이 때문에 모세는 여호와께서 죄악된 백성들에게 임하지

---

21) 역자주 – 여기서 저자는 "하나님의 영은 수면 위에 운행하시니라"(창 1:2)라는 표현을 활용하고 있다. 개역개정에서 '운행하시니라'라고 번역된 이 단어를 일부 영어 성경(NIV, ESV 등)에서는 헬리콥터처럼 공중에 떠 있다는 의미의 'hover'로 번역하였다. 저자는 이 단어를 통해 계속해서 성령이 자기 백성과 함께하시는 것을 시각적으로(또한 성경적으로) 보여 주고자 한다. 따라서 여기서 'hover'라는 단어도 한

않으리라고 하시자 그토록 두려워하였다. 무엇이 그들을 열방으로부터 거룩하게 구별하는가(나누는가)? 영광의 구름이 머무는 장막 아래에서 백성부터 생축과 온갖 집기들에 이르기까지 모든 것이 여호와께 거룩한 것이 되었다. 그리고 성령이 부어졌기 때문에 다윗과 용사들은 하나님께서 아담에게 주셨던 의무를 성취해 나갈 수 있었다. 곧 하나님의 땅을 부정하게 만드는 모든 것을 계속해서 깨끗하게 할 수 있었다.

성령은 선지자들로 하여금 오실 그리스도를 갈망하고 굳게 확신하게 하셨다. 또한 마리아의 태의 물 위를 운행하여 그녀에게서 태어날 아기를 '거룩하게' 하셨다. 그 아기는 "지극히 높으신 이의 아들"(눅 1:32)이었다. 그리스도께서 우리에게 성령을 주셨을 뿐만 아니라, 성령께서 우리에게 그리스도를 주신 것이다. 더 나아가 성령은 성자를 이사야서에 예언된 종으로서의 사명을 행하도록 준비시키셨다(사 61:1; 눅 4:18 참고). 성령께서 예수님을 광야로 이끌어 사탄에게 시험받게 하셨을 뿐만 아니라, 그 극심한 시험 가운데서 주님을 붙드셨다. 성령으로 말미암아 그리스도는 귀신들을 내쫓고 이적을 행하셨다. 사실상 이 사역들을 사탄에게로 돌리는 것은 그리스도의 신성을 모독하는 것이요 성령을 모독하는 것이다(막 3:29 참고).

우리는 너무나 자주 그리스도에게만 집중하여, 성령에게 돌려야 마땅한 것들을 그리스도의 신성에 돌리곤 한다. 또한 그리하여 우리는 우리의 구원을 이루시기 위해 그리스도의 인성이 감당하신 역할을 축소시킨다.

글 개역개정 성경 번역을 따라 '운행하다'로 번역했다.

물론 예수님은 단지 인간이 아니라 우리와 완전히 똑같은 인간이셨으며, 그런데도 죄는 없는 분이었다. 예수님은 말씀하고 행하시는 가운데 성부를 선포하셨고, 성령의 능력을 의지하셨다. 예수 그리스도는 성부의 아들이시며, 성령은 성부와 성자로부터 온 선물이다.

동일한 성령이 우리 안에 거하면서 우리로 하여금 그리스도 안에서 하나님을 향하여 "아멘"이라 말하게 하시며(고전 12:3 참고), 입양된 자녀요 그리스도와 함께한 상속자로서 "아빠 아버지"(롬 8:15; 갈 4:6)라 부르짖게 하신다. 성령은 우리 안에서 예언된 바 마음에 할례를 행하신다. 우리를 이 일시적인 악한 세대, 즉 "살"을 '육신(the Flesh)'으로부터 끊어내고 그리스도와 연합하게 하신다. 우리 안에서 역사하여 성령의 열매를 맺게 하신다. 성령은 집을 가정으로 바꾸신다. 성령은 입주하시자마자 부패한 죄로부터 우리 마음을 정결하게 하기 시작하신다.

이 모든 사역에서 우리는, 성자 안에서 행하시는 성부의 사역을 완성시키시는 성령을 본다. 그리고 새 창조와 관련하여, 바로 이것이 '이 마지막 때'에 성령이 부어지시는 이유이다. 이때 성령은 죽은 나뭇가지에 생명을 불어넣고, 그 가지를 살아 있는 포도나무인 예수 그리스도와 연합하게 하신다. 성부는 우리를 위한 하나님이시고, 성자는 우리와 함께하는 하나님이시며, 성령은 우리 안에 계신 하나님이시다. 성령은 우리 안에서 역사하여 실패하지 않는 그분의 말씀에 우리가 기꺼이 동의하도록 이끄신다.

성경적 종말론에서 '아래'와 '위' 같은 공간적 비유는 '이 시대'의 죄와 사망, 그리고 '장차 올 때'와 같은 시간적 표현에 대응되도록 변형된다. 그런 관점에서 성령의 내려오심이란 현재의 이 악한 시대에 '내세의 능력 (the powers of the age to come)'이 임하는 것을 의미한다. 이미 성령의 능력으로 그리스도가 부활하고 영화롭게 되심으로써 우리는 새 창조의 시작을 맞이하였다. 노아의 비둘기가 잎이 달린 가지를 물고 와 물로 뒤덮인 무덤 위에 피어난 생명의 전조를 알렸듯이, 우리에게 오신 성령은 장차 우리를 이끌어 갈 힘일 뿐만 아니라 마지막 때를 새롭게 하실 힘을 보여 주신다.

물론 이러한 완성의 효과는 우리의 머리이신 그리스도께서 육신으로 오실 때에야 비로소 온전히, 그리고 보편적으로 분명하게 눈으로 확인할 수 있을 것이다. 그러나 현재에도 성령은 확실한 영광의 부활을 위하여 다시 살리시며 우리에게 믿음을 주어 그리스도와 연합하게 하신다. 심지어 우리는 주 예수 그리스도의 이름과 우리 하나님의 성령 안에서 씻음과 거룩함과 의롭다하심을 받았다(고전 6:11 참고). 성령께서 우리에게 믿음을 주어 그리스도를, 그리고 그분에게서 전가되는 의를 받아들이게 하시기 때문이다. 그리스도 안에서 역사하셨던 성령은 오순절에 직접 강림하심으로써 이제 그리스도와 함께 상속자 된 우리 안에서 역사하신다. 성령은 선포되는 말씀과 성례를 통해 이 죄와 사망의 시대에 내세의 능력을 가지고 오신다(히 6:4,5 참고). 우리는 이미 입양되었고, 날마다 새롭게 되고 있으며, 하나님의 영화로운 아들의 형상으로 변해 가고 있다. 그래서 예수님은 성령이 죄와 심판과 의를 깨닫게 하실 뿐만 아니라 '장래 일을 우리에게 알리시는'(요 16:13 참고) 분이라고 말씀하신다. '장래 일' 곧 종말론적 완성은 성령에게만 돌려진다.

오늘날은 '이미'와 '아직'이라는 혼란스러운 긴장이 공존하는 시대이다. 이처럼 두 시대가 교차하는 위험천만한 때에, 성령께서 우리를 그곳에 두고 보존하신다. 그분은 우리 안에 거하면서 하나님의 영원한 안식에서 흘러나오는 영원한 기쁨의 물줄기를 오늘도 새롭게 하신다. 이로 말미암아 우리의 역사가 아담의 죄와 죽음이라는 지루한 계보에서 '끊어지고,' 이제 우리의 인간 됨(humanity)이 승천하신 우리 구세주와 더불어 장차 올 세상의 영광으로 올라가게 하신다. 이 경이로운 하나 됨과 구별됨 가운데, 거룩한 삼위일체의 영광은 아버지로부터 와서 아들 안에서 그의 영으로 말미암아 우리가 살아가는 삶의 빛나는 지경(vista)이 된다.

내주하시는 성령

이런 성경적-신학적 고찰을 통해 우리는 적어도 두 가지 결론에 도달한다. 이 결론들은 이어지는 장들에서 여러 가지 주제로 풀어질 것이다.

첫째, 하나님은 삼위일체이시다. 그러하기에 그분의 외적 행위는 단순히 대상을 향한 횡포한 힘일 수 없다. 적어도 고대의 절대 권력자는 어떤 식으로든 반응해야 하는 명령을 발함으로써 통치하였다. 통치자는 아랫사람들을 부려 명령을 전달하기도 하였으나, 이때 명령하는 자와 받는 자는 단순히 원인과 결과라는 관계를 맺을 뿐이었다. 그러나 이스라엘의 하나님, 곧 참되신 한 분 하나님은 세 위격으로 존재하신다. 하나님은 말씀하신다. 이 점은 분명하다. 그러나 하나님의 작정들이 효과적인 것은, 그것이 중보자인 하나님의 아들을 통해 선포되고 성령께서 듣는 이들 안에서 역사하여 그들의 동의를 끌어내시기 때문이다. 세속 왕국의 그 어떤 위엄 있는 통치자도 백성들로 하여금 왕이 정한 바에 기쁘게 동의하도록 만들지 못한다. 그러나 성령은 그것을 이루실 수 있다. 그분 자신이 우리를 이끌어 성부의 말씀과 성자의 화목하게 하시는 사역으로 활짝 열리게 만드시는 왕이기 때문이다.

이런 삼위일체의 절대주권은 다른 종교들(다신교든 일신교든)이 부르짖는 신들과는 선명하게 대조된다. 성령은 하나님의 시종에 불과한 존재가 아니다. 오히려 그분이 곧 하나님이시므로 성부의 뜻이 이루어지도록 하실 수 있는 것이다. 따라서 하나님의 능력은 성부의 입으로부터 발하여지며, 스스로 역사(history)의 일부가 되신 성자에 의해 중보되고, 성령을 통해 우리 가운데에서 역사한다(살전 2:13 참고). 이 사실은 성령께서 거룩하게 하는 은혜를 베푸는 주체가 되시는 구속 사역에서 명확히 드러난다. 뿐만 아니라 창조와 섭리와 관련해서도 그 사실이 동일하게 드러나는데, 여기서 성령은 불신자들에게서도 역사하여 일반 은혜로 죄를 억제하며 일반적 부르심을 완성시키신다.

둘째, 피조계가 성자 안에서 성부에 의해 나타나리라 기록된 열매를 맺게 하시기 위해 성령은 보통 자유롭게 하신 창조 세계 가운데 피조된 수단들을 사용하신다. 태초부터 성령은 세상의 존재들 가운데서 역사하셨다. 그것들을 모양으로 빚고 번식하게 하여 특정한 종류들로 존재하게 하셨고, 각각 자신만의 생명을 가질 뿐만 아니라 창조라는 교향곡에서 각자의 역할을 감당하게 하셨다. 성령은 수면 위에 운행하셨고, 물을 육지와 나누셨고, 선지자들에게 임하여 그들로 하나님에게서 온 것을 기록하게 하셨다. 마리아의 태의 물 위에 운행하여 마리아에게서 하나님의 아들이 태어나게 하셨다. 이 동일한 성령께서 오늘날 설교, 물, 빵과 포도주라는 연약한 피조물을 수단으로 사용하여 역사하시며, 물리적 표지를 실재와 연합시키신다. 곧 그리스도를 그분이 주시는 모든 유익과 연합시키시는 것이다. '영'과 '물질'을 대립시키는 유사 영지주의적(quasi-gnostic) 견해는 성경이 명시하는 바 성령과 그분이 물질세계와 맺는 관계 앞에 설 자리가 없다. 자연이야말로 성령의 작업 도구(palette)이다. 성령은 성전에 계셨듯이, 그리고 이제 친히 세우고 임재하시는 마지막 때의 성소에 계시듯이, 이 세상에 집을 두신다.

또한 성령은 자기 교회를 조명하여 성경을 자신의 말씀으로 이해하고 받아들이게 하신다. 그러나 이를 강압하지는 않으신다. 중생이 효과적인 것은, 하나님의 강압이나 인간의 자유의지 때문이 아니다. 하나님께서 우리 안에서 행하시는 분이요, 그분이 자기의 기쁘신 뜻을 위하여 우리에게 소원을 두고 행하게 하시기 때문이다(빌 2:13 참고). 그리고 성령은 이렇게 행하실 때, 우리에게 강요하거나 단지 예수님에 관한 역사적인 이야기를 전해 주는 것이 아니라, 피조된 은혜의 수단들을 사용하신다. 성령이 계시기에 그리스도께서 우리 가운데 말씀으로 임재하시고(롬 10:8 참고), 우리는 이 순례의 길을 걷는 동안 성례를 통해 씻어지고 먹을 것을 공급받는다. 성자에게 우리와 동일한 몸을 입히신 그 성령께서 우리를 영적 죽음에서 일으키셨으며, 장차 우리의 몸을 일으켜 영화롭게(하나님과 같이 되게) 하실 것이다. 신적인 어떤 것을 통해서가 아니라 하나님께서 친히 우리 안에 거하심으로써 우리의 궁극적인 영화를 보증하신다. 교부들이 성령의 신성에 관해 가장 중요하게 변론한 내용 중 하나가 바로 성령과 구원론의 연결성이었다. 만약 성령이 하나님이 아니라면 마지막 날에 우리를 영화롭게 하실 수 없기 때문이다.

성령은 모든 것을 변화시키신다. 성령은 장래, 곧 영원한 안식일의 영이시다. 그분께서 장차 임할 날의 징조를 우리에게 보이신다. 성부는 그분의 아들 안에서 우리를 향하여 움직이시고, 심지어 우리 가운데서 움직이신다. 그리고 성령은 우리 가운데서 역사하시며, 칭의와 성화를 위하여 그리스도와 우리를 연합시키신다. 존 오웬이 말하듯이 "하나님의 모든 위대한 일에서 매듭을 짓고 완성하며 온전하게 하는 행위는 성령께 돌려진다."[22] 또한 언제나 그랬듯이, 성령은 그리스도께서 지금 바로 여기에서 우리에게 자신을 주기로 정하신 방법인 일반적인 피조된 수단들을 통해 이 일들을 하신다.

이어지는 장에서 여러분과 함께 '주님이요 생명을 주는 분'이며 하나님이신, 그러나 성부와 성자와는 구별되시는 성령을 탐구해 나가고자 한다.

---

[22] John Owen, *A Discourse concerning the Holy Spirit,* in vol. 8 of *The Works of John Owen,* ed. William H. Goold, 16 vols. (Edinburgh: Banner of Truth, 1965), 93-99. 존 오웬은 창조 사역을 통해 이것이 사실임을 입증한 후, 새 창조 사역에서 온전하게 하시는 성령의 역할을 펼쳐 보인다. 새 창조는 성부의 사랑과 그리스도의 중보로 이루어지지만, "성부와 성자가 행하시는 이 일들을 택함 받은 이들의 영혼에 유효하게 하며 하나님의 은혜의 영광을 찬미하게 하는 것은 성령의 독특한 사역이다"(190).

이 탐구를 통해 이 시대와 장차 올 시대의 하나님의 모든 백성들과 천상의 존재들이 다 함께 그분을 경배하며 영화롭게 하기를 바란다. 그것은 내게 큰 기쁨이 될 것이다.

2장 | 창조의 영

성령은 설계가가 아니며,[1] 만물이 말씀(the Word, 성자)[2] 안에서 붙들린 바(골 1:17 참고) 된다는 것과 같은 의미로 '성령 안에' 우주나 새 창조의 체계가 있는 것도 아니다. 다만 성령은 세우시는 분인데, 성부의 계획에 따라 성자가 값 주고 사신 재료들을 가지고 성전을 세우신다. 하나님의 나뉘지 않는 사역들에서 성령은 구체적으로 무슨 일을 행하시는가? 우리가 성령의 사역을 창조에서부터 논하기 시작할 때, 그분이 일하시는 캔버스가 넓어진다. 위르겐 몰트만(Jürgen Moltmann)은 성령의 사역을 신자 개인의 내적 삶으로만(주로 구속을 적용하시는 것으로만) 축소하려는 경향을 적절하게 비판한다. 그는 이렇게 주장한다. "개신교와 가톨릭 모두의 신학

---

1) 역자주 - 설계자(architect)는 모든 것을 계획하시는 성부를 비유적으로 표현하는 말이다.
2) 역자주 - 제2위이신 예수 그리스도를 가리킨다.

및 신앙에서 성령을 단지 구원의 영으로만 보려는 경향이 존재한다. 그 (sic) 자리는 교회이며, 남녀의 영혼에 영원한 복에 대한 확신을 준다." 그는 계속해서 이렇게 말한다.

구원하는 성령은 육신적 삶과 본성적 삶 모두와 단절시키신다. 이로 말미암아 사람들은 세상을 등지게 되었고, 더 나은 세계를 소망하게 되었다. 그러하기에 사람들은, 곧 하나님으로부터 오는 생명의 힘(구약에서 볼 수 있듯이 살아 있는 모든 존재를 관통하는 생명의 힘)과는 다른 힘을 그리스도의 영 안에서 구하고 경험한다. 신학 교재들은 성령을 하나님, 믿음, 그리스도인의 삶, 교회, 기도와 관련하여 설명하지만, 좀처럼 몸이나 자연과 연관 지어 말하지는 않는다.[3]

이야기 후반부, 즉 구속의 적용 부분에 이르러서야 성령을 등장시키면, 그분의 사역에서 너무나 많은 부분을 놓치게 된다. 더 심각한 것은, 그로 인해 성령의 중대한 사역 중 하나인 구속 사역을 보는 우리의 눈마저도 왜곡된다는 것이다. 새 창조는 흔히 말하는 옛 창조와 연속된다기보다는 대조되는 것으로 보임으로써, 성령의 사역을 개인의 영혼 안에서 이루어지는 것으로 축소시킨다. 카이퍼는 다음과 같이 비판한다. 이처럼 "끔찍하도록 피상적인 접근은 성령의 사역을 택함 받은 자들의 중생 단계에서나

---

3) Jürgen Moltmann, *Spirit of Life: A Universal Affirmation* (Philadelphia: Fortress Press, 1992), 8.

시작되는 것으로 제한시킨다."[4]

창조의 주체이신 성령

하나님께서 아무것도 없는 데서 모든 것을 창조하셨다는 '무로부터의 창조(*ex nihilo*)' 교리는, 창조자와 피조물의 존재론적 차이를 영원한 것으로 고정시킨다. 이 세계는 신이나 마귀적인 것이 아니며, 하나님의 영광이 발현되는 무대이다. 삼위 하나님은 내적 필연성에 묶이거나 자기완성에 굶주리지 않으시며, 오직 사랑으로 말미암아 수십억 개의 다른 은하계와 함께 우리가 살고 있는 이 놀라운 땅과 물을 창조하셨다. 그분은 이 모든 것을 자기 영광을 위하여 창조하셨지만, 이런 방식으로 영광을 드러내셔야만 하는 것은 아니다. 사랑과 영광은 하나님의 창조 사역의 동기이자 궁극적 목적으로, 사실상 나눌 수가 없다. 하나님의 영광이 그분의 사랑이며, 하나님의 사랑이 곧 그분의 영광이다. 하나님께서 멋대로 창조하신 것이 아니다. 이 창조 사역은 하나님의 자유로운, 그래서 애정 어린 선언에 근거하고 있다. 곧 성부로부터, 성자 안에서, 성령으로 말미암아 나온 말씀이다.

바벨론이나 메소포타미아나 이집트의 창조 신화와는 달리, 물질을 창조하시는 선포에 뒤따르는 혼돈(*tohu*, 토후)과 공허(*bohu*, 보후)는 위격적

---

[4] Abraham Kuyper, *The Work of the Holy Spirit,* trans. Henri De Vries (New York: Funk & Wagnalls, 1900; repr., Grand Rapids: Eerdmans, 1979), 44-45.

신이 아니다.[5] 일반적으로 현존하는 가장 오래된 문학으로 여겨지는 길가메시 서사시(the Gilgamesh Epic, BC 2100)에는 성경에 기록된 에덴동산의 아담과 하와나 노아의 홍수 이야기와 매우 흡사한 이야기가 등장한다.[6] 가장 영향력 있는 창조 이야기인 에누마 엘리쉬(Enuma Elish)에 따르면, 바다의 여신 티아맛(Tiamat)이 창조의 근원인 창조의 신이다. 거대한 뱀인 티아맛은 음란함과 혼란스러움이라는, 여성에 대한 고정관념을 인격화한 존재이다. 혼돈에서 창조가 진행되는 과정은 신들 사이에 폭력이 난무하는 전쟁의 과정이며, 그 전쟁에서 결국 원조 용녀(龍女)인 티아맛이 살해당한다.[7] 이집트의 창조 설화는 전혀 다른 시공간을 배경으로 한다. 테베스(Thebes)를 중심으로 하는 버전을 제외할 수 있다면, 이집트 신학에서는 생명이 없는 혼돈의 상태에 있는 물이 누(Nu)라는 신으로 인격화된다.[8]

이러한 이교적인 환경이라는 맥락에서, 성경의 첫 장은 극명한 논쟁을 불러일으킨다. 그러다 보니 창세기 1,2장과 에누마 엘리쉬가 유사하다(길가메시도 마찬가지이다)는 사실이 자주 지적된다. 논쟁할 만한 사안이라면

---

5) Stephanie Dalley, *Myths from Mesopotamia: Creation, the Flood, Gilgamesh and Others* (Oxford: Oxford University Press, 2000).

6) Andrew George, *The Epic of Gilgamesh* (New York: Penguin, 1959).

7) W. C. Lambert and S. B. Parker, *Enûma Eliš: The Babylonian Epic of Creation* (Oxford: Oxford University Press, 1966).

8) 다음 저서의 예를 참고하라. Douglas J. Brewer and Emily Teeter, *Egypt and the Egyptians* (Cambridge: Cambridge University Press, 2002), esp. ch.6; George Hart, *Egyptian Myths* (Austin: University of Texas Press, 2004).

유사점이 있어야 할 테니 말이다. 그러나 이들 간에는 더할 나위 없이 큰 차이가 존재한다.[9)]

창세기 1장의 혼돈은 스스로 활성화하지 못하는 물질일 뿐이다. 존재로 창조되었으나, 완전히 형성되거나 무언가를 생산할 수 있는 형태는 아니었다. 바다는 물일 뿐이며, 궁창의 하늘과 빛들은 농부가 맨눈으로 볼 수 있는 자연 현상들에 불과했다. 창세기의 처음 두 장을 진지하게 받아들이는 사람이라면, 하늘을 보면서 그것을 누트(Nut)라고 부르거나 궁창을 슈(Shu)라고, 땅을 게브(Geb)라고, 태양을 라(Ra)라고 부를 수는 없다. 욥이 여호와의 창조 사역을 뭐라고 노래하는지 살펴보자.

"수면에 경계를 그으시니 빛과 어둠이 함께 끝나는 곳이니라.
그가 꾸짖으신즉 하늘 기둥이 흔들리며 놀라느니라.
그는 능력으로 바다를 잔잔하게 하시며 지혜로 라합을 깨뜨리시며
그의 입김으로 하늘을 맑게 하시고 손으로 날렵한 뱀을 무찌르시나니,
보라 이런 것들은 그의 행사의 단편일 뿐이요
우리가 그에게서 들은 것도 속삭이는 소리일 뿐이니
그의 큰 능력의 우렛소리를 누가 능히 헤아리랴"(욥 26:10-14).

첫 줄(10절)은 성령이 물들을 덮으사 법정적으로 경계를 나누시고 수학

---

9) 이 장면은 신무신론자들과 '창조과학' 신봉자들이 닮았다는 비극을 떠올리게 한다. 하나님께 속한 이 놀라운 기록은 '창조한 날 수'를 설명하고자 함이 아니다.

적으로 정교하고도 분명하게 경계를 나누신 것을 잘 묘사한다. "라합"(12절)은 '날렵한 뱀'이라는 의미로 이집트를 가리키는 표현이다. 이집트의 우주관은 그들의 압제적 통치만큼이나 문제가 많았다. 여호와만이 절대주권을 가지신다. "그의 입김으로"(*berukho*, 13절)라는 표현은 번역하는 과정에 선택된 하나의 표현이다. '입김'은 '능력,' '지혜,' '바람'으로 번역해도 아주 좋은데, 이 표현들은 히브리 성경에서 주로 성령의 활동과 연관되어 사용된다. 그런데 이 모든 것들은 "그의 행사의 단편일 뿐"(14절)이다. 우리가 듣는 것은 단지 "속삭이는 소리일 뿐"이며, 그의 "큰 능력의 우렛소리"는 헤아릴 수조차 없다(14절 참고).

욥은 창세기 논쟁을 계속 이어 간다. 이는 이사야가 여호와의 마지막 심판을 다루는 맥락에서 말하는 바와 비슷하다.

"주의 죽은 자들은 살아나고 그들의 시체들은 일어나리이다. 티끌에 누운 자들아, 너희는 깨어 노래하라. 주의 이슬은 빛난 이슬이니 땅이 죽은 자들을 내놓으리로다. 내 백성아 갈지어다. 네 밀실에 들어가서 네 문을 닫고 분노가 지나기까지 잠깐 숨을지어다. 보라 여호와께서 그의 처소에서 나오사 땅의 거민의 죄악을 벌하실 것이라. 땅이 그 위에 잦았던 피를 드러내고 그 살해당한 자를 다시는 덮지 아니하리라. 그날에 여호와께서 그의 견고하고 크고 강한 칼로 날랜 뱀 리워야단 곧 꼬불꼬불한 뱀 리워야단을 벌하시며 바다에 있는 용을 죽이시리라"(사 26:19-27:1).

'리워야단'은 이교의 뱀신을 환기시킨다. 그것들은 신이 아니라 피조물에 불과하며, 여호와의 절대주권의 힘 아래 있을 뿐이다(시 74:12-14, 104:

26 참고). 하나님께서 창세기 3장 15절에서 약속하셨듯이, 뱀의 머리는 완전하고도 영원히 깨질 것이다(계 12:7-9 참고).

또한 다른 종교들이 외설적이고 폭력적인 데 반해, 성경의 창조 이야기는 흥미가 떨어진다. 사탄으로 인격화된 악은 어떤 '것'이 아니다. 주도권을 탈환하기 위해 늘 실재 아래 숨어 기다리는, 하나님의 창조물의 일부도 아니다. 위에서 언급했듯이, 창세기 1장 2절의 혼돈 역시 악한 힘이 아니다. '혼돈과 공허'에는 어떤 도덕적 의미도 없다. 이 시점의 창조 세계는 아름답고도 질서 정연한 가정으로 변할 좋은 집일 뿐이었다.

악은 존재론적인 것이 아니라 도덕적인 것이다. 필연적인 존재가 아니라 의지로 반역한 결과이다. 본질적으로 선한 것이 부패하여 나타났으며, 인격적 주체들이 자신의 자유를 오용하여 선한 창조주에게서 등을 돌려 부패하게 되었다. 마귀들(루시퍼를 포함) 역시 선한 천사들이 악해진 것이다. 삼위 하나님께서 타락함을 보고 구원을 계획하신 것처럼, 마귀들은 그들의 지도자와 함께 뭉쳐 하나님의 왕국을 무너뜨리고자 계획하였다. 이 세계는 선한 신들과 악한 신들, 또는 선한 힘과 악한 힘 사이에 벌어진 존재론적 균열에서 생겨난 것이 아니다. 이 세계는, 언제나 그래 오셨듯이 성부와 성자와 성령으로 존재하시는 스스로 완전하신 하나님께 마땅한 그분의 자유로운 행위로 만들어졌다. 여기에는 아직 비극의 불협화음이 없고, 창조적 사랑의 모험을 함께 모의한 분들 간에 아름다운 웃음소리로 가득한 희극적 요소만이 있을 뿐이다.

창세기 1장에는 다음과 같은 부차적인 이야기가 이어진다.

• 1절

"태초에 하나님이 천지를 창조하시니라"라는 말씀은 무(無)로부터의 창조를 종합적으로 요약한다. 성부는 성자를 통하여 세계를 창조하셨다. 성자는 '그의 능력의 말씀으로 만물을 붙드신다'(히 1:2,3 참고). 또한 다음 말씀을 보라.

"믿음으로 모든 세계가 하나님의 말씀으로 지어진 줄을 우리가 아나니 보이는 것은 나타난 것으로 말미암아 된 것이 아니니라"(히 11:3).

• 2절

다시 말하지만, 혼돈은 신적인 어떤 것, 즉 신이나 마귀 또는 이 둘을 함께 말하는 것이 아니다. 단지 우리가 예술가의 작업실에 있으리라고 예상할 만한 종류의 것들이다. 혼돈은 어떠한 존재가 되도록 부름받았으나 아직은 질서가 부여된 우주(cosmos)로 형성되지 않은 물질적 창조물일 따름이다. 성령은 조직하는 분이자 잉태하게 하는 분으로, 또한 이 세계를 사랑하는 분으로 수면 위를 운행하고 계셨다.

• 3-10절

"있으라 하시니……있었고"로 이어지는 일련의 사건들은 빛, 땅, 궁창 등을 창조한 데서 보듯이 다양한 무로부터의 창조에 꼭 들어맞는다. 각 창조는 둘로 나뉜다. 곧 빛은 낮과 밤으로, 땅은 바다와 대륙으로, 궁창은 하늘과 땅으로 나뉜다. 그러나 이것은 이원론적 대립 관계를 형성하지 않는다.

• 11-25절

그런데 11-25절의 서사에서는 다른 형태의 '화행(speech-act)'이 나타난다. 하나님께서 "빛이 있으라!"라고 하신 명령에 나란히 이어지는 말씀이 등장한다. 이는 생명을 창조하시는 하나님의 말씀에 이어서 피조 세계가 반향하도록 하는 말씀이다.

"땅은……내라 하시니……땅이……내니(창 1:11,12).

하나님으로부터 온 명령에 저마다 다른 모습으로 드러난다. "땅은……내라"라는 명령에 채소들은 저마다 씨를 품기 시작했고, 물들은 수많은 생물 무리로 가득 찼으며, 새들은 하늘의 궁창을 날아다녔다. 여기에서는 무로부터의 창조가 시사되지 않는다. 그 첫 행위는 이미 일어났다. 반면 이 창조의 화행에서는 스스로의 힘으로 성장하며 번성하는, 그러나 아직 완성되지는 않은 모습이 엿보인다. 움트는 잎 하나하나가 하나님의 새로운 기적처럼 보인다. 물론 이것은 기적이 아니다. 적어도 "있으라" 하셨던 명령과 같은 의미의 기적은 아니다. 그러할지라도 이는 자연 가운데서 일하시는 성령의 경이로운 사역의 결과이다. 두 가지 모두 하나님의 말씀의 결과이지만, 하나는 세상을 존재하게 했고, 다른 하나는 세상이 자라게 한다.

연구를 계속하면서, 즉각적 창조에 해당하는 '명령적 말씀'과 "땅은……내라"라는 형태처럼 피조계 안에서 성부의 명령이 의도한 효과를 성자 안에서 발생시키는 성령의 사역인 '지시적 말씀'을 다시금 구분할 것이다.

계속해서 창조하시는 성령과 이원론에 대한 포스트모던 비판들

성경은 계속되는 창조(*creatio continua*)를 가르친다. 이는 무로부터의 창조가 명령적 사역으로 이루어진 후 자연계가 지속적으로 성장하는 것을 의미한다. 씨앗들은 영원히 그 상태로 있거나 하나님의 지성 안에 있는 관념들이 아니라, 선언하시는 행위, 곧 말씀(성자)에 의해 이 땅에 심기고 성령에 의해 열매 맺는 말씀들이다. 우리는 지금 살아 계신 하나님을 살펴보고 있다. 그분은 물질을 창조하기 위해 누군가가 전원 버튼을 눌러 줘야 하는, 생명 없는 존재가 아니다. 하나님은 혼돈 가운데 질서를 끌어내기 위해 지속적으로 창조에 애쓰시는 분이다. 칼빈은 이렇게 해석한다. 성령이 "심연이나 형태가 없는 물질로까지" 나아가시는 것은 "이 세계가 드러내는 아름다움이 생명을 불어넣으시는 성령의 힘으로 말미암아 유지되고 있음을 보여 줄 뿐만 아니라, 이 아름다움 이전에도 성령이 존재하셔서 혼돈체를 사랑으로 보살피는 사역을 감당하셨음을 보여 준다." 이에 덧붙여 칼빈은 이것이야말로 성령의 신성을 증언하는 것이라고 말한다.

피조물과 성령의 직분만큼 서로 요원한 것도 없다. 성경이 이 직분을 성령에게로 돌리고 있다. 또한 경건한 자는 성령의 역사하심을 느낀다. 곧 성령께서 온 공간에 충만하사 유지시키고 생명을 불어넣으며 모든 것을 소생시키시는 것을 느낀다. 성령께서 어떤 한계에도 얽매이지 않는다는 사실만으로도, 그분은 피조물보다 높아지신다. 성령이 생기와 더불어 모든 것들 안에 불어넣으시는 존재와 생명과 활동은 명백하게 신적이다.[10]

---

10) John Calvin, *Institute of the Christian Religion*, trans. Lewis Ford Battles, ed. John T. McNeill (Philadelphia: Westminster, 1960), 1.13.14-15.

이처럼 칼빈은 창조로부터 성령의 신성을 증명할 만한 확고한 근거를 도출해 냈다.

현대 서구 사회는 '과학적'이어야 한다는 오만함을 보이면서도 오히려 고대 이교의 신화에 더 가까운 세계관으로 가득하다. 일반적으로 인류와 자연의 극렬한 갈등이나 인류 간의 갈등(성, 계층, 인종 등에 의한 갈등)을 자연적인 것으로 이해한다. 그것들이 원래 그렇다는 것이다. 그러나 성경의 서사는 물질 자체에 악이 도사리고 있다고 전혀 시사하지 않으며, 실제로 자연을 자연화시킨다. 성소에 뱀이 진입함으로써 창세기 1장 2절에 나타난 태초의 혼돈과는 다른 도덕적 혼돈이 시작되었다. 성부에 의해 성자 안에서 성령을 통해 전해진 말씀을 받은 이와는 다른 존재가 하나님의 대리자로 지목되었다. 이제 죽음은 성부의 말씀을 온전하게 하는 성령의 자연스러운 역사의 일부가 아니다.[11] 죽음은 인류의 반역과 그로 인해 왕이 파견한 심판의 사자를 시사하게 되었다.

나는 이 부분, 특히 창세기 1장 2절의 '루아흐 엘로힘'을 해석하면서, 다소 자유롭게 '루아흐'를 '성령'으로 해석하였다.[12] 그러나 "wind from God/

---

[11] 역자주 – 이 부분에 관해 저자와 이야기 나눈 결과, 저자가 '죽음' 자체를 죄의 결과로 보지 않으며 죄가 있기 전에도 '죽음'이 있었다고 생각함을 알 수 있었다. 인간은 영원한 존재로 창조되었으나, 그 영원함은 순종의 결과로 얻게 되는 복이었다. 따라서 아담 안에서 인류에게 정하신 죽음은 자연적 죽음이라기보다 불순종에 대한 심판의 결과라고 할 수 있다.

[12] 다음을 참고하라. Robert W. Jenson, *The Works of God,* vol. 2 of *Systematic Theology,* 2 vols. (New York: Oxford University Press, 2001), 11-12. 젠슨은 다음과 같이 쓴다. "만약 이 문구가 어느 현대 역본에서 번역하듯이 '하나님의 바람'이라는 의미를 가진다면, 이 서사는 신화적인 것이 되고 말 것이다. 그러나 이런 번역은 역자들의 편견을 드러낼 뿐이다. '루아흐 엘로힘'이 하나님의 영을 의미하지 않는다고 믿을 이유가 없다."

gods"라는 번역은 이 중대한 사건을 거의 설명하지 못한다.[13] 뿐만 아니라 나는 정경적 해석을 고려할 때 '성령'이 알맞은 번역이라고 믿는다.[14] 예수님께서 사도들에게 "성령을 받으라"라고 말씀하시면서 숨을 내쉰 내용은, 구약에서 의문이 드는 모든 사건들에 확실한 빛을 비춘다.[15]

무로부터의 창조라는 유일무이한 사역 가운데서도, 성부는 성자 안에서 그 능력의 말씀을 발하시며, 성자는 장차 피조물로 성육신하실 것이고, 성령은 피조물 가운데 역사하면서 이 창조의 말씀이 완성되게 하실 것이다. 성경적 교리가 하나님의 살아 있는 말씀하심(speech)을 이 세상을 창조하신 삼위일체의 도구로서 드러낸다는 사실은 중요하다. 영리한 시계공이라든지 스스로 발생한 세상과 같이 특정한 객체의 물리적 힘으로 이를 묘사하려는 것은, 성부가 성자 안에서 말씀하시고 성령의 능동적 사역을 통해 그 말씀이 유효하게 결실한다는 설명과 너무나 다르다. 이런 삼위일체적 화행의 결과, 피조계는 찬양을 통해 자문자답한다.

---

13) 역자주 - 일부 영역본 성경이 '루아흐 엘로힘'에 해당하는 부분을 "wind from God/gods"라고 번역한다. 한글 개역개정 성경은 이를 "하나님의 영"이라고 번역한다.

14) Kuyper, *Holy Spirit*, 29.

15) Ibid. 카이퍼는 성령의 경우과 마찬가지로 성자의 경우도 매끄럽지 못하게 해석되곤 한다고 정확하게 말한다. 구약에서 '말씀(dabar, 다바르)'이 나사렛 예수를 가리킨다는 주장은 억지스럽지 않은가? "'우리의 해석은 당신들의 해석만큼이나 옳다'라는 주장에 대해, 우리는 예수님과 사도들이 곧 우리의 권위라고 대답한다. 교회는 그들의 입술로부터 신앙고백을 받는다"(28). 더 나아가 제삼위 하나님에 대한 적용에서 카이퍼는 다음과 같이 예리하게 지적한다. "성령이 아니라 하나님의 영이라고 말하는 것은 순전히 서구적이고도 인간적인 생각을 성경으로 전이시킨 것이다"(29). 카이퍼의 논증은 정확히 옳다. 기독교 신학은 후기 계몽주의가 해석한 루아흐(*ruakh*)나 로고스(*logos*)를 차용할 이유가 전혀 없다. 구약을 해석하는 것은 신약이다.

"하늘이 하나님의 영광을 선포하고
궁창이 그의 손으로 하신 일을 나타내는도다.
날은 날에게 말하고 밤은 밤에게 지식을 전하니
언어도 없고 말씀도 없으며 들리는 소리도 없으나
그의 소리가 온 땅에 통하고 그의 말씀이 세상 끝까지 이르도다.
하나님이 해를 위하여 하늘에 장막을 베푸셨도다"(시 19:1-4).

시인은 자연의 증언과 하나님의 역사적 계시 사이를 거침없이 오간다(7-14절 참고). 하나님과 세계의 관계는 사람들이 나누는 대화와 유사하다. 물론 말이 가지는 힘은 대칭적이지 않다. 여호와의 말씀은 절대 의도하는 목적을 완성하지 못한 채 그분께로 되돌아가지 않는다(사 55:11 참고). 그러면서도 영원한 말씀(성자)의 중보와 피조물 안에서 자유롭게 하고 열매 맺게 하시는 성령의 능력으로 말미암아 피조물이 합당하게 대답하는, 참된 대화의 관계이다.

창세기 1장에는 하나님께서 말씀하심으로써 수행하시는 또 하나의 모습 가운데 다시 한 번 성령의 역할이 매우 희미하게 암시되어 있다.

"하나님이 이르시되 우리의 형상을 따라 우리의 모양대로 우리가 사람을 만들고 그들로 바다의 물고기와 하늘의 새와 가축과 온 땅과 땅에 기는 모든 것을 다스리게 하자 하시고, 하나님이 자기 형상 곧 하나님의 형상대로 사람을 창조하시되 남자와 여자를 창조하시고, 하나님이 그들에게 복을 주시며 하나님이 그들에게 이르시되 생육하고 번성하여 땅에 충만하라, 땅을 정복하라, 바다의 물고기와 하늘의 새와 땅에 움직이는 모든 생물을 다스리라 하시니라"(창 1:26-28).

이제 우리는 이를 명령적 화행(fiat, "있으라 하시니……있었고"), 지시적 화행(fruitfulness, "땅은……내라 하시니"), 위임적 화행(faithfulness, 하나님의 대리자로서 인류가 번성하며 충만하고 정복하며 다스릴 수 있도록 하는 화행), 세 형태로 구분할 수 있을 것이다.[16] 그리고 이 모든 말씀하심에서 성령은 완성시키는 주체이시다.

창세기 2장 7절에서 하나님이 아담에게 불어넣으신 "생명의 숨결(*nishmat khayyim*, 니쉬맛 하이임)"은 성령으로부터 나온 것이다. 그러나 그 숨결을 성령 자신과 혼동해서는 안 된다. 존 오웬의 표현에 따르면, 하나님의 숨은 '비유적'인 반면에, 하나님의 영이라는 명칭은 '합당'하다. 아담에게 생기를 불어넣으신 것은 하나님의 행위였으며, 성령은 삼위 중 한 위격이시다.[17] 오웬은 이렇게 고찰한다. "몸은 우리 본성의 본질적인 부분이다. 몸은 영과 연합함으로써 개별적인 인격을 이룬다." 사실 "우리가 행하는 모든 도덕적 행위는 전인격적인 행위이다."[18] 우리는 다시금 창조주와 피조물의 결정적인 존재론적 차이를 본다. 이는 영과 물질의 차이가 아니다. 창조되지 않은 성령께서 피조물로서의 생기를 아담의 코에 불어넣어 그

---

16) 역자주 – 저자는 'F'로 시작하는 단어들을 사용하여 각 화행을 효과적으로 구분한다. 역자는 저자의 의도를 잘 부각시키면서도 일관성을 지닌다고 생각되는 단어들로 이를 재번역하였다. 병기한 원어를 참고하라. 괄호의 내용은 저자의 것이다.

17) John Owen, *A Discourse concerning the Holy Spirit*, in Vol. 8 of *The Works of John Owen*, ed. William H. Goold, 16 vols. (Edinburgh: Banner of Truth, 1965), 101.

18) Ibid., 420.

영광스러운 몸체를 움직이게 하셨다.

성경적 이해 안에서 피조계의 그 어떤 것도(천사나 인간의 영혼도) 하나님과 같지 않다. 삼위 하나님이 계시고, 나머지 다른 것들이 존재한다. 창조주와 피조계뿐이다. 그 사이에는 아무것도 없다. 이브 콩가는 다음과 같이 고찰한다.

루아흐, 즉 숨결은 '몸'이나 '육신'에 반대되는 의미가 아니다. 심지어 세속 헬라어와 철학 용어에서도 프뉴마(*pneuma*)는 동물과 식물, 만물 가운데 퍼져 있는 생명과 생성의 실체를 의미한다. 이는 영적인 실체라기보다는 미묘한 육체성을 가진다. 구약의 루아흐, 즉 숨결은 비물체적인 것이 아니다. 도리어 몸을 움직이는 것이다. 이는 '육신(flesh)'과 반대되지만, 그렇다고 해서 그 '육신'이 '몸(body)'과 같은 것은 아니다. '육신'은 순전히 이 땅에서 인간이 가진 실재이며, 연약하고도 부패하는 특징을 지닌다……헬라인들은 물질의 범주에서 생각했지만, 유대인들은 힘(force), 에너지, 행위 원리에 관심을 가졌다.[19]

이와 같이 신약이 육신과 영을 대조할 때, 이는 물질적인 몸과 영적이거나 지성적인 본질을 구분한 것이 아니다. 그것은 죄와 죽음의 통치 아래 있는 현 세대와 그리스도가 죽은 자 가운데서 부활하심으로써 문을 여신

---

19) Yves Congar, *I Believe in the Holy Spirit,* trans. David Smith, Milestones in Catholic Theology (New York: Crossroad, 1999), 1:3.

오는 세대를 구분한, 종말론적 대조이다. 장차 올 때란 새 창조의 때이다. 또한 이는 성령의 때이다. 성령이 피조된 실재를 그리스도의 종말론적 생명의 세계로 데리고 가실 것이기 때문이다.

하나님과 이 세계의 질적인 차이는 무로부터의 창조 교리로 강조되며, 온 우주가 필연과 존재론적 폭력이 아니라 하나님의 사랑과 자유에 서 있다는 사실로 확증된다. 창조는 신적인 근원에서 솟아나 천사로부터 개미에게로 흘러 내려가거나 필연적 발산에 의해 이루어진 것이 아니다. 다양성은 존재론적으로 '한 존재(the unity of being)'로부터 떨어진 결과가 아니다. 무엇보다도, 이것은 삼위 하나님이 모든 존재의 근원이시기 때문에 나타난다. 삼위 하나님의 위격적 복수성은 존재론적 실재이며, 그 위격들의 본질은 하나이다. 다음으로, 피조물의 다수성은 하나님께서 창조 때에 베푸신 복("좋았더라")에 근거한다. 이야기의 뒷부분에 등장하는 모든 대립하는 이중성은 인류의 의지적 교만의 결과이며, 하나님의 사랑과 안식(peace)이라는 자유로운 행위에 그 존재의 근거를 두지 않으려 한 결과이다. 달리 말하면, 영을 몸보다, 남성을 여성보다, 부를 가난보다 압도적 우위에 두는 것은 도덕적인 문제이지 존재론적인 문제가 아니다. 이것들을 어떤 식으로든 창조의 때에 거룩한 삼위일체의 역사로 말미암아 '있게 된 방식'에 기반하는 것으로 여기는 것은 신성모독이다. 오히려 이런 문제는 하나님의 질서에 반대하는 인간의 교만에서 비롯된 것이다.

성령을 생명을 주는 분이라고 말하는 것은, 성령이 피조계에 의지하는 것이 아니라 피조계가 그분께 의지하고 있음을 확증한다. 성부는 말씀으로 피조계를 존재하게 하셨으며, 성자는 하나님의 원형적 형상이시다. 그 형상을 따라 우리가 창조되었다. 아담은 하나님께서 그 코에 '생기'(문자적으로 '생명들의 숨')를 불어넣으실 때에 비로소 '생령(*nephesh khayyah*, 네페쉬 하야)'이 되었다. 동일한 사상이 디모데후서 3장 16절에 드러난다. 이 구절은 성경을 "하나님이 내쉬신 것(*theopneustos*, 데오프뉴스토스)"[20]이라고 말한다. 또한 예수님은 제자들에게 숨을 내쉬면서 "성령을 받으라"라고 말씀하셨다(요 20:22 참고). 따라서 영혼은 인간에게 있는, 영원하고도 죽지 않으며 신적 부분이 아니다. 우리 영혼도 손톱이나 간과 별 다를 바 없이 피조된 부분에 불과하다. 아담은 영혼을 받기 이전에, 곧 '생령'이 되기 전에 육체적 몸으로 존재했다. 여기서 우리는, 성령이 혼돈에서 질서를 불러일으키시며 인간의 대표를 왕의 존엄과 아름다움으로 옷 입히시는 것을 보게 된다(나중에 제사장들도 태초에 아담에게 주어졌던 대표적인 역할을 부여받으며, 그와 유사하게 높여진다).

    성령은 창조 때에 죽을 것들에게 생명의 입맞춤을 하셨고, 자연적 생명을 보존하시며, 우리를 거듭나게 하여 영적 죽음에서 일으키시고, 우리 안에 거하여 초자연적 생명으로 우리를 새롭게 하신다. 성령은 우리 몸을 죽은 자 가운데서 다시 일으키실 것이며, 온전하게 하는 능력으로 우리를 영화롭게 하실 것이다. 자연적 생명과 초자연적 생명이 모두 성부로부터, 성자 안에서, 성령에 의해 주어진다.

---

20) 역자주 - 한글 개역개정 성경은 이를 "하나님의 감동으로 된 것"이라고 번역한다.

섭리하시는 성령

"하나님의 영이 나를 지으셨고 전능자의 기운이 나를 살리시느니라"(욥 33: 4).

엘리후의 신학이 여러 면에서 미덥지 않을지라도, 이 고백만큼은 실재에 대한 하나님의 해석과 일치한다. 엘리후는 욥과 대화하면서, 다른 피조물들이 아니라 자기 자신의 존재에 관해 말한다. 여전히 성령은 살아 있는 모든 것에 생명을 주신다. 타락과 함께 자연은 인간이 지은 죄로 인해 무너진 성전이 되었다. 아름다움의 잔재가 들개들의 소굴이 되어 버렸다. 다시 말해, 부패한 귀신들과 왕들과 권세들이 하나님의 대리자들로 하여금 창조주가 아닌 피조물을 경배하도록 이끄는 곳이 되어 버렸다.

무신론적 자연발생론자들은 발전을 인정하고, 심지어 그것을 의지한다. 그러나 이는 자가당착이다. 이 발전의 원리(*Logos*)가 자연에 내재되어 있는 한, 거기서 목적론적(teleology) 요소를 끌어내려고 할지라도 그 체계는 처음부터 끝까지 우연에 근거할 뿐이다. 길가메시 서사에 따르면, 영생을 찾아다니는 길가메시에게 신들은 결코 영생을 찾을 수 없으리라고 말한다. 스스로 뜻하는 바를 이루는 것은 유한자들의 손에 달려 있을지라도, 그들이 여전히 운명 아래 있다는 것이다. 이는 길가메시가 단지 스스로를 받아들이는 것과는 모순된다. 그러나 성경 이야기는 다르다. 삼위 하나님은 혼돈과 무에서 질서를 이끌어 내는 분으로서, 피조 세계를 사탄이나 그의 졸개들에게 내던지지 않으실 것이다. 이 끔찍한 악의 하수인들은 타락

이야기의 일부로서 전체 이야기의 뒷부분에서야 등장한다. 이들은 결코 자연에 내재된 악의 세력이 아니다. 아담이 어둠의 군주로 하여금 거룩한 성소로 들어오게 한 그때부터, 순전히 아담이 그들로 하여금 그렇게 할 수 있게 하였기 때문에, 비로소 그들이 세상에 들어왔다. 사탄은 신이 아니며, 그저 영광스러운 본성으로 창조되었으나 스스로의 의지로 부패하게 된 또 다른 종류의 피조물일 뿐이다.

귀신들은 피조 세계를 망치는 것으로 끝나지 않는다. 그 악한 존재는 그리스도의 죽음과 부활로 말미암아 이 세계에서 추방되었다. 이제 성령이 피조 세계의 수면 위를 운행하신다. 피조된 공간을 살 수 있는 장소로 꾸미며 인간들과 교제하며 그들을 생명으로 움직이게 하시는 성령께서 그들에게 초자연적인 생명을 주신다. 성령은 그들로 하여금 아담과 하와가 타락 이전에 알았던 것보다 더 높은 수준으로 하나님뿐만 아니라 서로와 교제하도록 이끄신다.

아담과 하와가 다시 낙원으로 들어가 생명나무의 열매를 먹을 수 있게 되었더라면, 분명 그들과 후손들은 모두 영원한 죽음에 이르렀을 것이다. 하나님이 이루시는 발전, 변화, 그리고 '새 일'은 하나님께서 역사 속에서 구속을 이루시기 위해 필요한 영역에서 필수적이다. 그러나 씨앗이 반드시 만개하기까지 발전한다는 의미에서는, 즉 목적 없이 성장한다는 의미에서는 필수적이지 않다. 그 발전이 삼위 하나님의 영원한 작정에 속하기 때문에 궁극적인 종착지($telos$)를 향한 목적론적 발전이 있는 것이다. 그런데 더 나아가, 이 발전을 이루시는 가운데 성부는 말씀하셨으며, 피조 세계에서 일하시는 성령의 열매 맺게 하시는 신실한 능력으로 자기 아들 안에서 지속적으로 말씀하고 계신다. 성부의 말씀이 어마어마하게 늘어진 역사 전체에 걸쳐 매우 천천히 진행되는 듯 보일 수도 있다. 그러나 그 말씀은 발하실 때에 도달하도록 목적하신 바를 이루지 못한 채 허무하게 돌아오지 않을 것이다. 말씀이 육신이 되었으며, 성령이 창조하고 구속하며 재창조하시는 그 말씀의 효과를 완성시키시기 때문이다.

이 모든 과정에서 성령은 그저 세계영혼이나 우주의 중심에 자리하는 신적 원리가 아니다. 그분은 어둠과 공허 '위를 날아다니시는(hover over),' 생명과 사랑으로 충만하게 하시는 '새'와도 같은 주님이시다.[21] 발산하는 것이 그분의 본질은 아니지만, 그분의 에너지는 차가운 우주를 따뜻하게 하고 생명 없는 물질을 생동하게 한다. 심지어 분명 죽은 것처럼 보이는 나무 줄기에서 생명이 움트게 한다. 카이퍼는 이렇게 말한다. "성령이 아니라면 이 태동하고 생동하게 하는 원리는 무엇이란 말인가? '당신께서 당신의 영을 보내시니 그들이 창조되었고, 당신이 당신의 숨을 거두시니 그들이 죽었나이다.' 이 내적이고도 보이지 않는 무언가는 하나님의 직접적인 만지심이다." 더 나아가 그것은 살아 움직이는 생명체들뿐만 아니라 무생물들의 "생명의 원리"이다.[22] 카이퍼의 이러한 설명이 얼마나 중요한지 눈여겨보라. 성령 자신이 아니라 성령의 만지심이 '생명의 원리'이다. "택자

---

21) 역자주 - 저자는 우리말 성경에서 '운행하다'라고 번역된 'hover over'가 허공에 떠 있음을 의미한다는 데에서 착안하여 성령을 날아다니는 새로 비유한다.

22) Kuyper, *Holy Spirit*, 26.

의 마음에 거하시는" 그 성령께서 동일하게 "모든 이성적 존재를 생동"하게 하시고 "모든 피조물의 생명의 원리를 보존"하신다.[23] 카이퍼는 창세기 2장 3절을 보면서, 성부가 창조 사역을 마치신 것은 자연이 완전히 번성하였기 때문이 아니라 성령께서 완성하는 역할을 받으셨기 때문이라고 고찰한다. "따라서 피조 세계를 그 정해진 바대로 이끄는 것, 본성에 따라 발전하게 하는 것, 그것을 온전하게 하는 것이 성령의 합당한 사역이다."[24]

(창세기 1장 2절의) 히브리어 본문은, 수면 위에 운행하시는 성령의 사역이 부모 새가 날개를 활짝 펴고 새끼 새 위를 활공하면서 그들을 아끼고 보호하는 것과 유사함을 보여 준다. 이 비유는 창조된 지구에만 해당되는 것이 아니라, 그 안에 있는 생명의 씨앗들에도 해당된다. 이 씨앗들을 주입하신 성령은 그 생명이 정해진 바를 이루어 갈 수 있도록 이끄셨다 ······하나님께서 인간을 창조하는 데 사용하신 물질은 땅의 먼지 가운데 이미 존재하고 있었고, 그 몸의 유형은 대체로 동물 가운데에도 존재했으며, 인간에 대한 생각과 그가 창조될 이미지는 이미 존재했었다. 그러나 욥기 33장 4절에서 보듯이, 성령의 특별한 사역 없이는 인간이 존재할 수 없었음이 명백하다.[25]

---

23) Ibid.
24) Ibid., 21.
25) Ibid., 30.

"하나님의 영이 나를 지으셨고 전능자의 기운이 나를 살리시느니라"(욥 33:4)라는 말은 첫 창조 때뿐만 아니라 현재형으로도 참이다.[26] 그래서 카이퍼는 이렇게 논한다.

만약 존재하고 있는 인간과 포유류의 몸이 직접 창조된 것이 아니라 현존하는 존재의 살과 피와 본성과 종류에서 취한 것이라면, 성령께서 형성되지 않은 세계 위를 운행하시는 것이 현재적 행위임은 더욱 명백하다. 따라서 성령의 창조하시는 사역은 혼돈 가운데 이미 숨겨진 생명, 즉 생명의 씨앗을 불러일으키시는 것이다. 이는 성령의 사역에 관한 일반적 특징으로 처음 언급된 바와 일치한다. '그 정하신 바대로 이끄는 것'은 곧 숨겨진 생명을 불러일으키고, 숨겨진 아름다움이 스스로를 드러내게 하며, 잠들어 있는 에너지가 활동하도록 자극하는 것이다.

성부는 성자와 마찬가지로 자신의 일을 마치셨다. 그러나 성령은 "그렇게 준비된 그 일을 완성하신다." 카이퍼는 이렇게 결론짓는다. "이런 묘사는 하나님께 합당하지 않다. 신적 활동은 나뉘지 않으며 할당될 뿐이다. 그러하기에 이사야는 여호와의 영, 즉 성령이 태초부터(뿐만 아니라 창세 전부터도) 창조 사역 전체를 통해 장차 올 모든 것들을 가리키고 계신다고 선포한다."[27]

---

26) Ibid., 31.

27) Ibid.

이로부터 두 세기 이전에 존 오웬은 시편 104편 30절을 숙고하는 가운데 동일한 내용을 논한다.

여기서 의도된 것들이 만들어지고 창조된 것은 창조에서 가장 위대한 사역이 아니다. 오히려 피조물들이 날마다 그 종류대로 생산되는 것이 가장 위대한 사역이다. 앞의 구절들에서 시인이 섭리로 말미암아 생에서 끊어지고 생을 마침으로써 세상의 모든 피조물이 소멸하는 것을 다루기 때문이다……이처럼 모든 종류의 피조물이 끊임없이 부패하고 죽어 가는데도 이 세상이 없어지거나 황폐해지지 않는 것은, 오직 하나님의 영 때문이다. 성령께서 그분의 직분과 사역 가운데 모든 것들을 지속적으로 지키고 보존하며, 자신의 능력으로 날마다 나무에서 잎이 떨어져 흙으로 돌아가는 그 자리에서 새로운 피조물들이 생산되게 하신다. 한편 그 모든 피조물들을 통상적으로 보살피는 대지 자체도, 해마다 그 쓸모와 사역이 다하여 표면적으로 죽음에 이르는 듯하고 때때로 그 깊은 곳으로 빠져들어가는 듯한 때에 변혁을 경험하는 것처럼 보인다. 하나님의 성령이 유효한 협력하심으로 그것을 새롭게 하시기 때문이다. 성령께서 모든 것을 새롭게 하여 그것들이 그 종류대로 열매를 맺게 하시며, 그리하여 대지의 얼굴에 새로운 아름다움과 매력을 부여하신다.[28]

---

28) Owen, *Discourse*, 99.

그러므로 자연을 향한 불신자들(pagan)[29]의 사랑에는 무언가가 있다. 심지어 그 신화와 의식도 변화하는 계절에 얽매여 있다. 반면 성경적 믿음은 이런 본능을 초월적인 삼위 하나님, 곧 자연의 규칙성 속에서조차 생동하시는 하나님 위에 세운다. 피조 세계에 대한 구약의 모든 진술은 자연을 순수하게 자연적인 것으로 그린다는 점에서 두드러진다. 창조 세계 안에 있는 그 어떤 것도 경배 받아서는 안 되며, 오히려 그 작품들을 통해 작가를 바라보아야 한다. 바로 이런 사상이, 여전히 불신앙적인 미신, 마술, 신들의 자의적 간섭 등이 남아 있는데도 세상의 현상을 자연적으로 설명하려는 과학적 관찰과 연구에 자리를 마련해 주었다. 순수 과학의 자연주의적 방법론조차도 실제로 창조주와 피조 세계의 성경적 구분에서 비롯되었다. 철학적 자연주의는 성경에 의해 교육된 문화 환경에서만 일어날 수 있는 일종의 이단적 가르침이다.

우주는 하나님도, 사탄적인 것도 아니며 단지 자연일 뿐이다. 삼위이신 창조주는 "좋았더라"라고 말씀하셨다. 심연의 리워야단이 파괴자의 이미지로 사용되긴 했으나, 그것이 신에 가까운 존재는 아니다. 아마도 그것은 지중해의 고래나 상어를 가리키는 표현일 것이다. 이는 불신자들의 우주를 희극적으로 낮춘 것이다. 이 세상은 하나님의 몸도 아니고, 실재에 내재하는 신적 '생명력'을 겉으로 표현한 것도 아니다. 그 구조 자체에 씨앗을 품고 있다 하더라도 성령이 그 날갯짓으로 생명을 일으키시지 않는다

---

[29] 역자주 – 여기서 'pagan'은 기독교 외에 다른 신앙을 가지거나 어떠한 종교도 가지지 않는 이들을 통칭한다. 즉, 단지 무신론자만을 가리키는 것이 아니라, 기독교 신앙을 가지지 않는 모든 이들을 의미한다.

면, 세계는 단지 생명 없는 물질에 불과하다. 칼빈은 이렇게 말한다. "겨울 다음에 봄이, 봄 다음에 여름이, 그리고 여름 다음에 가을이 차례대로 오는 것보다 더 자연스러운 것은 없다. 그러나 이 일련의 사건 속에서 우리는 매해, 매달, 매일 드러나는, 새롭고도 특별한 하나님의 섭리에 의해 다스려지는 위대하고도 변화무쌍한 다양성을 본다."[30]

그렇다면 섭리에서 우리는 세상 위에서 행하시는 성부만이 아니라 자기 아들 안에서 자기 영으로 말미암아 세상을 지탱하시는 성부와도 만난다. 그러므로 하나님은 초월적이실 뿐만 아니라 내재적이시다. 삼위 하나님은, 그 목적이 아들 안에서 중보되며 자신의 영으로 말미암아 완성되는, 사랑하는 성부로 이루어져 있다. 삼위 하나님으로서 그분은 우리 위에 계시고, 우리와 함께하시며, 우리 안에 계신다. 우리 안에서 이루어지는 성령의 역사는 단지 구원이나 개인적인 것으로 국한되지 않는다. 성령은 개인의 마음에서 역사하실 뿐만 아니라, 피조 세계의 수면 위를 운행하시면서 온 세계를 생명으로 풍성하게 만드신다. 이것은 구약에 등장하는 이스라엘의 독특한 국가적 삶에 가장 잘 드러난다. 브살렐은 수석 건축가이자 시공자로서 성막 건축을 감독하는 위치에 있었다. 그리고 성령께서 그에게 임하셨다.

"하나님의 영을 그에게 충만하게 하여 지혜와 총명과 지식과 여러 가지 재주로 정교한 일을 연구하여 금과 은과 놋으로 만들게 하며"(출 31:3,4).

성령은 주님이자 생명을 주는 분으로서, 나귀까지도 일시적인 대변자

---

30) Calvin, *Institutes*, 1.16.2.

로 부리셨다(민 22:28 참고). 성령은 다윗에게 임하여 그로 하여금 골리앗을 이기게 하셨다. 뿐만 아니라 바로 그 성령께서 이스라엘과 유다에 언약의 저주를 내리시고자 대적들의 마음을 움직여 언약 백성을 쓸어버리게 하셨다. 그리하여 그들의 땅과 백성과 성전이 황폐해지고 백성들이 포로로 끌려가게 되었다.

위르겐 몰트만은 오늘날의 신학이 성령의 사역을 자연 안에 숨겨 버리는 경향이 있다고 판단하였다. 그것은 옳다. 그렇게 된 데에 많은 이유가 있음은 의심할 여지가 없다. 나는 우리 문화에 가득 스며든 철학적 자유주의와 많은 그리스도인들의 과열된 반응이 주된 이유라고 생각한다. 그 결과, 주체이신 하나님을 배제한 채 모든 원인을 자연적인 것에서 찾으려 하거나 자연적인 현상을 초자연적인(사실 기적적인) 원인으로 돌리려 하는 양극화가 생겨난다. 이 세력 다툼 속에서 하나님께서 자연적 인과 관계를 통해 세상 가운데서 일하신다는 사실에 관한 풍부한 사유는 사라진다. 결국 성령의 활동은 단지 기적적인 것으로 국한되거나, 더 구체적으로는 창조나 섭리와는 아무런 상관도 없이 그저 구원의 적용 같은 것으로만 여겨진다.

지난 세기 미국의 근본주의는 창조에 나타난 성령의 신실함을 명백히 더욱 나쁘게 폄하한다. 마지막 때를 강조하는 시나리오에 열광하다 보니, 만물의 회복(행 3:21 참고)이 아니라 종말론적 멸망을 절정으로 여겼다. 이는 세대주의 전천년설이 대중화된 것이며, 이 세상으로부터의 구원에 더 초점을 맞춘다. 거의 3천만 부 판매를 기록한 할 린지(Hal Lindsey)의 『위대한 행성 지구의 최후』(*The Late Great Planet Earth*, 1970)는 그 유명한 오슨 웰스(Orson Welles)가 내레이션을 맡아 영화로도 만들어졌다. 또한 할리우드 배우와 감독은 1938년에 조지 웰스(H. G. Wells)의 『우주 전쟁』 (*War of the Worlds*)을 라디오 드라마로 제작하여 미국을 두려움에 빠뜨렸다. 이 소설은 고도로 진화한 화성인들이 지구를 침공하는 이야기이다. 소설의 저자는 복음주의 교회에서 자랐으나 이후에 기독교를 극렬히 비판하게 된 인물이었다. 그의 소설은 자연 선택과 적자 생존을 대중적으로 가르친 셈이었다. 여기 나타난 비교는 나에게 충격적이었다. 두 작품 모두가 지구 바깥에 존재하는 외계 생명체의 공격과, 우월한 세계와 열등한 세계가 벌이는 전쟁이라는 관점을 활용한다. 여기서 지구인과 지구 전체는 열등한 세계이며, 결국 멸망하고 만다. 많은 차이가 있으나, 두 프로젝트는 모두 세계 위에 군림하는 힘(인격이든 아니든)이 있으며 그 힘이 세상에 전혀 우호적이지 않다는 인상을 심어 준다. 우리 행성에 대한 이런 유사 영지주의적 비관론이 종교적 형태뿐만 아니라 세속적 형태로도 있는 것이다. 그리고 이 둘은 서로를 적대시하면서 싸우고 있으나 실상 서로가 유사한 기본 전제를 가지고 있음을 알아채지 못한다.

이러한 묘사를 성령이 피조 세계의 혼돈 위를 운행하시는 장면과 대조해 보라. 칼빈이 표현하는 대로 하자면, "혼돈의 물질을 사랑하시는" 장면과 대조해 보라. 또한 이스라엘이라는 완전히 자연적인 인간의 역사를 통해 성자의 몸을 준비하시는, 그리고 처녀의 태를 통해 영원한 성자를 잉태하게 하시는 성령과 대조해 보라. 아담에게 속한 죄와 죽음의 옛 역사를 친히 무덤으로 가져가고 부활하심으로써 자신의 생명으로 새 창조를 시작하여 인간의 이야기를 새롭게 쓰신 메시아의 사역에 능력을 더하시는 성령과 비교해 보라. 성령께서 오순절에 보내진 것은 우리를 세상으로부터 데려가기 위함이 아니라, 세상 가운데로 보내기 위함이었다. 성령께서 보내진 것은 죄악된 피조물에 내주하여 그들을 궁극적인 구원, 곧 몸의 부활을 보증하는 그리스도의 영광스러운 육체와 연합시키기 위함이었다. 영적·도덕적, 또는 물리적·결정론적 의미에서 합당한 자가 높아지는 것, 인간의 언어나 빵과 포도주나 죄인들끼리 나누는 교제라는 세상의 수단을 통해 우리를 구원하고 인 치기 위해 성자가 그 영광을 떠나 가난으로 내려오신 것이나 성령이 장차 올 시대로부터 이 악의 세대로 내려오신 것을 서로 비교해 보라. 여러 측면에서 더 충분히 탐구되어야 하겠지만, 미국의 근본주의와 자유주의의 갈등은 사실 집안 싸움에서 시작되었다.[31] 중요한 측면에서, 이 둘은 모두 역사적 기독교보다 교회사의 급진적인 궤적에 더 가깝다.

역사적 이유야 어떠하든, 몰트만은 이런 경향이 단지 개신교 체계에만 국한되지 않는다고 고찰하였으며, 그것은 옳은 말이다. "이브 콩가는 성령을 다루는 뛰어난 저작에서 창조하시는 성령이나 새 창조의 성령에 관해 거의 언급하지 않는다. 하나님의 성령이 단순히 교회의 성령, 믿음의 성령인 양 여겨질 수 있다."[32] 그러나 우리는 그것이 언제나 그렇지는 않음을

---

31) 이 간극에서 주목할 만한 예외가 있다. George M. Marsden, *Fundamentalism and American Culture*, 2nd ed. (New York: Oxford University Press, 2006).

32) Motlmann, *Spirit of LIfe*, 8. 다음을 참고하라. Robert K. Johnston, "God in the Midst of Life," *Ex Auditu* 12 (1996): 76-93.

살펴보았다. 기독교 해석의 역사에서 창조주이신 성령은 지대한 관심을 받았다. 교부들로부터 현재에 이르기까지, 창조와 섭리에서 성령이 행하시는 보편 사역을 본질적으로 구속에 관한 것으로 이해하는 관점과 세상이 사탄에게로 넘어갔다는 마니교적 관점 사이에 난 길을 기록하는 명확한 사유의 흐름이 존재해 왔다.

보편 은혜는 일반 섭리에 관한 것인 반면, 구원받는 은혜는 구속 및 택자의 중생을 가리킨다. 어쨌든 궁극적인 목적은 동일하다. 섭리에서도 그리스도는 자신의 교회를 위해 온 우주를 다스리신다(골 1:16-18 참고). 성령은 삼위 하나님의 지혜로운 작정에 따라 피조 세계와 문화와 역사 안에서 일하시며, 결국 성부께 영광을 돌리고 성자를 위한 신부가 준비되며 영화롭게 되는 방향으로 이끄신다.

더 나아가, 성령은 우리를 결코 경건한 고립 상태로 내버려 두지 않고 선포된 말씀을 통해 인간에게 말씀하신다. 웨스트민스터 대요리문답 155문의 표현에 따르면, "그들이 그들에게서 떠나 그리스도에게로 향하도록 이끄신다." 바로 하나님의 영이 우리의 영과 다르시기 때문에, 성령은 우리를 우리 자신에게서 불러내 믿음으로 그리스도를 붙들게 하시며 사랑으로 우리 이웃과 하나 되게 하신다. 내주하시는 성령은 우리로 하여금 우리의 구속을 위해 마음 깊이 신음하게 하실 뿐만 아니라, 피조 세계가 저주로부터 자유로워지기를 바라며 함께 탄식하게 하신다(롬 8:26 참고).

세상 중에 계신 성령인가, 세계영혼인가?

이 마지막 부분은 이원론에 관해 질문한다. 여기에는 양방향의 위험이 도사리고 있다. 한편으로는 형이상학적 이원론으로서, 하나님과 세계를 대립 관계로 보는 것이다. 성경이 말하는 대로, 선하신 하나님과 선한 피조 세계를 질적으로 구분하는 것이 아니라, 영과 물질이 존재론적으로 전쟁을 한다고 보는 것이다. 플라톤주의와 신플라톤주의 및 영지주의의 근본에 자리하는 이 극단적 신비주의 궤적은, 실재를 자연계와 초자연계로 나누고 이에 따라 선과 악을 구분한다. 중세 내내 이질적인 종파 집단으로 이어져 온 초기 재세례파들은 명백히 이 오래된 자료들에 호소하면서, 하나님과 세상을 극명하게 대립시켰다.[33]

신약 시대로부터, 기독교적 경건은 경이와 비극과 소망 사이의 팽팽한 긴장으로 가득했다. '이 세상을 사랑하사 독생자를 주신' 바로 그 하나님께서 이 세상을 선하게 창조하셨기에, 이 세계 자체를 부정적으로 볼 만한 근거가 있을 수 없었다. 그런데 인간의 반역이 세상의 모습을 일그러트리고 온 세상을 구석구석 계속 오염시킨 까닭에, 비판적인 관점이 이런 그림 속으로 들어왔다. 달리 말해, 하나님과 이 세상의 적대적 관계는 사실 하나님과 그분과 대립하는 자리에 선 이성적이고도 도덕적 존재(인간과 천

---

33) 나는 여기에 언급한 많은 자료들에 재세례파 역사학자들만을 포함하고 있다. 다음을 보라. Werner O. Packull, *Mysticism and the Early South German-Austrian Anabaptist Movement 1525-1531* (Scottdale, PA: Herald Press, 1977), esp. 20-23; Thomas N. Finger, *A Contemporary Anabaptist Theology: Biblical, Historical, Constructive* (Downers Grove, IL: InterVarsity Press, 2004), 474-475, 563.

사)의 관계이다. 즉, 도덕적 문제이지 존재론적 문제가 아니다. 피조 세계가 이토록 부패한 상태인데도 성령은 피조 세계를 향해 성부와 성자에 못지않게 변함없이 신실하시다. 따라서 열매 맺게 하시는 성령의 사역은 보편적이다.

"주의 영을 보내어 그들을 창조하사 지면을 새롭게 하시나이다. 여호와의 영광이 영원히 계속할지며 여호와는 자신께서 행하시는 일들로 말미암아 즐거워하시리로다"(시 104:30,31).

16세기의 재세례파 교인들 중 많은 이들이 고대 영지주의자들의 극명한 형이상학적 이분법을 공유한다. 예를 들어, 슐라이타임 고백서(Schleitheim Confession, 1527)에서는 거룩한 신자와 세속적인 세상, 빛과 어둠이라는 마니교적 대립이 철저하고도 명확하게 나타난다.[34] 재세례파 역사가들을 포함하여 상당수의 학자 집단은 재세례파를 종교개혁 중 극단적 분파라기보다 중세 후기 신비주의에서 더 극단적 형태로 확장된 이들로 보아야 한다고, 설득력 있게 주장했다.[35] 하나님과 인간의 관계는 복음을

---

[34] *The Schleitheim Confession*, trans. and ed. John Howard Yoder (Scottdale, PA: Herald Pres, 1977), 8-12. "세상으로부터 구별된" 택자와 세상(가시적 교회)은 절대적으로 대립된다. 재세례파 공동체에 가입하지 않은 이들은 "하나님께서 가증스럽게 여기시는 이들이다. 따라서 그들에게서는 가증스러운 것 외에는 그 어떤 것도 자라나거나 나타날 수 없다……이 세상과 온 피조 세계에는 오직 선과 악, 신앙과 불신앙, 어둠과 빛, 세상과 그 세상으로부터 나온 자들만이 있을 뿐이다……그리고 그 누구도 결코 함께할 수 없다……더 나아가 그분은 우리에게 바벨론과 이 땅에 속한 애굽으로부터 나오라고 촉구하고 경고하신다. 이는 하나님께서 그들 위에 주실 고통과 고난에 우리가 참여하지 않게 하려 하심이다."

[35] 이는 패컬(Packull)이 『신비주의』(*Mysticism*)에서 주장하는 핵심 내용 중 하나이다. 스티븐 오즈멘트(Steven Ozment)는 알프레드 헤글러(Alfred Hegler)의 1892년의 논제에 관해 다음과 같이 설명한다. "그는 토마스 뮌쩌를 비롯해 반삼위일체주의자(소시니안)와 같은 '극단주의자'들을 단지 프로테스탄트 정신을 비정상적으로 비대하게 발전시킨 이들로 묘사했다. 그것은 부정확한 묘사이다. 사실은 그렇지 않다. '그들은 중세 정신으로부터 등을 돌렸다……극단주의자들의 이론을 적극적으로 형성한 것은

통해 성육신한 성자의 중보와 한 사람에게로 오셔서 일하시는 성령에 의해 이루어지기보다는, 하나님과 영혼의 존재론적 유사성에 의해 이루어진다.

당대 재세례파 신학자인 토마스 핑거(Thomas N. Finger)는 중세 후기 신비주의가 이 운동에 미친 영향력을 지적한다. "역사적 재세례파는 주로 성령을 지나치게 격상하면서 물질을 격하시켰다. 나는 이 둘이 교통하는 것을 막는 (관념적인) 존재론적 장벽이 이런 현상의 주요 원인이라고 생각한다."36) 그는 이렇게 덧붙인다. "전인격적 갱신(이를 통해 '모든 육신적[creaturely] 욕망들의 뿌리가 뽑히고 박살 난다')은 이런 가르침에서 매우 중요한 주제였다. 은혜는 대개 신자를 육신적(creaturely) 실재에서 영의 세계로 상승시키는 신적 실체(substance)로 여겨졌다. 이 은혜는 사람을 온전히 신처럼 만들어 '육신적 모습(the creaturely)'을 넘어서게 만들었다."37)

토마스 뮌쩌(Thomas Müntzer)나 다른 극단주의자들 뒤에는 마이스터 에크하르트(Meister Eckhardt)가 있다. 중세 도미니크 수도회의 설교자였던 그는 범신론자라는 혐의를 받았다. 워너 패컬(Werner O. Packull)은 말한다. "독일 신비주의는 마이스터 에크하르트로부터 발원했다." 특히 그는 "인간에게 나타나는 하나님의 내재성을 강하게 역설"함으로써 그 일에 기

14,15세기 독일 신비주의에서 받아들인 신비주의적 구원론이었다'"(Steven E. Ozment, *Mysticism and Dissent: Religious Ideology and Social Protest in the Sixteenth Century* [New Haven: Yale University Press, 1973], 14에서 다음을 재인용. Alfred Hegler, *Geist und Schrift bei Sebastian Franck: Eine Studie zur Geschichte des Spiritualismus in der Reformationzeit* [Freiburg I. B.: J. C. B. Mohr, 1892], 13).

36) Finger, *Contemporary Anabaptist Theology*, 563.

37) Ibid., 474-475

여했다.[38] 패컬은 이렇게 설명한다. "에크하르트에 대한 이해는 그가 삼위일체를 신플라톤주의의 창조 발출설의 용어로 설명한 데서 시작된다. 그는 피조물 자체를 삼위일체적 과정으로 여겼다."[39] 아버지의 내면을 향하는 영원한 순간에, 성자는 성부가 자신을 관상할 수 있는 거울로서 자연스레(spontaneously) 나신 바 되셨으며, 성령은 이러한 사랑을 인식하도록 촉진하신다. 그러므로 성육신 이전의 성자는 창조 과정의 청사진일 뿐만 아니라 건축가이시다. 그런데도 이것이 우리를 창조로부터 멀어지게 한다. "모든 피조물로부터 완전히 분리(Gelassenheit)되어야 '내적 말씀(성자)'을 깨닫게 된다……'우리가 동일한 아들임을 깨닫게 하소서.'"[40] 다른 한편으로 영혼의 존엄성에 대한 에크하르트의 초점은 어떤 의미의 부패도 허용하지 않는다. "다른 한편 신플라톤주의적인 물질-영이라는 이분법은 외적이고도 물질적인 것들에 대한 모든 편견이 인간과 하나님의 연합을 저해한다는 결론에 도달할 수밖에 없다."[41]

그럴 경우 구원은 인간의 불순종(즉, 타락)을 해결하는 행위가 아니라, "창조 과정을 뒤집는 것, 곧 신비적 연합(*unio mystica*)을 통해 모든 다양성을

---

38) Packull, *Mysticism*, 20.

39) Ibid.

40) Ibid., 22. 여기서 성자의 신적 본성과 입양된 자녀로서의 인간이 구별되지 않음에 주의하라. 이는 성부와 영혼 사이에 본질적이고도 존재론적인 공감각(synteresis)을 잃게 만들 수 있다. 표면적으로 이런 관점은(이후 헤겔이 윤곽을 제시하기도 했다) 어거스틴의 삼위일체 공식을 닮았다. 그러나 단지 표면적으로만 유사할 뿐이다. 더 분명한 것은 하나님의 생성(becoming)이란 존재하지 않으며, 따라서 시간 속에서 진행되는 삼위일체적 과정(process)도 없다는 점이다. 하물며 이런 일은 하나님과 피조물들 사이에서 일어날 수 없는 일이다. 실제로 어거스틴은 바로 이런 면에서 자주 비판을 받는다.

41) Ibid., 23.

하나 되게 하는 것"과 관련된다. 패컬은 계속 이렇게 논한다.

인간은 영혼에 부여된 더 높은 힘들을 통해 신성과 직접 관계를 맺는다. 에크하르트는 담대하게도 '영혼의 더 고귀한 (이성적) 힘들'이 내주하는 로고스와 동일하다고 선언한다. 인간에게 주어진 과제는 자신 안에 이 신성을 자각하는 것이다. 이는 오직 자신의 내면을 향함으로써 가능하다. 감각은 외적이고도 이차적인 실재와만 교통할 뿐이나, 영혼의 더 고귀한 힘인 이성은 순수한 신성을 파악할 수 있다.[42]

이런 내용은 재세례파를 포함한 중세 후기 신비주의를 이해하는 데 매우 중요하다. 게다가 현대 신학자들(앞으로 이들에 관해 다룰 것이다)이 주요하게 참고한 계몽주의와 낭만주의 학자들, 특히 쉘링(Schelling), 헤겔, 괴테(Goethe), 슐라이어마허 등에 끼친 영향을 이해하는 데도 중요하다.[43]

형이상학적 이분법과는 달리, 당대의 범재신론은 세상을 극단적으로 긍정적인 것으로 본다. 현저한 차이가 있긴 하지만, 이 세계관은 창조주와 피조물을 혼동한다는 점에서 과거의 이분법과 공통분모를 가진다. 마이스터 에크하르트도 여기에 포함되는데, 그는 자연을 초자연화하고 초자

---

42) Ibid., 21.

43) 이 학자들을 다루는 또 다른 중요한 자료로는 극단적 경건주의자 야콥 보엠이 있다. 다음을 참고하라. Glenn Alexander Magee, *Hegel and the Hermetic Tradition*, 2nd ed. (Ithaca: Cornell University Press, 2008); Cyril O'Regan, *The Heterodox Hegel* (Albany: State University of New York Press, 1994); 또한 다음과 비교해 보라. idem, *Gnostic Return in Modernity* (Albany: State University of New York Press, 2001).

연적인 것을 자연화한 쉘링과 헤겔 및 또 다른 낭만주의 이상주의자(Romantic idealist)들이 극단적 경건주의자인 야콥 보엠(Jakob Boehme)을 통해 근대로 진입하는 길을 열어 주었다.[44] 그러나 범재신론적 이분법이 실재를 영적 권역과 물질적 권역으로 나눈 것과는 달리, 현대의 범재신론은 일반적으로 이 둘을 통합하고자 한다.

고대와 마찬가지로, 오늘날 성경적 신론의 가장 큰 적은 이신론이나 무신론이 아니라 범재신론이나 노골적인 범신론일 것이다. 범신론과는 달리, 범재신론은 하나님이 세상보다 더 크다는 사실을 견지한다. 그러나 이 사상은 하나님과 세상을 상호 의존적으로 파악한다. 범재신론은 전통적으로 하나님께 속하는 것으로 받아들여졌던 많은 속성들을 거부하며, 무로부터의 창조 교리 역시 반대한다. 그 교리가 하나님과 세상을 위험하게 단절시킨다고 여기기 때문이다.

기독교 전통 전체를 근대 (데카르트적) 형이상학의 전조로 해석하는 일련의 비판적 학자들은 성경적 신앙이 억압적 위계질서를 만들어 낸 주요 원인이라고 지적한다. 그들에 따르면, 하나님과 세상 사이에 존재하는 존재론적 간극이야말로 "다른 모든 이원론을 장려하거나 옹호하게 만드는 원인이다. 영과 육뿐만 아니라 남자와 여자, 인류와 자연을 구분한다. 만약 능동적 주체와 수동적 주체 간의 기본적 분리에서 출발하여 능동적 주체에게 강력한 형이상학적 우위를 부여한다면, 우리는 하나님을 전문 기

---

44) 다음을 보라. M. H. Abrams, *Natural Supernaturalism: Tradition and Revolution in Romantic Literature,* 3rd ed. (New York: W. W. Norton, 1973).

술자가 지배하는 세상(technocratic humanity), 남성성, 서로를 유리시키는 합리성이나 압제적 합리성과 연관 지을 수밖에 없을 것이다."[45] 이런 비판적인 관점을 가진 이들은, "피조 세계에 '육체가 되신' 하나님이나, 피조 세계를 하나님 자신의 존재와 결속된 것으로 '낳으신' 하나님의 이미지"가 더욱 적절하다고 여긴다.[46]

전통적인 기독교 사상이 환경 파괴(ecological violence)의 원인이 되는 치명적인 이분법을 받아들임으로써 성경적 신앙의 친숙한 모습(caricature)과 서로 얼마나 멀리 떨어지게 되었는지를 볼 수 있다. 여기서 이 중요한 비판들을 엄밀하게 논할 수는 없다. 그러나 적어도 보편적인 오해를 통해 기독교 교리를 명확히 하는 것은 우리의 논의와 연관이 있다. 여기서는 간략하게 네 가지만 살펴보고자 한다.

첫째, 이 부류에 속하는 비판적 인사들은 하나님과 세상을 대립시키는 형이상학을 전제한다. 이런 관점은 존재를 단일한 것으로 보며, 하나님을 다른 여느 존재들 가운데 하나로 그린다. 하나님이 사람이나 세상보다 (양적으로) 클 수는 있겠으나, (질적으로) 완전히 다른 존재는 아니라는 것이다. 그러나 전통적 기독교의 관점에서 인간의 존재와 주체성(agency)은 하나님의 존재와 주체성의 유비로서 존재할 뿐이다. 우리는 하나님의 형상과 모습으로 창조되었으나, 실제로 그분과 겹치는 점은 전혀 없다. 그러므로 존재와 관련해 하나님께서 피조 세계를 위한 '공간을 만들기' 위해

---

45) Rowan Williams, *On Augustine* (London: Bloomsbury, 2016), 60.
46) Ibid.

어떤 식으로든 스스로를 제한하셔야 한다고 타협할 수 없다. 의지와 관련해서도 하나님께서 우리에게 선택하고 시행할 수 있는 능력을 주시기 위해 어떤 식으로든 스스로의 자유를 제한하셔야 한다고 타협할 수 없다. 오히려 하나님은 존재하시며, 우리도 독특한 방식으로 존재하게 하신다. 우리는 비록 피조물이라는 틀로 제한되어 있으나, 우리의 존재와 자유는 하나님의 존재와 자유를 침범하지 않으며 그 반대도 마찬가지이다. 왜냐하면 하나님과 인간의 존재와 자유는 동일한 종류도 아니며, 동일한 영역에 있는 것도 아니기 때문이다.

결과적으로 기독교의 신론이 하나님을 형이상학적 위계의 최고 존재로 본다는 비판은 초점을 빗나간 것이다. 하나님께서 이 세상을 창조하여 더불어 교통하기로 자유롭게 결정하실 때에도, 그분은 여전히 변치 않고 스스로 완전한 분이시다. 하나님이야말로 생명이시며, 자신의 완벽한 지혜로 피조물에게 합당하도록 생명을 수여하신다. 우리가 피조물로서 놀라운 자유를 가지고 있는 유일한 근거는, 하나님께서 우리를 그분의 유비로 창조하셨다는 것이다. 그러므로 하나님과 이 세상이(구체적으로 인간들이) 비록 질적으로 구분될지라도 존재론적으로 대립하는 것은 아니며, 다만 의지적인 반역으로 인해 도덕적으로 대립할 뿐이다.

둘째, 창조와 자연에서 성령이 감당하시는 역할에 더욱 관심을 가진다는 취지는 칭찬할 만하지만, 최근 십여 년간 확산된 범재신론적 성령론은 성령을 비인격화하고, 그분을 '주님이자 생명을 주는 분'으로서 세상 안에서 일하시는 분이 아니라 그 안에 있는 신적인 누군가로 축소시키려는 경향을 보인다. 일반적으로 이 결론은 세 가지 주요한 움직임을 동반한다. 첫 번째는, 성령과 성부와 성자의 구별을 모호하게 만든다. 두 번째는, 성령을 세상 가운데서 일하시는 분으로 설명하지 않고, 비인격화하고 일반화하여 세상의 중심에 있는 어떤 것으로 만든다. 성령께서 세상 안에서 생동하시는 초월적 인격이 아니라, 자연 자체에 내재하는 힘이 되어 버리는 것이다.

이런 움직임의 예를 마크 월래스(Mark Wallace)의 주장에서 볼 수 있다. 그는 샐리 맥패그(Sellie McFague)의 더 일반적인 개념과 맥을 같이하면서, 세상을 성령의 몸으로 파악한다.[47] 그는 성령을 삼위일체 내적 생명 안에서 '연합하게 하는 줄'로 여기는 전통적 개념을 모든 피조 세계 안에서 치유하고 갱신하는 능력이 되는 '성령의 생명 중심적(biocentric) 역할을 포함하는' 개념으로 확장해야 한다고 말한다.[48] 이 관점은 성령을 '형이상학적 실체'로 본다는 점에서 전통적 관점과 구별된다. 월래스는 자신의 모델을 '환경론적 성령론(ecological pneumatology)'이라 부른다. "여기서는 성령을 하나님의 지성이나 의식의 원리로 이해하지 않고, 치유하며 파괴하는 생명의 형태(물, 빛, 비둘기, 어머니, 불, 숨, 자연과 같은)로 이해한다."[49] 즉,

---

47) Mark I. Wallace, "The Green Face of God: Recovering the Spirit in an Ecocidal Era," in *Advents of the Spirit,* ed. Bradford E. Hinze and D. Lyle Dabney, Marquette Studies in Theology (Milwaukee: Marquette University Press, 2001), 460n9. 월래스는 자신의 저서 *Fragments of the Spirit: Nature, Violence and the Renewal of Creation* (New York: Continuum, 1996), 139-144에서 Sallie McFague, *The Body of God: An Ecological Theology* (Minneapolis: Fortress, 1993)를 인용하면서 그녀의 묘사를 긍정적으로 평가한다.

48) Wallace, "Green Face of God," 445-446.

49) Ibid., 446.

자연은 "세계 안에서 이루어지는 성령의 사역에 관한 근본(primary) 존재 양식"이다.[50]

월래스는 성령의 성육신을 설명함으로써 (성령과 다른 위격 간의 차이를 모호하게 만드는) 첫 발짝을 뗀다. "성령에 대한 지구 중심(earth-centered) 모델에서 하나님은 전적으로 성육신적 실재이다."[51] 이 명제는 "예수님이 과연 유일하게 성육신하신 하나님이신가?"라는 질문뿐만 아니라, "예수님의 성육신이 '완전한(through going)' 것인가?"라는 질문을 던지게 한다. 월래스의 주장에 따르면, 하나님이 우리 역사 안으로 자유롭게 들어오시는 것이 아니라 그분의 본질 자체가 '전적으로 성육신하신 실재'인 것처럼 보인다. '성육신하신 실재'에 유일하게(the) 성육신하신 성자가 포함되는지는 분명하지 않다. 그의 글은 성자보다 성령을 염두에 두고 있음이 분명해 보인다. 이와 유사하게, 헨드리쿠스 베르코프(Hendrikus Berkhof)는 "성령이 인간의 생명과 너무나 친밀하므로, 우리는 때때로 우리 자신이 범신론의 언저리에 있다고 느끼기도 한다"[52]라고 말한다. 하나님과 세상 사이에 가장 친밀한 결합이 성육신(성령에 의해 이루어지는)에서 성령(예수 자신이

---

50) Ibid., 447.

51) Mark I. Wallace, "The Wounded Spirit as the Basis for Hope in an Age of Radical Ecology," in *Christianity and Eology: Seeking the Well-Being of Earth and Humans*, ed. Dieter T. Hessel and Rosemary Radford Ruether (Cambridge: Harvard University Press, 2000), 51-72. 또한 다음을 보라. Mark Wallace, *Green Christianity* (Minneapolis: Fortress, 2010); idem, *Finding God in the Singing River: Christianity, Spirit, Nature* (Minneapolis: Fortress, 2005); idem, Fragments of the Spirit: Nature, Violence, and the Renewal of Creation (New York: Continuum, 1996).

52) Hendrikus Berkhof, *The Doctrine of the Holy Spirit* (Richmond, VA: John Knox, 1964), 95. 또한 베르코프는 성령을 한 인격('신')이 자신을 드러내는 방식의 일종으로 보는 양태론을 수용한다(116-117).

역사적 예수와 완전히 다른 존재인 우주적 예수로 변모되지 않는 한 그리스도로부터 추출된)으로 옮겨진다.

전통 신학은 성령을 삼위일체 중 제삼위로 '하나님의 영'임을 강조한다. 그러나 월래스는 성령을 "피조 세계(creation)의 영"[53]으로 강조하려고 한다.[54] 사실 월래스는 "성령을 생명권(biosphere) 안에서 그것을 유지하시는 하나님의 힘의 육화(enfleshment)로 재고"하려 한다.[55] "성령이 모든 살아 있는 것들 안에, 그리고 그것들과 함께 거한다는 점에서는, 성령과 지구(earth)가 분리될 수 없으나 동시에 구별될 수 있다."[56] "이 변증법에 따르면, 지구는 성령의 몸이다……한때 하나님께서 예수님의 몸을 통해 인간이 되셨듯이, 하나님은 계속해서 스스로 지구 상에 생명의 실재로 육화(enflesh)하신다."[57] 그러나 이는 분명히 다음과 같은 의미이다. "성령이신 하나님은 지구가 남용되고 손상됨으로 인해 극심한 상실과 트라우마를 겪으시는 연약한 존재이다."[58] 월래스는, 몰트만이 예수님의 죽음에서 하나님께 적용한 논리를 동일하게 성령에게 적용하기 위해 몰트만의 『십자가에 달리신 하나님』(The Crucified God)으로 논의를 옮겨 간다. "예수님

---

53) 역자주 - creation은 하나님의 창조 행위 및 창조 행위의 결과인 피조 세계 모두를 의미할 수 있다. 여기서 월래스의 표현은 후자에 가까워 보인다. 그의 표현이 창조 주체인 하나님보다 영과 세계의 결합을 강조하기 때문이다.

54) Wallace, "Green Face of God," 449.

55) Ibid., 450.

56) Ibid., 451.

57) Ibid.

58) Ibid.

의 십자가 죽음이 하나님께 죽음과 상실을 가져왔듯이, 지속되는 환경적 트라우마로 고통받는 성령은 하나님(Godhead)에게 만성적 고통을 야기한다."[59] "그렇다면 하나님이 우주와 매우 깊이 연결되어 있어서 환경 파괴(ecocide)의 요인은 하나님을 죽이는 셈이다. 지구에 환경적 파괴를 가하는 것은 우리가 하나님이라 부르는 사랑과 신비에 돌이킬 수 없는 해를 끼칠 위험을 떠안는 것이다."[60]

이제 두 번째 움직임인 비인격화가 이어진다. 월래스는, 하나님(성령)과 세상이 상호 의존적이어서 우리가 환경에 가하는 폭력이 "우리가 하나님이라 부르는 신비에 돌이킬 수 없는, 심지어 치명적인 해"를 입힌다고 주장한다.[61] 실제로 "결과적으로 하나님의 생명 자체를 파괴"할지도 모른다고 말한다.[62] 이(the) '성령'(또는 관사가 붙지 않은 그냥 '성령')은 단지 우주를 신적으로 본 것에 불과하다. 이러한 이유로 월래스는 "자연을 경배"하라고 우리를 초청하기까지 한다.[63] 그러나 만약 성령이 우주 자체의 내적 원리라면, 그분은 '주님이요 생명을 주는 분'일 수 없다. 판넨베르크(Pannenberg)는 그와 유사하게 성령을 "역동하는 힘의 장(dynamic force field)"으로 표현한다.[64] 벨리-마티 캐르크캐이넨(Veli-Matti Kärkkäinen)은, "혼

---

59) Ibid., 452.
60) Ibid.
61) Wallace, *Fragments of the Spirit*, 138.
62) Ibid., 144.
63) Ibid.
64) Wolfhart Pannenberg, "The Spirit of God and the Dynamic of Natural Occurrence," *Systematic Theology*, 3 vols. (Grand Rapids: Eerdmans, 1994), 2:76-115.

돈의 원시 수면 위에서 창조에 참여하셨던 하나님의 영(창 1:2 참고)과 동일한 영이요 인간 생명의 원리"(창 2:7 참고) 라고 본다.[65] 물론 이런 표현들은 "사랑의 결합," "교제," "연합(communion)" 같은 표현들보다는 더 강하지만 동일한 곳을 향한다. 바로 성령을 '누군가'가 아니라 '무엇'으로 정의하는 것이다.

월래스의 글에서도 분명히 드러나듯, 성령에 관한 이런 정의는 명료하지 못하다.[66] 한편에서 성령은 신적 위격으로 제시된다. 한정 대명사인 '그녀(she)'가 '누구(who)'와 함께 사용된다.[67] 또 다른 한편에서 월래스는 성령을 "형이상학적 실체가 아니며, 인간의 번영과 이 행성의 안녕을 생산하는 치유하는 생명의 힘"으로 본다고 분명하게 말한다.[68] 두 정의가 한 문장에 동시에 등장하기도 한다. "이 글에서 내가 주장하는 바는 다음과 같다. 새로워질 지구에 대한 희망은, 모든 형태의 생명을 유지하기 위해 끊임없이 일하시는 '분'이요 우주 안에 존재하는 '신적 힘'인 성령에 대한 믿음에 기초할 때 가장 유효하다."[69]

이 모델은 맥패그나 몰트만이 제공하는 범재신론적 소재들을 강하게 신뢰할 때에만 개연성을 가진다. 월래스가 기본적으로 그들이 하나님에 대해 생각했던 바들을 성령에게 적용하기 때문이다. 내가 다른 곳에서 논

---

65) Kärkkäinen, *Holy Spirit*, 5 (강조는 저자).
66) Wallace, "Green Face of God," 444-460.
67) Ibid., 444.
68) Ibid., 446.
69) Ibid., 445.

하였듯이, 세상을 하나님의 몸으로 이해하는 맥패그의 관점은 하나님의 자유뿐만 아니라 피조물의 실재적 실체까지도 위협하는 것처럼 보인다.[70] 현대 신학의 전형으로서(헤겔 훨씬 이전부터) 범재신론은 존재의 일원성을 주장하였다. 곧 하나님의 존재가 피조된 존재를 질적으로가 아니라 양적으로 '초월'한다는 것이다. "세상은 하나님 안에 존재하지만, 하나님은 세상보다 크다"라는 말은 범신론과 범재신론을 구별하는 일반적인 방법이다. 그러나 이는 신적 주체와 인간 주체를 상호 의존적으로 만들며, 더 이상 하나님이 기적적으로 간섭하지 못할 뿐만 아니라 모든 인간 행위를 신적 행위이기도 한 것으로 만들어 버린다.[71]

세상을 하나님의 몸으로 보는 것(비유적 의미가 아니더라도)은 사실상 이런 관념이 극복하고자 한 데카르트의 이원론을 극복할 수 없게 만든다. 역설적이게도, 범재신론이 이해하는 하나님과 세계의 관계는 반이원론자(anti-dualist)들이 우려하는 폭력과 억압에 더욱 취약하다. 예를 들어, 세상을 하나님의 몸으로 보는 관념이야말로 세계영혼과 같은 신적 지성이 물질을 수동적으로 창조했다는 그림을 더 조장하지 않는가?[72] 다음과 같은 질문도 제기될 수 있다. 영혼이 몸을 움직여 행동할 수 있게 하듯이, 나

---

70) 다음을 보라. Michael Horton, *Covenant and Eschatology: The Divine Drama* (Louisville: Westerminster John Knox, 2002), 73-92.

71) 데이비드 레이 그리핀은 '과정 신학'이 사실상 '열린 신론'보다 '모든' 사건에서의 신적 개입을 '더' 긍정한다고 고찰한다. 다음을 보라. Griffin, "Process Theology and the Christian Good News," in *Searching for an Adequate God: A Dialogue between Process and Free Will Theism*, ed. John B. Cobb Jr. and Clark H. Pinnock (Grand Rapids: Eerdmans, 2000), 13.

72) 세계를 하나님의 몸으로 이해하는 많은 주장들 중 다음을 보라. Sallie McFague, *Life Abundant: Rethinking Theology and Economy for a Planet in Peril* (Minneapolis: Fortress, 2001), 30.

못잎이 바스락거리는 것에서부터 제국이 출현하는 것에 이르기까지 피조물의 모든 활동이 하나님의 활동이라면, 과연 창조주는 존재하는가? 더 나아가 피조물은 존재하는가? 여기서 실체 형이상학(substance metaphysics)에 대해 사건 형이상학(event metaphysics)으로 대응하고자 하더라도, 일관성에 더 가까워지도록 하지 못한다. 어떤 경우든 피조물의 주체성(세계 자체)은 환상에 불과해 보이며, 세상을 긍정하고자 노력한다 할지라도 가장 그럴듯한 결론은 무우주론(acosmism)이 되어 버리고 만다.

오늘날 가장 저명한 몇몇 오순절 신학자들이 이런 범재신론적 패러다임에 흥미를 느낀다.[73] 또한 범재신론적 경향을 가진 주류 신학자들은 보통 스스로를 '오순절적' 루터파·개혁파·감리교·성공회·가톨릭·침례교로 정의한다. 그들의 목적은 조직신학 전체를 성령론적 관점에서, 다시 말해 창조와 구원 모두를 성령의 선물로 이해하기 위해 그것을 완전히 재편성하고 재작업하는 것이다.[74] 필립 클레이튼(Philip Clayton)은 우리에게 "인

---

73) D. Lyle Dabney, "Saul's Armor: The Problem and the Promise of Pentecostal Theology Today," *PNEUMA: The Journal for the Society of Pentecostal Studies* 23.1 (2001): 128-140; idem, "Otherwise Engaged in the Spirit: A First Theology for a Twenty-First Century Church," in *The Future of Theology: Essays in Honor of Jürgen Moltmann,* ed. M. Volf, C. Krieg, T. Kucharz (Grand Rapids: Eerdmans, 1996), 154-163; Andrew K. Gabriel, *The Lord is the Spirit: The Holy Spirit and the Divine Attributes* (Eugene, OR: Pickwick, 2011), 특히 그의 프로젝트의 목적을 간략히 설명한 내용으로는 6-8을 참고하라. Amos Yong, *The Spirit Poured Out on All Flesh: Pentecostalism and the Possibility of Global Theology* (Grand Rapids: Baker Academic, 2005); idem, *The Spirit and Creation: Modern Science and Divine Action in the Pentecostal-Charismatic Imagination,* Pentecostal Manifestos 4 (Grand Rapids: Eerdmans, 2011); idem, *The Cosmic Breath: Spirit and Nature in the Christian-Buddhism-Science Trialogue,* Philosophical Sutdies in Science and Religion 4 (Leiden: Brill, 2012).

74) 몰트만, 판넨베르크 및 과정 신학과 헤겔의 밀접한 연관성은 익히 알려져 있다. 전통 전체를 성령론적으로 숙고하는 일에서 헤겔이나 헤겔주의자들의 자료들을 선호하는 경향이 갈수록 강해지고 있다. (과학적이진 않으나) 한 가지 수치를 예로 들자면, *Advents of the Spirit,* ed. Bradford E. Hinze and D.

간과 하나님이 공유하는 성령의 본성에 대한 더 풍부한 이론을 하나님과 세상의 관계에 대한 범재신론적 이해와" 결합시키는 신학이 필요하다고 믿는다.[75] "성령은 물고기가 살아가는 물과도 같다. 성령이 보이지 않는 것은 생명의 매개체(medium)로서 모든 곳에 퍼져 있기 때문이다."[76]

존재를 일원적으로 보는 전제가 있음을 고려한다면, 고전적 기독교 신학에서 말하는 비공유적 속성이 하나님과 세상 사이에 생명을 위협하는 폭력적인 위계질서를 뒷받침하는 '이원론적' 관계를 발생시킨다고 보는 것은 놀랍지 않을 것이다. 복음주의 침례교 신학자인 스탠리 그랜츠(Stanley Grenz)는 이렇게 말한다. "이는 심지어 우리로 하여금 세상을 하나님의 관계적 생명 안에서 진화하는 관계적 우주로 상상하게 만든다. 누군가는 삼위일체적인 범재신론을 말할 수도 있을 것이다."[77]

Lyle Dabney (milwaukee: Marquette University Press, 2001)이라는 중요한 작품의 색인을 보면, 헤겔의 이름이 적어도 스물세 쪽 분량에 포함되어 있으며, 피오르의 요아킴이 열여섯 쪽 분량에 등장한다. 반대로 이레니우스는 한 쪽, 성령의 위대한 교부 신학자인 바질은 열 쪽, 웨슬리(역사적 오순절주의가 웨슬리안적 특징을 강하게 가지는데도)가 네 쪽에서만 등장한다. 한편 공정하게 한 마디 하자면, 어거스틴은 마흔일곱 쪽 분량에서 등장한다.

75) Philip Clayton, "Philosophical Resources for the Doctrine of the Spirit," in Hinze and Dabney, *Advents of the Spirit*, 196. 이 글은 헤겔이 범재신론적 성령론에서 어떤 역할을 하는지와 왜 이 이론의 옹호자들이 성령에 대한 전통적 이해의 대안으로서 이것을 설득력 있게 생각하는지를 이해하는 데 도움이 된다.

76) Ibid., 202. 이 인용구에 대해 더 충분한 설명을 원하면 다음을 보라. Philip Clayton, *Adventures in the Spirit: God, World, and Divine Action* (Minneapolis: Fortress, 2008).

77) 다른 삼위일체적 범재신론의 지지자들과 같이, 그랜츠는 성령을 우리를 그리스도와 연합시키시는 분으로만 보는 것이 아니라 때때로 우리를 삼위 하나님의 내적 생명으로 여겨지는 곳으로까지 데려가시는 분으로 본다. Stanley J. Grenz, *Rediscovering the Triune God: The Trinity in Contemporary Theology* (Minneapolis: Augsburg Fortress, 2004); idem, "Holy Spirit: Divine Love Guiding Us Home," *Ex Auditu* 12 (1996): 1-13.

전통적인(사실은 보수적인) 복음주의 관점에서 넓은 헤겔주의에 속하는 성령 중심의 신학으로 옮겨 간 예 중 하나로, 클라크 피녹(Clark Pinnock)의 저서 『사랑의 불꽃: 성령의 신학』(*Flame of Love: A Theology of the Holy Spirit*)이 있다. 그리스도 중심의 신학은 "창조와 역사 전체에서 성령의 역할을 긍정하기 어렵게 만들었다. 성령의 영역을 성육신한 말씀이 명확하게 고백되는 곳으로 제한시켰다."[78] 그런데도 피녹은 성령이 성육신 이전과 이후에 모두 작용하셨으므로 구원이 그리스도를 믿는 이들에게만으로 국한되지 않는다고 말한다.[79]

만약 창조에서부터 섭리를 거쳐 구원에 이르기까지, 교회와 선교에서부터 종말론에 이르기까지, 우리의 교리 전체가 이런 관점으로 해석된다면 어떻게 될까? 피녹은, 한 가지 분명한 차이로 "구세주와 메시아" 또는 "모든 존재의 창조주와 근원"보다는 "인간 생명을 변화시키는 능력"에 초점을 맞추게 되리라고 말한다. 피녹은 라일 댑니(D. Lyle Dabney)의 저서 『성령

---

78) Clark Pinnock, *Flame of Love: A Theology of the Holy Spirit* (Downers Grove, IL: InterVarsity Press, 1996), 196-197. 또한 다음을 참고하라. Moltmann, *Spirit of Life*, 8-10.

79) 벨리-마티 캐르크캐이넨은 이에 동의한다. "피녹은 기독론에 뿌리박은 배타적인 신학보다 성령론에 기초한 신학이 은혜에 다가가기 쉽다고 올바르게 논하였다. 성자의 성육신은 특정한 시간과 역사에 묶여 있으며, 따라서 성령의 사역을 통해 보편적으로 유효하게 되어야만 지구의 가장 먼 구석까지 전달될 수 있다. 피녹은 참으로 혁명적이게도, 신앙이 하나님에게 닿고자 하는 인간의 허무한 시도(보수신학)나 하나님의 구원하시는 지식에 노골적인 장애(청년 바르트)가 되는 것이 아니라 하나님과 접촉할 수 있는 성령의 표지나 도구가 될 수 있다고 통찰했다"(Veli-Matti Kärkkäinen, *Pneumatology: The Holy Spirit in Ecumenical, International, and Contextual Perspective* [Grand Rapids: Baker Academic, 2002], 235). 성령론적 관점에 관한 더욱 보편적이고도 다양하며 열린 신학의 예로는 다음을 보라. Samuel Solvan, "Interreligious Dialogue: An Hispanic American Pentecostal Perspective," in *Grounds for Understanding Ecumenical Responses to Religious Pluralism*, ed. S. Mark Heim (Grand Rapids: Eerdmans, 1998), 37-45.

강림』(Advent of the Spirit)의 중요성을 상기시키면서, 성령에서 시작하면 우리 신학 전체의 방향을 새롭게 할 수 있을 것이라고 말한다.[80] "이런 관점은 교회 스스로가 이 세상 안에서 자리를 찾게 만들고, 이 시대에 더 적합한 방식으로 자신의 사명을 수행할 수 있도록 돕는다. (댑니가 생각하기에) 성령에게 우선순위를 주는 것은 우리가 이 세상에서 가지는 사명을 다소 다른 각도로 바라볼 수 있게 한다. 교회로 하여금 복음과 사회의 관계를 다시 생각하도록 돕는다."[81]

그러는 동시에 피녹은 『사랑의 불꽃』에서, 자신이 속한 전통을 명확하고도 잘 정의한 형태로 전달하는 다른 목소리들과 건설적으로 교류하기보다 그 목소리들을 선택적으로 혼합하였다. 한편으로 그는 전통적 문법을 사용하여, 성령이 우리 삶에 들어오시며 무언가가 가능하게 하고, 인격적 주체성으로서 가지는 다른 효과들을 유효하게 한다고 말한다. 그러나 다른 한편으로 신비주의적이고도 신인동형론적이며 현대인의 직관과 반대되는 듯 보이는 용어들을 사용하여, 더욱 범재신론적인 방향으로 움직이고 싶어한다. 비록 누군가가 기독교 신학을 성령 중심으로 구성하는 데 관심을 둔다 할지라도, 일치 신학(ecumenical theology)은 성령이 성부와 성자 모두와 관련되면서도 구별된 존재임을 어느 정도 설명해야 한다. 그러나 나는 그의 책에서 이런 식의 시도조차 찾지 못했다.

---

80) D. Lyle Dabney, "Why Should the Last Be First?," in Hinze and Dabney, *Advents of the Spirit*, 240-261.

81) Pinnock, *Flame of Love*, x.

내가 앞서 언급한 바 범재신론 패러다임에 내재된 두 가지 시도가 『사랑의 불꽃』에서 명확히 드러난다. 첫 번째 시도는 신성(하나님의 본질)을 거의 성령과 동일시함으로써 성부와 성자를 성령 안으로 욱여넣는 것임을 (적어도 그런 의도를 가졌음을) 기억하라. 두 번째 시도는 성령을 창조 안으로 욱여넣는 (그런 의도를 가진) 것이었다.

첫 번째 시도는 다양한 곳에서 드러난다. 어째서 성령이 "사랑의 불꽃"인가? 피녹은 어거스틴의 정의를 넘어서, 성령을 하나님의 본질의 남은 모든 속성들을 독특하게 전달하는 존재로 표현한다. 문제를 더 극명하게 말하자면, 피녹은 위격을 하나님의 본질과 같은 것으로 여겼고, 그 결과 성령을 비인격화해 버렸다. 이런 경향이 책 전반에 걸쳐 나타난다. 어떤 독자는 다음과 같은 설명에서 (정관사를 생략함으로써 발생하는) 미묘한 양태론을 감지해 낼 수도 있을 것이다. "만약 아버지(Father)가 궁극적 실재를 가리키며 아들(Son)이 신적 신비에 대한 실마리를 제공한다면, 영(Spirit)은 하나님의 능력과 임재의 근접성을 전형적으로 보여 준다."[82] '아버지'와 '아들'과 '영'은 한 존재로서 단지 '신적 신비'를 서로 다르게 지칭하는 것일 뿐인가, 아니면 서로 다른 위격들인가? 피녹은 이렇게 말한다. "영(성령)은 신적 생명의 쾌락이며, 넘치도록 풍성한 기쁨이다. 우주를 잉태하고 언제나 완전한 하나 됨을 만들어 내기 위해 일한다."[83]

---

82) Ibid., 9.
    역자주 - 여기서 피녹은 성부, 성자, 성령을 설명하면서 모두에 정관사를 쓰지 않는다. 그래서 일반명사인 아버지, 아들, 영으로 번역하였다.

83) Ibid., 48.

그는 책 전반에 걸쳐 성령을 '그녀(she)' '그것(it)' 또는 앞서 인용한 부분처럼 정관사를 생략한 채 바꿔 가면서 부른다. "가장 본질적으로 영은 초월적이며 신적이다. 고작 육적인 존재가 아니다. 그것(it)은 '생명 에너지 그 자체'이다."[84] 이 한 문장에는 두 가지 시도가 함께 등장한다. 세 위격 모두의 본질적 속성은 성령과 구별된다. 그러면서도 성령은 이제 단순히 "고작 육적"인 존재가 아니라 "영"이다. 상승하자마자 성령은 "생명 에너지 그 자체"와 "우리에게 하나님을 알리는 힘"으로 격하된다.[85] 그러나 어느 한 순간이 되면, 기독교의 삼위일체와 범재신론 사이에서 양자택일을 해야만 한다. 만약 성령이 생명 에너지 그 자체라면, 그분은 주님이요 생명을 주는 분일 수 없다. 비록 세상의 중심적 존재일 수는 있겠지만, (범재신론의 주장대로) 세상보다 큰 어떤 유의미한 존재라는 사실을 확증하기란 참으로 어려워진다.

그렇다면 우리는 성령과 자연 세계의 관계를 어떻게 재고할 것인가? 주님으로서 성령은 성부, 성자와 동일한 본질을 지니신다. 성령은 변화의 대상이 아니며 이미 스스로 온전하시고, 세계로부터 독립되어 있으시며, 불변하고 전지하며 전능하시다. 왜냐하면 그분이 바로 그러한 주님이시기 때문이다. 그분은 부족함이 아니라 사랑에 기초하여, 필요가 아니라 긍휼에 기초하여 피조 세계에 가장 친밀하게 자유로이 개입하신다. 생명을 주는 분으로서 성령은 비공유적 속성들을 가진 독자적 위격이시며, 결코 독

---

84) Ibid., 14 (강조는 저자).
85) Ibid., xx.

단적으로 행하시지 않고 삼위 하나님의 모든 사역에 사랑으로 참여하신다. 성부는 창조하고 구속하는 말씀을 발하시며, 성자는 중보하신다. 그러나 오직 성령만이 그 말씀을 완성하실 수 있다.

삼위일체 중 제삼위 외에 다른 성령은 존재하지 않는다. 성령은 예루살렘에 있는 이스라엘의 성전을 자신의 영광으로 채우셨고, 선지자들에게 말씀하셨으며, 성자를 영혼과 육신 모든 면에서 우리의 인성에 연합시키셨고, 예수님을 부활시키셨으며, 죽은 자들을 다시 일으키시고 왕국을 완성시킬 그날이 오기까지 자신 안에서 오늘도 "보편적이며 사도적인 하나의 거룩한 교회"를 창조하고 계신다. 그러므로 성령을 그리스도를 통해 우리를 성부께로 인도하시는 분 외에 다른 것, 또는 다른 분으로 칭송하는 것은 성령을 근심하게 만든다. 성령은 신적인 어떤 것이 아니라, 삼위 하나님 중 한 위격이시다.

범재신론적 성령론 지지자들은 현대가 실체적 형이상학에서 주관적 형이상학(subject metaphysics)으로 옮겨 가고 있는 까닭에 거의 불가피하게 자신들의 결론이 도출된다고 말한다. 그러나 문화적 조류가 규범적인 것으로 취급되는 것은 이것이 처음이 아니다. 그것은 범재신론이 자체적인 수용의 역사(history of reception)를 가진 또 하나의 이야기에 불과하다는 사실을 기억하도록 도울지도 모른다. 우리는 예전에도 이런 모습을 본 적이 있다. 비록 다소 다른 방식으로 형성되었지만 말이다. 리처드 멀러(Richard Muller)는 이른바 16세기의 자유주의자들이 "단 하나의 하나님의 영이 있어서 모든 것들의 단일한 실체가 된다는 분명한 범재신론적 교리를 고수했다"라고 말한다.[86] 1550년에 로저 허친슨은 잉글랜드 '자유주의자들'에 맞서, 성령이 하나님의 위격이며 "단순히 영감, 감정 또는 성품이 아니다"라고 논하였다.[87] 피터 마터 버미글리(Peter Martyr Vermigli)가 주장했듯이, 오순절에 주어진 것은 위격이지 신적 에너지나 영감이나 힘이 아니었다. 예수님은 "그가 너희에게 모든 것을 가르치고"(요 14:25) "그가……오직 들은 것을 말하며"(요 16:13)라고 약속하셨다. 이것을 단지 "영감이나 생각의 변화"로 볼 수는 없다.[88] 하나님께서 아담의 코에 불어넣으신 '생기'는 성령이 아니라, 성령께서 몸을 생동하게 하고 사람을 '생령'으로 만드신 창조의 숨결이었다. 온 우주는 성령의 에너지로 유지되고 번성하지만, 결코 성령이 본질을 발산함으로써 그렇게 되는 것은 아니다.

무로부터의 창조 교리는 창조주와 피조 세계 사이에, 그리고 기독교와 온갖 종류의 범신론 및 범재신론 사이에 흐르는 루비콘(the Rubicon) 강이다. 성령은 피조 세계 위에 운행하면서 명령하고 세워 가시며, 성자 안

---

86) Richard Muller, *Post-Reformation Reformed Dogmatics: The Rise and Development of Reformed Orthodoxy, ca 1520 to ca. 1725*, 2nd ed., 4vols. (Grand Rapids: Baker Academic, 2003), 4:334. 다음도 참고하라. Calvin, *Treatises against the Anabaptists and against the Libertines*, trans. and ed. Benjamin Wirt Farley (Grand Rapids: Baker, 1982), 230-233, 238-241.

87) Muller, *Post-Reformation Reformed Dogmatics*, 4:336에서 Roger Hutchinson, *Image of God or Laie Mans Book, in Which the Right Knowledge of God Is Disclosed* (London: John Day, 1550), 134-139을 재인용. 멀러는 헤르만 비찌우스의 *Exercitationes*, 13.3를 인용하면서, 개혁과 정통주의가 성경에 언급된 '영'을 일반적으로 세 가지로 구분했다고 고찰했다. 이 세 가지 본질적 용법(요 4:24처럼 하나님의 본질을 영으로 설명한 것), 위격적 용법(성령을 지칭하는 것), 그리고 환유적 용법(성령 사역의 중요한 효과들을 가리키는 것으로 '숨'이나 선지자들에 의해 약속된 은사들이 여기에 해당한다)이다(*Post-Reformation Reformed Dogmatics*, 4:341).

88) Peter Martyr Vermigli, *Commonplaces*, 1.12.7를 Muller, *Post-Reformation Reformed Dogmatics*, 4:344-345에서 인용.

에서 성부의 말씀에 의해 작정된 모습으로 피조물을 이끌기 위해 피조물 가운데서 일하신다. 곧 성령은 자신을 세계영혼이나 생명의 원리나 에너지 같은 것으로 여기는 관념과 정면으로 대립된다.

오늘날 다수의 과정 신학이나 자유주의 신학은 '주님'이 아닌 '성령'을 따르며 '생명을 주는 분'이라는 성령의 역할을 현 시대의 내적 과정('육신')과 유사하게 만들어 버린다. 성령이 세계영혼과 유사하다면, 아무리 선하다 할지라도 죽음과 파멸의 힘에 묶인 이 세상을 구원할 수 없다. 범재신론적 신학이 피조 세계를 종말론적 종착지인 샬롬으로 이끄는 성령에 관해 온갖 소망 가득한 말들을 해대더라도, 과연 어떻게 그것이 가능한지조차 알기 어렵다. 결국 이런 사고체계에 따르면, '피조 세계의 완성이 하나님께 달려 있다는 것'과 동일하게 '성령(또는 무관사 '영')이 우리에게 의존한다'는 것이 참이 된다. 더 급진적으로, 우리가 환경을 파괴함으로 말미암아 성령의 존재 자체가 위협당한다는 견해가 있다.[89] 이는 하나님께서 어떻게 우리를 구원하실까보다는 우리가 어떻게 하나님을 구원할까 하는 질문이다.

그러나 아직은 열린 신론에 길들여지지 않은 이들이 '상처 입은 성령'과 살해된 성령이 단지 그 정도가 다를 뿐이라는 사실을 인식할지 모르겠다. 그러나 성령이 자유롭게 내재적이실 수 있는 것은 그분이 필연적으로 초월적이시기 때문이다. 어쩌면 우리는 성령이 삼위일체 중 '연약한' 분이 아님을 말로 표현할 수 없을 정도로 감사해야 할지도 모른다. 성령은 절대

---

89) Wallace, "The Wounded Spirit," 51-72. 다음을 참고하라. idem, *Fragments of the Spirit*, 138.

주권을 지닌 주님이요 생명을 주는 분으로서 "성부와 성자와 함께 예배와 영광을 받으시는 분"이다.

성령에 대한 성경적 개념은 성령론적 범재신론과 완전히 다르다. 성경은 성령이 주님으로서 세상과 독립적으로 존재하시는, 그러면서도 그 안에 자유롭게 사랑으로 임재하시고 그것으로 인해 기뻐하시는 분이라고 말한다. 피조물이 지닌 자유는 실재(real)이다. 이는 피조물의 존재가 하나님의 말씀(성자)에서 비롯되었으나 그 존재와 주체성은 하나님과 질적으로 다르기 때문이다. 성령은 세상 위에서 움직이는 아리스토텔레스의 원동자(prime mover)와는 달리, 세계 안에서 생동하신다. 그러면서도 성령은 이 땅이 피조물답게, 그 유한한 방식으로 스스로 결실할 수 있도록 일하신다. 또한 성령은 세상으로부터 독립되어 있으므로(불변하고 전지하며 전능하시므로) 자신의 구원을 위하여 반역한 인류를 의지하시기보다는 그분이 세상을 구하실 수 있다. 로마서 8장은 모든 피조물이 부활의 영광에 동참하리라는 사실을 우리에게 확증한다. 이 확신은 단 한 순간도 우리의 죄가 '결국 하나님의 생명 자체를 영구적으로 파괴할지도 모른다'고 생각하지 못하게 한다.[90]

성령에 대한 이러한 기독교적 확신은, 언젠가 하나님께서 모든 것을 해결하시리라 소망하면서 현재의 책임을 포기하는 수동적 태도로 비춰질 수도 있다. 그러나 월래스의 글들에서 언급되는 심각한 환경 파괴를 생각해 보자. 그에 따르면, 만약 성령이 삼위일체(the Godhead) 중 형이상학적

---

90) Wallace, "Green Face of God," 452.

위격으로서 언제나 주님이요 생명을 주는 분이시며 앞으로도 그러하실 분이 아니라면, 인간의 반역 앞에서 절망이야말로 유일한 지성적 반응일 수밖에 없다. 비록 우리가 성령을 살해할 수는 없으나 우리의 환경론적 폭력으로 성령을 소멸할 수는 있다. 폭력에 대한 가장 극렬한 반대가 기독교의 본질적인 신학적 확신으로부터 성경적 믿음에 이르기까지, 기독교적인 근원에서 나왔다는 사실을 알면 일부 비평가들이 놀랄지도 모르겠다.[91]

한편 복음주의 신학(evangelical theology)은 성령으로 모든 것을 새롭게 한다는 점에서만이 아니라 성령으로 자연 질서를 유지한다는 측면에서도 삼위일체 하나님의 목적에 맞게 더욱 다듬어져 가야 한다. 성령은 단지 창조와 구속에서만이 아니라 섭리에서도 '생명을 주는 분'이시다. 세계의 구속자가 곧 그 창조자라는 것은, 이 자연 세계에서 어떻게든 도망치는 것이 우리 영혼이 구원받는 길이라는 생각이 전혀 정당하지 않다는 사실을 시사한다. 이 세계는 필연이 아닌 사랑의 자유 안에서 창조되었다. 성령은 이 세계가 혼돈뿐인 물질이었을 때부터 사랑하셨다. 성령은 우리에게 이 세계를 파괴하도록 허락하지 않으시며, 오히려 우리의 죄를 정죄하신다. 그리고 우리는 우리의 마음과 행동을 감찰하시는 그 심판을 감히 소

---

91) 그동안 프랜시스 베이컨과 같이 생각하는 사람들이 무수히 많았다는 사실을 확실히 밝히는 바이다. 이들은, 인간이 하나님의 형상으로 창조되었다는 것을 자연을 정복하는 정당성을 얻은 것이라고 주장하였다. 말하자면, 베이컨에게 자연은 관심과 지혜와 경외심 어린 이성으로 가꾸어야 할 정원이라기보다 탈취해야 하는 자원이었다. 이러한 폭력적 언어가 베이컨의 저서 『신기관』(*Novum Organum*) 전체에서 명확히 드러난다. 특히 여인을 "형틀에 올려놓고" 강압적으로 비밀을 캐내는 것으로 자연을 비유한 것은, 『새로운 아틀란티스』(*New Atlantis*)에서 악명 높은 부분이다. 그러나 토마스 키스가 *Man and the Natural World: Changes in England, 1500-1800* (Oxford: Oxford University Press, 1996)에서 기록하듯이, 베이컨과 동시대를 살아간 청교도들은 이런 경향에 강하게 반발하였다.

멸할 수 없다. 우리는 전혀 이루어질 수 없는 것처럼 보이는 우리 개인의 성화를 끊임없이 추구한다. 왜냐하면 우리 안에서 착한 일을 시작하신 이가 끝까지 이루실 줄을 확신하기 때문이다(빌 1:6 참고). 여기에는 우리가 환경에 대해 가지는 청지기 역할도 포함된다.

이 세상의 구원에 대해 이런 짐을 어깨에 짊어질 때에야 비로소 우리는 하나님의 약속에 비추어 책임감 있는 삶을 살 수 있다. 그렇지 않다면, 우리는 절망에 빠져 손을 놓아 버리고 말 것이다. 이 성령이 세계 자체의 일부나 세계영혼이 아니라는 바로 그 사실 때문에, 창조는 결코 태초에 받았던 내적 원리에 의해 결정되지 않는다. 경험적 과학이 자연의 일반적 발견들을 정의하는 법칙이나 공식들에 근거하여 자연이 내적 원리에 의해 결정된다는 의견을 제시할 수는 있겠으나, 실상 결정적인 마지막 한 마디는 할 수 없다. 창조나 섭리에서만큼이나 구속에서도 "주의 영이 계신 곳에는 자유가"(고후 3:17) 있다.

카이퍼가 수많은 다른 개혁파 신학자들과 동일하게 주장했듯이, 창조의 하나님은 구속의 하나님과 뭔가 다르며, 따라서 후자가 전자로부터 우리를 구원하신다고 생각하고 싶은 교묘한 마르시온주의(Marciontie)의 유혹이 항상 존재한다. 그러나 이는 성경의 이야기에 정면으로 반한다. 성경의 성부는 자신이 만든 창조 세계를 구속하시고, 성자는 바로 그 창조 세계의 실재가 되셨고, 성령은 (죄로 인해) 황량해진 사막을 (은혜로 말미암아) 꽃이 가득 피는 과수원으로 바꾸신다. 새 창조에서 나타나는 성령의 은사는 첫 창조 때의 은사를 초월하지만, 둘 간에는 유기적 관계가 존재한다. 은혜는 자연을 파괴하지 않고 회복시키며, 온전한 안식일의 안식으로 이끈다. 새 창조가 알아볼 수 없을 정도로 새로운 상태이겠으나, 바로 이 세계가 구원받고 장차 다시 새롭게 될 것이다. 세계는 달라 보이겠으나 다른 세계가 생기는 것은 아니다. 우리는 그리스도의 부활에서 이를 미루어 짐작할 수 있다. 우리는 창조와 구속을 대립 관계로 두는 것을 조심해야 한다. 상태와 탁월함이 얼마나 차이 나든지 간에, 다시 살아나신 그리스도와 다윗의 육신적 자손이요 마리아의 젖을 먹고 자란 그리스도는 동일한 분이다.

동일한 성령이 모든 피조물과 함께 우리를 죽은 자 가운데서 다시 살리실 것이다. 피조 세계의 물 위에서 보호하고 혼돈의 물질을 소중히 여기신 그 성령께서 그것들을 새롭게 하실 것이다. 그러나 성령은 하나님의 형상으로 창조된 인간이 청지기 역할을 폭정으로 변질시킬 때에 근심하신다. 성경에서 인간이 폭력을 행하여 흘린 피로 인해 괴로움과 심판을 부르짖는 것은 다름 아닌 땅이다(창 4:9-11; 히 12:24 참고). 땅은 하나님께 반역한 인간에 의해 "허무한 데 굴복"(롬 8:20)하였다. 지금 하나님은 타락한 피조 세계가 죄악된 인간으로 인해 완전히 파괴되는 것을 막고 계신다. 성령께서 질서를 세우고 보존하고 억제하며, 피조 세계의 중보자인 성자 안에서 각기 그 종류대로 존재하라고 말씀하신 성부의 말씀대로 피조물의 실재가 열매를 맺게 하시는 섭리의 사역에 우리가 '보조를 맞춘다는 것'은 무슨 의미인가? 성령은 장차 올 시대의 주님이시기도 하다. 그분은 세계를 파괴하는 영이 아니라 완성하는 분이시다. 그날이 되면, 산들은 하나님의 자녀들이 나타남으로 말미암아 손뼉 칠 것이다.

3장 | 몸의 준비: 구속사 안에서의 성령

"그러므로 주께서 세상에 임하실 때에 이르시되,

하나님이 제사와 예물을 원하지 아니하시고
오직 나를 위하여 한 몸을 예비하셨도다.
번제와 속죄제는 기뻐하지 아니하시나니
이에 내가 말하기를, 하나님이여 보시옵소서
두루마리 책에 나를 가리켜 기록된 것과 같이
하나님의 뜻을 행하러 왔나이다 하셨느니라.

위에 말씀하시기를 주께서는 제사와 예물과 번제와 속죄제는 원하지도 아니하고 기뻐하지도 아니하신다 하셨고 (이는 다 율법을 따라 드리는 것이라),

그 후에 말씀하시기를 보시옵소서 내가 하나님의 뜻을 행하러 왔나이다 하셨으니 그 첫째 것을 폐하심은 둘째 것을 세우려 하심이라. 이 뜻을 따라 예수 그리스도의 몸을 단번에 드리심으로 말미암아 우리가 거룩함을 얻었노라"(히 10: 5-10).

히브리서의 저자는 성자의 성육신과 능동적 순종이 하나님께 향기로운 찬양의 제사와 감사가 되었다는 사실을 잘 알았다. 이는 본래 인간이 하나님께 올려 드려야 하는 향이었다. 처음 다섯 절에서, 저자는 피의 동물 제사가 죄책을 제거하지 못한다는 사실을 알려 준다. 사실 그것들은 우리 죄를 영원히 기억나게 하는 역할을 한다. 우리의 양심은 결코 안식할 수 없다. 참 하나님의 어린양이 오시기 전까지 이 제사들이 우리의 죄책을 덮어주는 역할을 했지만 말이다. 히브리서 9장에서 저자는, 그리스도가 "영원하신 성령으로 말미암아" 자기 피를 화목 제사로 드린 것은 바로 우리 "양심을 죽은 행실에서 깨끗하게 하고 살아 계신 하나님을 섬기게" 하시기 위함이었다고 말한다(히 9:14 참고).

달리 말하면, 예수님은 감사의 제사, 곧 순종의 찬양으로 드린 산 제사와 우리를 위한 속죄제를 함께 드리셨다. 이 두 종류의 제사는 전통적으로 그리스도의 능동적 순종 및 수동적 순종과 같은 것으로 여겨졌다. 그리스도께서 모든 의를 성취하고 우리의 저주를 가져가셨기에 이제 우리가 감사하는 자녀로 그분께 참여할 수 있게 된 것이다. 그리스도의 자비 아래 우리는 우리 자신을 하나님께 드린다. 우리 죄책에 대한 그분의 의를 가라앉히기 위함이 아니라 감사로 드리는 "산 제물"이 되기 위함이다(롬 12:1,2

참고).

여기서 우리는 이번 장과 이어지는 장들의 중요한 교차점을 만나게 된다. 실제로 성경 전체를 요약하는 한 가지 방법은, 그것을 성령으로 생동케 된 인간의 몸을 준비하시는 과정으로 보는 것이다. 아담에서부터 이스라엘을 거쳐 마리아와 그리스도에 이르러 온 세계에 가득 찬 교회적 몸에 이르기까지 흐름이 존재한다.

몸을 준비하시다: 아담에서 이스라엘까지

루터는, 구약을 아기 예수님이 누웠던 말구유로 이해한다. 우리는 이 몸에 관한 준비를 아담의 창조에서 처음 만난다. 하나님께서 그에게 "생기(니쉬맛 하이임)"를 불어넣으셨고, 그는 "생령(네페쉬 하야)"이 되었다(창 2:7 참고). 이는 아담과 하와의 온 가족을 포함해 외부로 확장된다. 그러나 이미 가인 때에 처음으로 선지자를 살해하는 사건과 교회 핍박이 나타난다(눅 11:50,51 참고). 아벨을 대신하는 셋과 그의 후손은 다음 진술로 인해 다른 이들과는 구분된다.

"그때에 사람들이 비로소 여호와의 이름을 불렀더라"(창 4:26).

결국 이 세계는 성령께서 근심하시는 부패로 가득 차게 된다.

"여호와께서 이르시되 나의 영이 영원히 사람과 함께하지 아니하리니 이는 그들이 육신이 됨이라. 그러나 그들의 날은 백이십 년이 되리라 하시니라"(창 6:3).

내가 보기에 킹제임스 번역이 더 좋은 듯하다. "나의 영이 사람과 함께 싸우지 아니하리라." 성령의 일반 은혜 사역은 그분이 악인들 가운데 거하시는 것이다. 그것은 그들을 억제하고 진리와 선과 아름다움이라는 자연적 씨앗이 싹을 틔우도록 하시는 것이다. 성부가 자기 아들의 중보를 통해 이 씨앗들을 심으셨다. 홍수 이야기의 서론으로서 창세기 6장이 말하려는 핵심은, 결국 인류가 그 양심에 화인을 맞아 의지적으로 성령의 억제하는 힘을 거부했다는 것이다. 사도 바울이 '감사하지 않음'을 타락한 인류의 죄의 뿌리로 규정한 것은 의미가 있다.

"하나님을 알되 하나님을 영화롭게도 아니하며 감사하지도 아니하고 오히려 그 생각이 허망하여지며 미련한 마음이 어두워졌나니"(롬 1:21).

최근에 라이트(N. T. Wright)가 주장하듯이, 인류가 자신들을 향한 부르심을 버리고 하나님으로부터 청지기로서 받은 권위를 우상에게 넘겨준 것이 문제의 근원이다.[1] 단순히 수명을 줄이는 편이 더 나았을 것이다. 노아의 가족들까지도 금세 세상과 타협하고 말았다. 그러나 하나님은 여전히 몸을 준비하고자 하셨다. 이 몸은 마침내 감사의 삶을 사는 사람, 곧 선하신 성부의 손에서 모든 것을 받은 언약의 종이 마땅히 보여야 할 반응을 보이는 사람이다. 하나님은 아브람을 부르시고, 복음적 약속으로 이 족장의 허리와 늙은 사라의 닫힌 자궁에서 계속해서 한 몸을 준비하셨다.

수세기 후에 하나님은 자신의 언약을 지켜 자기 백성들을 애굽에서 이

---

[1] 이는 다음 책의 주된 모티프이다. N. T. Wright, *The Day the Revolution Began* (San Francisco: HarperOne, 2016).

끌어 내시고, 그들을 지도하고 필요를 공급하시기 위해 그들 위에 운행하시는 성령과 함께 약속의 땅으로 들어가게 하신다. 시내산에서 교회는 나라가 되었고, 가나안에 도착하자 성령은 결국 영원한 거처가 될 성전에 거하신다. 하늘로 굽이치며 올라가는 불타는 제물의 연기는 하나님의 어린 양이 오시기 전까지 일시적이고도 모형적으로 죄를 덮는 역할을 했다. 성경을 정경으로 읽음으로써, 우리는 하늘의 구름과 성령이 깊이 연관됨을 깨닫는다(느 9:19,20; 사 63:11-14; 학 2:5; 행 2장 참고). 이는 창세기 1장 2절에서 이미 암시된 듯하다. 남왕국과 북왕국이 왕되신 여호와께 등을 돌리자 성령은 지성소를 떠나 대적들을 일으키셨고, 분열된 백성들 중 이스라엘은 앗수르, 그리고 이후 유다는 바벨론으로 잡혀가게 하셨다.

그러면서도 성령은 선지자들을 통하여 지속적으로 한 몸을 준비하셨다. 이스라엘 역사 전체는 그 여인의 씨요 아브라함과 다윗의 씨의 운명이었다. 뱀은 수없이 그 씨를 없애려고 했다.

그러므로 성경이 보여 주는 이야기는 이 세계와 역사에서 멀리 날아가 버리는 것이 아니라, 인간과 짐승, 생기를 가진 모든 존재를 자유롭게 하기 위한 시간과 공간 안에서 한 몸이 준비되는 일을 중심으로 하나가 된다. 성령은 목적뿐만 아니라 수단도 피조된 실재로부터 취하신다. 성령은 자신의 특별한 사역을 위해 평범한 사람과 장소와 사물들을 거룩하게 하신다. 비록 성령은 묶여 있는 분이 아니시지만, 우리가 그분께로 다가갈 수 있도록 스스로를 기꺼이 피조된 도구들에게 구속하신다. 모세의 지팡이, 구름기둥과 불기둥, 광야의 구리뱀, 성막과 성전, 언약궤, 진설병, 분향단,

그리고 사무엘의 기름과 피로 드린 제사가 그러하다. 성령이 거하시는 곳이라면 어디든지, 온 땅에 양식과 포도주가 풍부하고 가득하다. 반면, 성령께서 지성소를 떠나시면, 그 땅은 더 이상 거룩하지 않고 평범할 뿐이다.

이 모든 방법들에서 우리는 성령이 피조 세계와 새 창조 안에서 일하시는 방식 사이에 나눌 수 없는 끈끈한 관계가 있음를 본다. 카이퍼는 이렇게 고찰했다.

그리고 만약 죄가 들어오지 않았다면, 우리는 다음 세 가지 일련의 단계로 사역이 이루어졌다고 말할 수 있을 것이다. 첫째로 생명 없는 물질의 잉태이며, 둘째로 이성적 영혼을 생동케 하심이며, 셋째로 하나님의 택하신 자녀들 안에 자신이 직접 거하심이다. 그런데 죄가 들어왔다. 즉, 인간과 자연을 '자신들의 정해진 바로부터' 떨어뜨려 놓은 힘이 들어온 것이다.[2]

목표는 피조 세계를 파멸시키고 다시 창조하는 것이 아니라, 피조 세계를 회복하여 심지어 이전보다 더욱 위대한 영광으로 끌어올리는 것이다. 카이퍼는 다음과 같이 덧붙인다.

따라서 구속은 성령께 새롭게 더해진 사역이 아니다. 둘은 동일하다······
성령은 죄에 방해받지 않고, 또는 죄에 방해받을지라도 모든 존재가 그

---

2) Abraham Kuyper, *The Work of the Holy Spirit,* Trans. Henri De Vries (New York: Funk & Wagnalls, 1900; repr., Grand Rapids: Eerdmans, 1979), 24.

정한 바대로 살 수 있게 하신다. 택자를 구원하심으로써, 그리고 주 예수 그리스도가 다시 오실 때에 하늘과 땅의 모든 것을 회복하심으로써 그 일을 이루신다.[3]

바로 이것이 목적이며, 성경을 영감하고 그리스도의 몸을 준비하신 것은 그 목적을 이루기 위한 방편이다.[4]

몸을 준비하시다: 계시의 영

삼위 하나님의 신비에 관한 계시는 은혜 언약의 역사를 통해 점진적으로 밝혀진다. 나지안주스의 그레고리는 이렇게 설명한다. "구약은, 성부는 명확히, 성자는 다소 흐릿하게 선포한다. 신약은 성자를 드러내며 성령의 신성을 제시한다. 이제 성령이 친히 우리 가운데 거하시며 우리에게 자신을 더욱 명료하게 보여 주신다."[5] 그러나 성령은 이제껏 무대 뒤에 숨어서 그 약속이 계속 전진할 수 있도록 지키셨다. 그분은 인간이 그분의 길에 파 놓은 깊은 참호와 철조망을 뛰어넘어 이스라엘의 육신으로부터 성자의 몸을 준비시키셨다.

다음과 같이 성령은 성육신하신 예수님을 우리에게 주셨다. 성령은 처

---

3) Ibid.
4) Ibid., 25.
5) Gregory of Nazianzus, *On the Holy Spirit* 26 (*NPNF*² 7:325-326).

녀의 태를 준비하시기 이전부터 선지자들을 통해 이스라엘을 그분의 말 구유로서 준비시키셨다. 그리스도를 선포하는 성령의 사역은 오순절이나 마리아에게 수태를 고지할 때에 시작된 것이 아니다. 이는 창세기 3장 15절까지 거슬러 올라간다. 성령은 이미 성자에게 속한 것을 성도들에게 보편적 은혜로 만들고 계셨다. 이스라엘은 성령으로 기름부음 받은 구원자를 기다리고 있었는데, 이는 성령이 계시의 날개로 백성들을 덮으사 소망의 씨앗이 싹트게 하셨기 때문이다.

삼위일체적이고도 기독론적 원리인 '구별되나 분리되지 않는'이라는 표현은 성경이 자신의 성격을 신적이며 동시에 인간적이라고 말하는 것에도 분명히 해당된다. 매이지 않으시는 성령은 기꺼이 피조 세계의 수단과 구별되면서도 하나 되는 방식으로 스스로를 묶으셨다. 창조 때에 성령은 물을 매개로 일하셨는데, 물과 땅을 나누심으로써 언약적 연합에 적합한 환경을 제공하셨다. 섭리 속에서 성령은 성부에게서 보냄을 받아 피조 세계를 유지하며 "지면을 새롭게"(시 104:30) 하셨다. 따라서 피조 세계에서 성령의 도구로 사용된 것은 무엇이든 그분의 손길을 생소하게 느끼지 않는다. 이미 그분의 완전한 사역의 결과물이니 말이다. 성령은 창조된 모든 것과 인간이 어떻게 작동하는지를 아실 뿐만 아니라 실제로 작동시키시는 분이다. 물론 그분은 피조 세계의 방편들을 동원하지 않고서도 직접 일하실 수 있지만, 그것은 그분이 일반적으로 사역하시는 방식이 아니다.

바로 성령께서 선지자들이나 사도들이 진리를 억압하지 않고 빛을 소멸하지 않도록 하셨다. 힘으로 그렇게 하신 것이 아니라 그들을 매임에서 자유롭게 하며, 그들의 마음이 성령의 뜻을 기꺼이 따르도록 하심으로써 그렇게 하셨다. 성육신에서 드러난 성자의 낮아지심과 성령의 영감 사이에는 정당한 유비가 존재한다. 영원한 말씀은 "그 앞에 있는 기쁨을 위하여"(히 12:2) 자신의 영광을 잠시 제쳐 두고 기꺼이 우리 본성, 곧 "종의 형체"를 입으셨으며, 이로 인하여 "모든 이름 위에 뛰어난 이름"이 되셨다(빌 2:5-11 참고). 이와 유사하게, 성령은 자신의 형언할 수 없는 언어를 상대적으로 비천한 인간의 언어와 연합시킴으로써 우리 수준으로 내려오기를 부끄러워하지 않으셨다. 그리고 그 과정에서 단순한, 어떤 경우에는 심지어 거칠기까지 한 글의 형태로 기록하셨으며, 다른 모든 글들 위에 높임을 받으셨다.

성경 자체는 두 가지 형태의 화행의 결과물이다. "있으라 하시니……있었고"(이는 '여호와가 말하노라'에 상응한다)는 객관적으로 무(無)에서 유(有)를 창조하는 명령법적 화행이다. 또한 열매 맺는 효과를 이끌어 내는 주관적인 화행이 있다("땅은……내라 하시니……땅이……내니"). 성령은 당연히 이 둘 모두에 관여하시지만, 특히 후자에서 그분의 사역이 명백하게 나타난다. 바로 성령께서 성부에게서 말미암은 말씀을 성취하신다. 예를 들어, 성경을 영감하는 일에서 성령은 단지 인간 저자 위에서 사역하시거나 그들과 함께하면서 중심 내용(기록된 성경 안에 나타난 성자)을 그들 생각에 심으셨을 뿐만 아니라, 그들 안에서 사역하셨다. 성령은 인간의 말을 뒤엎지 않고 성결하게 하셨다. 그들의 일생에 직접 작용하신 섭리 안에서 성경 저자들의 평범한 언어와 문화, 사회적, 개인적 성향들을 취하여 말씀을 기록하게 하셨다.

따라서 성령은 거룩한 하나님의 말씀을 영감하는 과정 가운데 많은 방법들을 취하시고 "여러 부분과 여러 모양으로"(히 1:1) 말씀하셨다. 어떤 곳에서 우리는 분명히 하나님께서 직접 말씀하시는 것을 발견한다. 심지어 사람이 하나님의 말씀을 받아쓰는 곳도 있다. "여호와의 말이니라"라는 표현은 창조 때의 "있으라"라는 화행에 상응한다. 그러나 성경의 대부분은 "땅은……내라"라는 계시적 방식으로 영감되었다. 이는 전 과정이 유기적이며 자연적인 측면이 있음을 짚어 준다. 예를 들어, 누가복음이나 사도행전에는 하나님께서 누가에게 직접 명령하거나 어떤 환상을 보여 주셨다는 언급이 없다. 누가는 다만 이렇게 말한다.

"그 모든 일을 근원부터 자세히 미루어 살핀 나도 데오빌로 각하에게 차례대로 써 보내는 것이 좋은 줄 알았노니"(눅 1:3; 행 1:1 참고).

목격자에게서 증언을 듣고 여러 보고서를 종합하는 방법은 그 무엇보다도 피조 세계에 속한(사실 일반적인) 것이다. 죄인인 선지자들과 사도들로부터 무오한 내용을 '산출'하게 하는 것은, 그들의 성격과 주체성을 완전히 억눌러 그들을 성령이 말씀하시는 대로 받아쓰는 비서로 만드는 것보다 더 큰 기적을 요구한다.

그런데도 이런 피조물이라는 매개는 말씀하시는 분이 하나님이라는 사실에서 조금도 벗어나지 않는다.

"말하는 이는 너희가 아니요 성령이시니라"(막 13:10,11).

"모든 성경은 하나님의 감동으로 된 것으로"(딤후 3:16).

데살로니가 사람들은 사도들의 가르침을 "사람의 말로 받지 아니하고 하나님의 말씀으로"(살전 2:13) 받았다고 칭찬받았다. 왜냐하면 "예언은 언제든지 사람의 뜻으로 낸 것이 아니요 오직 성령의 감동하심을 받은 사람들이 하나님께 받아 말한 것"(벧후 1:21)이기 때문이다.

"이 구원에 대하여는 너희에게 임할 은혜를 예언하던 선지자들이 연구하고 부지런히 살펴서, 자기 속에 계신 그리스도의 영이 그 받으실 고난과 후에 받으실 영광을 미리 증언하여 누구를 또는 어떠한 때를 지시하시는지 상고하니라. 이 섬긴 바가 자기를 위한 것이 아니요 너희를 위한 것임이 계시로 알게 되었으니 이것은 하늘로부터 보내신 성령을 힘입어 복음을 전하는 자들로 이제 너희에게 알린 것이요 천사들도 살펴보기를 원하는 것이니라"(벧전 1:10-12).

베드로는 이렇게 기록할 때, 틀림없이 성령이 "너희에게 모든 것을 가르치고 내가 너희에게 말한 모든 것을 생각나게"(요 14:26)하며 "너희를 모든 진리 가운데로 인도하시리니"(요 16:13)라고 하신 예수님의 말씀을 기억했을 것이다.

바울은 사도들이 "오직 은밀한 가운데 있는 하나님의 지혜"요 "감추어졌던 것인데 하나님이 우리의 영광을 위하여 만세 전에 미리 정하신 것"(고전 2:7)을 말한다. 또한 다음과 같이 기록한다.

"오직 하나님이 성령으로 이것을 우리에게 보이셨으니 성령은 모든 것 곧 하나님의 깊은 것까지도 통달하시느니라. 사람의 일을 사람의 속에 있는 영 외에 누가 알리요 이와 같이 하나님의 일도 하나님의 영 외에는 아무도 알지 못하느니라. 우리가 세상의 영을 받지 아니하고 오직 하나님으로부터 온 영을 받았으니 이는 우리로 하여금 하나님께서 우리에게 은혜로 주신 것들을 알게 하려 하심이라. 우리가 이것을 말하거니와 사람의 지혜가 가르친 말로 아니하고 오직 성령께서 가르치신 것으로 하니 영적인 일은 영적인 것으로 분별하느니라"(고전 2:10-13).

그렇다면 가장 초기에 해당하는 교부들이 성경의 본성과 영감을 다루는 문맥에서 성령에 관해 설명하는 경우가 많다는 사실 때문에 놀랄 필요가 없다. 니케아 신경의 용어를 빌리자면 "우리는 성령을 믿사오며……그는 선지자들을 통하여 말씀"하셨다. 사실 성경을 영감한 것은 성령의 완전한 신성에 대한 근거가 된다. 중생과 내주하심, 성화와 영화라는 우리의 구원을 이루는 데서 하나님보다 못한 분이 필요하지 않듯이, 우리가 성경을 하나님의 말씀으로 확신하기 위해서는 그것을 영감하신 분이 하나님 자신이어야만 한다.

선지자들을 통하여 나타난 성령의 약속

성령은 언약 백성들을 약속으로 이끄는 중요한 순간에 모세에게 임하셨다. 또한 맡은 사역에 따라 특별히 기름 부음을 받은 다른 사람들도 있었다. 하나님은 유다 지파의 브살렐을 성막을 건설하는 예술가들과 기술자들을 관리하는 자로 특별히 구별하셨다. 여호와는 모세에게 "하나님의 영을 그에게 충만하게"(출 31:3, 35:31) 하였다고 말씀하셨다. 그 성령은 자기 백성을 낮에는 구름기둥으로, 밤에는 불기둥으로 광야에서 인도하셨고, 자신의 날개로 창조의 혼돈의 물질을 덮으사 집을 천국의 성전을 이 땅에 그대로 옮겨 온 가정으로 바꾸셨다. 성령은 인간의 특성들을 취하여 자신이 거하는 가정을 세우고 아름답게 바꾸신다. 그분은 창조 때에 경계를 정하고 혼돈을 질서 있는 우주로 바꾸신 것처럼, 브살렐에게 능력을 주셔서 성부의 말씀에 따라 성막을 짓도록 하셨다. 그리고 궁극적으로 예수 그리스도께서 그 성막을 채우셨다. 이미 주님은 신실한 언약의 아들을 위하여 몸을 준비하고 계셨다. 그분의 순종은 제사보다 나을 것이다. 성막은 몸이 되어 우리 가운데 장막을 치고 거하신(*eskēnōsen* [에스케노센], 요 1:14 참고) 그분을 향한 믿음으로 백성들을 인도했다.

백성들이 모세에게(궁극적으로 여호와 하나님께) 반역했을 때, 주님은 그들의 진영을 쏟아버리지 않고, 모세를 불러 칠십 명의 장로들을 모으게 하시고는 스스로 낮아지셨다.

"모세가 나가서 여호와의 말씀을 백성에게 알리고 백성의 장로 칠십 인을 모아 장막에 둘러 세우매, 여호와께서 구름 가운데 강림하사 모세에게 말씀하시고 그에게 임한 영을 칠십 장로에게도 임하게 하시니 영이 임하신 때에 그들이 예언을 하다가 다시는 하지 아니하였더라. 그 기명된 자 중 엘닷이라 하는 자와 메닷이라 하는 자 두 사람이 진영에 머물고 장막에 나아가지 아니하였으나 그들에게도 영이 임하였으므로 진영에서 예언한지라. 한 소년이 달려와서 모세에게 전하여 이르되 엘닷과 메닷이 진중에서 예언하나이다 하매, 택한 자 중 한 사람 곧 모세를 섬기는 눈의 아들 여호수아가 말하여 이르되 내 주 모세여 그들을 말리소서. 모세가 그에게 이르되 네가 나를 두고 시기하느냐 여호와께서 그의 영을 그의 모든 백성에게 주사 다 선지자가 되게 하시기를 원하노라"(민 11:24-29).

나중에 계시된 일들 덕분에 세 가지 중요한 점들이 명확해진다. 첫째, 여기서는 성령이 모세나 다른 장로들에게 내주하신다고 표현하지 않으며, 그들 위에 임하여 그 직분을 감당하게 하셨다고 표현한다. 둘째, 모세 위에 임하신 성령이 장로들에게도 부어졌다. 이는 성령을 "한량없이"(요 3:34) 받으셨고 또한 주시는 예수님과는 현저히 다르다. 셋째, 모세는 백성들의 마음이 단단해져서 그들이 완고하게 되었음을 알았다. 그 결과, 그들은 성령을 거부했다(사 63:10과 시 78:40에서는 이를 '성령을 근심하게 하였다'라고 표현한다). 오순절을 향한 모세의 열망은 새언약과 비교되는 옛 언약의 연약함을 명확히 보여 준다.

하나님은 아합과 이세벨이 이스라엘을 다스리면서 우상을 숭배하던 시기에 엘리야를 일으키셨다. 하나님께서 엘리야를 회오리 바람 가운데 하늘로 데려가시기 직전에, 엘리야와 엘리사는 이런 대화를 나눈다.

"나를 네게서 데려감을 당하기 전에 내가 네게 어떻게 할지를 구하라. 엘리사가 이르되 당신의 성령이 하시는 역사가 갑절이나 내게 있게 하소서"(왕하 2:9).

그러고 나서 이내 불수레와 불말이 나타났고, 엘리야는 하늘로 올라간다(왕하 2:11 참고). 엘리사는 자기의 옷을 잡아 둘로 찢고, 엘리야에게서 떨어진 겉옷으로 요단강을 쳐서 둘로 가르고는 그곳을 건넌다. 그리하여 성령을 부음 받은 사역을 시작한다(왕하 2:9-14 참고). 앞으로 보겠지만,

이 사건은 그리스도의 선지자적 사역을 예표한다. 그러나 여기서 강조할 것은 성령이 몸으로서 이스라엘을 준비시키고 계신다는 사실이다. 이 몸으로부터 세상의 메시아가 오실 것이다.

성령은 예언 외에 왕권과도 연관이 있다. 하나님은 사무엘을 명하여 다윗에게 왕으로 기름 붓도록 하셨다.

"이날 이후로 다윗이 여호와의 영에게 크게 감동되니라"(삼상 16:13).

이와 대조되는 일도 있다.

"여호와의 영이 사울에게서 떠나고 여호와께서 부리시는 악령이 그를 번뇌하게 한지라"(삼상 16:14).

흥미로운 점은 이스라엘의 첫 왕이 자기 힘으로 권력을 지키려고 하다가 미치광이가 되었으며, 하나님에게서 기름 부음 받은 자를 증오하고 강포하게 대하려는 성향으로 사로잡혔다는 것이다. 이와 달리, 다윗은 겨우 물맷돌을 차고서 골리앗에게 맞서면서 자신을 위협하는 대적에게 다음과 같이 말한다.

"또 여호와의 구원하심이 칼과 창에 있지 아니함을 이 무리에게 알게 하리라. 전쟁은 여호와께 속한 것인즉 그가 너희를 우리 손에 넘기시리라"(삼상 17:47).

평범하다 못해 가망 없어 보이는 어린 목동이 평범하고도 가망 없어 보이는 물매에 먹인 돌멩이로 승리하게 하신 분은, 다윗이 왕으로 기름 부음 받을 때에 '감동'하셨던 바로 그 성령이시다(삼상 16:13 참고).

이런 다윗마저도 성령을 근심하게 하였다. 그는 시편 51편에서 자신의 간음과 살인을 고백하면서 간구한다.

"주의 성령을 내게서 거두지 마소서"(시 51:11).

후대 왕들이 모두 한결같이 나쁜 것은 아니었으나, 하나님을 향한 다윗의 마음에는 미치지 못했다. 그리고 우리는 유다 왕들에게 '영감'하시는 성령에 대한 이야기를 전혀 들을 수 없게 된다.

이 직분을 보유한 자들에 대한 초점이 좁아지면서 선지자, 제사장, 왕 세 직분이 기름 부음 받은 한 종에게서 하나로 집약된다. 특히 이사야의 사역에서 이 사실이 명확히 드러난다. 그가 사역하던 때에 유다는 불신앙과 우상숭배, 불의와 부정에 사로잡혀 있었다. 그러나 골리앗에게 재빠르게 대응했듯이, 이사야는 다윗의 후손들에게 하나님께서 심판하고 구원하실 것임을 확신시켰다. 바로 지금, 언약 백성 위에 심판이 임했으나 유다의 남은 자들과 열방이 함께 구원에 이를 것이다.

"이새의 줄기에서 한 싹이 나며 그 뿌리에서 한 가지가 나서 결실할 것이요"(사 11:1).

결실에 관한 약속을 만날 때마다 우리는 성령을 발견하기를 기대해야 한다. 그리고 다음 구절에서 우리는 정확히 성령을 발견한다.

"그의 위에 여호와의 영 곧 지혜와 총명의 영이요 모략과 재능의 영이요 지식과 여호와를 경외하는 영이 강림하시리니"(사 11:2).

이 종은 성령이 그 위에 임하셨으므로 "여호와를 경외함으로 즐거움을 삼을 것"이며, 온 세계가 화평을 누릴 때까지 공의로 이 땅을 판단하실 것이다(사 11:3-9 참고).

이사야 32장에서 거룩한 땅은, 타락 후 에덴동산과 같이 질서가 혼돈에 빠져 황폐한 땅으로 묘사된다. 하나님의 백성의 땅에 "가시와 찔레가" 나 여자들이 가슴을 칠 것이다(사 32:13 참고).

"대저 궁전이 폐한 바 되며 인구 많던 성읍이 적막하며 오벨과 망대가 영원히 굴혈이 되며 들나귀가 즐기는 곳과 양 떼의 초장이 되려니와, '마침내 위에서부터 영을 우리에게 부어 주시리니' 광야가 아름다운 밭이 되며 아름다운 밭을 숲으로 여기게 되리라. 그때에 정의가 광야에 거하며 공의가 '아름다운 밭'에 거하리니 공의의 열매는 화평이요 공의의 결과는 영원한 평안과 안전이라"(사 32:14-17).

이사야 42장 1절은 종과 성령이 연관된 핵심 구절이다.

"내가 붙드는 나의 종, 내 마음에 기뻐하는 자 곧 내가 택한 사람을 보라. 내가 나의 영을 그에게 주었은즉 그가 이방에 정의를 베풀리라."

기름 붓는 자와 기름 부음 받는 자를 이어 주는 이 연결점은 이사야의 예언 전체로 계속 발전한다. 이사야 44장 3절에서 여호와는 성령을 부어 주겠다고 약속하신다.

"나는 목마른 자에게 물을 주며 마른땅에 시내가 흐르게 하며 나의 영을 네 자손에게, 나의 복을 네 후손에게 부어 주리니."

여호와께서 계속 말씀하신다.

"너희는 내게 가까이 나아와 이것을 들으라. 내가 처음부터 비밀히 말하지 아니하였나니 그것이 있을 때부터 내가 거기에 있었노라 하셨느니라. 이제는 주 여호와께서 나와 그의 영을 보내셨느니라"(사 48:16).

이 말씀에서는 화자의 정체가 분명히 드러나지 않는데, 그는 성령을 받은 종이다. 다시 말해, 약속하시는 성부, 종인 성자, 새로운 목자 되신 왕위에 부어진 성령, 이 삼위일체의 세 위격이 한 장면에 있는 것이다.

"여호와의 말씀이니라. 구속자가 시온에 임하며 야곱의 자손 가운데에서 죄과를 떠나는 자에게 임하리라. 여호와께서 이르시되 내가 그들과 세운 나의 언약이 이러하니 곧 네 위에 있는 나의 영과 네 입에 둔 나의 말이 이제부터 영원하도록 네 입에서와 네 후손의 입에서와 네 후손의 입에서와 네 후손의 후손의 입에서 떠나지 아니하리라 하시니라. 여호와의 말씀이니라"(사 59:20,21).

이에 근거하여 이스라엘은 그들 가운데 비친 빛을 향해 나아가는 열방에 대한 환상을 보면서 힘을 얻는다(사 60장 참고). 성부는 자신의 성령을 통해 성자의 몸을 준비하고 계신다.

선지자는 63장에서 다시 한 번 하나님의 신실하심을 이야기한다. 여기서 성령은 진노하시는 당사자인 동시에 자비로운 하나님으로 여러 차례 언급된다.

"그들이 반역하여 주의 성령을 근심하게 하였으므로 그가 돌이켜 그들의 대적이 되사 친히 그들을 치셨더니, 백성이 옛적 모세의 때를 기억하여 이르되 백성과 양 떼의 목자를 바다에서 올라오게 하신 이가 이제 어디 계시냐 그들 가운데에 성령을 두신 이가 이제 어디 계시냐? 그의 영광의 팔이 모세의 오른손을 이끄시며 그의 이름을 영원하게 하려 하사 그들 앞에서 물을 갈라지게 하시고, 그들을 깊음으로 인도하시되 광야에 있는 말같이 넘어지지 않게 하신 이가 이제 어디 계시냐? 여호와의 영이 그들을 골짜기로 내려가는 가축같이 편히 쉬게 하셨도다 주께서 이와 같이 주의 백성을 인도하사 이름을 영화롭게 하셨나이다 하였느니라"(사 63:10-14).

여기서는 '하나님께서 자기 백성들 가운데 거하시고 그들에게 모든 방면의 안식을 허락하신다'는 성경 드라마의 중심 목표가 특별히 성령과 더불어 묘사된다. 성령은 간헐적으로 영원한 안식으로부터 내려와 죄와 사망의 손아귀에 붙들린 일상의 고난 속으로 들어오셔서 그 역사가 지속적으로 자신의 영원한 안식이라는 약속을 향해 전진하도록 이끄신다(히 4:1 참고).

그러나 히브리서의 저자가 염두에 두고 있는 새언약은 옛 언약보다 더욱 원대한 것을 조명한다. 하나님은 단지 모형론적 의미에서 성막이나 성전과 사역적 연관성을 가지고서 자기 백성들 가운데 임재하신 것이 아니었다. 영원한 아들이 우리와 함께, 실상 우리 중 하나가 되어 살아 있는 성전으로서 함께하실 것이었다. 게다가 이보다 더 위대한 일이 있다. 여전히 놀라운 역사적 사건, 곧 우리 외부에서 나타났던 하나님의 임재가 성령이 부어짐으로 말미암아 우리 내부에서 나타나게 되었다는 사실이다. 성령은 우리를 그리스도께 연합시키고, 모퉁잇돌인 그리스도와 함께 산 돌들이 되게 하실 것이다. 우리를 그리스도를 머리로 하는 몸의 구성원으로 삼으시는 것이다. 선지자들과 하나님의 종 예수님 위에 임한 성령이 자신의 모든 백성에게도 '한량없이' 임하실 것이다(요 3:34 참고).

이사야보다 두 세기 정도 후인 포로기에 유다의 운명에 함께한 에스겔은 성령이 부어질 것을 반복해서 예언한다.

"또 새 영을 너희 속에 두고 새 마음을 너희에게 주되 너희 육신에서 굳은 마음을 제거하고 부드러운 마음을 줄 것이며 또 내 영을 너희 속에 두어 너희로 내 율례를 행하게 하리니 너희가 내 규례를 지켜 행할지라"(겔 36:26,27).

그리고 마른 뼈들로 가득한 환상의 골짜기가 등장한다. 이 뼈들은 이스라엘을 의미한다. 에스겔은 이 마른 뼈들에게 하나님께서 생명을 불어넣으실 것이라고 예언(또는 선포)하라는 명령을 받는다.

"주 여호와께서 이 뼈들에게 이같이 말씀하시기를 내가 생기를 너희에게 들어가게 하리니 너희가 살아나리라……내 백성들아 내가 너희 무덤을 열고 너희로 거기에서 나오게 한즉 너희는 내가 여호와인 줄을 알리라. 내가 또 내 영을 너희 속에 두어 너희가 살아나게 하고 내가 또 너희를 너희 고국 땅에 두리니 나 여호와가 이 일을 말하고 이룬 줄을 너희가 알리라. 여호와의 말씀이니라"(겔 37:5,13,14).

나중에 하나님은 다음과 같이 굳게 약속하신다.

"내가 다시는 내 얼굴을 그들에게 가리지 아니하리니 이는 내가 내 영을 이스라엘 족속에게 쏟았음이라. 주 여호와의 말씀이니라"(겔 39:29).

에스겔의 예언은 성전을 떠나신 성령이(겔 10:18-11:23 참고) 마지막 때에 성소로 돌아오는 데서(겔 43장 참고) 절정에 이른다. 두 사건 모두 동쪽을 향한 문을 통과하면서 일어난다. 아담과 하와가 '에덴의 동쪽'으로 쫓겨나고 나서 세라핌이 지키게 된 에덴 동산의 문과 같이 말이다(창 3:23,24 참고). 에스겔은 다음과 같은 환상을 본다.

"이스라엘 하나님의 영광이 동쪽에서부터 오는데 하나님의 음성이 많은 물소리 같고 땅은 그 영광으로 말미암아 빛나니……여호와의 영광이 동문을 통하여 성전으로 들어가고, 영이 나를 들어 데리고 안뜰에 들어가시기로 내가 보니 여호와의 영광이 성전에 가득하더라"(겔 43:2,4,5).

여기서 하나님은 자기 백성들 가운데 영원히 거하리라고 약속하신다(겔 43:7-9 참고). 성전 동쪽의 문지방 밑에서 물이 나와 동쪽으로 흐르다가 거대한 강을 이루는데, 그 청명한 물이 나무들에게 생명을 주고 어부들로 하여금 그물이 찢어질 정도로 많은 고기를 잡게 한다(겔 47:1-12 참고).

"그 잎이 시들지 아니하며 열매가 끊이지 아니하고 달마다 새 열매를 맺으리니 그 물이 성소를 통하여 나옴이라. 그 열매는 먹을 만하고 그 잎사귀는 약 재료가 되리라"(겔 47:12).

이 모든 환상은 창세기 1,2장을 떠올리고 요한계시록 21,22장의 영광스런 성전을 바라보게 한다. 여기서 성령은 새 창조의 도성에서 하나님의 임재가 선명하게 나타나고 결실하게 하신다. 성전을 떠나갔던 성령께서 다시 성전으로 돌아오실 것이다. 그 성전은 솔로몬의 가장 영광스러웠던 때의 성전보다 더 위대한 성전이 될 것이다.

포로기 이후 느헤미야는 하나님 앞에서 다음과 같이 고백한다.

"또 그들이 자기들을 위하여 송아지를 부어 만들고 이르기를 이는 곧 너희를 인도하여 애굽에서 나오게 한 신이라 하여 하나님을 크게 모독하였사오나, 주께서는 주의 크신 긍휼로 그들을 광야에 버리지 아니하시고 낮에는 구름기둥이 그들에게서 떠나지 아니하고 길을 인도하며 밤에는 불기둥이 그들이 갈 길을 비추게 하셨사오며, 또 주의 선한 영을 주사 그들을 가르치시며 주의 만나가 그들의 입에서 끊어지지 않게 하시고 그들의 목마름을 인하여 그들에게 물을 주어"(느 9:18-20).

선지자들은 페르시아의 왕 고레스의 통치 아래에서 어느 정도 회복될 것을 바라보았으나, 더 멀리 임할 더욱 영광스러운 날을 고대했다. 이날은 이스라엘이 지정학적 국가로 이스라엘이 회복되거나 그 땅에 성소가 재건되는 날이 아니라, 손으로 지어지지 않은 마지막 때의 성전이 세워지는 날이 될 것이다. 그런 차원에서 요엘은 유명한 예언을 전했다.

"그 후에 내가 내 영을 만민에게 부어 주리니 너희 자녀들이 장래 일을 말할 것이며 너희 늙은이는 꿈을 꾸며 너희 젊은이는 이상을 볼 것이며, 그때에 내가 또 내 영을 남종과 여종에게 부어 줄 것이며, 내가 이적을 하늘과 땅에 베풀리니 곧 피와 불과 연기 기둥이라. 여호와의 크고 두려운 날이 이르기 전에 해가 어두워지고 달이 핏빛같이 변하려니와, 누구든지 여호와의 이름을 부르는 자는 구원을 얻으리니 이는 나 여호와의 말대로 시온산과 예루살렘에서 피할 자가 있을 것임이요 남은 자 중에 나 여호와의 부름을 받을 자가 있을 것임이니라"(욜 2:28-32).

어떤 학자들은 여기서 선지자가 마지막 때를 가리킨다고 생각한다. 그러나 나는 여기에 등장하는 불길한 징조들, 곧 피와 불과 연기, 어두워진 태양과 핏빛이 나는 달 등 하늘과 땅에 펼쳐질 이적들을 전형적인 종말론적 표현으로 보고자 한다. 즉, 자연에서 일어나는 현상들에 비유하여 역사 속에 나타나는 격변의 전환점을 가리키는 것이다. 이런 충격적인 이미지들만이 옛 시대가 지나고 그리스도의 부활과 오순절에 부어질 성령을 통해 새 시대가 동틀 것을 표현할 수 있을 것이다.

학개는 장차 나타날 성전의 영광을 예언한다.

"나의 영이 계속하여 너희 가운데 머물러 있나니"(학 2:5).

이 일이 어떻게 가능할까? 이 일이 사실이라는 증거는 어디서도 찾을 수 없다. 남은 자들은 무너져 폐허가 된 성전을 다시 세우려고 돌아왔으며, 하나님은 학개를 통해 그들을 불러 성전을 재건하게 하셨다. 그러나 성전이나 그 땅에 하나님의 통치가 회복되지 않은 상태에서 어떻게 성령이 언제나 자기 백성들 '가운데' 머문단 말인가?

"너희가 애굽에서 나올 때에 내가 너희와 언약한 말과 나의 영이 계속하여 너희 가운데에 머물러 있나니 너희는 두려워하지 말지어다. 만군의 여호와가 이같이 말하노라 조금 있으면 내가 하늘과 땅과 바다와 육지를 진동시킬 것이요, 또한 모든 나라를 진동시킬 것이며 모든 나라의 보배가 이르리니 내가 이 성전에 영광이 충만하게 하리라 만군의 여호와의 말이니라. 은도 내 것이요 금도 내 것이니라 만군의 여호와의 말이니라. 이 성전의 나중 영광이 이전 영광보다 크리라 만군의 여호와의 말이니라 내가 이곳에 평강을 주리라 만군의 여호와의 말이니라"(학 2:5-9).

성육신

성령께서 피조물을 매개로 행한 사역 중 성육신보다 위대한 예를 찾을 수는 없을 것이다. 비물질적 수단들을 통해 행하시는 초자연적인 사역과 달리, 성령은 태초부터 주관하시던 방식인 임신과 유전의 복잡한 신비를 통해 일하심으로써 영원한 아들을 우리의 육신과 결합시키셨다. 성령의 능력으로 인해 성자는 몸만이 아니라 영혼으로도 온전히 우리의 인성을 입으셨다. 그분은 우리보다 나으신 분이지, 덜하신 분은 아니다. 역사가 메시아의 출현을 향해 나아감에 따라 관심의 초점이 이스라엘에서 유다 족속으로, 유다 족속에서 다윗의 계보로 좁혀져 갔다. 성령께서 몸을 준비하시긴 했으나, 그 몸은 진정한 의미의 한 인격, 그 안에서 이 땅의 모든 족속들이 복을 얻게 될 참된 이스라엘로까지 좁혀졌다. 따라서 몸은 한 사람으로 좁혀지고, 그 사람으로부터 자라나 "각 족속과 방언과 백성과 나라"의 사람들을 참된 왕과 제사장의 나라로 포함시키게 되는 것이다(계 5:9,10 참고).

누가복음에서 천사는 마리아에게 "성령이 네게 임하시고"(눅 1:35)라고 말하면서 그 태의 열매가 바로 하나님의 아들임을 확증했다. 성령이 마리아 '위에(*epi*, 에피)' 임하시고, 가장 높으신 이의 '능력이(*dynamis*, 뒤나미스)' 마리아를 '덮으'셨다(*episkiasei*, 에피스키아세이). 이런 표현들은 성령이 역사 속에서 보여 주신 다른 일들을 상기시킨다. 성령께서 창조 때에 수면 위에 '운행(마소라 본문: *merakhepet*, 메라헤페트 / 70인역: *epephereto*, 에페페레토)'하셨던 것을 기억할 것이다. 모세의 노래에서 여호와는 "독수리가 자기의 보금자리를 어지럽게 하며 자기의 새끼 위에 너풀거리며 그의 날개를" 펴는 것에 비견된다(신 32:11 참고). 광야에서는 구름이 "회막에 덮이고 여호와의 영광이 성막에 충만"하였는데, 모세가 회막에 들어갈 수 없을 정도로 "구름이 회막 위에 덮이고(70인역: *epeskiazen*, 에페스키아젠) 여호와의 영광이 성막에 충만"하였다(출 40:34,35 참고).

이 본문의 70인역에서 사용된 헬라어 동사(*episkiazō*, 에피스키아조)는 누가가 수태고지를 설명할 때에 사용한 단어이다. 마리아의 태는 창세기 1장 2절의 '혼돈과 공허(마소라 본문: *tohu wabohu*, 토후 와보후)'와 마찬가지로 생명을 생성할 수 있는 잠재력을 전혀 가지고 있지 않았다. 처녀였던 마리아 자신이 이를 잘 알고 있었다(눅 1:34 참고). 그러나 하나님의 성령이 수면 위에 운행하셨고(에피스키아세이: 품다, 흔들다, 떠 있다), 마리아는 바로 '하나님의 아들'을 잉태하였다(눅 1:35 참고). 동정녀는 대답한다.

"말씀대로 내게 이루어지이다"(눅 1:38).

그녀가 이렇게 말한 것은 그녀의 태에서 일하신 바로 그 성령께서 이미 그녀의 마음에서도 일하여 약속의 말씀에 '아멘' 하도록 하셨기 때문이다. 성자 안에서 성부가 선언한 말씀뿐만 아니라 인간 증인들이 성령으로 영감되어 기록한 말씀이 나타나는 곳마다 새 창조의 동이 트는 것이다. 성령은 성자의 몸을 준비하신다.

말씀(성자)이 잉태되기 이전부터, 성령은 마리아의 마음에 믿음이 잉태되게 하셨다. 마리아는 성령에게 신실하게 반응하는 언약의 종의 모습을 보여 준다. 마리아는 가브리엘에게 "말씀대로 내게 이루어지이다"라고 답한다. "있으라"라는 명령으로 성육신이 선언되기 전부터 이미 성령은 마리아가 이 중대한 복음을 들을 수 있도록 그 마음을 열어 믿음으로 가득한 열매를 맺도록 준비시키셨다. 마리아의 태 위에 임하시기 이전부터, 성령은 놀라워 어쩔 줄 몰라 하는 마리아의 마음을 흔들어 기쁨의 동의를 얻어 내셨다. 이것이 사도 바울이 말하는 믿음이다.

"이제는 내가 사는 것이 아니요 오직 내 안에 그리스도께서 사시는 것이라. 이제 내가 육체 가운데 사는 것은 나를 사랑하사 나를 위하여 자기 자신을 버리신 하나님의 아들을 믿는 믿음 안에서 사는 것이라"(갈 2:20).

성령의 능력으로 말미암아 죄인이 믿음 안에서 약속의 말씀으로 돌이키는 이것이야말로 성탄절의 첫 번째 기적이다.

이를 확증하는 또 다른 예가 있다. 엘리사벳은 마리아를 만나 그 태의 열매를 축복할 때에 "성령의 충만함"을 받았으며(눅 1:41,42 참고) 사가랴와(눅 1:67 참고) 시므온(눅 2:25,26 참고)도 그러했다. 그리스도 안에서 드러난 구원에 관해 말하는 경우마다 "성령으로 충만함을 받았다"는 언급이 등장하며, 그들은 이 성령의 충만함으로 말미암아 예언하게 되었다. 계시가 없던 지난 4백여 년이 지나고, 성령의 영감을 받은 계시가 미약하게나마 나타나기 시작한 것이다. 그 횟수는 적으나 그것은 참으로 중대했다. 성령께서 자신의 말씀을 통해 몸을 준비시키고 계신 것이다.

예수님의 잉태 이야기는 또 다른 '무로부터의 창조'이다.

"빛이 있으라 하시니 빛이 있었고"(창 1:3).

그러나 예수님이 잉태되어 태어나는 과정은 평범했다. 그렇다고 하여 말씀과 성령이 덜 작용한 것은 아니었다. 이 과정은 "땅은……내라 하시니……땅이……내니"(창 1:11,12)의 화행에 속하는 것이었다. 예수님은 신동이 아니었다. 그분은 "자라며 강하여지고 지혜가 충만"하여졌다(눅 2:40 참고). 이는 성령이 구약의 선지자들을 준비하신 일과 연결되는 전형적인 묘사이다.

"하나님의 은혜가 그의 위에 있더라……예수는 지혜와 키가 자라 가며 하나님과 사람에게 더욱 사랑스러워 가시더라"(눅 2:40,52).

그분은 "아들이시면서도 받으신 고난으로 순종함을" 배우셨다(히 5:8 참고). 예수님은 시간 밖에서 태어나거나 인성과 상관없이 태어나지 않으셨으며, "때가 차매"(갈 4:4) 태어나셨다.

성령의 사역이 자연과 대립하지 않는다는 것을 다시금 보게 된다. 성령은 자연적 가능성을 초월하여 비범하게 일하실 때조차도 자연 안에서, 그리고 자연을 통해 그 일을 하신다. 따라서 예수님은 성육신하신 때부터 이미 우리의 구원을 이루기 시작하신 것이다. 성령이 마리아 위에 임하실 것이며, 천사들도 그렇게 선포한다.

"이러므로 나실 바 거룩한 이는 하나님의 아들이라 일컬어지리라"(눅 1:35).

성령이 '우리의 중보자'를 '거룩하게 잉태'되게 하심으로써 원죄로부터 지키셨다는 사실은, 예수님이 "내가 잉태되고 태어날 때부터 가진 나의 죄를 자신의 순결함과 완전한 거룩하심으로 하나님 앞에서 덮으실 수 있다"라는 위로의 소식이 된다.[6] 예수님은 아담의 머리 됨 아래에서 잉태되지 않았기에 원죄를 전가 받지 않았다. 예수님 자신이 새로운 아담이자 자기 백성들의 새로운 머리가 되기 위해 영원한 아들로 이 땅에 오셨기 때문이다.[7] 원죄는 인간 본성의 본질이 아니라 우연적인 것일 뿐이다. 성자는 아담의 죄책과 부패를 유전 받지 않으면서도 온전한 의미의 인성을 입으실 수 있

---

6) 하이델베르크 요리문답 36문답을 참고하라.
7) Kuyper, *Holy Spirit*, 87.

었고, 실제로 그렇게 되셨다.

그리고 다시 한 번 우리는 16세기 급진주의자들의 형이상학적 이분법의 영향을 목격한다. 하나님과 사람의 관계에 대한 반명제(antithesis)는 많은 재세례파가 가현설의 형태를 주장했다는 사실에서 잘 드러난다. 곧 성자가 "하늘의 몸"을 입은 것이지 성령의 능력 안에서 처녀 마리아로부터 참된 인성을 입은 것이 아니라고 믿는다.[8] 카스퍼 슈벤크펠트(Kasper Schwenkfeld)와 멜히오르 호프만(Melchior Hoffman)의 교리를 따라 메노 시몬스(Menno Simons)는 "성경 어디에서도 문자적으로 말씀이 육신을 입으셨다는 사실을 찾을 수 없다"라고 주장했다.[9] 폴란드의 개혁파 신학자인 존 아 라스코(John à Lasco)는 메노 시몬스의 관점을 반박하는 데 앞장섰다. 그리고 칼빈은 『기독교 강요』에서 그들을 비판하면서, 그것은 죄와 인간성을 영지주의적(특히 마니교적)으로 혼동한 것이며, 교부 때 정립된 바 성자가 입지 않은 것을 구원하실 수는 없다는 반(反)아폴리나리우스(anti-Apollinarian) 명제에 저촉되는 것이라고 주장했다.[10] 이 교리가 메노의 추종자들에게서도 상반된 반응을 불러오자, 메노나이트(Mennonite) 역사가 레오나드 버두인(Leonard Verduin)은 이 교리가 하나님과 세계 사이를('기독론 영역의 불연속성'을 포함하는) 더욱 심층적으로 구분하는 데

---

8) John Calvin, *Institutes of the Christian Religion,* trans. Lewis Ford Battles, ed. John T. McNeill (Philadelphia: Westminster, 1960), 2.13.4.
9) Menno Simons, "The Incarnation of Our Lord," in *The Complete Works of Menno Simons,* trans. L. Verduin, ed. J. C. Wenger (Scottsdale, PA: Herald Press, 1956), 829.
10) Calvin, *Institutes,* 2.13.3-4.

기초한다고 주장했다.[11] 버두인의 관점에서 이 교리는 하나님과 세계(가시적 교회를 포함하여) 사이에 존재하는 더욱 일반적인 대립 관계를 반영하고 있었다.[12]

성육신의 실재를 축소하는 것은 분명히 성령의 중요성을 약화시킨다. 비록 이런 신앙 체계가 성령(Spirit)을 피조된 실재보다 강조하는 어조로 말하기는 하지만, 실상 이들이 염두에 두고 있는 것은 영적(spiritual) 실재이다. 만약 성자가 단지 하늘의 물질로 만들어진 유사 인성을 입으셨다면 무엇 때문에 성육신에 성령이 필요하겠는가? 물론 더욱 정통적인 입장에서도 그리스도의 인성을 축소함으로써 성령의 중요성을 축소하곤 한다. 싱클레어 퍼거슨(Sinclair Ferguson)은 다음과 같이 진단한다.

이런 유의 성령의 사역은, 신학사 가운데 눈여겨볼 만한 예외가 있는데도 항상 무시당해 왔다. 아브라함 카이퍼의 진술은 옳다. '교회는 단 한 번도 그리스도의 사역 위에 행해진 성령의 영향을 충분히 고백한 적이 없다.' 이사야는 메시아에 관해 묘사할 때 처음부터 메시아를 성령이 특별하게 부어진 존재로 보았다(사 11:1, 42:1, 61:1 참고).[13]

성령의 목적이 그리스도를 집중적으로 비추는 것임을 고려한다면, 기

---

11) Leonard Verduin, *The Reformers and Their Stepchildren* (Grand Rapids: Eerdmans, 1964), 230.
12) Ibid., 256.
13) Sinclair Ferguson, *The Holy Spirit*, Contours of Christian Theology (Downers Grove, IL: InterVarsity Press, 1997), 37.

독교 신학이 기독론에 가장 큰 무게를 두더라도 전혀 놀라운 일이 아니다. 그러나 성령론을 중요하게 여기지 않으면 기독론마저 고통받을 수 있다. 구원 사역에서 지극히 정당하게 신성을 강조하는 일을 통해 그리스도의 인성이 가진 의미가 잠식당할 수 있기 때문이다.

예수님의 관점에서 보더라도 이는 중요하다. 예수님은 자신이 드러내지 않은 영광인 신성만으로 특별한 은사를 가지신 것이 아니다. 성령을 충만히 받으셨기에 그 은사들을 가지신 것이다. 예수님도 우리처럼 연약하셨다. 그러나 꽃의 생명이 태양에 매여 있듯이, 그분의 얼굴은 자신의 아버지를 온전히 향하고 있었다.

"예수께서 이르시되 나의 양식은 나를 보내신 이의 뜻을 행하며 그의 일을 온전히 이루는 이것이니라"(요 4:34).

성육신에서뿐만 아니라 삶과 사역 가운데서도, 예수님은 언제나 아버지의 말씀을 성취하기 위해 성령을 의지하셨다(마 12:28 참고). 물론 예수님의 기적들은 그분의 신성을 보여 준다. 제자들도 그분을 이렇게 보았다.

"이이가 어떠한 사람이기에 바람과 바다도 순종하는가?"(마 8:27)

동시에 이 기적들은 예수님이 선지자들이 부르짖었던 성령을 받은 종임을 보여 주기도 한다.

우리 주님이 스스로 "하나님이 보내신 이는 하나님의 말씀을 하나니 이는 하나님이 성령을 한량없이 주심이니라"(요 3:34)라고 밝히신 것처럼, 예수님은 은사뿐만 아니라 은사를 주시는 분을 성부로부터 받으셨다. 선지자들은 저마다 다르게 성령을 받았다. 엘리사는 엘리야에게 "당신의 성령이 하시는 역사가 갑절이나" 자신에게 있게 해 달라고 구했다(왕하 2:9 참고). 그런데 예수님은 성령을 완전히 받으셨다. 예수님은 당연히 선지자 중 하나이실 뿐만 아니라 성령을 받으신, 모세보다 더 큰 그 선지자이시다. 여기서 예수님이 성령 받으신 것을 내재적 삼위일체의 영원한 관계와 혼동해서는 안 된다. 그것은 예수님이 우리를 위해 이 땅에서 행할 사역을 감당할 수 있도록 그분을 주님의 종으로 무장시키는 구속사적 사건이었다. 자신의 신성 가운데 드러난 영광을 내려놓으실 때조차도, 예수님은 우리를 풍성하게 하기 위해 이미 자신의 인성 위에 성령을 받으셨다. 또한 예수님은 이 은사들을 사용하여 순종하심으로써 더욱 큰 복들을 얻으셨다. 예수님은 지혜와 명철과 경륜과 여호와 경외하기에 자라 가셨다(이사야 11장 2,3절이 바로 이것을 성령을 받은 메시아의 특징들로 말한다). 그리고 자신에 관해 말하는 성경을 배우셨다(눅 2:52 참고).

"그가 아들이시면서도 받으신 고난으로 순종함을 배워서"(히 5:8).

예수님은 요한에게 세례 받으실 때 이미 모든 의를 이루셨다(마 3:15 참고). 이 의는 자신을 위한 것인 동시에 자신이 대표하는 모든 이들을 위한 것이었다.

"예수께서 세례를 받으시고 곧 물에서 올라오실새 하늘이 열리고 하나님의 성령이 비둘기같이 내려 자기 위에 임하심을 보시더니, 하늘로부터 소리가 있어 말씀하시되 이는 내 사랑하는 아들이요 내 기뻐하는 자라 하시니라. 그때에 예수께서 성령에게 이끌리어 마귀에게 시험을 받으러 광야로 가사"(마 3:16-4:1; 막 1:12,13 참고).

누가는 이렇게 기록한다.

"예수께서 성령의 충만함을 입어……성령에게 이끌리시며 마귀에게 시험을 받으시더라"(눅 4:1,2).

마태의 기록에서 "이끌리어"라고 번역된 헬라어 동사 *anēchthē*(아네크테)는 사실 더욱 강한 어조의 단어이다. 이는 배를 끌듯이 '끌어내다' 또는 '발사하다'라는 의미를 가진다. 성령은 예수님을 광야로 끌어내 사십 주야 동안 아담과 이스라엘의 시험을 다시금 겪게 하셨다. 예수님은 굶주린 배를 위해 음식을 요구한 것이 아니라, 성령의 능력 안에서 하나님의 말씀을 갈구함으로써 시험을 견디셨다(마 4:10,11; 눅 4:8-13 참고).

성령은 예수님을 위험과 시험, 유혹과 고통에서 벗어나도록 본성 위로 이끄신 것이 아니라 오히려 본성 안으로 더욱 깊숙이 데려가셨다. 우리는 이 사건을 시험과 유혹을 겪는 우리에게 유익하도록 적용하고 싶어할 수도 있다. 우리는 성령을 이 세상과 세상의 위험 위에서 기적적으로 역사하여 우리로 하여금 "사망의 음침한 골짜기"(시 23:4)를 통과하게 하시는 분으로 생각할 수도 있다. 그러나 이 죄 없는 구세주의 유일무이한 삶조차도 이 세계의 평범한 존재 위에 운행하시는 성령으로 기름 부음 받은 삶이었다. 성령은 구세주를 광야로 이끄셨다. 그곳은 마귀들의 힘과 해적들처럼 약탈하고 파괴하는 그들의 원리를 경험하는 곳이었으며, 그곳에서 그들의 우두머리의 얼굴까지 볼 수 있었다. 이런 일은 우리를 위한 일이었다. 어떤 친구도 없이, 그저 자신의 영원한 동반자와 함께 자신의 세계와 우리를 그 모든 더러움에서 자유롭게 하시기 위함이었다.

존 오웬은 옛 창조의 시작을 이렇게 고찰한다.

거룩한 영이 물 위에 내려오셨다. 그분은 전체를 사랑하셨으며, 그 위에 풍부하고도 동력 있는 성향을 전달하셨다. 곧 암탉이나 비둘기가 생명을 주는 온기를 품고서 알 위에 앉아 특별히 부드럽게 움직이면서 생명을 위해 반드시 필요한 열기를 전달하듯이 말이다. 지금도 그렇다. 새 창조의 문턱에서, 거룩한 영은 새 창조를 직접 주관하시는 분 위에 비둘기처럼 임하셨다. 그리고 실제로 그분 안에서 새 창조를 일으키시고, 그분과 함께하심으로 새 창조를 지속하신다.[14]

오웬은 이런 연관성을 제시하는 고대 시리아의 세례 의식을 소개한다. 예수님의 세례는 "노아에게 홍수가 그쳤음을 알려 주는 선물을 가지고 돌아온 비둘기……위대한 화평의 조성자인 그로 말미암아(엡 2:14-17 참고) 하나님께로 돌아오는 그들에게 화평을 선포하는 비둘기"를 상기시킨다.[15]

구약의 왕들은 하나님께서 지목한 종으로서, 성령을 상징하는 기름으로 기름 부음을 받았다. 그러나 기름 부음 받은 자인 메시아는 다함없는 성령으로 기름 부음을 받았다. 앞서 살펴보았듯이, 이 예언은 특히 이사야 61장 1,2절에서 명확히 드러난다. 끝내 희년의 약속을 성취하실 분은 바

---

14) John Owen, *A Discourse concerning the Holy Spirit*, in vol. 8 of *The Works of John Owen*, ed. William H. Goold, 16 vols. (Edinburgh: Banner of Truth, 1965), 75.

15) Ibid.

로 성령으로 기름 부음을 받은 자이다. 예수님은 공생애 사역을 시작하면서 회당에서 바로 이 본문을 읽으셨으며, "이 글이 오늘 너희 귀에 응하였느니라"라고 선언하셨다(눅 4:16-21 참고). 청중들은 예수님의 선언을 분명히 이해하고서 예수님을 낭떠러지까지 끌고 가 밀치려고 하였다. 그래서 예수님은 그들 사이를 빠져나오셔야 했다(눅 4:29,30 참고). 이는 베드로가 선포한 복음의 일부이기도 하다.

"하나님이 나사렛 예수에게 성령과 능력을 기름 붓듯 하셨으매 그가 두루 다니시며 선한 일을 행하시고 마귀에게 눌린 모든 사람을 고치셨으니 이는 하나님이 함께하셨음이라"(행 10:38).

답은 그리스도의 신성을 축소하는 데 있지 않다. 인간론부터 종말론까지, 우리의 신학 전반에 걸쳐 다시금 성령론과 기독론을 통합하는 데에 답이 있다. 예컨대 우리가 예수님의 기적들을 몽땅 그리스도의 신성으로 돌려 버린다면, 미묘한 네스토리안주의가 밀고 들어올 것이다. 그것은 우리로 하여금 예수님이 피곤하고 배고프고 지식이 부족하실 때는 신성에서 인성으로 전환하고, 반대로 치유하거나 다른 이적을 행하실 때는 인성에서 신성으로 전환하셨다는 식으로 상상하게 만든다. 이런 견해는 그리스도께서 완전한 사람이시요, 인성과 신성이 연합된 한 인격임을 설명하지 못한다. 뿐만 아니라 예수 그리스도와 관련하여 '주님이요 생명을 주는 분'이신 성령에 대해서도 설명하지 못한다. 신성의 속성은 결코 그분의 인성으로 옮겨 가지 않는다. 다만 그분은 온전한 하나님이시자 온전한 인간이시다.

예수님으로 말미암아 우리는 창조 때 주어진 인간의 본성과 임무를 입으신 하나님을 대면한다. 인간의 대표자로서, 그리고 성령의 능력으로 그분은 우리 본성을 입고서 얻어 내신 부요함을 자신의 벗들(compatriots)에게 소나기처럼 부어 주신다. 예수님은 하나님이시다. 그와 동시에 성령을 거부하지 않은 첫 인류이시다. 그분은 성령을 거부하지 않고 성령의 능력에 완전히 의탁하심으로써 성부의 말씀에 순종하셨다. 그분이 자신의 이름으로 행하신 이 모든 것은 머리 된 새 아담으로서 우리를 위해 행하신 것이다. 예수님이 자신이 먼저 한없이 성령을 받으셨으므로 우리에게 성령을 한없이 부어 주실 수 있다. 우리도 예수님과 연합함으로 말미암아 선지자요 제사장이요 왕으로 기름 부음을 받게 된다.

복음서를 통틀어 기록된 예수님의 기적들은, 성령이 선지자들 위에 임하셨을 때 나타난 것들과 크게 다르지 않다. 마가복음 5장에서 예수님은 야이로의 딸을 일으키신다. 이 장면은 열왕기하 4장에서 엘리사가 수넴 여인의 아들을 일으킨 것을 기억나게 한다. 예수님은 명령하는 언약의 주님일 뿐만 아니라, 성령의 능력 안에서 순종하는 언약의 종이다. 그분은 모세가 고대한 바 하나님의 영으로 가득한 선지자보다 더욱 위대하시며, 결코 못하지 않으시다. 예수님께서 친히 말씀하셨듯이, 그분의 기적들을 사탄에게로 돌리는 것은 신성모독이다. 예수님의 신성에 대한 모독이 아니라 성령을 모독한 것이다(막 3:29; 마 12:31,32; 눅 12:10 참고).

예수님이 성령에 의존하여 사역하셨다는 사실은 변화산 사건에서도 명백하게 드러난다. 성령께서 히브리인들이 홍해를 통과하도록 구름기둥으로 인도하셨듯이, "장차 예수께서 예루살렘에서 별세하실(exodos, 엑소도스)" 것을 말한 모세와 엘리야와 더불어 예수님과 그 제자들을 구름으로 에워싸신다(눅 9:31 참고). 그러나 그 영광 가운데 초막을 지으려는 베드로의 반응을 통해, 이 사건이 장차 올 시대에 그리스도와 그분의 성도들을 덮을 더 큰 변화를 보여 주는 일시적인 그림자임을 알게 된다. 베드로의 반응은 전형적이긴 하나 전혀 근거가 없는 것은 아니다. 그 구름은 바로 이 땅에 내려온 하늘나라이며, 그 영광은 성령으로부터 발산된다. 이런 일은 오직 승천하실 때에만 일어난다.

"이 말씀을 마치시고 그들이 보는데 올려져 가시니 구름이 그를 가리어 보이지 않게 하더라"(행 1:9).

두 경우 모두 예수님께서 말씀하실 때 구름이 에워싼다.

나지안주스의 그레고리는 그리스도의 완전한 인성을 변호하면서 다음과 같이 확언한다. "그분은 자신이 입지 않으신 것을 치유하실 수 없다. 반면 삼위 하나님께 연합된 것이라면 곧 구원을 얻은 것이다."[16] 이와 유사하게, 성령에 의탁하신 언약의 종인 예수님께서 행하지 않으신 것이라면 아직 이루어지지 않은 것이라고 말할 수 있을 것이다. 놀랍게도 예수님은 "영원하신 성령으로 말미암아 흠 없는 자기를 하나님께"(히 9:14) 드리셨다. 그리고 "성결의 영으로는 죽은 자들 가운데서 부활하사 능력으로 하나님의 아들로 선포"(롬 1:4)되셨다. 그분은 "육체로는 죽임을 당하시고 영으로는 살리심을"(벧전 3:18) 받으셨다. 이제 우리가 그리스도 안에서 하늘의

---

16) Gregory of Nazianzus, *Letters* 101 (*NPNF*² 7:440).

영광을 향하여 일으킴 받은 것은 동일한 성령을 동일하게 의지함으로 말미암아 이루어진 것이다. 존 오웬은 말한다.

성령께서 그리스도의 인성을 영화롭게 하셨다. 성령이 그 인성을 모든 측면에서 하나님 우편의 영원한 거처에 합당하게 만드셨으며, 그리스도를 믿는 이들의 몸이 영화롭게 되는 원리를 만드셨다. 처음에 그리스도의 인성을 거룩하게 하셨던 그분께서 이제 그 인성을 영화롭게 하신 것이다.[17]

성령은 주님이시며, 생물학적 생명뿐만 아니라 종말론적 생명을 주시는 분이다(고후 3:6 참고).[18] 예수님을 일으키셨던 그 성령께서 마지막 때에 우리도 일으키실 것이다(롬 8:11 참고).

성육신하신 성자가 자신의 존재와 사역을 성령에 의탁한다는 사실을 고려하면, 정교회 신학자 존 지지울라스(John Zizioulas)의 결론에 동의할 수 있을 것이다. 그는, 그리스도의 지상 사역이 성령의 활동에 의해 가능했을 뿐만 아니라 이루어졌다고 결론짓는다. 달리 표현하자면, 성령은 구

---

17) Owen, *Discourse*, 182.
18) 이 점에 대해 요약할 때, 바질의 산문적 진술은 시에 가깝다. 생명은 어디서부터 오는가? "그리스도의 강림인가? 성령은 앞서 행하신(forerunner) 분이시다. 기적의 사역과 치유의 은사는 성령을 통한 것이었다. 마귀들은 하나님의 성령으로 말미암아 쫓겨났다. 사탄은 성령의 임재로 말미암아 무력하게 되었다. 죄의 사면은 성령의 은사로 말미암는다. '주 예수 그리스도의 이름과 우리 하나님의 성령 안에서 씻음과 거룩함'을 받았기 때문이다. 성령을 통하여 하나님과 친밀한 관계를 가질 수 있다. '하나님이 그 아들의 영을 우리 마음 가운데 보내사 아빠 아버지라 부르게' 하셨기 때문이다. 죽은 자 가운데서 부활하신 것이 성령의 사역으로 유효하게 된다'(*On the Holy Spirit* 19.49 [*NPNF*² 8:30-31]).

속을 적용하시는 분일 뿐만 아니라 구속의 주된 시행자이시다. 성령은 우리의 구속자에게 인성을 입히셨고, 그분의 사역 가운데 그분을 이끌고 세우셨으며, 종말론적 첫 열매로서 그분을 죽은 자 가운데서 일으키셨다. 그분의 존재와 성령의 능력 안에서 그분이 행하신 사역 때문에, 또한 바로 그 동일한 능력으로 우리가 그리스도의 존재와 사역에 연합되기 때문에, 그리스도는 더 이상 지나가는 이 시대의 역사 가운데 한 개인으로서 우리를 위하시는 분이 아니라 새 인류의 대표인 아담이 되신다. 또한 자신의 몸인 교회의 머리가 되신다.[19)]

어떻게 역사적 인물이 우리를 위한 새 인류의 언약적 머리가 되실 수 있단 말인가? 오리겐과 그의 신학을 계승한 자들이 전제하는 우주의 구조(cosmological map)에서는 이 질문 자체가 제기될 수 없다. 오리겐에게서부터 이어져 온 사상의 궤적 안에서, 역사와 몸, 그리고 언약적 머리들은 모두 낮은 세계에 속한다. 신화된(deified) 영혼은 이런 세계에서 해방되기를 구한다. 이레니우스에 이르러서도 계속 질문들이 제기된다. 그는 인류에 대한 그리스도의 '다시 머리 되심(re-headshiping)'을 강조했다. 성령은 먼저 성자의 신성을 우리 인성과 연합시키시고, 그다음에 각 신자들을 그리스도와 연합시키신다. 지지울라스는 이렇게 설명한다.

여기서 성령은 그리스도와 우리 사이에 다리를 놓는 조력자(aid)가 아니

---

19) John Zizioulas, *Being as Communion: Studies in Personhood and the Church* (Crestwood, NY: St Vladimir's Seminary Press, 2002), 110.

다. 그분은 삼위일체 중 한 위격으로서, 우리가 우리의 구주 그리스도라고 부르는, 이 절대적으로 관계적인 존재를 역사 속에서 실제로 실재화하신 분이다. 이렇게 본다면, 우리의 기독론은 본질적으로 성령론에 의해 가능하게 되며, 성령론은 단지 기독론의 부차적인 것이 아니다. 사실상 기독론이 성령론적으로 형성되는 셈이다.[20]

성부가 성령 안에서, 그리고 성령에 의하여 성자를 우리에게 주셨기 때문에, 성자는 우리를 성부와 관계 맺도록 이끄신다. 그래서 우리도 동일한 성령으로 말미암아 하나님을 "아빠 아버지"요 "하늘에 계신 우리 아버지"라고 부를 수 있게 된다. 말씀(the Logos)이 성령의 사역으로만 육신이 되실 수 있었던 것처럼, 우리도 "성령으로 아니하고는 누구든지 예수를 주시라"(고전 12:3) 할 수 없다. 성령이 성자의 선물일 뿐만 아니라, 성육신하신 성자가 (성부와) 성령의 모든 선물 중 첫 선물인 것이다.

제자들은 예수님 곁에서 3년의 시간을 지내고 나서도 하늘로부터 내려오시는 또 다른 보혜사인 성령을 의지해서만 그리스도의 존재와 사역을 이해할 수 있었다. 예수님이 역사적 인물이셨기에 우리도 그러하고, 예수님께서 장소에 거하시기에 그분이 계신 곳에 우리도 거할 것이다. 그리고 예수님은 다시 오셔서 우리를 그곳으로 데려가실 것이다. 그때까지, 예수님의 승천은 역사 가운데 성령이(구속 역사상 처음으로) 성전 된 사람들을 이끌고 인도하며 그들 위에 빛을 비추실 뿐만 아니라 영원히 그들 안에

---

20) Ibid., 110-111.

거하실 틈새를 열어 준다. 예수님은 "너희를 고아와 같이 버려두지 아니하고"(요 14:18)라고 말씀하신다. 또한 이렇게 약속하신다.

"내가 아버지께 구하겠으니 그가 또 다른 보혜사를 너희에게 주사 영원토록 너희와 함께 있게 하리니 그는 진리의 영이라"(요 14:16,17).

4장 | 마지막 날 심판과 능력의 성령

성령을 생각할 때, 가장 먼저 어떤 이미지가 연상되는가? 주로 따뜻한 바람, 미세한 음성, 평안, 사랑, 귀여운 비둘기를 연상하지 않는가? 앞으로 살펴보겠지만, 물론 위로하시는 이미지도 존재한다. 그러나 예수님의 강화에서 우리는 즉각 충격에 빠진다. 예수님께서 성령의 부어짐을 심판과 능력, 의롭게 하심과 새롭게 하심에 연결시키기 때문이다. 이 강화를 살피기 전에 구속사 전반에서 성령이 맡은 두 가지 역할을 추적하는 것이 좋을 듯하다.

심판의 영

현대 신학은 유달리 법정적 또는 법률적 강조에 과민반응을 보여 왔으며, 특히 기독론에서 전형적인 대안 이론들을 제시했다. 그 이론들에서 예수님은 가장 높은 수준의 신의식을 가진 유한자에 불과하며, 법정적 요소는 신비주의(슐라이어마허의 경우)나 도덕주의(리츨의 경우)에 잠식되었다. 이런 신학적 흐름이 도드(C. H. Dodd), 데이비스(W. D. Davies), 샌더스(E. P. Sanders) 등의 작업에서와 같이 성경 신학을 비롯한 많은 영역에서 지속되고 있다.[1] 이 학자들은 속죄나 기독교 내에서 전통적으로 가르쳐 온 여타 법정적 부분들에 대한 경계심을 다양한 방식으로 드러냈다. 그리스도의 사역을 하나님의 의를 만족시키는 것으로 보기보다, 인류와 하나님의 연대나 뒤틀린 관계와 사회 구조를 극복하기 위해 하나님 측에서 취하는 시도로 보았다.

그런데 최근 몇 년 동안 경건주의와 오순절주의 신학자들에게서 전통적 가르침에 대한 새로운 비판이 일어나고 있다. 스탠리 그랜츠와 같은 이들은 기독론에 관한 대안적인 구성을 제시하고자 했다.[2] 또 다른 이들은 성령론에 호소하여 법정적 구분법을 교정하려 한다.[3] 누군가가 그리스도 중심적 구원론을 예수님의 개별성(particularity)과 연관 지어 심판과 구속이라는 주제를 강조하는 주제에 무게를 실으려 하더라도 성령 중심적 신학이 균형추가 될 수 있다는 것이다. 클라크 피녹에 따르면, 성령을 강조

---

[1] Mark Seifrid, "In What Sense is 'Justification' a Declaration?" in *Churchman* 114(2000): 123-136.

[2] Stanley Grenz, *Revisioning Evangelical Theology: An Agenda for the 21st Century* (Downers Grove, IL: IVP Academic, 1993).

[3] 다음 예를 보라. Frank D. Macchia, *Justified in the Spirit* (Grand Rapids: Eerdmans, 2010). 나는 캐리 크케이넨의 작업도 중심 주제가 동일하다고 본다.

하는 것은 "법정적 또는 법률적 용어가 아니라 구원의 '관계적이고도 정서적인' 요소를 말할 수 있도록 신학을 돕는다." 또한 신학이 타종교에 대하여 "하나님의 광대하신 긍휼"을 말할 수 있도록 한다.[4] 그는 이렇게 덧붙인다. "우리가 성령 측에서 생각해 본다면, 은혜에 접근하는 것이 그리 어려운 신학적 문제가 아니다. 왜냐하면 예수님께서 개별성을 나타내시는 곳마다 성령께서 보편성(universality)을 나타내시기 때문이다."[5]

한편 성령 중심적 신학을 옹호하는 사람들 중 어떤 이들은 성경에서 성령이 심판과 연관되어 나타난다는 사실을 인지한다. 마크 월래스는 "성경의 이야기에 등장하는 피해자의 곤경을 치유하기도 하고 악화시키기도 하는 성령의 야누스적 역할"에 관해 논하면서, 이 본문들을 마주하지 않는 한(그리고 명백히 삭제해 버리지 않는 한) 우리가 "현대 신학 안에서 성령의 '어두운 면'에 대한 의도적인 무지"를 계속 이어 갈 것이라고 기록한다.[6]

나는 이어지는 논의에서 이른바 성령의 '어두운 면'이란 심판이며, 이 심판이 우리를 구원으로 이끈다고 주장할 것이다. 또한 관계적 개념과 법적 개념이 대립한다거나 보편적 관점과 개별적 관점이 대립한다는 점에서 성자와 성령이 서로 대립한다고 시사하는 모든 의견에 질문을 던질 것이다. 성경적-신학적 관점에서 우리는 성령의 법정적 사역의 위대함을 보

---

[4] Clark Pinnock, *Flame of Love: A Theology of the Holy Spirit* (Downers Grove, IL: InterVarsity Press, 1999), 149.

[5] Ibid., 188.

[6] Mark Wallace, "The Green Face of God: Recovering the Spirit in an Ecocidal Era," in *Advents of the Spirit*, ed. Bradford E. Hinze and D. Lyle Dabney, Marquette Studies in Theology (Milwaukee: Marquette University Press, 2001), 462n17.

게 된다.

성경에서 성령은 "이 모든 날 마지막"(히 1:2) 및 "마지막 것들"과 동일시된다. 성령의 역할이 성자 안에서 성부의 사역을 완성하는 것이기 때문이다. 성령의 임재는 "장래 일"(요 16:13)을 완성하는 전조이다. 에덴에서도 그러했고, 더 일찍이 성령이 수면 위를 운행하고 살피며 나누는 사역을 하셨을 때에도 그러했다(창 1:2 참고). 땅의 기초를 조사한 후에 건축자와 계약자에게 보고하는 현장 감독처럼, 성령은 성부와 성령의 판단에(보시기에 좋았더라)에 동참하셨다.

창조는 시작에 불과하다. 아담은 인류의 언약적 머리로서 우리 모두를 공적으로 대표하여 6일간의 시험을 통과하고 하나님께서 완성하신 안식으로 들어감으로써 자신을 창조하신 분을 닮도록 되어 있었다. 성령은(성례전적으로 생명나무로 표현된) 이 완성의 보증이요 보호자였다. 성령은 혼돈을 질서로 바꾸는 사역을 완성하셨으며(창 1:2 참고), 아담에게 "생기"를 불어넣어 인간을 "생령"으로 만드는 일을 완성하셨다(창 2:7 참고). 성령은 "그날 바람이 불 때" 즉, 심판의 때에 언약을 어긴 아담과 하와를 책망하고 그 결과 안식일의 영광에 들어가지 못하게 하는 장면에서 다시 등장하신다(창 3:8 참고).[7]

신적 증인(법정적 역할)으로서 성령의 역할이 이 이야기의 중심이다.[8]

---

7) 역자주 - 성령을 의미할 수 있는 '루아흐'를 한글 개역개정 성경은 '바람'으로 번역하였다.
8) 이에 관한 여러 지점에서 메러디스 클라인(Meredith G. Kline)에게 빚졌다. 그의 다음 논문들을 보라. "The Holy Spirit as Covenant Witness" (ThM diss., Westminster Theological Seminary, 1972); idem, *Kingdom Prologue: Genesis Foundations for a Covenantal Worldview* (Eugene, OR: Wipf&Stock,

그러나 이러한 구절에서 '루아흐'를 주로 '바람'으로 번역하면서 이 내용이 흐릿해졌다(창 1:2, 3:8 참고). 특히 창세기 3장 8절이 그러하다. 만약 법적으로 죄를 묻는 맥락에서 자연에서 부는 바람을 언급하는 것이 이상하다면, 하나님의 심판이 "그날 바람(루아흐)이 불 때" 임했다는 것은 더욱 이상하다. 도리어 이후에 "여호와의 날(yom yhwh, 욤 야훼)"[9]이 심판과 연결되는 것을 고려한다면, 이 문장을 "그날 성령이 계실 때"로 번역하는 편이 옳다. 언약을 어기자마자 왕과 왕비가 도망쳤다. 따스한 바람에게서 도망친 것이 아니라 심판의 영에게서 도망친 것이다. 이것이 예수님께서 성령을 '보혜사(파라클레토스, 즉 변호인)'라고 부르신 이유이다. 성령은 이 세상의 죄를 '정죄'하실 것이다(요 16:7,8 참고). 에덴동산에서 원 언약이 파기된 직후 이미 성령은 그 일을 하고 계셨다.

선지서에서는 성령이 찾아오시는 것이 여호와의 날, 즉 심판의 날과 긴밀하게 연관된다.

"화 있을진저 여호와의 날을 사모하는 자여, 너희가 어찌하여 여호와의 날을 사모하느냐. 그날은 어둠이요 빛이 아니라. 마치 사람이 사자를 피하다가 곰을 만나거나……여호와의 날은 빛 없는 어둠이 아니며 빛남 없는 캄캄함이 아니냐"(암 5:18-20).

이사야는 이렇게 예언한다.

2006); idem, *Images of the Spirit* (Grand Rapids: Baker, 1980; repr., Eugene, OR: Wipf&Stock, 1999).
9) 역자주 - 구약에서 하나님의 이름은 히브리어 자음 YHWH로 표기한다. 그러나 한글은 자음만을 쓸 수 없기 때문에 보편적으로 수용되는 모음을 사용하여 '야훼'라고 표기하였다.

"대저 만군의 여호와의 날이 모든 교만한 자와 거만한 자와……사람들이 암혈과 토굴로 들어가서 여호와께서 땅을 진동시키려고 일어나실 때에 그의 위엄과 그 광대하심의 영광을 피할 것이라"(사 2:12,19).

심지어 이사야 2장은 "말일에" 만방이 시온으로 몰려오는 환상으로 시작한다(2절 참고). 여호와의 날은 갇힌 자들이 자유롭게 되는 희년인 동시에 마지막 심판과 영원한 안식의 날이다. 성령의 역할은 이 두 사건에서(사 42:1, 48:16 참고), 특히 이사야 61장에서 명확히 드러난다. 예수님은 이 일들이 자신에게서 성취되리라고 선포하셨다(눅 4:18-21 참고). 그러나 흥미롭게도, 예수님은 이 예언의 하반절인 "우리 하나님의 보복의 날"을 생략하셨다. 왜냐하면 그 일이 예수님께서 영광 중에 다시 오실 때까지 보류되어 있기 때문이다.

미가는 이사야 2장의 예언을 거의 그대로 되풀이한다. 여호와의 날은 심판과 영원한 의와 이 땅의 평화가 도래하는 날이다(미 4:1-5 참고). 끝으로, 요엘서에서도 여호와의 날이라는 주제가 반복된다. 선지서에서 '여호와의 날'이 열여덟 번 나타나는데(사 13:6,9; 렘 46:10; 겔 13:5, 30:3; 암 5:18-20; 옵 1:15; 습 1:7,14; 말 4:5 참고), 그중 다섯 번이 요엘서에서 등장한다. 마지막 때에 부어지는 성령은 정죄하고 입증하며 의롭게 하실 뿐만 아니라, 그 일들을 통해 하나님에 관한 신자들의 경험을 변화시키실 것이다(베드로가 오순절 설교에서 인용한 욜 2:28-32을 참고하라).

신적 증인이라는 성격을 가지는 성령은 "자기 앞의 사자"와도 긴밀하게 연관된다(사 63:9; 출 32:34, 33:2 참고).[10] 그러므로 언약은 시내산이나 적어도 아브라함까지는 이르러야 얻을 수 있는 것이 아니다. 창조 이야기가 온통 언약적 이미지와 법칙으로 가득하다. 그리고 이것들은 모세의 지도 아래, 그리고 신약에 이르러 더욱 선명해진다. 구름 안에 계신 성령은 이스라엘을 위할 뿐만 아니라, 바로와 그의 군사들에게 맞서는 증인이 되신다.

"이스라엘이 여호와께서 애굽 사람들에게 행하신 그 큰 능력을 보았으므로 백성이 '여호와를 경외하며 여호와와 그의 종 모세를 믿었더라'"(출 14:31).

이 말씀들에 대해서는 예수님께서 약속하신 바 오실 성령이 세상을 심판하며 자기 백성을 종 예수님에 대한 믿음으로 인도할 것이라고 말씀하신 내용을 살필 때에 다시 생각해 볼 것이다.

내가 언급한 그 고지가 모세의 노래 뒤에 등장한다. 여기서 선지자와 언약의 중보자는 출애굽의 재창조 이야기를 창세기 1장 2절의 언어로 찬미한다.

"주께서 바람(루아흐)을 일으키시매 바다가 그들을 덮으니 그들이 거센 물에 납같이 잠겼나이다……주의 인자하심으로 주께서 구속하신 백성을 인도하시되 주의 힘으로 그들을 주의 거룩한 처소에 들어가게 하시나이다……주께서 백성을 인도하사 그들을 주의 기업의 산에 심으시리이다 여호와여 이는 주의 처소를 삼으시려고 예배하신 것이라 주여 이것이 주의 손으로 세우신 성소로소이다. 여호와께서 영원무궁하도록 다스리시도다 하였더라. 바로의 말과 병거와 마병이 함께 바다에 들어가매 여호와께서 바닷물을 그들 위에 되돌려 흐르게 하셨으나 이스라엘 자손은 바다 가운데서 마른땅으로 지나간

---

10) Kline, *Image of the Spirit*, 16.

지라"(출 15:10,13,17-19).

성령은 언약 백성을 옹호하실 때뿐만 아니라 그들을 정죄하실 때에도 신적 증인이 되신다. 성령은 구름 가운데 내려와 시내산을 덮으셨다.

"여호와께서 모세에게 이르시되 내가 빽빽한 구름 가운데서 네게 임함은 내가 너와 말하는 것을 백성들이 듣게 하며 또한 너를 영영히 믿게 하려 함이니라……시내산에 연기가 자욱하니 여호와께서 불 가운데서 거기 강림하심이라"(출 19:9,18).

이 언약에서 이스라엘은 율법을 지키겠노라고 맹세하고, 모세는 그들에게 피를 뿌려 그 서약을 확증한다. 이는 심지어 모세도 두려워 떨게 만드는(히 12:21 참고) 극적인 법정 장면이다. 여호와께서 영광의 구름 가운데 시내산에 내려오신 목적은 백성들이 하나님의 말씀을 받을 수 있도록 하고 모세를 중보자로 세우기 위함이었다.

영광의 구름은 불타는 빛으로 빛나며 떠 있었다. 그러나 클라인(M. G. Kline)이 고찰하였듯이, 이 증인석에 서시며 심판하고 의롭게 하시는 성령은 언제나 "날개 달린 생물들이 끄는" 자신의 전차-보좌를 타고 움직이신다. 클라인은 여기 등장하는 구름에 대해 다음과 같이 설명한다. "왕의 판결을 집행하기 위해 빛의 빠르기로 움직이는, 하나님의 심판을 실은 운송 도구이다……또한 이 영광의 구름은 구름기둥과 불기둥이라는 이중 구조로 이루어져 있는데, 이것은 신적 증인으로 서 계신 하나님의 두 발을 상징한다."[11] "보좌에 앉으신 영광 아래 위치하는 언약궤는 그에 걸맞게

---

11) Kline, *Images of the Spirit*, 18-19.

하나님의 발등상이라 불린다(사 60:13 참고)."[12]

　이제 다음 사실이 분명해졌다. 이는 특히 출애굽기 33장 14-17절에 기록된 모세의 간청에서 분명히 드러난다. 하나님의 임재(구름으로 형상화된)는, 여러 차례 도전받았던 모세의 지도자 역할을 확증하는 역할을 할 뿐만 아니라, 이스라엘을 열방과 구별하는 법적 기능을 한다. 구름이 광야를 떠돌다가 어느 장소에 머물면 이스라엘 사람들의 진영도 머물렀다. 구름이 떠올라 움직이기 시작하면 백성들은 다시금 유다 지파를 선두로 하여 전진하였다. 이 모든 것들에서 우리는 약속의 자리에서 성취의 자리를 가리키는 화살표가 유다 지파의 사자 안에 있음을 보게 된다. 그리고 성령은 그 약속의 담보가 되신다.

　성령은 이 땅에 지어진 성전을 처소로 삼고서 여전히 영광의 구름으로 성소를 감싼 채, 이스라엘을 위한, 그리고 이스라엘의 죄를 묻는 증인으로 남아 계신다. '운행하다, 덮다, 채우다'는 성령께서 역사 속에서 행하신 일들과 연관된 '강한 동사들'이다. 이 동사들은 성령이 단지 '사랑으로 매는 띠'가 아닌 참된 인격이심을 더 강하게 뒷받침해 준다. 성령은 결코 수동적이거나 수줍어하거나 유약한 분도 아니고, 단지 자상하기만 한 위로자도 아니다. 그분은 절대주권을 가진 주님으로서 정죄하고 심판하며 의롭게 하시는 분이다.

　성령은 심판을 통해 정결하게 하시는 일과 연관된다. 주로 속죄제를 다루는 문맥에서 그러하다.

---

12) Ibid., 19n16.

"불이 여호와 앞에서 나와 제단 위의 번제물과 기름을 사른지라. 온 백성이 이를 보고 소리 지르며 엎드렸더라"(레 9:24).

"솔로몬이 기도를 마치매 불이 하늘에서부터 내려와서 그 번제물과 제물들을 사르고 여호와의 영광이 그 성전에 가득하니"(대하 7:1).

"이에 여호와의 불이 내려서 번제물과 나무와 돌과 흙을 태우고 또 도랑의 물을 핥은지라"(왕상 18:38).

"이는 주께서 심판하는 영과 소멸하는 영으로 시온의 딸들의 더러움을 씻기시며 예루살렘의 피를 그중에서 청결하게 하실 때가 됨이라……그 모든 영광 위에 덮개를 두시며"(사 4:4-6).

이런 사건들을 회상했으므로 히브리서 기자는 다음과 같이 말할 수 있었다.

"하물며 영원하신 성령으로 말미암아 흠 없는 자기를 하나님께 드린 그리스도의 피가 어찌 너희 양심을 죽은 행실에서 깨끗하게 하고 살아 계신 하나님을 섬기게 하지 못하겠느냐"(히 9:14).

신명기 32장에 기록된 모세의 노래는 아담 언약과 시내산 언약 사이의 공통점을 강조하면서, 앞서 애굽에 일어난 사건이 아니라 장차 이스라엘에게 임할 심판에 초점을 맞추고 있다. 먼저 모세는 나누고 정복하고 채우시는 성령의 사역과 함께 창조를 언급한다.

"지극히 높으신 자(하나님)가 민족들에게 기업을 주실 때에, 인종을 '나누실' 때에 이스라엘 자손의 수효대로 백성들의 경계를 '정하셨'도다 여호와의 분깃은 자기 백성이라. 야곱은 그가 택하신 기업이로다"(신 32:8,9).

하나님은 땅을 필요로 하지 않으셨다. 자신의 백성들이 곧 자신의 땅이었다.

"여호와께서 그를 황무지에서, 짐승이 부르짖는 광야에서 만나시고 호위하시며 보호하시며 자기의 눈동자같이 지키셨도다"(신 32:10).

하나님은 "마치 독수리가 자기의 보금자리를 어지럽게 하며 자기의 새끼 위에 너풀거리며 그의 날개를 펴서 새끼를 받으며 그의 날개 위에 그것을 업는 것같이"(신 32:11) 하나님께서는 그들을 안전하게 인도하셨다. 만일 창조 이미지가 충분히 명료해 보이지 않는다면, 모세오경 중 창세기 1장 2절을 제외하고 신명기 34장 10절에서("광야") 유일하게 '토후(*tohu*)'라는 단어가 사용된다는 사실이 시사하는 바가 있을 것이다.

여호와께서 아담과 하와에게 풍요로운 땅을 주셨던 것처럼, 이스라엘에도 부요함을 쏟아부으신다.

"여호와께서 그가 땅의 높은 곳을 타고 다니게 하시며 밭의 소산을 먹게 하시며……또 포도즙의 붉은 술을 마시게 하셨도다"(신 32:13,14).

그런데 노래가 어둡게 변한다.

"그런데 여수룬(이스라엘)이 기름지매 발로 찼도다……자기를 지으신 하나님을 버리고 자기를 구원하신 반석을 업신여겼도다"(신 32:15).

이로 인해 하나님과 누리는 잔치가 슬픔으로 변한다. 여호와께서 언약 소송에서 죄를 물으며 이전에 베푸셨던 복을 철회하신다. 이는 창세기 3장에 상응한다. 백성들은 하나님의 임재의 풍요로움을 누리지 못하고, "주리므로 쇠약하며 불 같은 더위와 독한 질병에 삼켜질" 것이다(신 32:24 참고). 하나님께서 사람 아래 두신 짐승들조차 하나님의 명령을 따라 백성들에게 반기를 들 것이다.

"내가 들짐승의 이와 티끌에 기는 것의 독을 그들에게 보내리로다"(신 32: 24).

성령의 법적 사역은 선지자들의 사역에서 드러난다. 선지자들은 여호와와 이스라엘 사이에 벌어지는 소송에서 하나님 측 변호사(attorney)로 보인다. 성령은 심판의 물 위를 운행하시며, 각각의 왕국에 왕들과 국경들을 나누고 분할하셨듯이, 이스라엘 위에 구름기둥과 불기둥으로 떠 계시고, 이스라엘의 낮과 밤을 야곱의 해와 달처럼 조종하셨듯이, 성령은 증인석인 심판의 구름 위에 서서 판결하고 동시에 변호하신다. 호세아가 예언한 대로, 이스라엘은 아담처럼 구름을 따라 하나님의 안식으로 들어가기를 거절한다.

"그들은 아담처럼 언약을 어기고 거기에서 나를 반역하였느니라"(호 6:7).

안식일의 안식(비록 예표적인 것이지만)은 언약 체결자가 신실하지 않은 까닭에 중단되었다. 법정적으로 임재하여 자기 백성을 택한 민족으로 구분하시는 그 성령께서, 이제 언약을 어긴 이들 앞에서 자신의 임재를 거두어들임으로써 증언하고 계신 셈이다.

사실 포로기는 백성들이 바벨론으로 끌려가면서가 아니라, 그들이 일상에서 언약을 어기면서 살아가던 때에 성령이 성소를 떠나심으로 말미암아 시작되었다. 성령께서 처소에 거하실 때에 온 땅은 평화로웠으며, 자원도 충분했다. 그러나 언약이 완전히 파기되어 성령이 떠나자, 웅장한 건물도 이전에 나타났던 영광의 껍데기에 불과해졌고, 잡초와 승냥이들이 자기 영역이라고 우기는 혼해 빠진 건물이 되어 버렸다.

이스라엘이 율법을 어겼는데도, 여호와는 놀라운 약속을 베푸신다.

"나의 영이 계속하여 너희 가운데 머물러 있나니"(학 2:5).

그분의 임재는 심판과 동일하나 위로이기도 하다. 하나님께서 "모든 나라를 진동시킬 것이며 모든 나라의 보배가 이르리니"(학 2:7) 이전 성전의 영광은 장차 올 성소의 영광에 비할 때 아무것도 아닐 것이다(학 2:9 참고).

새 출애굽의 새 창조에서 예수님은 마지막 아담이자 신실한 이스라엘로, 우리와 함께 거하시는 하나님의 임재인 참성전으로서 세례를 받으셨다. 그리고 그때 성령께서 비둘기와 같은 모습으로 내려오셨다(출애굽기에서는 독수리의 모습이었다). 성령은 물 위를 운행하면서 성부와 함께 예수님의 성자 되심과 메시아로서 맡은 임무를 확증하셨다. 그 직후에 매우 중요한 의미를 지닌 사건이 등장한다. 이는 분명 예수님께서 세례로 기름 부음을 받으신 결과이다.

"예수께서 성령에게 이끌리어 마귀에게 시험을 받으러 광야로 가사"(마 4:1).

성령과 심판, 더 구체적으로 말하자면 성령과 언약을 위한 시험(covenantal trial) 사이에 이보다 더 가까운 연결고리는 없다. 아담 이야기가 거꾸로 재생되는 셈이다. 부요함으로 시작하여 저주로 끝나는 것이 아니라, 이번에는 언약의 종이 우리의 굶주림과 궁핍을 공유하시는 것에서 시작하여 사탄의 감언이설에 맞서 하나님의 말씀을 지키고, 자기 영광을 구하는 길이 아니라 순종의 길을 택하시는 것이다.

끝으로, 요한계시록 10장에서 우리는 이 완성의 장면을 본다.

"내가 또 보니 힘센 다른 천사가 구름을 입고 하늘에서 내려오는데 그 머리 위에 무지개가 있고 그 얼굴은 해 같고 그 발은 불기둥 같으며 그 손에는 펴 놓인 작은 두루마리를 들고 그 오른발은 바다를 밟고 왼발은 땅을 밟고 사자가 부르짖는 것같이 큰 소리로 외치니"(계 10:1-3).

여기에서 묘사하는 존재가 구약에서 신현으로 나타났던 여호와의 사자가 아닌 다른 존재라고 상상하기란 어렵다. 이 존재는 성령(구름)을 입었고, 하나님께서 화평을 맹세하신 상징(무지개) 아래 있으며, 그 얼굴은 해와 같고 그 발은 불기둥과 같다. 종말론적 이미지에서 인자는 마지막 때에 세상을 심판하고 자기 백성들을 변호하시기 위해 '구름을 타고' 올 것이라고 하셨다(마 24:29-31, 25:31,32 참고). 요한계시록 10장에서 이어지는 구절들은, 이 사자가 한 발은 바다를, 다른 한 발은 땅을 딛고 서서 손을 들어 엄숙하게 맹세하고 있다고(성례전적으로 무지개에 의해 확증된) 기록한다. 이 장면은 승천하신 구원자가 자신이 얻어낸 영원한 안식으로 자신의 백성들이 들어오는 것을 환영하는 모습이라 할 수 있다.[13]

로마서 1장 4절도 이 거대한 법정 드라마에서 성령의 법적 기능을 강조한다.

"성결의 영으로는 죽은 자들 가운데서 부활하사 능력으로 하나님의 아들로 선포되셨으니 곧 우리 주 예수 그리스도시니라."

일반적으로 '인자'라는 표현은 예수님의 인성과, 그리고 '하나님의 아

---

13) Kline, *Images of the Spirit*, 19.

들'이라는 표현은 신성과 연결해 생각한다. 그러나 유대교 문맥에서 가리키는 바는 완전히 반대이다. 다니엘과 제2성전기 문헌에서 등장하는 '인자'는 신적 존재이며(에스드라 2서에서와 같이), 반면에 '하나님의 아들'은 메시아 직분을 의미한다.[14]

예수님은 하나님이시다. 영원히 하나님과 하나이시다. 그러나 예수님을 죽은 자 가운데서 다시 일으키시는 성령의 역할은 특별히 예수님의 인성에 국한된다. 그리고 이것이 법적 역할이다. 물론 바울은 예수님이 영원한 아들이며 그에 합당하게 경배 받을 존재라고 가르쳤다. 그러면서 바울이 로마서 1장 4절에서 묘사한 바 그리스도가 받을 영광은 공적으로 성령에 의해 마지막 아담이자 새 창조의 시작으로 밝혀진 결과를 가리킨다. 다른 곳에서 바울은 심지어 성령이 예수님의 부활을 확증하신 것을 신앙고백의 한 요소로 여긴다.

"크도다 경건의 비밀이여, 그렇지 않다 하는 이 없도다. 그는 육신으로 나타난 바 되시고 영으로 의롭다하심을 받으시고 천사들에게 보이시고 만국에서 전파되시고 세상에서 믿은 바 되시고 영광 가운데서 올려지셨느니라"(딤전 3:16).

요한복음 20장에서 부활하신 주님은 창세기 2장 7절에 상응하여, 제자들에게 성령을 받으라고 하면서 숨을 내쉬신다.

"이날 곧 안식 후 첫날 저녁 때에 제자들이 유대인들을 두려워하여 모인 곳의 문들을 닫았더니 예수께서 오사 가운데 서서 이르시되 너희에게 평강이 있

---

14) 다음을 보라. Craig A. Evans, "Jesus's Self-Designation 'The Son of Man' and the Recognition of His Divinity," in *The Trinity: An Interdisciplinary Symposium on the Trinity*, ed. Stephen T. Davis, Daniel Kendall, and Gerald O'Collins (New York: Oxford University Press, 1999), 30–39.

을지어다. 이 말씀을 하시고 손과 옆구리를 보이시니 제자들이 주를 보고 기뻐하더라. 예수께서 또 이르시되 너희에게 평강이 있을지어다 아버지께서 나를 보내신 것같이 나도 너희를 보내노라. 이 말씀을 하시고 그들을 향하사 숨을 내쉬며 이르시되 성령을 받으라. 너희가 누구의 죄든지 사하면 사하여질 것이요 누구의 죄든지 그대로 두면 그대로 있으리라 하시니라"(요 20:19-23).

부활 후의 이 일은 그 주의 마지막 날이 아니라 첫째 날에 나타났다. 부활이 새 창조의 시작이기 때문이다. 이제 저주 아래 있던 고난주간은 예수님 뒤편으로 지나가 버렸다. 그리고 예수님께서 성취하신 모든 것이 우리를 위한 것이 되었다. 요한계시록 10장의 종말론적 장면에 등장하는 바, 무지개 후광을 지니고 바다와 땅을 각각 딛고 섰으며 손을 들어 영원한 평화를 맹세하는 능력의 사자는, 요한복음 20장에 기록된 이 이야기와 잘 어울린다. 이를 제자들에게 확증하기 위해, 그리고 그들을 평화의 대사로서 무장시키기 위해, 예수님은 성령을 그들에게 불어넣으신다. 그리하여 그들을 성령으로 충만한 새 인류로 변화시켜 공동 상속자가 되도록 세우셨다.

이 사건의 효과는 제자들이 기적을 행하는 일꾼들이 되거나 열방을 다스리는 권력을 얻는 것이 아니었다. 제자들에게는 예수님의 이름으로 죄를 사하는 권세의 열쇠가 주어졌다. 칠십 인이 돌아와 예수님의 이름으로 마귀들을 이겼다고 보고했을 때, 예수님께서 보이신 반응을 기억해 보라.

"예수께서 이르시되 사탄이 하늘로부터 번개같이 떨어지는 것을 내가 보았노라……그러나 귀신들이 너희에게 항복하는 것으로 기뻐하지 말고 너희 이름이 하늘에 기록된 것으로 기뻐하라 하시니라"(눅 10:17-20).

이 땅의 성전에서 영광의 구름이 삼위일체와 천사들의 법정을 에워쌓던 것처럼, 성령으로 충만해진 사도들은 땅 끝까지 이르러 하나님의 평화를 전파할 것이다. 그때에 궁극적으로 하나님의 형상을 입은 자는 하나님의 홀을 가진 통치자이다. 그러나 지정학적 수도에서 피조 세계를 통치하고 다스리는 것이 아니라, 성령만이 세우실 수 있는 영원히 확장될 성전에서 죄를 사하고 바르게 하는 법적 기능을 다하게 될 것이다.

우리 주님의 영화로운 승천은 자신의 신성을 드러내셨다는 것보다 훨씬 더 큰 의미를 가진다. 이는 수많은 의미를 우리에게 알려 준다. 죽은 자 가운데서 부활하는 것으로 시작하여 이 사건에서 영화롭게 되신 것은 바로 우리와 공유하시는 주님의 인성이다. 성령의 사역이 예수님의 낮아지심과 연관하여 성육신을 이루셨듯이, 이제 종말론적으로 확증하는 성령의 사역이 예수님의 높아지심을 이룬다. 성령은 우리를 그리스도에게 연합시키시는 사역을 통하여 우리를 새 창조에 참여하게 하신다. 성령께서 우리를 그리스도의 신성에 연합시키시는 것이 아니다. 그분은 참하나님이자 참사람이신 예수님 안에서 분리될 수 없는, 영화롭게 된 인성과 우리를 연합하게 하신다. 오순절에 베드로는 명백한 삼위일체 원리를 따라 선포했다.

"하나님이 오른손으로 예수를 높이시매 그가 약속하신 성령을 아버지께 받아서 너희가 보고 듣는 이것을 부어 주셨느니라"(행 2:33).

그리고 그는 계속해서 시편 110편 1절을 인용한다.

"주께서 내 주에게 말씀하시기를 내가 네 원수로 네 발등상이 되게 하기까지 너는 내 오른쪽에 앉아 있으라 하셨도다"(행 2:34,35).

베드로는 이것이 다윗이 자기 자신을 가리켜 하는 말이 아니라고 덧붙인다. 그는 하늘로 올라간 적이 없기 때문이다. 이 구절에 대해 유일하고도 적절한 반응은 회개하고 그리스도의 이름으로 세례를 받는 것이다.

"예수 그리스도의 이름으로 세례를 받고 죄 사함을 받으라. 그리하면 성령의 선물을 받으리니"(행 2:38).

이 다양한 방식들은 모두 에덴에서 성령의 생기를 주셔서 시작된 대관식, 곧 옛언약의 역사를 보여 준다. 그리고 온갖 영화로운 의복을 입은 제사장의 모습과 그리스도께서 자신의 제자들에게 숨을 내쉬시는 사건이 이어진다. 클라인은 이렇게 쓴다. "대관식 비유가 사용된 때에 '입은' 것은 하나님의 형상으로 창조된 새 사람(엡 4:24; 골 3:10 참고), 즉 주 그리스도(롬 13:14; 갈 3:27; 엡 2:15, 4:13 참고), 또 다르게는 부활한 몸의 영광(고전 15:53; 고후 5:2 참고)이다……베드로가 표현한 대로 '신성한 성품에 참여하는 자'(벧후 1:4)들은 하나님의 형상으로 새롭게 되었음을 드러낸다."[15]

베드로의 오순절 설교의 또 다른 주요 내용은 '마지막 때'에 성령이 부어지리라는 요엘의 예언이다. 이는 틀림없이 법정적이다. 심지어 구경꾼들이 취한 자로 정죄하는 장면도 예레미야를 연상시킨다. 예레미야는 하나님의 변호인으로 부름 받아 거짓 선지자들에게 언약적 저주를 선포했다.

"선지자들에 대한 말씀이라. 내 마음이 상하며 내 모든 뼈가 떨리며 내가 취한 사람 같으며 포도주에 잠긴 사람 같으니 이는 여호와와 그 거룩한 말씀 때문이라"(렘 23:9).

---

15) Kline, *Images of the Spirit*, 29.

레이몬드 딜라드는 요엘 3장 1-5절(영역 성경에서는 2장 28-32절)[16]이 민수기 11장 1절부터 12장 8절을 직접적으로 반영한다고 설명한다.

구약에서 하나님의 영은 본질적으로 예언의 영이다. 민수기 11장에서 모세가 자신의 괴로움을 도와달라고 간청하자(민 11:11,17 참고) 하나님은 자신의 영을 칠십 장로들에게 보내셨다……요엘서에서도 이 주제 중 다수가 반복되고 있다. 모세의 기도가 응답될 것이다. 하나님께서 자신의 영을 온 이스라엘에게 부으실 것이며, 여호와의 모든 백성이 선지자가 될 것이다. 민수기 11,12장에서 도출한 주요 단어들이 요엘 3장 1-5절에서도 나타난다. 하나님의 백성들은 예언할 것이다(민 11:25-29; 욜 3:1[욜 2:28] 참고). 선지자들에게 고유하던 것들을(꿈과 환상, 민 12:6 참고) 하나님의 모든 백성들이 경험하게(욜 3:1[욜 2:28] 참고) 되리라고 계시한다. 하나님의 영이 부어지는 것을 몇몇 이들만 경험하는 것이 아니라(민 11:25, 12:6 참고) 모든 이들이 경험할 것이다(욜 3:1[욜 2:28] 참고)……두 문맥 모두 성령께 속한 법적 기능을 보여 준다. 칠십 장로들은 모세의 대리자들이었으며, 판사 역할을 하였다(민 11:17; 출 18:13-27 참고). 요엘서에서는 선지자적 은사가 부어지는 종말론적 사건이 열방을 심판하기 위해 하나님께서 오시는 일과 함께 등장한다(욜 3:4, 4:12[욜 2:31, 3:12] 참고). 수

---

[16] 역자주 - 요엘서의 경우 히브리어 성경과 영역 및 한역 성경의 장, 절 구분이 다르다. 이 부분은 한글 성경으로도 2장 28-32절이다. 이어지는 인용문에서는 요엘서와 관련하여 저자의 원문에 적힌 성구를 그대로 적었으며, 괄호 속에 한글 성경에 해당하는 부분을 표기하였다.

많은 이들이 판결을 내리기 위해서가 아니라 하나님의 판결을 듣기 위해 것이다(욜 4:14[욜 3:14] 참고)……또한 두 문맥 모두 심판 때에 불로 드러나는 하나님의 현현(顯現)을 다룬다(민 11:1-3; 욜 1:19,20, 2:3,5, 3:3[2:30] 참고). 각각의 사건에서 성령이 부어지는 것은 이스라엘 중 일부에 대한 심판을 다루는 문맥에서 등장한다(민 11:31-35, 12:9-15; 욜 3:5[욜 2:32] 참고). 모든 사람이 살아남지는 못할 것이다.[17]

그러나 오순절 때에 하나님은 자신을 소멸하는 불로 드러내지 않으시고, 베드로가 선포한 바로 그 말씀에 대한 증거의 기둥으로 각 신자 위에 임하셨다(행 2:3,4 참고).

성령께서 다시 성소로 돌아오셨다. 그러나 오순절 사건이 일어난 곳에서 고작 몇 발자국 떨어진 곳에 있는 성전 건물로 오신 것이 아니었다. 성령은 이제 증인 한 사람 한 사람 위에 부어지고 그들 가운데 거하신다. 옛 언약은 하나님의 영광, 곧 나누고 연합시키시는 성령이 이렇게 인격적으로 개개인에게 거하시는 것에 대해 알지 못했다. 하나님께서 가장 거룩한 장소에 임하는 것이 아니라 자신의 성전 된 자기 백성들 가운데 임하시는 것이다(행 2:3; 고전 3:16,17, 6:19; 고후 6:16; 엡 2:19-22 참고). 이 사실로 인해 "모든 성도들이 선지자가 될 수" 있다. 딜라드는 다음과 같이 덧붙인다.[18]

---

17) Raymond B. Dillard, "Intrabiblical Exegesis and the Effusion of the Spirit in Joel," in *Creator, Redeemer, Consummator: A Festschrist for Meredith G. Kline,* ed. Howard Griffith and John R. Muether (Greenville, SC: Reformed Academics Press, 2000), 90-91.

18) Ibid., 92.

요한의 글에서는 성령이 오실 위로자이며 중생하게 하시는 분으로 부각된다. 바울의 글들에서 성령은 장차 올 새로운 때의 능력으로 부각된다. 그러나 누가의 사도행전에서 우리는 구약에서 하나님의 영이 가장 일반적으로 수행한 역할이었던 예언의 영을 만나게 된다. 그러므로 누가가 기록하는 대로, 예수님께서 따르던 이들과 작별하면서 '성령이 그들에게 임하시면 그들이 증인이 되리라'고 약속하신 것은 놀라운 일이 아니다(행 1:8 참고).[19]

그리스도께서 성취하신 것으로만 옛언약을 '죽게 하는 직분'과 '정죄의 직분'이라 부를 수 있다. 이것들은 모세가 시내산에서 돌판을 들고 내려올 때에 없어지고 말 영광을 상징한다(고후 3:7-9 참고). 이와 상반되게, 새언약은 '영의 직분'이요 '의의 직분'이다(고후 3:7-9 참고). 여기서 너무 깊이 다루지는 않겠지만, 나는 이 '의(dikaiosynē, 디카이오쉬네)'를 '칭의'로 번역하는 것이 타당하다고 생각한다. 바울이 이 의를 '정죄'와 나란히 언급하기 때문이다(고후 8:9 참고). 여하튼 예수님께서 드러내신 이 법적 사역이 바로 이 마지막 때에 이루어지는 성령의 사역의 중심이다. 부활하신 예수님은 또 다른 보혜사인 성령을 제자들에게 불어넣으면서 그들을 법적 사역의 도구로 무장시키셨다.

고린도후서 3장 6절에는 '조문'과 '영'이 대조되어 나타나는데, 일부 열광적 집단은 그것을 외적 말씀과 내적 말씀으로 잘못 해석해 왔다. 문맥상

---

19) Ibid.

그것은 설교 또는 말씀과 '내적 말씀'을 대조하는 것이 명백히 아니다. 또한 성경의 문자적 의미와 더 깊은 영적 의미를 대조하는 것도 아니다. 바울이 말하고자 하는 바는 우리 주님의 다음 말씀과 동일하다.

"살리는 것은 영이니 육은 무익하니라. 내가 너희에게 이른 말은 영이요 생명이라"(요 6:63).

예수님의 말씀이 영이요 생명이므로, '조문'과 '영'을 대조하는 것은 절대주권적으로 주어지는 성령의 은혜와 죄로 죽은 인간들이 스스로 살아나고자 시도하는 것을 대조하는 것이다.

조문이 기록되었기 때문에 우리를 죽이는 것이 아니다. 모세의 율법 자체가 구원을 주지 못하기 때문이다. 모세의 율법은 우리를 의롭다고 선포할 수도 없고, 우리를 의롭게 만들 수도 없으며, 죄책이나 죄의 지배로부터 우리를 자유롭게 할 수도 없다. 반면 '영의 직분'은 두 가지 모두를 해 낸다. 시내산 언약은 임시적이었으며, 이제 '길이 있을' 언약으로 말미암아 하나님께 속할 수 있도록 완성하신 하나님께 감사하라(고후 3:11 참고). 바울은 로마서 초반부터 시작하여 3장 20-22절에서 절정에 이르는 논의의 결론에서도 동일한 것을 말하고자 한다.

우리와 마찬가지로, 구약의 신자들이 받은 칭의는 율법의 행위에 의한 것이 아니다. 그러나 모세의 율법 조항들 자체는 정확하며, 그 율례들을 지킨다는 조건으로 일시적인 복이 약속되었다.

하나님은 자비롭게도 의식법을 제정하여 죄를 위해 임시적인 제사를 열어 두셨다. 그러나 히브리서 기자가 명확히 말하듯이, 이 제사로는 죄를 없애지 못하였다. 오직 예수 그리스도로 말미암아서만 죄가 영원히 제거된다(히 10:11,12 참고). 또한 오직 복음에서만 죄 용서를 발견할 수 있으며, 예레미야 31장에서 말하듯이 성령께서 자신의 법을 우리 마음에 새기실 때에만 새 순종이 가능해진다. 신명기에서도 하나님께서 이스라엘에게 마음에 할례를 행하라고 명령하신 것과 이스라엘이 이 일을 할 수 없다고 예언하면서 약속을 주신 것이 선명하게 대비된다.

"그러므로 너희는 마음에 할례를 행하고 다시는 목을 곧게 하지 말라"(신 10:16).

"네 하나님 여호와께서 네 마음과 네 자손의 마음에 할례를 베푸사 너로 마음을 다하며 뜻을 다하여 네 하나님 여호와를 사랑하게 하사 너로 생명을 얻게 하실 것이며"(신 30:6).

이는 모세의 율법의 문맥 안에서 발견되는 바 새언약에 대한 충격적인 그림자이다.

그러므로 성령의 법적 기능은 칭의와 관련될 뿐만 아니라 성화 및 영화와도 관련된다. 삼위 하나님의 제삼위는 심판의 영이요 능력의 영이시다. 성령의 사역의 이 두 가지 측면을 보면, 성화가 칭의를 전제하는 것처럼 후자가 전자를 전제함으로써 겹치는 부분이 있다.

"주는 영이시니 주의 영이 계신 곳에는 자유가 있느니라. 우리가 다 수건을 벗은 얼굴로 거울을 보는 것같이 주의 영광을 보매 그와 같은 형상으로 변화하여 영광에서 영광에 이르니 곧 주의 영으로 말미암음이니라"(고후 3:17,18).

우리는 여기서 성령의 법적 기능과 하나님의 형상이라는 개념이 밀접하게 연관됨을 보게 된다. 성령의 사역으로 말미암아 신자는 '주님의 영광'을 보며, 그 본 것으로 말미암아 변화하게 된다. 이 복음이 "망하는 자들에게 가리어진 것"인데도 말이다(고후 4:3 참고). 이어지는 내용은 예수님의 고별 강화를 반향하는 듯하다.

"그중에 이 세상의 신이 믿지 아니하는 자들의 마음을 혼미하게 하여 그리스도의 영광의 복음의 광채가 비치지 못하게 함이니 그리스도는 하나님의 형상이니라……어두운 데에 빛이 비치라 말씀하셨던 그 하나님께서 예수 그리스도의 얼굴에 있는 하나님의 영광을 아는 빛을 우리 마음에 비추셨느니라"(고후 4:4,6).

신자들의 영화 너머에는 그리스도께 위임된 최후 심판을 통해 하나님께서 자신의 옳음을 확증하시는 일이 있다. 이는 전능하신 성령께서 능력을 발하심으로써 이루어진다. 카이퍼는 이렇게 고찰한다. "이런 관점은 성령의 사역을 구속받은 자들의 구원이라는 관점으로만 보지 않게 한다. 곧 우리의 영적 지평이 확장된다. 가장 중요한 것은 택자가 온전히 구원받는 것이 아니라, 하나님의 모든 사역이 정당성을 얻으며 심판을 통해 영화롭게 되는 것이기 때문이다."[20] 그러므로 성령의 사역은 성육신하신 성자의 역할 만큼이나 법적이며, 하나님의 택자를 구원하는 일에서 덜 고려되어도 되는 것이 아니다.

"또 미리 정하신 그들을 또한 부르시고"(롬 8:30).

---

20) Abraham Kuyper, *The Work of the Holy Spirit*, trans. Henri De Vries (New York: Funk & Wagnalls, 1900; repr., Grand Rapids: Eerdmans, 1979), 9.

종말론적 능력의 성령: 혼돈에서 새 창조의 질서로

성경 전체에서 성령은 법적 직분 외에도 새롭게 하며 변화시키시는 능력으로 나타난다. 성령은 내적으로 죄인들을 변호하거나 송사하는 증인일 뿐만 아니라 그들의 마음을 변화시키는 분이시다. 성령은 위로부터(다시 말해, 미래로부터 또는 장차 올 때로부터) 오신다. 곧 그곳은 영원토록 성부와 성자와 함께 안식의 기쁨(Sabbath joy)을 누리면서 거하시는 곳이다.

성령은 가르고, 나누며, 분할하신다. 이 활동들은 법적 작업과도 관련된다. 그러면서도 이 활동들은 결실하게 하시는 능력으로 피조 세계를 채우고 자유롭게 하기 위한 것들이다.

성령은 선지자들에게 언약의 변호자로 임하셨다. 또한 그분은 기름 부음 받은 왕에게 임하여 통치하게 하시고, 이스라엘의 용사들에게 임하여 거룩한 전쟁에서 승리하게 하셨다.

"여호와의 영이 그(옷니엘)에게 임하셨으므로 그가 이스라엘의 사사가 되어 나가서 싸울 때에"(삿 3:10).

이러한 성령의 임하심이 기드온(삿 6:34 참고), 입다(삿 11:29 참고), 삼손(삿 14:6,19 참고) 같은 용사들과 심지어 사울(삼상 11:6 참고)과 발람(민 24:2 참고)에게도 동일하게 언급된다.

역사상 가장 거대한 왕국을 다스렸던 고레스 대왕 역시 하나님의 "기름 부음을 받은 고레스"(사 45:1 참고)라고 불린다. 그는 유일하게 유대인이 아닌데도 메시아라는 칭호를 받은 인물이다. 하나님은 그의 오른손을 붙들어 "그 앞에 열국을 항복하게" 하셨고 "그 앞에 문들을 열고 성문들이 닫히지 못하게" 하셨다(사 45:1 참고).

"내가 나의 종 야곱, 내가 택한 자 이스라엘 곧 너를 위하여 네 이름을 불러 너는 나를 알지 못하였을지라도 네게 칭호를 주었노라. 나는 여호와라 나 외에 다른 이가 없나니 나 밖에 신이 없느니라. 너는 나를 알지 못하였을지라도 나는 네 띠를 동일 것이요, 해 뜨는 곳에서든지 지는 곳에서든지 나 밖에 다른 이가 없는 줄을 알게 하리라. 나는 여호와라 다른 이가 없느니라. 나는 빛도 짓고 어둠도 창조하며 나는 평안도 짓고 환난도 창조하나니 나는 여호와라 이 모든 일들을 행하는 자니라 하였노라"(사 45:4-7).

자신들의 하나님이 이방 왕에게 기름을 부어 자신들을 구속하셨다는 사실 때문에 포로기를 부끄러워해서는 안 된다.

"내가 공의로 그를 일으킨지라. 그의 모든 길을 곧게 하리니 그가 나의 성읍을 건축할 것이며 사로잡힌 내 백성을 값이나 갚음이 없이 놓으리라. 만군의 여호와의 말이니라"(사 45:13).

그렇다 할지라도 고레스는 분명히 더 위대한 구원자요 왕이신 분의 그림자일 뿐이다. 신데렐라의 유리구두처럼, 모든 예언은 궁극적으로 오직 예수님의 발에만 들어맞는다. 메시아는 일반적인 의미에서 다윗의 자손으로 거듭 지칭되지만, 그분은 '전능하신 하나님'이시다(사 9:6 참고). 이에 덧붙여, 예수님은 이스라엘을 의롭게 하기 위해 대속의 죽음을 죽으시고 부활하심으로써 이스라엘을 구원하신다(사 53장 참고).

이사야 45장으로 돌아오면, 우리는 이전에 있던 창조와 앞으로 있을 완성을 암시하고 있음을 발견한다. 첫째로, 하나님은 자신이 하늘을 창조하고 땅을 지으셨으며, 그것을 혼돈하게 창조하지 않고 사람이 거주하게 지었다고 설명하신다(사 45:8 참고). 이 마지막 문장은 결실하게 하는 성령의 능력과 연관되는 창세기 1장 2절에 상응한다. 하나님은 피조 세계 전체를 빈 공간이 아니라 피조물로 가득 찬 영역으로 창조하셨다. 그리고 자비롭게도 모든 피조 세계의 왕들이 계속 이어지면서 위대한 왕의 그림자로서 다스리게 하셨다. 둘째로, 주님은 자기 백성이 "여호와께 구원을 받아 영원한 구원을 얻으리니 너희가 영원히 부끄러움을 당하거나 욕을 받지 아니하리라"(사 45:17)라고 선포하신다. 그리고 셋째로, 다음과 같이 선언하신다.

"땅의 모든 끝이여 내게로 돌이켜 구원을 받으라. 나는 하나님이라, 다른 이가 없느니라. 내가 나를 두고 맹세하기를 내 입에서 공의로운 말이 나갔은즉 돌아오지 아니하나니, 내게 모든 무릎이 꿇겠고 모든 혀가 맹세하리라 하였노라. 내게 대한 어떤 자의 말에 공의와 힘은 여호와께만 있나니 사람들이 그에게로 나아갈 것이라. 무릇 그에게 노하는 자는 부끄러움을 당하리라. 그러나 이스라엘 자손은 다 여호와로 말미암아 의롭다함을 얻고 자랑하리라 하느니라"(사 45:22-25).

스가랴서에서 여호와는 새로운 성전에 관해 예언하면서 더불어 자기 백성들에게 이렇게 확언하신다.

"여호와께서 스룹바벨에게 하신 말씀이 이러하니라. 만군의 여호와께서 말씀하시되 이는 힘으로 되지 아니하며 능력으로 되지 아니하고 오직 나의 영으로 되느니라"(슥 4:6).

이분이 바로 심판과 능력의 성령이시다.

성령은 성부의 모든 말씀을 성자 안에서 효과적으로 발현시키시는 능력의 주체로 강조되며, 하나님의 손가락으로 묘사된다. 출애굽기 31장 18절에서는 이 손가락이 율법을 돌판에 새겼다. 여호와께서 티끌을 이로 만드시는 것을 따라할 수 없었던 바로의 마술사들은 두려워하면서 소리쳤다.

"이는 하나님의 권능(손가락)이니이다"(출 8:19).[21]

예수님은 이런 맥락에서 말씀하셨다.

"그러나 내가 만일 하나님의 손을 힘입어 귀신을 쫓아낸다면 하나님의 나라가 이미 너희에게 임하였느니라"(눅 11:20).

일반적 피조 세계든지 교회 내에서든지, 그리스도 안에 있을 때에만 모든 것이 함께 묶인 바 된다. 그러나 성령이야말로 모든 것을 그리스도께 묶으시는 분이다. 성령은 성부로부터 나와 성자 안에서 선포하시는 권위뿐만 아니라 창조하시는 권위도 공유하신다. 심판과 새롭게 하시는 능력 모두에서 성령은 '하나님의 손가락'이시다.

---

21) 역자주 – 한글 개역개정 성경에는 "하나님의 권능이니이다"라고 번역되어 있으나, 영어 성경(NRSV, ESV, KJV 등)에는 "This is the finger of God"이라고 되어 있다.

5장 | 자리 바꾸기: 고별 강화

"나를 붙들지 말라. 내가 아직 아버지께로 올라가지 아니하였노라. 너는 내 형제들에게 가서 이르되 내가 내 아버지 곧 너희 아버지, 내 하나님 곧 너희 하나님께로 올라간다 하라"(요 20:17).

예수님은 부활하신 후 마리아에게 처음 나타나자마자 제자들을 이 땅에 거하는 자신의 육체에서 떼놓는다. 존 오웬이 말했듯이, 이를 통해 제자들이 '성령에 대한 약속을 바라며 신뢰하도록' 하려는 것이었다. 존 오웬은 계속해서 이렇게 말한다. "그래서 우리 사도가 '비록 우리가 그리스도도 육신을 따라 알았으나 이제부터는 그같이 알지 아니하노라'(고후 5:16)라고 말한 것이다. 이 세상에서 그리스도를 육신으로 아는 것은 굉장한 특권이지만, 그분을 성령의 경륜 가운데 기뻐하는 것이 더 큰 특권이기 때문이다."[1] 예수님은 구원을 완성하셨다. 그러나 그분은 "하나님이 영원 전부터 거룩한 선지자들의 입을 통하여 말씀하신 바 만물을 회복하실 때까지는 하늘이 마땅히 그를 받아 두리라"(행 3:21) 하신 분이시다. 성령의 위대한 사역은 복음의 선포와 내적으로 진리를 설득하시는 것이다.

예수님의 고별 강화는 자리 바꾸기에 관한 내용이다(요 14-16장 참고). 우리는 이 내용을 살피면서, 성령이 예수님과 공유하시는 사역에는 어떠한 차이가 있으며 어떻게 차이를 만들어 내는지 그 중요성을 명확히 보게 될 것이다. 예수님은 자신이 떠나는 것이 곧 다시금 자신을 얻는 것이라고 말씀하시면서 혼란스러워하고 두려워하는 제자들의 마음을 다독이신다. 우리에게는 영광을 얻은 인성을 가지고 성부 우편의 보좌에 앉으신 예수 그리스도가 필요하다. 그분은 다스리고, 자기 나라의 대적들을 굴복시키며, 우리를 위해 중보하신다. 그러나 성령께서 자신만이 하실 수 있는 바를 하셔야 한다. 곧 우리 안에서 역사하여 회개와 믿음을 불러일으키고, 우리 안에서 중보하여 우리가 양자 삼으신 성부께(롬 8:15 참고) 두려움이 아닌 기쁨으로 이어지도록 완성하셔야 한다.

성자 안에서 주어진 성부의 선물

예수님은 승천하시기 전에 제자들에게 예루살렘에서 기다리라고 말씀하신다.

---

1) John Owen, *A Discourse concerning the Holy Spirit*, in vol. 8 of *The Works of John Owen*, ed. William H. Goold, 16 vols. (Edinburgh: Banner of Truth, 1965), 25.

"내게서 들은 바 아버지께서 약속하신 것을 기다리라……몇 날이 못되어 성령으로 세례를 받으리라……오직 성령이 너희에게 임하시면 너희가 권능을 받고"(행 1:4,5,8; 눅 24:49 참고).

우리는 예수님께서 성령에 관해 제자들에게 뭐라고 이야기하셨는지를 추측할 필요가 없다. 성령에 관해 뭐라고 말씀하셨든지, 고별 강화에서 이미 말씀하신 바들을 풀어내셨을 테니 말이다.

비록 요한은 식사보다 설교에 초점을 맞추었으나, 공관복음의 기록에 따르면 예수님의 강화는 유월절 기간에 다락방에서 성찬을 제정하실 때에 전해졌다.

"이것은 죄 사함을 얻게 하려고 많은 사람을 위하여 흘리는 바 나의 피 곧 언약의 피니라"(마 26:28).

그리고 예수님은 자신이 떠나실 것을 알리심으로써 성찬에 특별한 의미를 부여하셨다. 이런 맥락만으로도 성찬이 기독론과 성령론이 복잡하게 교차하는 지점으로서, 또한 장차 올 날이 현재의 악한 때를 찢고 들어오는 지점으로서 얼마나 중요한지를 알 수 있다.

그러나 이 장면은 우리에게 문제를 던진다. 당시 제자들에게 도저히 극복할 수 없어 보이는 장애물이 제시된 것이다. 그리스도께서 어떻게 떠나리라고 알리는 동시에 자기 백성들과 언제나 함께하리라고 약속하실 수 있단 말인가? 만약 우리가 승천으로 인한 예수님의 부재와 솔직하게 씨름하지 않는다면, 우리는 성령의 권능 안에서 그분이 실재로 임하신다는 의미를 인식할 수 있는 중요한 기회를 놓치는 셈이다. 예수님께서 성찬을 제정하시는 자리에서 하신 설교가 '자리 바꾸기'라는 사실은 굉장히 중요하다. 성찬의 음식이 바로 우리를 두 때가 교차하는 위태로운 지점에 세우기 때문이다.

"시몬 베드로가 이르되 주여 어디로 가시나이까 예수께서 대답하시되 내가 가는 곳에 네가 지금은 따라올 수 없으나 후에는 따라오리라. 베드로가 이르되 주여 내가 지금은 어찌하여 따라갈 수 없나이까 주를 위하여 내 목숨을 버리겠나이다. 예수께서 대답하시되 네가 나를 위하여 네 목숨을 버리겠느냐 내가 진실로 진실로 네게 이르노니 닭 울기 전에 네가 세 번 나를 부인하리라"(요 13:36-38).

이어서 도마가 끼어든다.

"주여 주께서 어디로 가시는지 우리가 알지 못하거늘 그 길을 어찌 알겠사옵나이까? 예수께서 이르시되 '내가' 곧 길이요 진리요 생명이니 나로 말미암지 않고는 아버지께로 올 자가 없느니라"(요 14:5,6).

그런데도 빌립은 간청한다.

"주여 아버지를 우리에게 보여 주옵소서"(요 14:8).

빌립의 질문은 마지막 지푸라기이다. 예수님은 자신이 곧 길이라는 사실을 이해하지 못한 제자들에게 화나신 것처럼 보인다.

"예수께서 이르시되, 빌립아 내가 이렇게 오래 너희와 함께 있으되 네가 나를 알지 못하느냐. 나를 본 자는 아버지를 보았거늘 어찌하여 아버지를 보이라 하느냐"(요 14:9).

우리 입장에서는 다행히도 이 질문들 덕분에 예수님에게서 성령의 임무를 가장 정확히 들을 수 있게 되었다. 예수님은 말씀하신다.

"일어나라, 여기를 떠나자"(요 14:31).

때가 가까웠고, 출애굽이 임박했다. 예수님은 스스로 출애굽하실 것이고, 승리하여 얻은 보좌에 앉아 성령을 보내 승리의 전리품을 나누실 것이다.

여기서 우리는 엘리야의 사역이 엘리사에게로 옮겨지던 장면이 되풀이되는 것을 본다.

"여호와께서 오늘 당신의 선생을 당신의 머리 위로 데려가실 줄을 아시나이까 하니 이르되 나도 또한 아노니 너희는 잠잠하라 하니라"(왕하 2:1-3).

이어서 엘리사가 엘리야에게 맹세한다.

"여호와께서 살아 계심과 당신의 영혼이 살아 있음을 두고 맹세하노니 내가 당신을 떠나지 아니하겠나이다"(왕하 2:4).

그런데 엘리야는 여호와께서 자신을 데려가시기 전에 엘리사에게 마지막 소원을 물어본다(왕하 2:9 참고). 그러자 엘리사가 대답한다.

"당신의 성령이 하시는 역사가 갑절이나 내게 있게 하소서"(왕하 2:9).

그러고 나서 엘리사는 슬픔에 잠겨 엘리야가 권능의 바람으로 떠나는 것을 바라본다(왕하 2:11 참고). 엘리사는 자신의 옷을 잡아 찢고, 엘리야의 겉옷을 주워 "그의 겉옷을 가지고 (요단) 물을 치며" 묻는다.

"엘리야의 하나님 여호와는 어디 계시니이까?"(왕하 2:14)

엘리사가 옷으로 물을 치자 물이 이리저리 갈라지고 그가 그리로 건너갔다(왕하 2:12-14 참고). 이는 작은 출애굽이다. 낙심한 엘리사는 "내가 당신을 떠나지 아니하겠나이다"라고 말했을 때 자신을 떠나간 스승이 한 말의 의미를 깨닫게 되었다. 또한 '갑절'의 성령은 작은 오순절이다.

제자들이 불안해하면서 한 질문에 주어진 대답은, 예수님께서 육신으로 다시 오실 때까지 떠나 계시리라는 현실을 간과한 것이 아니다(요 14:1-14 참고). 도리어 이는 성령을 약속하시는 것이다(요 14:15-31 참고). 엘리야의 하나님 여호와는 어디 계셨는가? 그렇다면 예수님은 어디 계셨는가? 그들은 오순절에 그 답을 온전히 알게 될 것이다. 예수님은 길을 보이셨을 뿐만 아니라 그분 자신이 곧 길이셨다. 제자들은 예수님이 지금 가시는 곳으로 따라갈 수 없다. 그러나 그들은 예수님이 승천하신 후 오순절이 지나면, 예수님과 새롭고도 더욱 친밀한 방식으로 연합하게 될 것이다. 예수님은 홀로 십자가에 오르고 홀로 부활하셨던 것처럼, 홀로 성부께로 올라가셨다. 예수님만이 이 일을 하실 수 있었다. 그러나 예수님은 이 일을 사적으로가 아니라, 우리를 위한 공적인 대표로 행하셨다. 성령이 권능으로 임하시면, 비로소 제자들은(그리고 우리는) 예수님의 출애굽을 함께하는 자들이 될 것이다.

얼마 지나지 않아, 제자들은 예수님 곁에서 걷거나 "육신을 따라" 일용할 양식을 먹고 마시지 못할 것이다(고후 5:16 참고). 그러나 성령께서 그들을 포도나무에 붙은 가지처럼 그리스도께 연합시키실 것이다(요 15:1-5 참고). 성령의 사역으로 말미암아, 그들은 참으로 요한복음 6장에서 약속된 바 영생하도록 있는 예수님의 살을 먹고 피를 마실 수 있게 된다. 제자들은 그리스도께 속했기 때문에 이미 정결하다. 그들은 포도나무에 속했기 때문에 이미 열매를 맺는 가지들이다. 예수님이 말씀하신 대로, 그들은 이제 종이라 불리지 않고 친구라 불릴 것이다.

"너희가 나를 택한 것이 아니요 내가 너희를 택하여 세웠나니 이는 너희로 가서 열매를 맺게 하고 또 너희 열매가 항상 있게 하여 내 이름으로 아버지께 무엇을 구하든지 다 받게 하려 함이라"(요 15:16).

열매는 사랑이다. 특히 성도의 교제 안에서 서로 나누는 사랑이다(요 15:17 참고). 그들은 이제 새로운 가족이 되었다. 새로운 인류가 이 가족 안에서 자랄 것이다.

성령은 예수님이 떠나시는 것을 불안해하는 제자들에게 주어진 대답이다. 어째서 예수님은 예루살렘에서 자신의 조상 다윗의 보좌에 앉은 메시아가 될 수 있는 그 순간에 제자들을 떠나신단 말인가? 그 후로 며칠 동안 예수님은 제자들에게 익숙한 역사를 재현하는 듯한 모습을 보여 주신다. 바로 이스라엘의 출애굽과 정복과 열두 지파에게 분깃을 나눠 주는 이야기이다. 그러나 이는 이미 지난 이야기를 재상영하는 것이 아니다. 도리어 장차 올 것을 시연하는 것이었던 옛언약의 실재가 상영되는 것이다.

또 다른 보혜사

예수님은 성령을 가리켜 "또 다른 보혜사," 곧 알로스 파라클레토스(*allos paraklētos*)라고 부르신다(요 14:16 참고). 주석가들, 심지어 성경 번역가들은 대체로 성령을 '변호인'이 아니라 '위로자'로 부름으로써 예수님과 구분하고자 했다. 이미 3세기 초에 오리겐은 헬라어 파라클레토스가 두

가지 의미를 모두 가진다는 사실을 알았다.[2] 그러나 "구세주에게 '파라클레테(paraclete)'가 사용될 때는 중보자를 의미하는 것 같다……한편 성령에게 사용될 때 '파라클레테'는 '위로자'로 이해되어야 한다. 성령은 그가 영적 지식에 대한 의식을 깨우고 알리시는 영혼들을 위로하시는 분이기 때문이다."[3]

단어만 본다면 가능하겠으나, '위로자'라는 번역은 이 단어가 주로 사용되었던 법정적 심상을 거의 살리지 못한다. 랍비 문헌에서 이 헬라어는 외래어로서 히브리어로 음역되었고, '고소인'과 반대되는 의미로 '변호인' 또는 '대리자'를 가리켰다.[4] 대부분의 역본은 요한일서 2장 1절에서 파라클레토스를 '변호인'으로 번역한다.[5] 또한 "구세주에게 '파라클레테'가 사용될 때는 중보자를 의미하는 것 같다"라고 했을 때, 오리겐은 로마서 8장 26,27절을 간과한 듯하다. 여기서 바울은 성령에게 중보자의 역할을 적용한다.

따라서 파라클레토스를 성령과 관련해서는 '위로자'라고 쓰기로 결정한 것은, 그리스도의 사역과 성령의 사역을 구분하고자 하는 신학적 염려에서 나온 것이다. 나는 이런 구분이 잘못되었으며, 표면적으로 친밀한 관계를 중요하게 여기는 성령 중심적 복음과 심판을 통한 구원을 중요하게 여기는 그리스도 중심적 복음을 대립시킬 위험에 문을 열어 준다고 생각한다. 앞 장에서 우리는 성자와 성령이 동일한 법적 사역에 관여하며, 이

---

2) Origen, *First Principles*, translated by G. W. Butterworth (Gloucester, MA: Peter Smith, 1973), 119.
3) Ibid.
4) BDAG 519을 참고하라.
5) 역자주 – 한글 개역개정 성경은 이를 '대언자'로 번역한다.

점이 고별 강화에서 더욱 예리하게 나타난다는 것을 살펴보았다. 예수님은 성령을 '또 다른 보혜사'라고 하셨으며, 성령의 역할을 분명히 법적 측면에서 설명하셨다(요 14:16, 16:7,8 참고). 만약 성령의 사역이 그리스도의 사역보다 덜 법적이라면, 그리스도의 위로가 성령의 위로만 못하다는 것도 참일 것이다. '변호인'이라는 번역은 '위로자'에 관한 생각에서 멀어지게 만드는 것이 아니라, 도리어 그렇게 부를 수 있는 더 깊고도 구체적인 근거가 된다. 왜냐하면 하나님의 위로를 경험하는 것이 바로 우리가 하나님으로부터 받는 법적 변호이기 때문이다.

그렇다면 그리스도와 성령의 차이를 법적 심판과 관계적 위로에서 찾으려 해서는 안 된다. 도리어 차이는 여기에 있다. 즉, 법정에서 그리스도의 역할은 우리를 위해 우리 밖에서 행하시는 것인 반면, 성령의 역할은 우리 안에서 행하여 우리로 하여금 우리의 죄책을 깨닫게 하고 마지막 날 심판이 임하기 전에 그리스도 안에서 사면을 얻게 하는 것이다. 또한 예수님께서 성령을 보내는 분으로서 성부를 대표하신다는 사실도 중요하다. 예수님은 중보자로서 이 일을 위해 성부께 기도하신다(요 14:16 참고). 그런데 성부의 뜻은 그리스도의 이름으로 성령을 보내는 것이다(요 14:26 참고). 이는 삼위 하나님의 모든 외적 사역이 성부로부터 나와서 성자 안에서 성령에 의해 이루어진다는 점을 강조한다. 예수님의 강화를 이런 측면에서 본다면, 성령의 임하심은 심판을 불러온다.

첫째로, 교회를 향한 세상의 심판이 있다(요 16:2 참고). 예수님은 이미 강화에서, 세상이 자신에게 죄를 묻는 잘못을 저질렀던 것처럼 제자들에게도 동일하게 행할 것이라고 알려 주셨다(요 15:18-20 참고). 일반 은총 안에서 성령의 모든 놀라운 사역에 대해, 성령의 구원하시는 은혜는 그가 선택한 사람들을 복음을 통해 그의 아들과 연합시키시는 것과 관련된다. 예수 그리스도께 믿음으로 접붙여지고 그분의 몸 된 교회와 연합하게 되는 것보다 성령 중심적 구원론이 더 보편적이라는 생각은 근거가 빈약한 셈이다.

"그는 진리의 영이라. '세상은 능히 그를 받지 못하나니' 이는 그를 보지도 못하고 알지도 못함이라. 그러나 너희는 그를 아나니 그는 너희와 함께 거하심이요 또 너희 속에 계시겠음이라"(요 14:17).

놀랍게도(적어도 제자들에게는) 예수님은 의심할 여지 없이 '세상'을 믿음 없는 이스라엘과 동일시하셨다. 예수님의 제자들은 출교 당하고 회당에서 쫓겨나며 괴롭힘을 당할 것이다. 심지어 죽임도 당할 것이다(계 2:8-10 참고). 배교한 교회가 참교회를 출교할 것이며, 심지어 이런 핍박을 경건한 신앙의 행위요 하나님을 '섬기는 일(라트레이아[latreia], 요 16:2 참고)'로 여길 것이다(다소의 사울이 가졌던 열심이 이에 대한 확실한 예일 것이다. 행 8:3; 빌 3:6 참고). 세상이 그리스도와 그리스도의 백성을 증오하고 거짓으로 정죄하는 것은 성령이 교회 안에서 역사하고 계시다는 증거이다. 주님께서 이 땅에서 사역하실 때 그러하셨듯이 말이다.

둘째로, 예수님은 성령이 세상을 심판하시리라고 약속하신다. 이는 예수님께서 육신으로 돌아오실 때에 그분의 손에 맡겨질 최후의 심판이 아니다. 이것은 우리 안에서 역사하는 성령이 시행하시는 심판으로서, 우리에게 우리의 죄책과 믿음으로 받게 되는 그리스도의 의를 깨닫게 하시는 것이다. 지금 성령의 심판을 받는 자들은 의롭게 될 것이며, 따라서 장차 있을 마지막 심판대에 두려움 없이 설 수 있을 것이다. 이것이 현재 구원 단계에서 성령의 법적 사역이 그렇게 중요하며, 또한 합당한 이유이다. 성령만이 피조물 안에서 역사하여 영적 죽음에서 일으키고 그리스도와 연합하게 하며, 마지막 심판에 두려움 없이 서게 하실 수 있다. 바울도 다음과 같이 동일하게 설명한다.

"그러므로 이제 그리스도 예수 안에 있는 자에게는 결코 정죄함이 없나니 이는 그리스도 예수 안에 있는 생명의 성령의 법이 죄와 사망의 법에서 너를 해방하였음이라"(롬 8:1,2).

따라서 예수님께서 말씀하셨듯이, 말씀(성자)을 통해 교회 안에서 이루어지는 성령의 사역은, 장차 있을 마지막 심판을 미리 적용하는 것이다. 성령은 그들을 과거의 예수님과 하나로 묶으실 뿐만 아니라, 현재와 미래의 예수님과도 묶으신다. 죽은 자들의 부활이 현재 악한 세대로 들어오도록 그리스도를 일으키신 바로 그 성령께서, 마지막 날에 몸의 부활을 기대하면서 영적으로 죽은 자들도 일으키실 것이다. 미래가 도래했다. 그러나 역설적이게도, 오직 예수님이 떠나셔야 비로소 우리가 그분이 장차 보좌에 앉아 승리의 개가를 부르실 때 함께하게 될 것이다(요일 2:1,2 참고).

예수님의 '때'(요한복음 전체에서 십자가 죽으심을 가리키는 표현)는 예수님의 대적이 패배하고 그분이 승리하심을 의미한다. 제자들조차 그때까지 이를 깨닫지 못했다. 그러나 성령이 예수님의 말씀을 그들에게 생각나게 하실 때에는 깨닫게 될 것이다. 제자들은 예수님께서 곁에 계실 때에는 걱정할 필요가 없었다. 그분이 스스로 결정하시기 전까지는 붙잡히지 않으셨기 때문이다. 그러나 이제 때가 되었다. 예수님의 때가, 그리고 이어서 제자들의 때가 왔다. 제자들은 자신들의 친구이자 스승을 잃는 것도 두려웠지만, 예수님이 떠나실 때 자기 목숨을 잃을 것도 두려웠다.

그러나 예수님께서 "또 다른 보혜사"(요 14:16)를 보내실 것이다. 예수님께서 말씀하신 대로, 이 다른 변호인이 오시면 "죄에 대하여, 의에 대하여, 심판에 대하여 세상을 책망"(요 16:8)하실 것이다. 그분은 '책망(*elenxei*, 엘렝세이),' 즉 죄책을 드러내실 것이다. 사탄은 이미 심판을 받았다(요 16:10, 11 참고). '강한 자'가 결박되었으므로, 성령으로 권능을 얻은 예수님과 그분의 제자들은 그의 세간을 강탈하고 죄수들을 해방시킬 수 있다(마 12:28, 29 및 평행구절들을 보라).

오순절 때에 우리는, 예수님이 말씀하신 바 성령이 죄에 대하여 세상을 책망하신다는 것이 무슨 의미인지를 정확히 보게 된다. 사도행전 2장에 기록된 베드로의 오순절 설교를 통해 예수님께서 성령의 사역으로 설명하신 것들이 밝혀진다. 성령은 예수님의 외적 말씀을 내적으로 증언하신다. 베드로는 하나님의 의("하나님께서 그를 사망의 고통에서 풀어 살리셨으니"[행 2:24])와 심판("이는 그가 사망에 매여 있을 수 없었음이라"[행 2:24])을 선포하는 동시에, 그들의 죄를 고소한다("너희가……못 박아 죽였으나"[행 2:23]). 즉, 책망과 의와 심판의 외적 말씀을 통해 성령께서 내적으로 책망하고 확증하시는 것이다. 성령의 이런 내적 사역이 없이는 외적 선포가 온전한 효과를 낼 수 없다.

"그들이 이 말을 듣고 마음에 찔려 베드로와 다른 사도들에게 물어 이르되 형제들아 우리가 어찌할꼬 하거늘"(행 2:37).

그렇게 "이날에 신도의 수가 삼천이나" 더하였다(행 2:41 참고).[6] 예수님께서 고별 강화에서 베드로와 다른 제자들에게 약속하셨던 모든 일들이 오순절에 실제로 성취되었으며, 오늘날에도 여전히 성취되고 있다.

선지자들의 역할은 하나님의 의와 언약 체결자의 언약 조항이 파기되었음을 증언하는 것이다. 바로 이것이 선지자들이 사역을 시작하기 이전 언제나 성령에게로 들려 올려졌다 기록된 이유이다. 선지자들은 성령으로부터 하나님의 이름으로 임무를 받고, 변호인의 권위를 받는다. 성령을 '예언의 영'이라 부르는 것은 전혀 놀라운 일이 아니다(계 19:10 참고).

"예언은 언제든지 사람의 뜻으로 낸 것이 아니요 오직 성령의 감동하심을 받은 사람들이 하나님께 받아 말한 것임이라"(벧후 1:20,21).

이와 동일하게 바울도 교회에서 말씀을 선포하자, 모든 이들, 특히 그 자리에 있던 불신자들이 자신들의 죄를 책망 받았다(고전 14:24 참고). 또한 우리는 모세의 사역 내내 하나님께서 구름 가운데서 말씀하셨음을 기억해야 한다. 하나님은 시내산에서 선지자 모세에게 말씀하셨다.

"내가 빽빽한 구름 가운데서 네게 임함은 내가 말하는 것을 백성들이 듣게 하며 또한 너를 영영히 믿게 하려 함이니라"(출 19:9).

성령을 영광의 구름과 동일하게 보면, 성령과 하나님께서 말씀하신 바

---

6) Sinclair Ferguson, *The Holy Spirit*, Contours of Christian Theology (Downers Grove, IL: InterVarsity Press, 1996), 70.

가 서로 나뉠 수 없이 연결된다. 선지자들은 '영으로' 말한다. 출애굽기 19장이 요한계시록 1장 10,11절에서 메아리친다. 요한은 이렇게 말한다.

"주의 날에 내가 성령에 감동되어 내 뒤에서 나는 나팔 소리 같은 큰 음성을 들으니 이르되 네가 보는 것을 두루마리에 써서……일곱 교회에 보내라 하시기로."

예수님은 제자들에게 '처음부터 자신과 함께 있었으므로' 사도적 증인이 되기에 합당하다고 말씀하신다(요 15:27 참고). 하나님에게서 받지 않는 말씀을 선포하던 거짓 목자들과 달리(렘 23장 참고), 이 열둘은 성육신하신 하나님의 직접적인 현현 가운데 있었다. 그런데 예수님은 여기서 성령이 그들과 훨씬 이전부터, '처음부터'(사실은 영원히) 함께하셨다고 가르치신다. 예수님은 이제 증인이 아니라 증인을 보내시는 분이다. 그분은 이 땅에서 사역을 시작하실 때부터 자기를 알았던 자들을 세상으로 보내실 것이다. 그러나 영원부터 그와 함께하신 성령으로 말미암아 "위로부터 능력으로 입혀질 때까지"(눅 24:49; 행 1:4,5,8 참고)는 아니다. 예수님은 성령의 능력 있는 사역으로 말미암아 성부로부터 보내심을 받았다. 그분은 약속된 성령을 부여받은 종이었다.

"볼지어다 내가 내 아버지께서 약속하신 것을 너희에게 보내리니"(눅 24:49).

그리고 그 성령께서 그리스도의 제자들을 땅 끝까지 증인으로 세우고 그분의 자녀들로 그분의 목소리를 듣게 하는 신적 증인이 되신다.

성령의 사역은 예수님의 사역에 무언가를 더하는 것이 아니라, 제자들에게 예수님이 분부하신 것을 기억나게 하는 것이다(요 16:13 참고). 이것이 신약이 계시된 성경인 근거이다. 이 말씀들은 먼저 열두 제자에게 전해졌지 온 교회에 전해지지는 않았다. 예수님은 자신의 권위로 말씀하시지 않았고 아버지께서 알려 주신 것을 말씀하셨다. 그러하기에 성령은 그리스도의 말씀을 전하시고, 교회가 진리 안에 있도록 지키신다. 삼위일체 간의 교제는 명백하다. 성부는 성자를 보내시며, 성자는 성부께 속한 것을 취하여 자신의 백성들에게 주시고는 성부에게로 돌아가 '자신의 것을 가지고 우리에게 알리시는' 성령을 보내신다(요 16:14 참고). 그리하면 예수님의 제자들은 삼위일체의 교제 안으로 끌어올려져 성령의 권능으로 말미암아 하나님의 법정의 증인으로 파송 받게 된다.

따라서 우리는 성령이 어디서 자신의 권능을 드러내시는지를 확신할 수 있다. 그리스도께서 죄 용서와 의롭게 하심과 새 창조의 기업을 주시는 구원자로 선포되는 곳이라면 어디에서든 성령의 권능이 드러난다. 고든 피(Gordon Fee)가 고찰하였듯이, "그러므로 바울의 '높은 기독론'은 교리적 고민에서 시작된 것이 아니라 죄를 확인한 경험에서 비롯된다……하나님의 성령을 받은 사람은 십자가 사건을 신적인 빛 안에서 새롭게 볼 수 있게 된다. '성령을 따라' 걷는 이들은 더 이상 그리스도를 오래된 '육신을 따라' 보지 않는다(고후 5:15,16 참고). 이제 그들은 그리스도를 높임 받으실 주님으로, 그들을 위해 영원히 성부의 우편에 계시면서 중보하시는 분으로 안다(롬 8:34 참고)."[7] 그러므로 성령은 삼위 하나님 중 우리 인생에

---

7) Gordon D. Fee, *God's Empowering Presence: The Holy Spirit in the Letters of Paul* (Grand Rapids: Baker Academic, 2009; repr., Peabody, MA: Hendrickson, 1994), 62.

서 우리가 첫 번째로 경험하게 되는 위격이시다. 그러나 그분이 우리에게서 내주하실 때 우리가 성부의 영광으로 고백하게 되는 분은 예수님이시다(고전 12:3 참고).

오순절은 질적 차이를 의미한다. 예수님께서 그들 사이에 계셨으나 제자들은 이 위대한 두 시기가 갈리는 때에 옛언약 쪽에 서 있었다. 예수님은 현재 성령의 임재("그는 너희와 함께 거하심이요")와 오순절 후의 임재("너희 속에 계시겠음이라")를 구분하신다(요 14:17 참고). 이는 선지자들을 통해 주님께서 약속하신 날이다.

"내 영을 너희 속에 두어"(겔 36:27).

예수님은 성령이 하나님의 모든 백성에게 내주하시리라 말씀할 때에 미래시제를 사용하신다. 예수님은 진실로 이렇게 약속하신다.

"내가 너희를 고아와 같이 버려두지 아니하고 너희에게로 오리라"(요 14:18).

퍼거슨이 말하듯이, 여기서 예수님은 자신의 부활이나 재림이 아니라 오순절을 가리키고 계신다. "예수님과 보혜사의 연합이 너무나 완전해서, 보혜사가 오시는 것이 곧 예수님 자신이 성령의 능력으로 오시는 것이다."[8] 예수님은 승천하신 후에 이전보다 더 친밀한 방식으로 자기 백성들과 함께하실 것이다. 자신의 영이 그들 가운데 살면서 그들을 그리스도와 연합시키실 것이기 때문이다.

성령은 '다 이루었도다!'라고 외치기를 고대하면서 무대에서 기다리고 계신다. 성령은 반드시 먼저 참성전을 일으키고 영화롭게 하신 후에 다락

---

8) Ferguson, *Holy Spirit*, 56.

방에 모여 있는 이들부터 시작하여 산 돌들을 채우실 것이다. 최후 심판에 앞서 성령은 전 지구적 차원에서 죄를 힐난하고 책망하며, 죄인들을 의롭게 하고 그리스도의 영광을 나누어 가질 것을 기대하는 가운데 거룩하게 하실 것이다.

그리스도와 성령: 분리 없는 구별

성자와 성령을 연관 지을 때 두 가지 위험을 피해야 한다. 이 둘을 혼동하거나 분리하는 것이다. 성자와 성령이 영원 가운데 형언할 수 없는 본질적인 연합을 이루신다는 것은 확실히 참이다. 예수님께서 고별 강화와 요한복음 17장의 마무리 기도에서 가르치셨듯이, 두 위격은 상호 내재(*perichorésis*)하신다. 그런데 예수님을 자신의 백성들이 은혜로 말미암아 이런 위격 간의 본질적 상호 내재하심에 참여하게 되리라고 가르치셨다.

"그날에는 내가 아버지 안에, 너희가 내 안에, 내가 너희 안에 있는 것을 너희가 알리라"(요 14:20; 17:21-23 참고).

잠깐 여기서 멈추어 서서 이 놀라운 진리에 빠져 보자. 삼위 하나님의 위격들은 각자 살아 움직이신다. 성자는 성령과 함께 성부의 품에서 안식하시고, 동일한 성령이 성자를 통해 성부 안에 있는 안식을 우리에게 주신다. 삼위 하나님이 서로 안에 계시듯, 우리는 성령으로 인하여 그리스도 안에 있으며 그리스도는 우리 안에 계신다. 신자들은 지금이나 앞으로나 결코 피조물의 한계를 넘어 창조주가 되지 못한다. 세 위격의 상호 내재적 관계는 말로 형언할 수 없으며, 결코 신자들에게 동일한 의미로 공유될 수 없다. 그러할지라도 신자들은 창조되지 않은 하나님의 힘 안에 유비적으로 참되게 참여한다.

이 설교는 내재적 삼위일체의 영원한 관계가 아니라, 성령과 예수님이 경륜 가운데, 즉 '이 모든 날 마지막'에 가지는 관계를 강조한다. 두 위격은 한 사역에 함께하면서도 각자의 구별된 위격과 역할에 맞게 다른 방식으로 임하신다. 성령은 '그리스도의 영(Spirit of Christ)'이시지 예수님이 취하신 인간의 영혼이나 신성과 동일한 의미의 '영들(spirit)'이 아니다. 이 마지막 날에 나타나는 성령의 임재는 그리스도와 구별되는 위격을 유지하면서도 그 자체가 곧 그리스도의 임재이다. 그러나 성자와 성령은 각자 구별된 위격에 따른 구별된 직무를 가진다. 예수님은 말씀하신다.

"'내'가 '아버지'께로부터 너희에게 보낼 보혜사 곧 아버지께로부터 나오시는 진리의 '성령'이 오실 때에 그가 나를 증언하실 것이요 너희도 처음부터 나와 함께 있었으므로 증언하느니라"(요 15:26,27).

성령은 결코 자신을 예수님과 혼동하지 않으신다. 오히려 자신의 사역을 그리스도의 사역에 집중하심으로써 성령은 그리스도와의 구별됨과 하나 됨을 드러내신다. 그리하여 성령의 임재가 곧 그리스도의 임재가 된다. 성령이 결코 스스로를 예수님과 혼동하지 않으신다면, 우리가 교회가 예수님을 대신한다고 생각하는 것은 잘못이다. 오히려 역설적이게도 예수님과 성령의 차이가 우리를 그리스도께 가장 친밀한 방식으로 연합되게 하며, 그리스도와 성령이 교회에 대해 가지는 차이가 그리스도의 몸이 구속되고 완전히 새롭게 되도록 한다. 그래서 예수님은 고별 강화에서 주님의 승천, 곧 실제로 떠나심을 알리시면서 성령에 집중하신다.

그러므로 우리는 승천에서 너무 서둘러 오순절로 가서는 안 된다. 예수님은 어디 계시는가? 예수님은 몸을 가지고 하늘로 올라가 성부의 우편에 앉으셨다. 마지막 때에 거기서 다시 돌아와 산 자와 죽은 자를 심판하실 것이다. 성자의 인성이 처녀 마리아가 아니라 하늘로부터 온 것이라는 가현설적 논리는 높아지신 그리스도를 '하늘로 올려지신 예수'가 아니라 우주의 영혼으로 맞바꿔 버린다. 그러나 이 예수는 "하늘로 가심을 본 그대로" 오실 것이다(행 1:11 참고). 더글라스 패로우(Douglas Farrow)가 논했듯이, 우리가 예수님이 몸으로 승천하셨음을 설명하지 못하면 그분의 모든 특수성은 소실되고 만다. '예수님은 어디 계시는가?'라는 질문은 관념적 질문이 아니다. 이는 더 큰 질문인 '예수님은 누구신가?'에 대한 답을 결정한다. 만약 첫 질문에 대한 답이 '모든 곳'이라면, 두 번째 질문에 대한 답은 '모든 것'이 될 것이다. 이레니우스를 따르고 성육신적이며 반영지주의적인 견해를 가졌다 하더라도, 이런 관점은 영지주의에 상당히 가까운 것이다. "그 관점의 최대 특징은 보편주의, 신인협력설, 범재신론적이라는 데 있다. 이 모든 것을 고려할 때, 우리가 그것을 이레니우스적이라기보다 오리겐적이라고 판단하는 것은 타당하다."[9]

예수님께서 돌아가시기 전에 다락방에서 제자들에게 가르치신 모든 것

---

[9] Douglas Farrow, *Ascension and Ecclesia: On the Significance of the Doctrine of the Ascension for Ecclesiology and Christian Cosmology* (Edinburgh, T&T Clark, 2004), 220-221.

이 이제 곧 성취되려 했다. 그리고 이제 정복을 마치려는 시점에, 그들의 더욱 위대한 여호수아이신 지도자 예수님이 떠나가신다.

"이 말씀을 마치시고 그들이 보는데 올려져 가시니 구름이 그를 가리어 보이지 않게 하더라. 올라가실 때에 제자들이 자세히 하늘을 쳐다보고 있는데 흰 옷 입은 두 사람이 그들 곁에 서서, 이르되 갈릴리 사람들아 어찌하여 서서 하늘을 쳐다보느냐 너희 가운데서 하늘로 올려지신 이 예수는 하늘로 가심을 본 그대로 오시리라 하였느니라"(행 1:9-11).

충격에 빠진 제자들은 또다시 스승을 잃었다고 느꼈을 것이다. 우리도 주님이 하늘로 돌아가시고 나서 성령 강림의 충격을 온전히 경험하기 전까지 제자들이 느꼈을 불안함을 함께 느껴야 한다. 레이몬드 브라운(Raymond Brown)은 이렇게 말한다. "보혜사(파라클레테)는 예수님이 계시지 않을 때에 계시는 예수님의 임재"이며, 참으로 "또 다른 예수님이시다."[10] 나 역시 그의 주요 논지에 동의한다. 성령은 참으로 그리스도의 대리자이다. 사도들도 그리스도의 대사였으나, 성령만이 그리스도를 대표하실 뿐만 아니라 그분이 임하고 우리가 그분 앞에 자리하도록 하시는 분이다. 그러나 두 번째 구절인 '또 다른 예수님이시다'에는 나의 논지에서 중요한 부분이 생략되어 있다. '또 다른 예수님'이야말로 우리에게 필요하지 않은 분이다. 우리에게는 육신으로 살고 죽고 다시 살아나 승천했다가 다시 오실, 바로 그 예수님이 필요하다. 그 예수님께서 모든 권세와 능력, 통치와 중보의 자리에 임하셔야만 한다. 성령은 성육신하신 분도, 우리의 구원을

---

10) Raymond Brown, "The Paraclete in the Fourth Gospel," *NTS* 13:2 (1967): 128.

얻어 내신 분도 아니고, 하나님과 인간 사이의 중보자로서 자신의 영광을 드러내신 분도 아니다. 우리에게 필요한 것은 또 다른 예수님이 아니라 '또 다른 보혜사'이다. 예수님께서 우리 밖에서, 우리와 같은 모습으로 우리를 변호하시듯이, 성령은 우리 안에서 변호하시는 또 다른 변호인이시다.

어떤 의미에서 예수님은 부재중이시며, 교회는 이 사실을 온전히 받아들여야 한다. 우리는 교회가 예수님의 지속되는 성육신이라고 말하거나, 교황이 예수님의 대리자라고 말하거나, 성령이 예수님을 대신한다거나, "예수님은 내 마음에 계셔"라는 식으로 말하면서 예수님이 육신으로 떠나신 것을 부정해서는 안 된다. 그분이 육신으로 우리와 함께하지 않으신다는 사실은 새로운 몸에서 머리와 지체들이 서로 다름을 명확히 보여 준다. 비록 예수님의 신성은 편재하지만, 우리는 여전히 그분이 몸으로 다시 오실 것을 고대할 것이다. 우리가 성령의 독특한 사역으로 말미암아 예수님에게서 받게 될 영광스러운 인성을 참으로 누리기 위해서는, 예수님께서 구름 위로 들어 올려져 가셔서 우리와 함께 계시지 않는다는 사실을 외면하지 않고 온전히 받아들여야 한다.

그러나 예수님은 또 다른 의미에서 임재하신다. 단지 편재한 신성으로도 아니고, 편재한 인성은 더욱 아니다. 다시 말하지만, 이런 생각 역시 그리스도의 참인성과 성령의 사역을 간과하여, 예수님이 승천하셨다는 실제를 외면하는 길이다. 예수님께서 일찍이 가르치셨던 그 위로가 무슨 의미인지를 알리시기 위해, 성령은 오순절에 제자들에게 강림하셔야 했다.

"내가 너희를 고아와 같이 버려두지 아니하고 너희에게로 오리라. 조금 있으면 세상은 다시 나를 보지 못할 것이로되 너희는 나를 보리니 이는 내가 살아 있고 너희도 살아 있겠음이라. 그날에는 내가 아버지 안에, 너희가 내 안에, 내가 너희 안에 있는 것을 너희가 알리라"(요 14:18-20).

엘리야에게 임했던 성령을 엘리사에게 갑절로 주겠다는 약속이 훨씬 더 초월해 성취된다.

"그는 너희와 함께 거하심이요 또 너희 속에 계시겠음이라"(요 14:17).

오순절 때에 제자들은 어떤 의미에서 완전히 그들을 떠나신 예수님이 어떤 분인지를 알게 될 것이다. 제자들은 예수님을 단지 특별한 사람이 아니라 종말론적인 의미에서 포도나무요 머리이며 모퉁잇돌로, 그리고 자신들도 동참하게 될 새 창조의 첫 열매로 알게 될 것이다. 예수님은 이렇게까지 말씀하셨다.

"내가……너희에게로 오리라"(요 14:18).

왜냐하면 성령이야말로 예수님의 것을 가지고 제자들에게 알리실 것이기 때문이다(요 16:14 참고). 비록 예수님은 몸으로는 떠나셨으나, 자신의 신성뿐만 아니라, 우리 안에 거하면서 우리를 하늘에 계신 예수님의 영화로운 인성과 연합시키시는 성령의 능력으로 우리와 함께하신다.

승천하신 구주와 내주하시는 성령이 실제로 다르다는 사실을 받아들이면, 우리는 두 분이 참으로 연합해 계시다는 것과 그렇게 연합하신 가운데 하나의 동일한 구원 사역에서 다르게 일하신다는 것을 다양한 면에서 보게 된다. 성령은 성자께서 구름 가운데 떠나시게 하는 일과 우리를 이미 떠난 성자와 연합시키시는 일을 맡으셨다. 성령은 이 일들을 제자들도 결코 경험하지 못한 새로운 방식으로 행하신다.

요한복음에 기록된 고별 강화에서 예수님이 분명히 밝혀 보이신 친밀한 관계가 바울 서신에서도 명백히 드러난다. 엄밀히 말하면, 예수님이 신자 안에 거하시는 것이 아니다. 그런데도 서신에서는 예수님과 성령이 어느 정도 교호적으로 사용되었다. 성령은 성부와 성자와는 구별되나, 성자는 성령으로 말미암아 성육신하고 십자가를 질 수 있었다. 우리는 성령의 희생으로 구속받은 것이 아니라, "'영원하신 성령으로 말미암아' 흠 없는 자기를 하나님께 드린 그리스도의 피"(히 9:14)로 살게 되었다. 성령은 예수님을 죽은 자 가운데서 일으키셨다(롬 1:4; 딤전 3:16; 벧전 3:18 참고). 다시 말해, 삼위 하나님의 외적 사역은 분리되지 않는다. 그리스도의 부활은 성부께 돌려지기도 하고(행 2:32, 17:31; 롬 6:4, 8:11; 고전 15:15 참고) 성자 자신에게 돌려지기도 한다(요 2:19-21, 10:17,18 참고). 그러나 각 위격은 고유하게 구별된 속성과 행위에 따라 부활에 기여하셨다. 부활에서 성령은 예수님의 인성을 새 창조에 생명을 주는 첫 열매가 되게 하시는 역할을 수행했다(롬 1:4 참고). 아담은 성령의 입김으로 "생령"이 되었으나, 마지막 아담은 우리를 위하여 "살려 주는 영"이 되셨다(고전 15:45-47 참고). 성령은 종말론적 머리이신 그리스도의 몸을 창조하신다. 그렇지 않으면, 몸이 없는 머리, 함께하는 이 없는 선구자, 수확할 수 없는 첫 열매, 신부 없는 신랑이 될 것이다.

싱클레어 퍼거슨은 로마서 8장 9,10절에 관해 이렇게 고찰한다. "분명히 여기서는 성령의 내주하심이라는 한 가지 실재를 '너희 속에 하나님의 영이 거하시면,' '그리스도의 영이 없으면,' '그리스도의 사람'이라는 세 가지 방식으로 묘사하고 있다."[11] 그리스도의 인성은 죽음의 몸이 아닌 영광의 몸이 되셨다(빌 3:21 참고). 이것은 물질적인 것과 대립하는 개념으로서가 아니라, 영화롭게 된 살려 주는 영으로서 '영적'이다. "이것이 바로 부활 때에 예수님께서 들어가신 바 된 성령으로 충만한 상태이며, 그래서 '마지막 아담은 살려 주는 영이 되었나니'(고전 15:45)라고 말할 수 있는 것이다."[12] 퍼거슨은 말한다. "그러므로 성령을 가지는 것은 곧 그리스도를 가지는 것이요, 그리스도를 가지는 것은 곧 성령을 가지는 것이다."[13] 또한 그는 이렇게 쓴다.

> 이런 의미에서 그리스도는 부활과 승천을 통해 '살려 주는 영'이 되셨다. 다음의 놀라운 진술은 바로 그것을 설명한다. "주는 영이시니(앞에서는 '그리스도'라 말한다. 고후 3:14 참고) 주의 영이 계신 곳에는 자유가 있느니라. 우리가 다 수건을 벗은 얼굴로 거울을 보는 것같이 주의 영광을 보매 그와 같은 형상으로 변화하여 영광에서 영광에 이르니 곧 주의 영으로 말미암음이니라"(고후 3:17,18)······요컨대 바울은, 예수님께서 자신의 생애와 사역을 통해 그토록 온전히 성령을 소유하실 수 있었고, 성령을 '한량없이' 받고 경험하실 수 있었다고 가르친다(요 3:34 참고). 또한 예수님이

---

11) Ferguson, *Holy Spirit*, 37.
12) Ibid., 53-45.
13) Ibid.

성령의 '주'가 되신다고 가르친다(고후 3:18 참고). 우리를 향한 성령의 경륜적 사역에서 성령은 예수님의 성품에 '새겨'졌다. 이것이 바로 예수님께서 성령을 "또 다른 보혜사(*allos paraklētos*)"로 보내시겠다고 말씀하신 의미이다.[14]

바울은 성부께 다음과 같이 기도한다.
"'그의 성령으로 말미암아' 너희 속사람을 능력으로 강건하게 하시오며 믿음으로 말미암아 그리스도께서 너희 마음에 계시게 하시옵고"(엡 3:16,17).

그리스도가 떠나셨음을, 그리고 성령과 구별되심을 인정할 때에 비로소 우리는 하나의 구원 사역에서 두 분이 보여 주시는 분리될 수 없는 연합을 깨닫게 된다. 예수님은 우리 안에 직접 거주하지 않으신다. 그러나 성령께서 우리를 예수님과 연합시키시므로, 예수님께서 자신의 성령으로 말미암아 우리 안에 거하신다고 말할 수 있는 것이다.

이제 성자의 정체성은 성령에 의해 조성된다. 성령의 정체성은 성육신하신 성자의 사역에 의해 조성된다. 그리고 이제 우리는 성령에 의해 '영광에서 영광으로,' 그리스도의 형상으로 만들어져 가는 중이다(고후 3:17,18 참고).[15] 삼위 하나님은 본질에서는 변하지 않으시나, 경륜 안에서의 관계는 변화한다. 성부는 성자의 승리의 귀환을 환영하시며, 영원 전부터 누리신 영광보다 더 큰 영광을 주신다. 이제 성자는 자신에게 합당한 보좌를

---

14) Ibid.
15) Ibid.

하나님으로서가 아니라 우리 중 하나로서, 신실한 종이자 언약의 주로서 취하신다. 그리고 성령은 예수님께 우리의 인성을 입히시고, 그분이 자신의 사역을 행할 수 있도록(심지어 우리 죄를 위해 스스로를 바치도록) 무장시키시며, 다시 일으키고 인성 안에서 영화롭게 하셨다.

성령은 성자의 정체성을 영원히 바꿔 버리셨다. 예수님의 신성을 바꾸신 것이 아니라, 우리와 같은 모습으로 옷 입히고 우리의 언약적 머리로서 예수님의 인성을 영화롭게 하셨다. 그리하여 성령의 정체성이 이제 영원히 예수 그리스도의 사역과 분리될 수 없게 되었다. 뿐만 아니라 우리 정체성도 영원히 바뀌었다. 우리는 더 이상 어느 단체나 동호회에 가입하는 고립된 개인과 같지 않고, 성전의 산 돌이요 한 몸의 지체이며 포도나무 줄기의 가지가 되었다. 성부는 사람을 가족으로 입양하셨고, 성자에게는 신부가 생겼으며, 이 신부는 신랑과 하나가 되었다. 사랑으로 연합하게 하시는 성령의 사역으로 인하여, 그리스도는 자신을 몸에서 분리되어도 온전할 수 있는 머리로 여기지 않으시고, 우리도 예수님과 함께 영화로워지기 전에는 스스로를 온전히 '인간이라' 생각할 수 없게 되었다. 성부가 시작하시고 성자가 성취하신 일을 성령이 끝마치실 것이다.

6장 | 성령의 시대

예수님 시대의 랍비들(적어도 바리새인들)은 메시아를 고대하면서 시대를 '이 시대'와 '장차 올 시대'로 나누어 이해했다. 예수님께서 이런 역사적 구분을 상기시키셨고(마 12:32; 막 10:30; 눅 18:30, 20:34,35 참고) 바울(고전 10:11; 엡 1:21; 딤후 3:1; 딛 2:12 참고), 베드로(벧전 1:20 참고), 히브리서 기자(히 1:2, 9:26 참고)도 그러했다. 요한은 예수님의 감람산 강화를 기억하면서 다음과 같이 경고한다.

"아이들아 지금은 마지막 때라. 적그리스도가 오리라는 말을 너희가 들은 것과 같이 지금도 많은 적그리스도가 일어났으니 그러므로 우리가 마지막 때인 줄 아노라"(요일 2:18).

간단히 말해, '현재 이 악한 시대'의 '마지막 때'는 성령의 시대이다. '장차 올 시대'는, 성령께서 예수님을 죽은 자 가운데서 다시 살리시고 이어서 승천하신 왕에 의해 성령이 이 땅에 부어짐으로 시작되었다. 그러므로 역사는 예수님의 메시아 사역에 의해 구분될 뿐만 아니라 성령의 오심에 의해 구분된다. 성령은 심판을 불러오시지만, 이 단계에서 인자가 영광의 구름에 쌓여 다시 오실 때까지는 회개와 믿음으로 이끄는 내적 확신이 있을 것이다. 심지어 쿰란 공동체의 선지자들도 시대를 둘로 구분하는 급진적인 관점이 의미심장한 맥락이라고 결론 내린 듯하다. 그들도 이런 구분을 언급했을 뿐만 아니라, 자신들의 엄격한 도덕 규례를 통해 새 에덴으로 변화될 것을 준비하는 새 아담을 주장했다. 존 레비슨(John Levison)은 이렇게 말한다.

> 그들의 주장이 다소 주제넘은 것처럼 보일지도 모르지만, 그들은 유대인 형제자매들의 주장을 서슴지 않고 탈취하였다. 자신들에게만, 거룩한 영이 개개인을 깨끗하게 하고 그들과 하나가 되며 성전 공동체를 충만하게 하고 신실한 자들을 정결하게 하여 반드시 임할 새 창조의 선각자로 삼으시리라는 믿음이 있다고 주장하고자 하였기 때문이다.[1]

사도들은 동포였던 쿰란 공동체보다 더 비관적인 동시에 낙관적이었다. 사도들은 토라에 순종하는 것으로는 장차 올 시대로 들어갈 수 없다는 확신에서 더욱 급진적이었다. 그러나 하나님께서 성육신한 성자 안에서, 그리고 오순절 날 참된 마지막 때의 성소를 충만히 채우실 성령과 함께

---

1) John Levison, *Filled with the Spirit* (Grand Rapids: Eerdmans, 2009), 217.

포로된 자기 백성들과 땅으로 돌아오시리라 확신하는 데서 더욱 급진적이었다. 타락 후 피조 세계(현재 이 악한 시대)는 스스로를 재창조할 능력을 가지고 있지 않았다. 우리 중 어느 누구도 죽은 자를 일으킬 수 없다. 아무리 화려하고 아름답게 보여도, 이 악한 시대는 그 이음새가 무너지고 부패하며 죽어 사라지고 있다. 어떻게 이를 알 수 있는가? 선지자들이 '마지막 때'에 성령이 부어지리라고 예언했기 때문이다. 그리고 베드로가 오순절에 이 일이 성취되었다고 선포했기 때문이다. 죄와 죽음에 빠진 우리 몸이 반드시 죽어 장사되어야 하듯이, 이 시대 곧 아담의 역사는 모든 존재가 마지막에 새 창조로 부활하기 전에 반드시 죽어야 한다. 이때 성령은 이 세계에 있으나 이 시대로 말미암지 않은, 그리스도를 모퉁이돌로 하며 훨씬 더 영광스러운 성전을 지으신다.

구약에서 성령을 경험하다

성령이 주님이요 생명을 주는 분이라면, 구속사에서도 동일한 방식으로 일하실까? 만약 차이가 있다면, 특히 옛언약과 새언약 시대에 다르게 일하신다면, 그것은 질적 차이일까 아니면 단지 양적 차이일까? 이번 장에서는 이 질문들을 먼저 제시한 후에, 오순절이 오늘날 우리와 가지는 관련성과 사도행전이 묘사하는 교회를 탐색할 것이다.

성령과 언약

그리스도께서 강림하시기 이전에 성령이 담당하신 역할을 이해하기 위해서는 가장 먼저 성령이 사역한 언약적 맥락을 파악해야 한다. 바울이 말했듯이, 구약 전체를 지배하는 '두 언약'(갈 4:24 참고), 곧 아브라함 언약인 '약속'과 시내산 언약인 '율법'이 존재한다. 개혁파 (언약) 신학은 아담의 인성으로 지켜야 했던 행위언약과 그리스도를 중보자로 하는 은혜언약을 구분한다.[2] 그러나 문제는, 하나님께서 아브라함과 맺으셨고 그리스도 안에서 성취되었으며 새언약 안에서 우리에게로 나누어진 순전히 은혜로운 약속에 대조되는 언약인 시내산 언약이 어디까지 행위언약(또는 율법)의 특징을 보여 주는가 하는 점이다. 다른 전통과 마찬가지로, 개혁파 전통의 역사 속에서도 바로 이 지점에서 상당한 논쟁이 일어났다. 나도 이 주해적 논쟁에 힘겹게 들어와 있다.[3] 지금부터 이어질 내용과 각주에서는 현재 주제에 직접적으로 영향을 미치는 몇 가지 결론들만을 요약할 것이다.[4]

---

2) 이런 합의는 웨스트민스터 신앙고백 제7장에 잘 나타난다. 더 깊은 맥락과 설명을 위해서는 다음을 보라. Richard Muller, *After Calvin: Studies in the Development of a Theological Tradition* (New York: Oxford University Press, 2003); idem, *Post-Reformation Reformed Dogmatics: The Rise and Development of Reformed Orthodoxy, ca. 1520 to ca. 1725*, 2nd., 4 vols. (Grand Rapids: Baker Academic, 2003). 특히 1권 *Prolegomena to Theology*.

3) Michael Horton, *Introducing Covenant Theology* (Grand Rapids: Baker, 2009). 그 외 여러 곳에서 이 논쟁에 참여하였다.

4) 시내산 언약은 은혜언약의 집행이다. 다시 말해, 시내산 언약은 하나님께서 아담과 하와가 타락한 후에 맺으신 약속, 지구상의 모든 민족 중에서 복을 얻을 자손에 대해 아브라함과 맺으신 약속, 그리고 새 언약을 위해 봉사한다. 시내산 언약은 약속이 아니라 율법으로 구원을 얻는다는 식의 구원의 대안책이 결코 아니다. 구원의 방식 자체가 아닌 것이다. 오히려 이는 광야와 시온 사이에 거쳐 가는 임시 정거장이었다. 땅 끝까지 구원을 얻게 하시려는 하나님의 큰 계획 중 일부로서 교회가 지정학적 국가가 된 것처럼 말이다. 성경에서 단순하게 '율법'이라고 부르는 모세의 사역은, 햄릿의 극중극과 같이 더 큰 아브

이미 살펴보았듯이, 성령은 아담 언약과 관련된 법적 사역의 중심에 계셨다(창 3:8 참고). 이는 시내산 언약에서도 마찬가지이다. 영광의 구름이 언약 백성을 이끌어 물을 통과해 마른땅으로, 광야를 통과해 시내산으로, 시내산을 거쳐 가나안으로 인도했다. 성령은 먼저 성막에 거하셨고, 나중에는 성전에 거하셨다. 성령의 임재가 없는 이스라엘은 다른 나라들과 다를 바가 없었다. 그래서 모세는 주님께 그분의 임재를 거두지 말아 달라고 간구했다(출 33:15 참고). 성령께서 거하시는 곳이라면 어디든지 법적 승인(국가를 하나님의 거룩한 나라로 구별하는 것)과 창조의 능력(젖과 꿀이 의와 화평과 장수와 함께 흘러넘치는 땅)이 존재했다. 성령이 저주를 허용하시면 그곳에 심판(*lo' ammi*, 로암미, 곧 "내 백성이 아니다")과 죽음(*tohu wabohu*, 토후 와보후, 다스림 받지 못한 황폐한 땅 곧 형태가 없이 공허한)이 존재했다. 이스라엘은 아담처럼 언약을 어겼으며(호 6:7 참고), 성령께서 성전을 떠나시자 그 땅에서 쫓겨났다.

신약은 구약을 이렇게 해석한다. 선지자들은 새언약이 시내산 언약에서 연속되는 것이라고 바라보지 않았다. 도리어 우리는 그 두 언약 사이에 극명한 차이를 발견한다. 특히 우리 주님께서 이스라엘의 종교 지도자들

라함의 약속 안에 있는 소괄호이다. 시내산 언약의 율법들, 정결 규례들, 제사장법과 제사 의식은 하나의 거대한 예표 체계로서, 그리스도를 가리킨다. 이것은 예표적이므로 그 자체로는 사실상 죄를 없애거나 중생시키거나 성령을 얻게 하는 어떤 효과도 없다. 시내산 언약은 엄격하게 일시적이고도 조건적인 것으로서, 여호와 가나안 땅의 한 국가 사이에 맺어진 지정학적 조약이었다. 시내산 언약은 모세의 중보를 통해 율법에 순종하는 것을 조건으로 가나안 땅에서의 '장수'를 약속한 것이지, 그리스도의 중보를 통해 하나님의 하늘 왕국에서 누리는 '영생'을 약속한 것은 아니다. 따라서 구약 신자들도 오늘날 우리처럼 (아브라함) 약속에 기초하여 영생을 얻었던 것이지, (모세) 율법에 의해 얻은 것이 아니었다.

에게 언약적 저주를 선포하면서("화 있을진저") 일련의 심판들로 경고하신 것과(마 23장 참고) 바로 그 나라의 성전이 무너지리라 예언하신 데서(마 24장 참고) 그것을 찾아볼 수 있다.

아브라함 언약에서와 같이, 새언약의 중보자는 모세 같은 선지자가 아니라 하나님 자신이시다. 바로 아브라함의 자손이기도 한 영원한 성자이시다(갈 3:20; 히 3:1-6 참고).[5] 또 다른 중요한 차이들도 있다. 시내산의 복은 일시적이고 조건적이며, 특정한 지정학적 나라에 국한되어 있었다. 반면 아브라함 언약과 새언약의 복은 영원하고 무조건적이며 전지구적이다. 이런 차이에 기초하여 사도는 '율법(백성들이 맹세하고 모세가 중보했던 시내산 언약)'과 '약속(중보자 그리스도 안에서 선언하신 하나님의 일방적 맹세)'을 대조하여 말한다. 사도 바울이 말하듯이 율법과 약속은 '두 언약'을 의미하는데, 이는 서로 다른 두 중보자, 서로 다른 두 어머니(하갈과 사라), 서로 다른 두 산(시내산과 시온산, 갈 4:23-26 참고)으로 대표된다. 히브리서 기자는 모세의 율법을 비롯해 그것과 연관된 모든 것(땅, 성전, 제사, 신정 사회에서 개인과 사회를 다스리는 명령들)이 예표적 그림자였음을 힘써 지적한다.

"그러나 이제 그는 더 아름다운 직분을 얻으셨으니 그는 더 좋은 약속으로 세우신 더 좋은 언약의 중보자시라"(히 8:5,6).

요한복음 1장도 동일한 것을 강조한다.

"율법은 모세로 말미암아 주어진 것이요 은혜와 진리는 예수 그리스도로

---

5) 다음을 보라. S. M. Baugh, "Galations 3:20 and the Covenant of Redemption," *WTJ* 66 (2004): 49-70.

말미암아 온 것이라"(요 1:17).

선지자들이 신정 국가의 통치 방법 중 하나로 이스라엘을 향해 하나님의 소송을 진행할 때, 포로는 시내산 언약에 근거했다. 그러나 그들은 시내산 언약 너머에서 하나님께서 아브라함과 맺으신 두 번째 약속을 보았으며, '시내산에서 맺은 것과 같지 않을' 새언약을 내다보았다(렘 31:32 참고). 그 가운데서 하나님은 일방적으로 자기 백성의 마음에 할례를 행하실 것이며, 성령이 그들 안에 거하실 것(마음에 율법을 새기실 것)이다. 그리고 이 모든 일은 백성들의 죄를 용서하는 것에 근거하여 이루어질 것이다. 하나님의 언약 백성은 지극히 작은 토지가 아니라 '땅을 기업으로 받을' 것이다(마 5:5 참고). 사실상 하늘과 땅의 구분이 사라지는 것이다(계 11:19, 21:22 참고).

율법 언약(시내산 언약)은 이제 옛 언약으로 불리게 된다.

"새언약이라 말씀하셨으매 첫 것은 낡아지게 하신 것이니"(히 8:13).

우리가 시내산이 아니라 시온산, 곧 하늘의 예루살렘으로 온 것이다(히 12:22 참고). 바로 이것이 고린도후서 3장에서 율법 조문과 영을 구분하는 의미이다.

구약 신자들은 율법으로는 해결할 수 없는 저주에서부터 구원받기를, 그리고 온 땅을 변화시키는 성령이 부어지기를 고대했다. 성령이 하나님의 모든 백성들에게 부어질 그날을 기다리는 모세의 갈망은(민 11장 참고) 선지자들이 하나님께서 '마지막 날들'에 행하실 '새 일'을 선포할 때 아주 강하게(fortissimo) 연주되었다.

베드로는 수천의 유대인들(일부 제사장들을 포함하여)은 물론이고 이방인들까지 회심함으로써 모세가 가진 바로 이 소망이 성취되었다고 보았다. 베드로는 예루살렘 공회에서 할례파의 의견을 단호하게 거부하였다. 그는 하나님께서 자신의 약속을 성취하셨다고 선포한다.

"하나님이 이방인들로 내 입에서 복음의 말씀을 들어 믿게 하시려고 오래 전부터 너희 가운데서 나를 택하시고, 또 마음을 아시는 하나님이 우리에게와 같이 그들에게도 성령을 주어 증언하시고, 믿음으로 그들의 마음을 깨끗이 하사 그들이나 우리나 차별하지 아니하셨느니라"(행 15:7-9).

베드로는 심지어 할례파를 광야의 믿음 없는 세대에 견준다.

"그런데 지금 너희가 어찌하여 '하나님을 시험하여' 우리 조상과 우리도 능히 메지 못하던 멍에를 제자들의 목에 두려느냐. 그러나 우리는 그들이 우리와 동일하게 주 예수의 은혜로 구원받는 줄을 믿노라 하니라"(행 15:10,11).

따라서 하나님께서 타락 후에 아담과 하와와, 그리고 아브라함과 사라와 맺으신 맹세로 말미암아 그분이 심판자로서가 아니라 구원자로서 임하시기를 소망할 수 있는 것이다.

옛언약의 성도들은 그리스도를 멀리서 바라보며, 자신들이 아직 경험하지 못한 그 실재를 믿었다. 그들은 우리와 함께할 때에만, 즉 새언약이 도래한 후에만 하늘의 복을 실제로 누릴 수 있었다(히 11:40 참고). 믿음으로 의롭게 된 그들은 성령에 의해 보존되고 보호받았다. 이때 차이는 질적이기보다 양적인 것으로 보인다. 그러나 시내산 언약의 잠정적이고도 일시적이며 우연적인 성격으로 말미암아 성령의 임재는 국가적 신정 수준

(the national-theocratic level)으로 제한되어 있었다.

성령이 모세에게 임하시긴 했으나, 전체 백성들은 구름기둥을 통해 약속의 땅으로 인도받았다. 성령은 이 땅에 자신의 거룩한 빛을 뿌리고, 지상의 성전에 충만하셨다. 성령은 선지자들, 제사장들, 왕들 위에 여러 차례 임하여 중요한 임무를 감당할 수 있도록 능력을 더하셨다. 그러나 성령의 임재는 시내산 언약과 같이 언제나 국가적 순종과 결부되어 있었다. 성령은 근심하며 사울을 떠나셨듯, 언제든 스스로를 거두실 수 있었다. 다윗은 자신의 죄를 고백하면서 주님께 주의 성령을 거두지 말아 달라고 기도하기도 했다(시 51:11 참고). 다윗은 자신의 구원을 잃을까 봐 두려워했던 것이 아니라, 왕직을 감당하기 위한 성령의 기름 부음이 사라질까 봐 두려워한 것이다. 뿐만 아니라 성령은 이스라엘이 시내산 언약을 완전히 어기자, 성전을 떠나 버리셨다.

그러나 이야기는 여기서 끝나지 않는다. 성령은 창조 때와 홍수 이후 '새 창조'의 때에, 그리고 출애굽 때에 물을 밀어내고 마른땅을 드러내셨듯이, 마지막으로 그 일을 미래에 다시 한 번 행하실 것이다. 새 출애굽과 새 정복이 있을 것이다.

이사야 34장 11절에서 보듯이, 이날은 악인들에게 혼란과 공허의 날이 될 것이다. 이 표현은 창조 기사를 연상시킨다. 그러나 그 뒷부분에서 하나님은 자신의 성령을 통해 모든 동물들을 제 짝과 함께 불러모아 새 창조에 들어오게 하시리라 약속하신다.

"이는 여호와의 입이 이를 명령하셨고 그의 영이 이것들을 모으셨음이라…

…그들이 영원히 차지하며 대대로 거기에 살리라"(사 34:16,17).

이렇게 성령이 부어지는 미래는 메시아 강림에 달려 있다.

"내가 붙드는 나의 종, 내 마음에 기뻐하는 자 곧 내가 택한 사람을 보라. 내가 나의 영을 그에게 주었은즉 그가 이방에 정의를 베풀리라. 그는 외치지 아니하며 목소리를 높이지 아니하며 그 소리를 거리에 들리게 하지 아니하며, 상한 갈대를 꺾지 아니하며 꺼져 가는 등불을 끄지 아니하고 진실로 정의를 시행할 것이며, 그는 쇠하지 아니하며 낙담하지 아니하고 세상에 정의를 세우기에 이르리니 섬들이 그 교훈을 앙망하리라. 하늘을 창조하여 펴시고 땅과 그 소산을 내시며 땅 위의 백성에게 호흡을 주시며 땅에 행하는 자에게 영을 주시는 하나님 여호와께서 이같이 말씀하시되, 나 여호와가 의로 너를 불렀은즉 내가 네 손을 잡아 너를 보호하며 너를 세워 백성의 언약과 이방의 빛이 되게 하리니, 네가 눈먼 자들의 눈을 밝히며 갇힌 자를 감옥에서 이끌어 내며 흑암에 앉은 자를 감방에서 나오게 하리라……여호와께 새 노래로 노래하며 땅 끝에서부터 찬송하라"(사 42:1-7,10).

놀랍도록 삼위일체적인 대목에서 성육신하기 전의 그리스도가 말씀하신다.

"너희는 내게 가까이 나아와 이것을 들으라. 내가 처음부터 비밀히 말하지 아니하였나니 그것이 있을 때부터 내가 거기에 있었노라 하셨느니라. 이제는 주 여호와께서 나와 그의 영을 보내셨느니라"(사 48:16).

예수님께서 자기 자신에게 적용하신 본문에서 이사야는 다음과 같이 예언한다.

"주 여호와의 영이 내게 내리셨으니 이는 여호와께서 내게 기름을 부으사 가난한 자에게 아름다운 소식을 전하게 하려 하심이라……갇힌 자에게 놓임을 선포하며"(사 61:1).

이 말씀은 성령께서 하나님과 하나님의 계획에 대해 증언하는 거룩한 임무를 위해 기름 부음 받는 일과 밀접하게 관련되어 있음을 보여 준다. 그리고 성자를 보내신 성부 또한 성자의 요청에 따라 성령을 보내신다.

에스겔은 성령이 부어질 것에 관해 더욱 방대하게 예언하였다. '맑은 물'이 뿌려지고 '새 마음'이 선물로 주어질 것이다(겔 36:25,26 참고).

"또 내 영을 너희 속에 두어 너희로 내 율례를 행하게 하리니 너희가 내 규례를 지켜 행할지라"(겔 36:27).

율법은 명령일 뿐만 아니라 복음과 함께 제시된다. 여기에 모든 주님의 백성(가장 낮은 자에서 가장 높은 자까지)의 마음을 거듭나게 하시는 성령이 함께 주어진다. 특히 에스겔서에서 하나님의 목소리는 '많은 물소리'처럼 들린다(겔 1:24, 43:2 참고). 영광의 구름이 내려오듯이, 스랍과 그룹이 우글대는 바람 소리가 귀청이 떠나가게 몰아쳤다.

"때에 주의 영이 나를 들어올리시는데 내가 내 뒤에서 크게 울리는 소리를 들으니, 찬송할지어다 여호와의 영광이 그의 처소로부터 나오는도다 하니, 이는 생물들의 날개가 서로 부딪치는 소리와 생물 곁의 바퀴 소리라 크게 울리는 소리더라"(겔 3:12,13).

선지서 전체에서, 그리고 특히 요엘 2장(베드로의 오순절 설교에서 인용된)에서 말하는 바 성령이 '마지막 날들'에 임하는 것은 이스라엘의 이전 역사에서 전해진 적이 없던 일이었다.

성령은 이미 예수님의 사역과 함께 등장하셨다. 예수님은 사역을 시작하시면서, 자신이 희년의 예표를 성취하는 바 성령으로 기름 부음 받은 종이라고 선포하셨다(눅 4:16-21 참고). 후에 예수님은 칠십 인을 둘씩 파송하여 예수님보다 앞서 주변 마을로 가서 좋은 소식을 선포하게 하셨다(눅 10장 참고). 이 부분에서 칠십 장로들이 모세를 돕도록 세워진 일을 기억해야 한다(민 11:25 참고). 모세에게 임하셨던 성령께서 장로들에게 일부 주어졌다. 동일하게 칠십 인의 제자들 위에도 성령이 임했으며, 그들은 돌아와 귀신들도 그리스도의 이름으로 그들에게 굴복했다고 보고한다. 이는 오순절에 성령이 부어질 일의 전조였다.

그러므로 우리는 구약의 성도들이 모세의 옛언약 아래에 있었을 뿐만 아니라, 모세를 비롯해 그들 역시 오직 믿음으로 아브라함의 영적인 자녀가 되었음을 인정해야 한다(롬 4:11,12; 갈 3:6-14, 23-29 참고). 특히 개혁파 신학은 재세례파와 지속적으로 논쟁하는 가운데 은혜언약의 하나 됨을 언제나 강조해 왔다. 이런 관점은 구속사를 생각하는 기본적 관점으로 매우 적합하게 여겨진다. 구약과 신약에서 아브라함 언약의 약속은 단절되지 않는다.

한편 시내산 언약과 아브라함 언약과 새언약 사이에는 명백한 불연속성(심지어 차이)이 존재한다. 옛언약은 '죽이는 것'이요 '정죄의 직분'이며 '죽게 하는 율법 조문'인 반면, 새언약은 '살리는 것'이요 '의의 직분'이다(고후 3:6-9 참고).

"정죄의 직분도 영광이 있은즉 의의 직분은 영광이 더욱 넘치리라……없어질 것도 영광으로 말미암았은즉 길이 있을 것은 더욱 영광 가운데 있느니라"(고후 3:9,11).

이런 차이가 바울이 갈라디아서에서 핵심적으로 논의하는 내용이다. 이 논의는 갈라디아서 3장 17,18절에서 최고조에 달한다.

"내가 이것을 말하노니 하나님께서 미리 정하신 언약을 사백삼십 년 후에 생긴 율법이 폐기하지 못하고 그(아브라함) 약속을 헛되게 하지 못하리라. 만일 그 유업이 율법에서 난 것이면 약속에서 난 것이 아니리라. 그러나 하나님이 약속으로 말미암아 아브라함에게 주신 것이라."

앞서 논한 바 은혜언약의 연속성 및 옛언약과 새언약 사이의 불연속성을 두 곳에서 동시에 발견할 수 있다는 점은 놀랍다(롬 4장; 갈 3,4장 참고). 바울만이 이런 차이를 강조하는 것은 아니다. 예레미야는, 새언약이 그들이 '깨뜨린' 바 '시내산에서 맺은 것과 같지 않을 것'이라고 말한다(렘 31:31, 32 참고). 새언약에서 약속하시는 분은 하나님이다. 자신의 율법을 마음에 새기시기 때문이다.

"나는 그들의 하나님이 되고 그들은 내 백성이 될 것이라……내가 그들의 악행을 사하고 다시는 그 죄를 기억하지 아니하리라"(렘 31:33,34).

이런 논의는 세례 요한이 비할 데 없이 위대한 예수님의 존엄하심에 대해 증언한 바와 다르지 않다. 요한복음에서 세례 요한은 예수님을 "성령으로 세례를 베푸는 이"(요 1:33)라고 선언하면서 데서 현재분사를 사용한다. 이렇게 선언된 내용은 아직 옛 질서에 속한 세례 요한의 사역과는 다른

메시아의 정체성 중 일부이다.[6]

그러므로 여기서 확정해야 할 적절하고도 핵심적인 질문은 그저 추상적으로 연속성이나 불연속성을 받아들일 것인가 말 것인가가 아니라, 이미 존재하는 연속성(아브라함 언약/새언약)과 불연속성(시내산 언약/옛언약)이 무슨 의미인가 하는 것이다. 하나님의 구원 계획의 단일성(unity)을 적절하게 강조하는 것은, 그 계획이 성경이 말하는 대로 역사적으로 전개되어 가는 데 존재하는 명확한 불연속성들도 인지할 수 있게 해야 한다.

신약과 구약의 성령 임재의 차이

언약과 종말론은 오순절 이후 성령의 사역이 어떻게 새로워졌는지를 분별하기 위한 두 가지 주된 좌표이다. 지금까지 언약을 구분했으니 이제 시간의 종말론적 전환을 살펴보자. 선지서에서 하나님은 마지막 때에 성령을 부어 주시겠다고 반복해서 약속하신다(사 32:15, 44:3; 겔 39:28,29; 욜 2:28 참고). 이는 장차 나타날 성령의 임재가 질적으로 새로운 것임을 시사한다. 엘리사에게는 엘리야보다 성령이 갑절이나 주어졌겠지만(왕하2:9 참고) 예수님께는 성령이 '한량없이' 주어졌다. 그리고 예수님께서 세례 받을 때에 그 의미가 눈에 보이게 드러나고 인 쳐진 것처럼, 우리도 그리스도가 받은 기름 부음에 동참하는 자들이다. 하이델베르크 요리문답이 가르치듯이, 예수님이 '그리스도'이신 것은 성령으로 말미암아 선지자요 제사장이요 왕으로 기름 부음 받으셨기 때문이며, 우리가 '그리스도인'이라 불리

---

6) John Stott, *Baptism and Fullness*, IVP Classics (Downers Grove, IL: InterVarsity Press, 2006), 30-31.

는 것은 우리가 믿음으로 "그분이 받은 기름 부음에 동참"하기 때문이다.[7]

그런데 예수님은 성령이 마지막 때에 온전히 부어지고 내주하시기 이전에 이 기름 부음을(다시 말해, 우리를 위해 성취하신 부활과 높아지심을) 받으셨다. 모퉁잇돌이신 예수님은 마지막 때에 성소의 산 돌들(living stones)을 창조하시기 위해 성령께서 부어지기 이전에 영화롭게 되셨다. 따라서 제자들이 오순절에 경험한 것은 기본적으로 새로운 것이었으며, 심지어 예수님의 지상 사역에서도 나타나지 않은 것이었다. 예수님은 제자들에게 자신이 행한 이적들보다 더 큰 일도 하게 되리라고 약속하셨다. 이는 자신이 영광 가운데 성부께로 올라가고 나면 성부로부터 성령을 보내실 것이기 때문이다(요 14:12 참고). 사도들의 사역에서 나타난 그 폭발적인 결과, 그리고 지금도 땅 끝까지 영향을 미치고 있는 그 결과가 이 엄청난 약속에 대한 확증인 셈이다.

장차 올 왕국은 오실 왕과 관련될 뿐만 아니라 성령을 보내시는 일과도 관련된다. 예수님은 세례("하늘이 갈라짐과 성령이 비둘기같이 자기에게 내려오심을 보시더니"[막 1:10])와 시험("성령이 곧 예수를 광야로 몰아내신지라"[막 1:12])을 받은 직후에 "하나님의 복음을 전파하여 이르시되 때가 찼고 하나님의 나라가 가까이 왔으니 회개하고 복음을 믿으라"(막 1:14,15)라고 외치면서 공생애를 시작하셨다. 우리 주님께서 성령으로 기름 부음 받으심은 능력으로 왕국이 세워짐을 알린 것인 한편(요 3:34; 행 10:38 참고), 오순절에 이르러서야 그 기름이 예수님의 목을 타고 내려와 온몸, 곧

---

7) 하이델베르크 요리문답 주일 12, 31문답과 32문답을 참고하라.

모든 백성에게 부어지기 시작했다.

마가는 예수님이 시험 받는 이야기에서 특별히 강한 동사를 사용한다. "성령이 곧 예수를 광야로 몰아내신지라(에크발레이)"(막 1:12).

에크발레이(*ekballei*)는 '쫓아내다'라고 번역해도 지나치지 않다. 퍼거슨은 이렇게 말한다.

예수님이 당하신 시험은 적진으로 진입하여 거룩한 전쟁을 벌이는 맥락에 자리한다. 대적에게서 공격을 받고 그를 쫓아내신다(마 4:11; 특히 눅 4:13 참고). 성령의 능력으로 말미암아 예수님은 하나님의 용사로 나아가셨다. 용사이신 하나님은 자기 백성을 구원하기 위해 싸우는 전쟁의 하나님이시다(출 15:3; 시 98:1 참고). 예수님의 승리는 '하나님의 나라가 가까웠다'는 사실 및 그에 따라 메시아를 중심으로 갈등이 시작되리라는 것을 선포한다.[8]

예수님은 성령에게 내몰려 전장으로 나가셨고, 하나님의 동산에서 옛 뱀을 몰아내셨다. 마귀들도 자신들의 자유로운 통치가 거의 끝이 났음을 알았던 것 같다(마 8:29 참고). 인자가 마귀들을 내쫓았을 때, 우리는 그분의 나라가 왔음을 깨닫게 된다(마 12:25-29 참고). 강한 자(사탄)가 결박되었기에 그의 어둠의 성을 약탈할 수 있게 되었고, 그 소굴이 텅텅 비었으

---

8) Sinclair Ferguson, *The Holy Spirit*, Contours of Christian Theology (Downers Grove, IL: InterVarsity Press, 1997), 48–49.

며, 전리품들은 원래 피해자들에게 분배되었다(마 12:29 참고). 이는 예수님께서 스스로에게 적용한 이사야 61장 1절에서 선지자가 말한 그 능력이다.

"주의 성령이 내게 임하셨으니"(눅 4:18).

그러나 분명한 사실은, 그리스도께서 승천하시고서야 오순절에 다음 말씀의 일을 행하셨다는 것이다.

"하나님이 오른손으로 예수를 높이시매 그가 약속하신 성령을 아버지께 받아서 너희가 보고 듣는 이것을 부어 주셨느니라"(행 2:33).

예수님의 가르침에 더하여 사도들은 오순절을 구약 예언의 성취로 보았다. 그러나 단지 성령께서 이전 날들에 행하신 사역이 연장되거나 강화된 것으로 여기지 않았다. 영광의 왕이 말씀하실 때, 성령께서 능력으로 임하실 것이다. 에베소서 4장에서는 바울의 승천 신학이 명확히 드러난다. 아버지께서 공동 상속자로 삼으신 이들에게 승리의 전리품들이 자유롭게 배분되기 위해서는 용사이신 왕이 하늘 보좌로 승리의 입성을 하셔야만 한다. 이런 이해에 비추어 볼 때, 시대가 전환된 결과 사랑의 명령에도 새로운 차원이 생긴다.

"사랑하는 자들아, 내가 새 계명을 너희에게 쓰는 것이 아니라. 너희가 처음부터 가진 옛 계명이니 이 옛 계명은 너희가 들은 바 말씀이거니와, 다시 내가 너희에게 새 계명을 쓰노니 그에게와 너희에게도 참된 것이라. '이는 어둠이 지나가고 참빛이 벌써 비침이니라'"(요일 2:7,8).

사랑은 단지 성령이 그리스도와 연합하고 그로 말미암아 지체들과 연합하는 것을 가리키지 않는다. 이 사랑에는 종말론적 전환점이 역사적으로 존재한다. 사랑은 성취하게 하는 능력이 없는 계명 그 이상의 것이다. 사랑은 '그리스도와 우리 안에서 살아 있는 참된 실재이다.' '이는' 성령의 새 시대가 도래했기 때문이다. 요한복음 15장에서 예수님은 형제를 사랑하라고 명령한다. 이는 이미 한 포도나무 줄기에 연합되었다는 현재적 실재에 기초한다. 우리는 이 내용이 별도의 설교가 아니라 오실 성령에 관한 강화임을 염두에 두어야 한다. 현 시대에 성도가 나누는 교제는 이스라엘이 언약에 의해 국가적 신정 체제로 매였던 것을 초월하는 실재이다. 현 시대에는 옛 성도들에게는 불가능했던 방식과 정도로 사랑이 나타날 수 있다.

왜 성령께서 '이 마지막 날들'이 되어서야 특별하게 부어졌는지 궁금할 것이다. 어째서 훨씬 더 이전에 오지 않았는가? 왜 성부는 모세가 부르짖을 때에는 성령을 이런 방식으로 보내 주시지 않았는가? 적어도 예수님이 자신의 나라를 선포하실 때에 성령을 보내 주실 수도 있었을 텐데 말이다. 그 시점은 임의적인 것이 아니다. 예수님께서 '때가 되어,' 다시 말해 "우리가 아직 연약할 때에," "아직 죄인 되었을 때에," "원수 되었을 때에"(롬 5:6-10) 죽으셨듯이, 성령도 가장 알맞은 때에 부어졌다. 왜 그때가 가장 알맞은 때인지에 대해서는 상당히 많이 암시되어 있다. 성령은 하나님의 일을 완전하게 하시는 행위자이다. 먼저 성령은 성자와 우리의 육신을 연합시키셔야 했다. 성자께서 우리를 위해 성부께 신실하게 순종하시고, 우리의 죄책을 짊어지시며, 우리의 칭의와 영화를 위해 다시 일으켜지고 영광을 받으실 분이 되셔야 했기 때문이다. 성령은 우리를 영원한 신성이 아니라 영광 받으신 인성에 연합시켰다. 에베소서 4장 8-10절이 확증하듯이, 높임 받은 왕은 승리의 전리품들을 나누기 이전에 먼저 영광에 들어가셔야 했다.

요한복음 7장 37-39절 역시 동일한 내용을 말한다. 초막절의 절정에서, 즉 광야에서 반석으로부터 물이 공급된 기적을 기념하고자 물을 길어올리는 의식에서, 예수님은 스스로를 반석과 동일시하신다(고전 10:4 참고). 자신을 참양식과 음료로 주셨듯이(요 6장 참고), 이렇게 덧붙이신다.

"나를 믿는 자는 성경에 이름과 같이 그 배에서 생수의 강이 흘러나오리라 하시니, 이는 그를 믿는 자들이 받을 성령을 가리켜 말씀하신 것이라(예수께서 아직 영광을 받지 않으셨으므로 성령이 아직 그들에게 계시지 아니하시더라)" (요 7:38,39).

본문을 문자 그대로 보면, 다음과 같다. '성령이 아직 없었다. 왜냐하면 예수님이 아직 영광을 받지 않으셨기 때문이다.' 영어 성경 ESV의 역자들은 완곡한 의미의 동사를 사용하여 적절하게 번역했으나, 원어의 표현은 예수님이 영광을 받으시기 이전과 이후에 성령의 사역이 어떻게 다른지를 확연히 드러낸다. 어거스틴은 이렇게 질문한다. "그렇다면 '예수께서 아직 영광을 받지 않으셨으므로 성령이 아직 그들에게 계시지 아니하시더라'라는 말씀은 무슨 의미인가? 이전에는 한 번도 없었던 무언가 특별한 것이 있지 않고서야 성령을 주신 것, 선물로 주신 것, 또는 보내신 것이 무슨 의미란 말인가?"[9]

---

9) Augustine, *The Trinity: Introduction, Translation and Notes*, 2nd ed., trans. Edmund Hill; ed. John

고별 강화의 끝 부분에서 예수님은 제자들에게, 성령이 이미 그들과 '함께' 거하시지만 이후에는 그들 '속에' 계실 것이라고 말씀하신다(요 14:17 참고).10) 실제로, 예수님은 "내가······너희에게로 오리라"(요 14:18)라고 약속하시는데, 이는 우리가 살펴본 대로 오순절을 가리킨다. 그러므로 예수님이 사역하시던 때부터 이 시점까지도 오순절 날에 보았던 것과 같은 성령의 부어짐은 이루어지지 않은 것이다. 오순절은 예수님의 사역처럼 성령께서 임하신 정도가 점차 강해진 것이 아니다. 그때에 질적으로 새로운 시대가 개시되었다. 얼마나 새로웠는지, 열두 제자들마저도 그날이 오고서야 비로소 그리스도의 증인들로 준비되었다. 예수님은 그들에게 기다리라고 분부하셨다. 이렇게 성령께서 새로운 방식으로 임하시면, 그들은 예수님과 전례없이 친밀해질 것이다. 그리고 그분 안에서 '아버지'라고 부를 수 있게 된 분과도 친밀해질 것이다. 삼위 하나님과 이처럼 온전히 친밀해지는 것은 구속사에서 새로운 경험이었다. 그것은 범위에서만이 아니라(이제 모든 백성들이 선지자요 제사장이요 왕으로 기름 부음 받는다) 정도에서도 다르다(아브라함, 모세, 다윗이 경험했던 친밀함을 초월한다).

예수 그리스도는 주님이시다. 그분은 승리하고 높임 받으신 성자이시다. 그분이 역사를 다스리신다. 이전에 예수님은 성령 사역의 수혜자셨다. 그리고 이제 그분은 시혜자로서 성령을 (성부와 함께) 하늘 보좌로부터 내

E. Rotelle, Works of Saint Augustine: A Translation for the 21st Century (Hyde Park, NY: New City Press, 2012), 4.29.

10) Ferguson, *Holy Spirit,* 68.

보내신다. 그러므로 성자와 성령의 행하심은 상호 의존적이다. 그리스도의 승천은 부활의 정점이었을 뿐만 아니라, 그 자체로 새로운 구속사적 사건이었다. 누가와 요한과 바울에 따르면, 승천하시고 영화롭게 되신 그리스도는 성령을 보내시는 기초가 되셨다. 그리스도는 먼저 모든 면에서 (죄를 제외하고) 우리와 같아지셔야 했으며, 그 본성 안에서 종말론적 첫 열매가 되기 위해 모든 의를 이루셔야 했다. 그리스도께서 우리를 위해 성령의 능력으로 이 모든 임무를 완수하셨으니, 유대인뿐만 아니라 열방의 남은 자들이 속량 받은 몸으로 그리스도와 연합하는 바로 그때가 되었다.

이제 오순절 전후에 있던 성령의 사역의 연속성이라는 문제에 더 상세히 답해 보자. 분명히 성령이 '그리스도 위에' 임했다거나(마 12:18; 눅 4:18 참고), 그리스도께서 세례 받을 때에 성부께서 베푸시는 복에 참여했다거나, 그리스도의 말씀과 행동에 능력을 더했다는 사건들은 적어도 과거에 성령이 주어지던 일이 양적으로 발전했음을 보여 준다. 또한 요한복음 20장 22,23절의 사건은 분명히 중요하다.

"이 말씀을 하시고 그들을 향하사 숨을 내쉬며 이르시되 성령을 받으라. 너희가 누구의 죄든지 사하면 사하여질 것이요 누구의 죄든지 그대로 두면 그대로 있으리라 하시니라."

예수님께서 부활하신 이후에 이 일을 행하셨다는 사실도 중요하다. 이제 예수님은 단지 죽음을 본 첫 '생령'으로서의 또 한 명의 인간(아담)이 아니라, 마지막 아담으로서 종말에 살려 주는 영이시다(고전 15:45 참고). 예수님은 첫 인간으로서 성령으로부터 생명의 숨결을 받으셨을 뿐만 아니라(창 2:7 참고), 모든 부활 생명의 근원이 되신다.

요한복음 20장의 이 장면은 제자들이 공식적으로 능력의 열쇠를 위임받은 것에서 암시된 안수식이다. 이제 그들은 제자들이 아니라 사도들이다. 앤드류 링컨은, 누가복음에서 시간에 따라 구체적으로 제시되는 모든 사건들이(부활, 승천, 오순절) 요한복음에서는 하루로 압축되어 있다고 주장한다.[11] 그럴듯한 해석이지만, 요한복음 20장에 기록된 사건은 모든 신자를 포함하기까지 점점 넓어질 동심원을 기대하면서 열두 명을 고유한 핵심 증인으로서 구별하는 것으로 보인다. 이전에 예수님은 성전을 무시한 채 직접 죄를 용서하심으로써 종교 지도자들에게서 분노를 샀다(막 2:7 참고). 그런데 이제 열둘에게 그 권위를 부여하신다. 그리고 오순절 사건에서 우리는 모든 이들에게 이미 예언된 성령이 부어지고 사역의 열쇠가 평범한 목사들과 장로들을 통해(그리스도가 직접 부르시는 방법이 아니라 교회를 통해 간접적으로 부르는 방법으로) 사용되는 것을 본다.

이 장들에서 우리는 이전 시대의 모든 것을 능가하는 선물, 무언가 새로운 소식을 발견한다. 우리는 오순절에 질적 변화가 일어났음을 감지할 수밖에 없다. 이 사건은 새언약과 옛언약을 구분해 줄 뿐만 아니라, 요한복음 20장에서 제자들에게 성령이 베풀어지는 것과 오순절에 주의 모든 백성들에게 성령이 임하는 것을 구분해 준다. 참으로 성령이 부어진 이후에는 죄에 대한 내적 확신과 그리스도를 믿는 믿음이 일어나고, 예수님이 이 땅에서 사역하실 때보다 복음이 훨씬 더 성공적으로 전파될 것이다. 그러

---

11) Andrew Lincoln, *The Gospel according to Saint John*, BNTC (London: Continuum, 2005), 500.

하기에 요한복음 20장에서 예수님은 제자들에게 자신의 이름으로 묶고 푸는 권세를 주셔서 그들을 준비시키신다. 이 시점에서 참이스라엘은 더욱 위대한 정복의 끝자락에 서 있었다. 예수님이 높아지고 영광으로 들어가시는 것은 우리의 구원을 위해 반드시 필요한 일이었다. 그리고 동일하게 우리가 예수님의 기업을 나누는 자로서 예수님과 연합하기 위해서는 반드시 성령이 주어져야만 했다.

심지어 예수님이 사역하실 동안에도 성령은 오순절 날처럼 부어지지 않았다. 모세는 성령이 모든 백성들에게 부어지리라 소망하였다. 그러나 가장 늦게는 소선지자들(예를 들어, 요엘 2장)의 시대까지 보더라도, 성령은 어떤 유비적 형태로라도 부어지거나 내주하시지 않았다. 그러므로 오순절 이전에 하나님께서 모세의 요구에 응답하셨다고 믿을 만한 근거가 전혀 없다. 하나님은 자신의 성령을 단지 모든 백성 위에 내려 주신 것이 아니라 그러한 요구를 넘어서 그들 속에 넣어 주셨다. 알렉산드리아의 키릴이 설명하듯이, "거룩한 선지자들은 분명하게도 깨달음과 성령의 조명하심을 풍성히 받았다. 이를 통해 그들은 장차 일어날 일을 알고 신비를 이해할 수 있도록 가르침을 받았다. 그러할지라도 우리는 그리스도의 신실하심 안에 조명하심이 있을 뿐만 아니라 성령이 친히 머무시고 거주하심을 고백한다."[12]

성령의 부어짐과 죄 용서가 서로 연관되어 있음을 볼 때, 전자의 연속성

---

[12] Cyril of Alexandria, *In Joannem* 5, from PG 73.757 as cited in Aidan Nichols, *Figuring Out the Church: Her Marks, and Her Masters* (San Francisco: Ignatius, 2013), 159.

과 불연속성을 후자와 비교함으로써 파악할 수 있다. 4세기에 예루살렘의 키릴은 성령의 은사와 죄 사함이 깊이 연관되어 있음을 알았다. 그러나 그는 요한의 세례를 '오직 죄를 사면 받는 것'으로 분류했다. 그는 세례에서 성령이 선물로 주어지는 일의 절정을 표현하는 것으로서 로마서 6장을 인용한다.[13] 키릴과 마찬가지로 칼빈도 성령의 은사가 "중생의 은혜와 달리 요한의 세례를 받은 이들에게 부어졌다"고 말한다.[14] 나도 이에 반대하지는 않는다. 다만 내가 보기에, 그렇게 주어진 은사 간, 다시 말해 성령의 내주하심이 없는 용서에는 차이가 없다. 제사와 같이 '회개의 세례'는 장차 오실 메시아를 믿는 믿음 안에서만 죄 용서를 가져온다. 즉, 요한이 예수님께서 오실 길을 예비하는 자였듯이, 예표적일 뿐이다. 요한이 예수님께서 성령으로 세례를 주시라고 증언한 것은 이 선물이 죄의 사면과 함께 오순절에 정점을 찍을 그리스도의 사역 안에서만 온전히 실현된다는 사실을 시사한다.

'죄의 용서'가 새언약에만 고유하게 해당한다는 사실을 명확히 알려 주는 말씀이 있다.

---

13) St. Cyril of Jerusalem, *Lectures on the Christian Sacraments: The Procatechesis and The Five Mystagogical Catecheses*, ed. F. L. Cross (Crestwood, NY: St Vladimir's Seminary Press, 1986), 62: "요한의 세례는 오직 죄의 사면만을 제공할 뿐이다. 그러나 우리는 그것이 우리를 죄에서 깨끗하게 하며 우리에게 성령의 은사를 주고, 따라서 세례가 그리스도 고난에 상응하는 것임을 온전히 알고 있다. 이런 이유로 바울은 방금 읽었듯이 크게 소리치면서 말한다. '무릇 그리스도 예수와 합하여 세례를 받은 우리는 그의 죽으심과 합하여 세례를 받은 줄을 알지 못하느냐? 그러므로 우리가 그의 죽으심과 합하여 세례를 받음으로 그와 함께 장사되었나니.'"

14) John Calvin, *Commentaries on the Acts Vol.1*, trans. John King (Grand Rapids: Baker, 1996), 451-452, on Acts 10:44.

"그 죄를 기억하지 아니하리라"(렘 31:34).

이는 구약의 성도들이 하나님의 진노 아래에 있었기 때문이 아니라, 하나님께서 그들의 죄를 간과하셨기 때문이다. 하나님은 제사 제도를 통해 그들을 덮으셨다. 나는 바로 이것이 로마서 3장 25절에서 바울이 그리스도를 가리켜 다음과 같이 말한 바의 의미라고 생각한다.

"하나님이 그의 피로써 믿음으로 말미암는 화목제물로 세우셨으니, 이는 하나님께서 길이 참으시는 중에 전에 지은 죄를 간과하심으로 자기의 의로우심을 나타내려 하심이니."

역사 속에서는 아직 화해가 이루어지지 않았으나, 구약 성도들이 참으로 용서받은 것은 앞을 바라보았기 때문이다. 옛언약은 그리스도를 향한 믿음과 소망으로 인도하는 데 성공했으나, 그 일이 역사 가운데 일어나게 하지는 못했다. 제사들은 결코 궁극적으로 '죄를 없애지' 못했다. 예배자들은 지속적으로 제사를 드려야 했으며, 이를 통해 죄를 의식적으로 기억할 수 있었다(히 10:1-4). 히브리서 10장 12-14절을 보라.

"오직 그리스도는 죄를 위하여 한 영원한 제사를 드리시고 하나님 우편에 앉으사 그 후에 자기 원수들을 자기 발등상이 되게 하실 때까지 기다리시나니, 그가 거룩하게 된 자들을 한 번의 제사로 영원히 온전하게 하셨느니라."

이 말씀에 이어서 히브리서 기자는, 내가 앞서 인용한 예레미야 31장 33절을 인용하여 용서와 성령의 은사를 연결한다.

만약 이것이 정확하다면, 구약 신자들은 제사가 가리키는 그분을 믿는 믿음을 통해 용서받고 의롭다함을 받은 것이다(연속성). 그러나 제사 그 자체로는 실제로 양심에 경험적 확신을 줄 수 없었다(불연속성). 반대로 모세 언약은 언약 백성들이 성숙해지고 약속에 따라 기업을 상속받을 수 있게 되기까지 관리하고 감독하는 역할만을 할 수 있었다(갈 3:24,25 참고). 카이퍼도 이런 결론을 긍정하는 듯 보인다. 그는 오순절에 성령의 능력이 구약 성도들의 생명에도 소급되어 역사하였다고 주장한다.[15]

예표적 제사에 대한 유비는 질적 차이와 양적 차이 모두를 설명하지는 못한다. 그러나 여전히 구약의 신자들이 마지막 때에 일어나리라 약속하신 성령의 충만이 없었는데도 어떻게 중생했는지를 이해하는 데 중요한 실마리를 제공한다.

성령은 나라 전체에 임재하셨으나 대표적으로 기름 부음 받은 선지자들과 제사장들과 왕을 통해 임하셨다. 더 명확하게 하자면, 성령은 성전에 거하셨다. 그러나 이제 성령은 대표적인 직분들을 통해 공동체나 지상의 정부에 임하실 뿐만 아니라 모든 신자들 안에 거하신다. 우리가 그리스도 안에 있으므로, 그분에게 기름 부어진 성령이 그분 안에서 우리에게도 기름 부어진다. 우리는 선지자요 제사장이며 왕이다. 이런 기회가 이스라엘 나라에도 주어졌다. 율법을 주시기 직전에 하나님은 모세를 불러 백성들에게 이렇게 말하라고 명령하신다.

"너희가 내 말을 잘 듣고 내 언약을 지키면 너희는 모든 민족 중에서 내 소유가 되겠고 너희가 내게 대하여 제사장 나라가 되며 거룩한 백성이 되리라.

---

15) Abraham Kuyper, *The Work of the Holy Spirit*, trans. Henri De Vries (New York: Funk & Wagnalls, 1900; repr., Grand Rapids: Eerdmans, 1979), 51.

너는 이 말을 이스라엘 자손에게 전할지니라"(출 19:5,6).

이것은 목표였으며, 당장 소유할 수 있는 것이 아니라 조건적인 것이었다. 반대로 베드로는 이렇게 선언한다.

"그러나 너희는 택하신 족속이요 왕 같은 제사장들이요 거룩한 나라요 그의 소유가 된 백성이니, 이는 너희를 어두운 데서 불러 내어 그의 기이한 빛에 들어가게 하신 이의 아름다운 덕을 선포하게 하려 하심이라. 너희가 전에는 백성이 아니더니 이제는 하나님의 백성이요 전에는 긍휼을 얻지 못하였더니 이제는 긍휼을 얻은 자니라"(벧전 2:9,10).

만약 새언약에서 성령의 부어짐을 죄 용서와 밀접하게 관련된 것으로 본다면, 구약의 성도들도 한편으로는 믿음으로 이끄는 실재의 모형과 그림자를 통해 하나님의 사면을 얻은 것처럼 성령의 임재를 누릴 수 있었다고 확실히 말할 수 있을 것이다.

그러나 참으로 이런 국가적 이스라엘의 생명 너머와 기저에는 아브라함 언약이 연속적으로 이어지고 있었다. 즉, 영원한 약속을 상속받기 위하여 거룩한 연합체 내에서 특정한 개개인이 선택을 받는 것이다. 나는 이것이 로마서 9-11장의 주요 논지라고 생각한다. 존 오웬은 타락 이후 "모든 사람, 곧 중생하지 못한 이들의 상태가 절대적으로 동일하다"라고 지적한다. 결과적으로 중생한 자의 상태도 동일하다. "사람은 다소 거룩할 수도 있고 다소 성화되었을 수도 있으나 다소 중생될 수는 없다."[16]

---

16) John Owen, *A Discourse concerning the Holy Spirit*, in vol. 8 of *The Works of John Owen*, ed. William H. Goold, 16 vols. (Edinburgh: Banner of Truth, 1965), 215.

그러므로 나는 존 스토트(John Stott)가 '구약의 신자들은 의롭다함을 받았으며(롬 4:1-8; 창 15:6; 시 32:1,2에 근거하여) 따라서 중생했다'라고 결론지은 바에 동의한다. 더 나아가 스토트는 말한다.

그들은 하나님의 율법을 사랑한다고 말한다(시 119:97 참고). 중생하지 않은 자의 본성은 하나님을 대적하며 하나님의 율법에 저항하기에(롬 8:7 참고), 이들은 새 본성을 얻은 것으로 보인다. 우리가 기독교 예배에서 시편으로 찬송하는 것은 거기서 중생한 사람의 언어를 발견하기 때문이다.[17]

스토트는 다음과 같이 덧붙인다. "성령은 특별한 사람들 위에 특별한 때에 특별한 사역을 위해 임하셨다."

그러나 이제 성령의 사역은 구약 시대에 비해 더 넓어지고 깊어졌다…… 첫째, 모든 육신의 신자들은 이제 성령의 복을 함께 누린다. 둘째, 비록 구약의 신자들이 하나님을 알고 거듭남을 경험했을지라도, 이제는 그들이 결코 알지 못했던 성령의 내주하심이 있다. 이는 새언약과 하나님 나라에 속한 것이며, 선지자들과 주 예수님이 모두 약속하셨던 것이다(렘 31:33; 겔 36:26,27; 요 14:16,17; 롬 14:17 참고). 셋째, 성령의 독특한 사역은 이제 본질적으로 예수 그리스도와 연결된다.[18]

---

17) John Stott, *Baptism and Fullness*, 35n5.
18) Ibid., 36.

나는 스토트의 결론에 기본적으로 동의하지만, 싱클레어 퍼거슨이 연속성과 불연속성 사이의 긴장을 더 명확하게 드러낸다고 생각한다. 한편으로 퍼거슨은 "신약과 구약에서 성령의 사역이 상당히 대립된다"는 생각에 반대한다.[19] 비록 니고데모가 거듭남의 의미를 이해하지 못했지만(요 3:4 참고), 예수님은 선지자들이 새언약 때에 이루어질 성령의 중생 사역을 바라봄으로써 어느 정도 지식을 가질 수 있었으리라고 말씀하신다. 다른 한편으로 퍼거슨은 "구속사의 고저를 평평하게 만들고 구약에서 신약으로 넘어가면서 나타난 상이함과 발전을 약화시키는 것"을 경계한다. 그는 계속해서 이렇게 말한다. "고린도후서 3장에서 바울이 가르치는 바는 구약에서 신약으로 넘어오면서 새 시대로 발전하게 되었음을 암시한다. 특히 성령의 사역에서 그러하다."[20] 아들에 관해서도 그러하지만, "구약은 성령에 관해 불완전하게 계시한다."[21]

성령은 하나님의 백성들 사이에서 활동하셨으나, 그 활동은 불가사의했고 간헐적이었으며, 신정적이었고 선택적이었으며, 어떤 면에서 외적이었다. 선지자들은 더 나은 날이 올 것을 고대했다. 모세는 성령이 하나님의 백성들에게 더욱 온전하고도 편만히 임하실 것을 갈망했으나 보지는 못했다(민 11:29 참고). 반면, 모두가 바라보던 새언약의 때에는 성령이

---

19) Ferguson, *Holy Spirit*, 25-26.
20) Ibid.
21) Ibid., 30.

보편적으로 개개인에게 부어지며 영원히 그들에게 내주하실 것이다(욜 2:28 이하; 겔 36:24-32 참고). 이 원리에는 첫 눈에 띄는 것보다 더 많은 것이 담겨 있다. 우리가 성령을 온전히 알게 되는 것은 단지 그리스도로 말미암기 때문만이 아니라 그리스도 안에 있기 때문이기도 하다.[22]

퍼거슨은 다음과 같이 덧붙인다.

예수님이 요단강에서 받으신 세례와 오순절에 시작된 세례는 확연하게 (epochally) 다르면서도 밀접하게 연결되어 있다……세례 요한은 자신이 말한 '불'이 심판과 유기를 의미하는 십자가에서 메시아 위에 떨어진다는 사실을 명확히 이해할 수 없었다(눅 12:49,50을 보라). 실제로 이후에 요한은 예수님 사역이 가지는 의미에 의문을 제기했다. 분명 '불'이 없었기 때문일 것이다(눅 7:18-23 참고). 그렇다면 부활하신 후에 예수님이 제자들에게 성령으로 세례를 받으리라고 말씀하시는 대목에서 불에 관해 언급하지 않는 것은 누가가 누락한 것이 아니다. 그 불이 그리스도 안에서 소멸되었기 때문이다. 제자들이 오순절 날 보았던 '불의 혀'는 심판의 능력이라기보다 은혜의 세례라는 의미를 미묘하게나마 가졌을 것이다. 그리스도가 자신의 고통 가운데 심판을 대신 받으셨기 때문이다.[23]

---

22) Ibid.
23) Ibid., 58-59. 마지막 부분에 내가 추가하고 싶은 것은, 예수님께서 '성령과 불'로 세례 받는 것에 관해 하신 말씀에 마지막 심판도 포함된다는 것이다. 그때가 되면, 그리스도를 믿지 않은 이들은 하나님의 진노를 스스로 감당해야 할 것이다.

존 오웬은 선지자들이 바라보았던 "복음의 때"에 관해 설명한다. "그러나 이것이 언급된 곳마다 그 안에 복음의 때, 상태, 그리고 은혜가 의도되어 있다. 주 그리스도가 "친히 만물의 으뜸"이 되셨기 때문이며(골 1:18 참고), 따라서 하나님은 이전에도 성령을 어느 정도는 주셨으나, 그리스도가 먼저 충만하게 기름 부음 받기 전에는 성령을 붓지 않으셨다." 이전에 성령은 다양한 방식으로 주어졌다. "그러나 지금 성령을 주기로 하신 방식과 모습처럼 주어지지는 않았다."[24] 오웬은 더 구체적으로 덧붙인다.

절대적이거나 항상 그렇지는 않더라도, 성령이 옛언약 아래 두드러지게 역사하신 것은 무엇이든지 일반적으로 그리고 대부분 우리 주 예수 그리스도 및 복음과 관련되어 있었다. 또한 그리스도 안에서, 그리고 그리스도에 의해 새 창조의 위대한 사역을 완성하고자 준비하는 것도 그러했다……구약의 교회에 주어진 최고의 특권은 우리가 기쁨으로 누리는 것들을 듣는 것이었기 때문이다(사 33:17 참고).[25]

오웬이 논하는 바는, 아브라함이 우리와 동일한 대상을 믿었으나 구속사 속에서 희미하게만 이해했듯이 구약에서 중생한 성도도 중생에 관해 훨씬 적게 이해하였다는 것이다. 예수님이 니고데모를 나무라신 이유는, 오웬 시대에(그리고 우리 시대에) 도덕주의적 이신론자들이 사랑한 개념

---

24) Owen, *Discourse*, 114.
25) Ibid., 126.

인 '삶의 변혁'을 전혀 몰랐기 때문이 아니라, 그가 이스라엘의 선생이면서도 거듭남에 관해 알지 못했기 때문이었다.[26] 그러나 "성령의 중생 사역이 구약성경에도 기록되어 있고, 심지어 세상의 기초로부터 있었으며, 그에 관한 교리가 성경에 기록되어 있는데도, 복음에 의해 드러나는 빛과 증거들에 비하면 중생에 관한 계시는 여전히 희미했다."[27] 더 나아가 오웬은 "구약 시대보다 더 많은 사람들이 그 긍휼에 참여하게 되었다"라고 덧붙인다.[28]

그러나 오순절 때에 중생을 넘어서는 무언가가 주어졌다. 오웬은 계속해서 다음과 같이 기록한다.

그러나 지금부터 우리가 살펴보려는 이 성령의 경륜은 신약에서 너무나 독특한 것이어서, 복음서 기자는 이에 대해 "예수께서 아직 영광을 받지 않으셨으므로 성령이 아직 그들에게 계시지 아니하시더라"(요 7:39)라고 말한다. 그리고 세례 요한의 가르침만을 받았던 이들은 '성령이 계심도' 알지 못했다(행 19:2 참고).[29]

히브리서 11장 13절과 39절에 따르면, 옛언약 아래 있던 선조들은 "'다 믿음을 따라 죽었으나 약속을 받지 못하였다.' 다시 말해, 히브리서 7장 6

---

26) Ibid., 210.
27) Ibid.
28) Ibid., 212.
29) Ibid., 152.

절에서 아브라함에 대해 명시적으로 말한 대로, 그들은 약속을 가졌으나 그 약속된 것이 그들이 살던 날에는 사실상 드러나지 않았다는 것이다."[30] 오웬은 더 깊이 설명한다.

따라서 약속 자체는 주 예수 그리스도에게 주어졌으며, 위대한 모든 것들을 회복하는 사역을 감당하실 때 그분이 하나님의 영광을 향한 중보자의 언약 안에서 그 약속을 받으셨다. 그리스도의 중보 사역 전체가 그들의 영혼에 효과적이 되기 위해 여기서 성령이 인자 위에 부어지심으로써 그분이 성부와 약속을 맺으셨기 때문이다. 그런 까닭에 여기서 그리스도가 '약속을 받아'야 한다고 말하는 것이다. 왜냐하면 그리스도로 말미암아, 이 높임 받으신 분에 의해 교회 안에서, 그리고 교회를 향해 온전히 완성되었기 때문이다.[31]

성령은 예수님의 사역에서 이전 역사보다 우월하게 활동하셨다. 그러나 예수님 스스로가 오순절 이전과 이후에 있는 질적 차이를 제시하셨다. 예수님께서 제자들에게 성령을 받으라고 숨을 내쉬셨던 것까지도 성령을 선물로 주시는 것의 전조였다. 성경이 긍정하는 연속성이라면, 말 그대로 오순절이 역사의 분수령이라는 사실을 결코 무효로 만들 수 없다. 생명의 강이 하늘의 수원에서 아직 흘러나오지 않았다. '예수께서 아직 영광을 받

---

30) Ibid., 192.
31) Ibid.

지 않으셨으므로 성령이 아직 그들에게 계시지 않았기' 때문이다(요 7:39 참고). 예수님은 말씀하셨다.

"그(성령)는 너희와 함께 거하심이요 또 너희 속에 계시겠음이라"(요 14:17).
이는 오순절이 되어서야 현재형으로 기록된다.
"그들이 다 성령의 충만함을 받고"(행 2:4).

오순절: 단 하루에 생겨난 차이

이제까지 보았듯이, 제자들은 예수님의 말씀을 잘 이해하지 못했다. 고별 강화도 마찬가지였다. 이는 그들이 우리보다 더 둔해서가 아니라 전혀 다른 틀로 사고하기 때문이었다. 대부분의 경우 선지자들은 장차 오실 고난 받는 종, 선물로 주어질 성령, 죽은 자 가운데서의 부활, 마지막 심판, 그리고 메시아의 영원한 통치를 한 사건으로 보았다. 감옥에 앉아 머리가 잘려 나갈 것을 기다리면서 세례 요한이 어떤 혼란을 느꼈을지 이해할 만하다. 그는 자신의 제자들 중 몇을 예수님께 보내 직접 물었다.

"오실 그이가 당신이오니이까 우리가 다른 이를 기다리오리이까?"(마 11:3)

상당히 중요한 의미에서 요한의 기대는 정확했다. 이러한 메시아 사역의 결과들은 모두 통일된 작업의 서로 다른 단계들이었다. 심지어 예수님이 '첫 열매'가 되심으로써 죽은 자가 부활하는 일이 시작되었고, 성령이 죄를 깨닫게 하며 의롭게 하시는 사역을 하심으로써 마지막 심판이 시작되었으며, 이 악한 시대에 이르러 정말로 장차 올 시대가 임박하였다. 그러할지라도 예수님께서 감람산 강화에서 명확하게 가르치셨듯이(마 24장 참고), 예수님의 두 강림 사이에는 중간 단계, 곧 성령이 자신의 증인들과 증인들의 청중들에게(이방인들이라 할지라도) 능력을 더하여 두려운 주의 날이 이르기 전에 그리스도의 왕국으로 이끄는 중간 단계가 존재한다.

제자들의 이해에는 또 하나의 거치는 돌이 존재한다. 복음서를 보면, 복음서 기자들이 예수님의 사역을 모세와 여호수아의 지도 아래 성취된 '출애굽-정복-안식'이라는 패턴으로 보았다는 점이 충분히 명확하게 드러난다. 이런 패턴은 이전으로는 창조에, 이후로는 미래에 올 메시아 시대에 상응한다. 그런데도 그 후에야 제자들은 예수님의 사역을 성취로 해석할 수 있었다. 예수님이 스스로 부활하기 이전까지 제자들은 환멸감(알버트 슈바이처가 예수님이 보인 것이라 여긴)을 드러내 보였다(눅 24:13-16 참고).[32] 그들은 주님을 알아보지 못한 채 "우리는 이 사람이 이스라엘을 속량할 자라고 바랐노라"(눅 24:21)라고 말했다. 게다가 예수님이 부활했다는 소문이 돌자 그들은 혼란스러워했다.

"이르시되 미련하고 선지자들이 말한 모든 것을 마음에 더디 믿는 자들이여, 그리스도가 이런 고난을 받고 자기의 영광에 들어가야 할 것이 아니냐 하시고 이에 모세와 모든 선지자의 글로 시작하여 모든 성경에 쓴 바 자기에 관한 것을 자세히 설명하시니라"(눅 24:25-27).

---

32) Albert Schweitzer, *The Quest of the Historical Jesus*, trans. W. Montgomery, J. R. Coates, Suan Cupitt and John Bowman (Minneapolis: Fortress, 2001)를 가리킨 것이다. 물론 슈바이처는 부활 이야기와 감람산 강화를 잘 알고 있었다. 그러나 그는 그것들이 후대 전통의 가르침으로서, 예수님의 죽음이 실제로는 효과적이지 않았음을 극복하기 위한 것이었다고 본다.

예수님은 떡을 떼어 주실 때(성찬을 제정하셨을 때와 문법적 형태가 동일함) 그들로 하여금 예수님을 알아보게 하셨다(눅 24:30,31 참고). 곧 그들의 마음을 열어 자신의 죽음이 단지 자신만을 위한 것이 아니라 그들을 대신한 것이며 부활이 새 창조의 시작임을 깨닫게 하신다. 이어서 오순절에 성령이 강림하시자 모든 것이 제자리를 찾았다. 출애굽-정복-안식의 패턴은 창조에서도 드러났고 이스라엘의 건국 이야기에서도 실행되었는데, 이는 에덴이나 이스라엘의 일시적인 번영보다 더 위대한 출애굽-정복-안식을 예표하는 그림자 역할을 했다. 그들은 새 창조와 다름없는 탄생을 목격한 것이다.

루크 티모시 존슨은, 사도행전 2장에서 "소리를 지속적으로 강조한 것과 '불 가운데 하나님이 강림하시는 것'"은 분명히 시내산에서 율법이 주어지던 상황을 시사한다고 말한다.[33]

그러나 오순절 성령 강림은 언약 백성들을 두렵게 하여 더 이상 말할 수 없을 정도로 빌게 만든 것이 아니라, 평안함과 증인이 되기 위한 능력과 복음으로 하나 됨을 초래했다. 이를 통해 제자들이 세상에 나가 증인이 될 수 있도록 준비되었다. 우리는 시내산이 아니라 하늘의 예루살렘에 이르러야 한다(히 12:18-29 참고). 이제부터 그리스도를 따르는 이들은 단지 말씀을 기쁘게 들을 뿐만 아니라, 순교를 무릅쓰고 그 말씀을 기뻐하며 선포하게 될 것이다. 그러나 나는 에스겔서가 더욱 뚜렷이 암시되어 있다고 생각한다. 에스겔이 본 환상에서와 같이, 마지막 때에 하나님은 떠나셨던

---

33) Luke Timothy Johnson, *The Acts of the Apostles* (Collegeville, MN: Liturgical Press, 1992), 46.

성전으로 다시 돌아오신다.

"이스라엘 하나님의 영광이 동쪽에서부터 오는데 하나님의 음성이 많은 물소리 같고 땅은 그 영광으로 말미암아 빛나니"(겔 43:2).

또한 이는 요한계시록 14장 2절에 기록된 바, '새 노래'가 불릴 천상 예배의 환상을 내다본다.

"내가 하늘에서 나는 소리를 들으니 많은 물소리와도 같고 큰 우렛소리와도 같은데."

흩어진 이스라엘이 예루살렘으로 다시 모일 것이라는 예언은 지정학적 신정 체제가 회복됨으로써 성취된 것이 아니라, 마지막 때의 성소가 세워짐으로써 성취된다. 오순절에 성령은 자신의 결정적 강림을 바람과 불로 나타내셨다. 그러나 그것은 파괴하는 바람이나 삼키는 불이 아니었다. 불꽃이 증거의 기둥으로 모든 신자 위에 나타났고, 온 공동체가 그리스도의 증인이 되었다. 그들은 영광의 구름에 휩싸였을 뿐만 아니라 성령께서 내주하셨으며, 능력을 받았다. 또한 이런 종말론적 부어짐의 결과는 무엇이었나? 사도들이 그리스도를 전파하기 시작했다.

"그들이 다 성령의 충만함을 받고 성령이 말하게 하심을 따라 다른 언어들로 말하기를 시작하니라"(행 2:4).

방언의 은사는 무엇이었나?

오늘날에도 방언의 은사가 지속되는지를 묻기 전에, 우리는 첫 방언이 어떠했는지에 대해 모두의 견해가 같으리라고 생각해서는 안 된다. 그리스 종교 역시 환각 상태에서 알아들을 수 없는 소리로 내뱉는 언어를 알고 있었다. 그러나 '글로사이(*glōssai*, 혀들)'는 이미 알려진 언어를 의미한다. 누가는 오순절에 성도들이 "다른 언어들(글로사이)로"(행 2:4) 말했으며, 이를 듣는 이들이 알아들을 수 없는 말 때문에 놀란 것이 아니라 다음과 같은 이유로 놀랐다고 진술한다.

"우리가 우리 각 사람이 난 곳 방언으로 듣게 되는 것이 어찌 됨이냐?"(행 2:8)

플라톤이 소개한 소크라테스의 시대부터 신적 영감은 환각 상태와 연관되어 있었다. 그 환각 상태는 델피 신전의 여선지자처럼 영(*daimonion*, 다이모니온)에 사로잡혀 그 사람의 주체성을 억제하는 수준이었다. 플라톤에 따르면, 다른 사람들이 "제 정신이 아니야"라고 말할 때 소크라테스는 "가장 위대한 복은 신들의 선물로 주어질 때 광기를 통해 우리에게 온다"라고 보았다.[34] 스트라보(Strabo), 플루타르크(Plutarch), 그리고 다른 그리스와 로마 작가들에 의하면, 이는 한 사람을 사로잡는 "열광의 영(*pneuma enthousiastikon*, 프뉴마 엔투시아스티콘)"이다.[35]

레비슨은 이와 확실히 대조하면서 이렇게 말한다. "만약 있다고 하더라도 그것은 이스라엘의 공동체적 기억 속에 환각의 흔적으로만 있을 뿐이다." 이는 필로(Philo), 요세푸스(Josephus)와 에스라4서에서도 나타나지만, 특히 그리스와 로마의 영향을 강하게 받은 고대 성서(*liber antiquitat-*

---

34) *Phaedrus* 244A-B, Levison, *Filled with the Spirit*, 155에서 재인용.
35) Ibid., 155-156, 161, 173.

um biblicarum)에서 두드러지게 나타난다.[36] 그러나 사도들은 이스라엘 선지자들도 그러했듯이 성령에 사로잡히거나 압도당한 것이 아니었다. 성령께서 그들에게 능력을 주셔서 복음을 알아들을 수 있는 메시지로 선포하게 하신 것이다. 스데반은 "믿음과 성령이 충만한" 사람이었다(행 6:5 참고). 그리고 그로 말미암아 그는 이스라엘 역사로부터 그리스도를 이끌어 내는 복음을 선포하였다. 레비슨은 계속해서 말한다.

> 다시 말해, 이 사람들은 하나님이 영과 지혜와 지식과 명철을 채워 주신 브살렐의 후예이며(출 31:3 참고) 지혜의 영이 충만했던 여호수아의 후예이고(신 34:9 참고), 신들의 지혜와 같은 지혜의 영을 지닌 다니엘과(단 5:11 참고), 연구와 기도와 묵상에 열심으로 노력함으로 명철의 영이 가득하였던 벤 시라의 서기관들(집회서 39:6 참고)의 후예들이었다. 그러므로 예루살렘 교회에는 훈련된 영혼이 지혜를 추수한다는 성경적 관점의 진정한 흔적이 존재한 셈이다.[37]

구약에서 성령은 생명을 주시는 분일 뿐만 아니라 지식과 지혜를 주시는 분이다. 이는 사람이 자신의 판단과 추론 능력을 버리는 것과는 완전히 다르다. 성령은 그들이 본래 받은 은사를 강하게 하시고 그들의 마음에 진

---

36) Ibid., 219.
    역자주 – 필로가 기록했다고 잘못 알려진 고대 성서이다. 아담에서부터 사울까지의 내용을 담고 있으며, 히브리어나 그리스어에서 라틴어로 번역되었다.
37) Ibid., 242-243.

리를 계시하신다. 신약은 놀랍도록 많은 부분에서 성령을 교사로 언급한다(눅 12:12; 요 14:25,26, 15:26, 16:13; 행 20:23; 고전 2:6-16; 엡 3:5; 히 9:8, 10:15 참고).

더 나아가 성령은 사도들을 무장시켜 공동체 전체가 그리스도의 증인이 되게 하셨다.

"예수의 증언은 예언의 영이라"(계 19:10).

예수님이 고별 강화에서 약속하신 바와 같다.

"그가 나를 증언하실 것이요"(요 15:26).

요한은 복음이 전파되고 고백되는 곳마다 성령이 계신 것을 알 수 있다고 말한다.

"이로써 너희가 하나님의 영을 알지니 곧 예수 그리스도께서 육체로 오신 것을 시인하는 영마다 하나님께 속한 것이요, 예수를 시인하지 아니하는 영마다 하나님께 속한 것이 아니니 이것이 곧 적그리스도의 영이니라. 오리라 한 말을 너희가 들었거니와 지금 벌써 세상에 있느니라"(요일 4:2,3).

그렇다면 오순절 때의 '다른 방언들'은 무엇일까? 이 방언들은 화자가 아니라 청자들이 알아들을 수 있는 언어였다.[38] 레비슨은, 누가가 사용한 헤테라이스 글로사이스(*heterais glōssais*), 곧 "다른 언어들"(행 2:4)이라는 표현과 히브리어에서 헬라어로 번역된 시락의 역본에 벤 시라의 손자가 서문을 덧붙이면서 사용한 표현이 유사함을 지적한다. "번역이 어렵다는

---

38) 레비슨은 다음과 같이 말한다. "에스라가 불러 주는 말을 기록하는 서기관들의 명철까지도 증가했다. '가장 높으신 이가 이 다섯 사람에게 명철을 주사, 그들이 들은 바가 알지 못하는 성격의 것이었는데도 돌아가면서 받아 적었기' 때문이다(에스라4서 14:42 참고)"(*Filled with the Spirit*, 200).

것을 설명하는 문맥에서 '에이스 헤테란 글로산(eis heteran glōssan)'이라는 표현을 사용했다."[39] 또한 사도행전 10장 46절을 보면, 베드로와 그의 유대인 동료들은 고넬료를 비롯한 이방인들이 방언으로 하나님 찬양하는 것을 들었다. "이런 종류의 방언에는 분명 이해할 수 있는 차원이 존재했을 것이다. 베드로와 그의 유대인 동료들은 방언으로 말하는 것이 이해할 수 있는 찬양과 연결되어 있음을 인지하고 있었다."[40]

레비슨은, 누가가 "환각 속에서 방언하는 것을 초대 교회의 절대적이고도 필수적인 요소로 만드는 것"을 피했다고 말한다. "오순절에 다른 지방 언어가 아닌 방언으로 말하기 시작했다는 것은 영감을 받을 때 환각에 빠지게 되는 일에 더욱 특별히 관심을 두게 했을 것이다. 그리고 이는 누가의 독자들로 하여금 오순절에 일어난 일을 고린도에서 행해진 종교적 방언과 같은 개념의 것으로 생각하게 만들 수도 있었을 것이다."[41] 레비슨은 이어서 말한다. "비록 고린도인들이 이런 방언을 천사들의 언어로 여겼을지 모르나, 바울에 따르면 그들은 온 교회를 세우기 위해 주어진 은사를 영적 위계를 정하는 기준으로 삼음으로써 공동체를 지옥으로 만드는 행위를 저지른 것이다."[42]

---

39) Ibid., 341n13.
40) Ibid., 341.
41) Ibid., 337-338.
42) Ibid. 레비슨은 이렇게 덧붙인다. "바울이 예로 드는 바 피리나 거문고와 나팔이 분별된 음을 연주해야 한다는 것(고전 14:7,8 참고)은 신탁의 중지에 관하여(On the Obsolescence of Oracles) 431B에서 플루타르크의 클레옴브로투스가 델피의 쇠퇴를 설명하기 위해 차용하는 예와 가족유사성(family resemblance)을 가진다. '반신(demigod)들이 신탁을 거두고 중지하자, 이것들은 음악가들의 악기처럼

바울이 고린도전서에서 방언을 논하는 부분은 훈계하는 편지라는 맥락에서 이해되어야 한다. 고린도인들은 미성숙하고 교만하였으며, 혼란스럽게 예배하고 무절제하게 살았다. 공예배 안에서 방언하는 것이 그러한 고린도인들의 일련의 문제를 가중시켰기 때문에, 바울이 그것을 책망한 것이다.

"내가 사람의 방언과 천사의 말을 할지라도 사랑이 없으면 소리 나는 구리와 울리는 꽹과리가 되고"(고전 13:1).

바울은 예언이 교회의 덕을 세우기 때문에 방언보다 낫다고 말한다(고전 14:5 참고). 구약과 마찬가지로, 바울은 성령을 하나님의 지혜인 그리스도를 중심으로 하는 지식, 명철, 지혜와 연결하여 이해한다. 성령은 사도적 증인을 영감하고, 공동체가 복음의 증인이 될 수 있도록 능력을 주셨다. 그러므로 지성은 성령 사역에서 중요한 요소이다. 그리스인들과 로마인들이 스스로 이성적이라고 우쭐했으나 결국 이해할 수 없는 중얼거림에 자신들의 운명을 맡기는 길로 미끄러졌던 것을 생각하면 굉장한 일이다.

"그런즉 형제들아, 내가 너희에게 나아가서 방언으로 말하고 계시나 지식이나 예언이나 가르치는 것으로 말하지 아니하면 너희에게 무엇이 유익하리요"(고전 14:6).

그렇지 않으면, '음의 분별'을 나타내며 연주하는 악기가 아니라 혼란스러운 소음이 될 뿐이다(고전 14:7,8 참고).

"이와 같이 너희도 혀로써 알아 듣기 쉬운 말을 하지 아니하면 그 말하는 것

무익하고 분별이 되지 않는다.'"

을 어찌 알리요. 이는 허공에다 말하는 것이라"(고전 14:9).

고린도인들은 방언의 은사를 이교도들의 환각 상태와 혼동한 듯하다. 이 방언들과 오순절의 "다른 언어들"의 유사점은 분명해 보인다.

"이같이 세상에 소리의 종류가 많으나 뜻 없는 소리는 없나니, 그러므로 내가 그 소리의 뜻을 알지 못하면 내가 말하는 자에게 외국인이 되고 말하는 자도 내게 외국인이 되리니, 그러므로 너희도 영적인 것을 사모하는 자인즉 교회의 덕을 세우기 위하여 그것이 풍성하기를 구하라"(고전 14:10-12).

방언에는 해석할 수 없다는 것 외에도 그 언어를 모르는 외국인이 된다는 문제가 있다.

분명히 말하건대, 적어도 공적 예배에서는 지성적으로 이해할 수 없거나 마음에 진리를 전달하지 않는 것을 절대로 행해서는 안 된다.

"내가 만일 방언으로 기도하면 나의 영이 기도하거니와 나의 마음은 열매를 맺지 못하리라"(고전 14:14).

바울은 여기서 방언을 긍정적으로 보지 않는다. 오히려 공적 예배에서 방언이 부적절하다고 말한다.

"그러면 어떻게 할까, 내가 영으로 기도하고 또 마음으로 기도하며 내가 영으로 찬송하고 또 마음으로 찬송하리라"(고전 14:15).

예배에서 행해지는 행위가 지식과 무관하거나 예배자의 정신을 놓게 하는 것은 바울에게 절대로 있을 수 없는 일이었다.

"그렇지 아니하면 네가 영으로 축복할 때에 알지 못하는 처지에 있는 자가 네가 무슨 말을 하는지 알지 못하고 네 감사에 어찌 아멘 하리요. 너는 감사를 잘하였으나 그러나 다른 사람은 덕 세움을 받지 못하리라"(고전 14:16,17).

우리가 교회에 모이는 것은 개인적인 관계를 위한 것이 아니라, 서로를 세우고 세상에 증언하기 위한 것이다. 바울은 다음과 같이 말한다.

"내가 너희 모든 사람보다 방언을 더 말하므로 하나님께 감사하노라. 그러나 교회에서 네가 남을 가르치기 위하여 깨달은 마음으로 다섯 마디 말을 하는 것이 일만 마디 방언으로 말하는 것보다 나으니라"(고전 14:18,19).

바울은 개인적 영성을 영웅적으로 행하지 말라고 말한다. 성령의 모든 은사는 덕을 세우는 공적 지혜가 되기 위한 것이지, 교만하게 만드는 개인적 환각 상태로 이끌기 위한 것이 아니다.

"하나님의 말씀이 너희로부터 난 것이냐 또는 너희에게만 임한 것이냐. 만일 누구든지 자기를 선지자나 혹은 신령한 자로 생각하거든 내가 너희에게 편지하는 이 글이 주의 명령인 줄 알라. 만일 누구든지 알지 못하면 그는 알지 못한 자니라"(고전 14:36-38).

바울이 염두에 두고 있는 사람들은 스스로를 영적 엘리트로 여겼으나 진리에 관해서는 미성숙하며 교만하고 편 가르기를 즐겼다.

"형제들아 지혜에는 아이가 되지 말고 악에는 어린 아이가 되라. 지혜에는 장성한 사람이 되라"(고전 14:20).

바로 이 지점에서 바울은 방언의 놀라운 구속사적 의미를 소개한다.

"율법에 기록된 바, 주께서 이르시되 내가 다른 방언을 말하는 자와 다른 입술로 이 백성에게 말할지라도 그들이 여전히 듣지 아니하리라 하였으니, 그러므로 방언은 믿는 자들을 위하지 아니하고 믿지 아니하는 자들을 위하는 표적이나 예언은 믿지 아니하는 자들을 위하지 않고 믿는 자들을 위함이니라"(고전 14:21,22; 사 28:11,12 참고).

바울은 이사야 28장 11,12절을 상기시키면서, 방언을 일시적 심판의 징조와 동일시하고 있다. 로마서 11장에서는 이스라엘로 시기 나게 하기 위해 유대인들 가운데 '남은 자들이 우둔해졌다'고 논한다(7,11절 참고). 구원이 이방인에게 이르러 성령이 유대 민족의 마음을 부드럽게 하시면, "그들의 실패가 이방인의 풍성함"이 될 텐데, 하물며 그들의 충만함은 어떠하겠는가!(롬 11:11,12 참고)

그렇다면 외국인(이방인)들이 복음을 유대인들에게까지 전한다는 의미에서 지금의 방언은 심판의 징조이다. 유대인들은 다른 누구보다 먼저 이 복음을 받아들여야 했다. 오순절에 엄청난 수의 유대인들이 회심하지는 않았으나, 마지막 때에 이스라엘과 다른 나라들을 수확하시는 움직임이 시작되었다. 유대인 신자들은 이제 이방인들에게 증인이 될 것이며, 유대인들이 알지 못했던 그 복음을 이방인들과 함께 방언으로 선포하게 될 것이다. 그러나 바울은 이를 근거로, 공적 예배에서 방언이 아니라 예언(즉, 설교)이 사용되어야 한다고 말한다. 그렇지 않으면 알지 못하는 자들이나 믿지 않는 자들이 들어와 그들을 미쳤다고 할 것이다(고전 14:23 참고). 반면 그들이 알아들을 수 있도록 설교와 말씀이 전해지면, 그들이 죄를 깨닫고 말씀을 믿게 되어 엎드려 하나님께 경배하며 하나님이 참으로 우리 가운데 계신다고 전파할 것이다(고전 14:25 참고).

방언으로 말한다는 의미가 무엇이든 간에, 바울은 그 방언이 지성을 방해하거나 통역 없이 공적 예배에서 이루어져서는 안 된다고 말하고 있다.

"하나님은 무질서의 하나님이 아니시요 오직 화평의 하나님이시니라"(고전 14:33).

"모든 것을 품위 있게 하고 질서 있게 하라"(고전 14:40).

어떤 경우든 방언으로 말하는 것은 예언하는 것과 가르치는 것보다 아래 있다(고린도전서 12장에 나오는 성령의 은사 목록에서는 말씀 사역이 가장 먼저 나오고 방언이 마지막에 등장하며, 로마서 12장에는 방언이 언급조차 되지 않는다). 고린도전서 14장 10,11절을 볼 때, 바울이 방언을 '사람이 이전에 알지 못했던 실제 언어로 복음을 알아들을 수 있게 만드는 것'이라고 이해하지 않았을까 생각된다.

사도행전 2장 4절의 방언은 굉장한 것이다. 외국인들이 모였는데, 그들이 '각각 자기의 방언으로' 복음을 들었기 때문이다. 이 기록 뒤에 열방의 목록이 이어진다(행 2:8-12 참고). 이는 창세기 10장 1-32절의 열방의 족보에 상응한다. 이전에 성령은 바벨탑을 지은 곳에 내려와 언어를 혼란스럽게 하고 그 교만한 사람들을 흩으심으로써 심판하셨다. 이제 성령은 심판이 아니라 은혜 가운데 내려와, 나누는 것이 아니라 연합시키시며, 모든 이들이 언어의 차이에 굴하지 않고 복음을 이해할 수 있도록 하신다. 방언이나 통역을 비롯한 모든 영적 은사는 우리를 유익하게 하려고 주어졌다(고전 12:7 참고).

이제 성령은 교회를 무장시켜 그리스도의 증인이 되게 하신다. 이것이 바로 오순절의 목적이었다. 더 나아가 다른 언어로 말하게 된 그 사건은 하나의 징조였다. 기적적인 사건은 일반적으로 지속적이지 않으나, 하나님께서 하시는 새로운 일에 관한 놀라운 이정표가 된다. 오순절에 일어난 방언 사건은 흩어져 있는 유대인들의 첫 수확이었다. 그러나 사도행전이 진행됨에 따라, 이 사건은 하나님께서 모든 민족과 언어의 장벽을 넘어 열방을 추수하시는 시발점이 된다. 영광이신 성령께서 이방인의 뜰과 유대인의 뜰을 구분했던 성전의 경계가 상징하는 담을 허무신 것이다. 이제 참 성소는 그리스도와 함께 부활하고 앉게 될 하늘에 있다(엡 2:11-22 참고).

예언의 목적

바울의 초점은 복음 선포에 있다. 예배, 이웃 섬김, 권징, 교회의 질서와 직분 등 그 모든 것은 교회를 세우고 그 교회가 땅 끝까지 복음을 전파하는 것을 지향한다. 레비슨은 이렇게 말한다.

당대의 통치자들과 수사학자들이 이해할 수 없던 것은 단지 복음을 전하는 자로서의 품행이나 바울의 말씀에 동반된 기적들이 아니었다. 그들은 하나님의 능력이 연약한 십자가에서 나타날 수 있다는 사실을 이해할 수 없었다. 다시 말해, 불신자들은 복음의 핵심 내용을 받아들일 수 없었다. 이것은 성령이 드러내고 가르치시는 내용이다……세상의 영과 달리 하나님의 성령은 경험의 싸움터를 떠나 바울 설교에 담긴 그리스도 중심적인(cross-centered) 내용을 향하게 이끈다. 바울은 기적이라는 능력이 가득한 경험을 대할 때 얼마나 쉽사리 설교의 내용을 바라보지 못하게 되는지를 잘 알고 있었던 것 같다. 그런데도 내용의 중요성을 잠식한 채 압도적인 영적 경험을 따르는 것은, 아무리 그것이 유익해 보인다 하더라도 하나님께서 보내신 성령의 사역을 쳐 내는 것이다. 이 성령이야말로, 기적을 일으키고 양자 됨을 경험하게 하는 근원이시기 이전에 계시하는 분이요 교사이기 때문이다.[43]

다락방에 모여 있던 사람들은 참으로 추수 때의 '첫 열매'가 될 것이다. 오순절 절기를 지키기 위해 예루살렘을 방문했던 이들은 이 엄청난 사건의 증인이 되었다. 그들이 혼란스러워한 것은, 메시지를 이해하지 못해서가 아니라 각 사람이 자기가 난 곳의 방언으로 복음을 들었기 때문이다. 심지어 제대로 교육받지 못한 갈릴리인이 전하는데도 그 복음은 능력이 있었다(행 2:7-12 참고). 모든 추수가 그렇듯이, 알곡과 가라지가 함께 있었다. 여기서도 마찬가지로, 하나님께서 구원하시는 사역은 언제나 나누는 일을 동반한다(행 2:13 참고). 어떤 이들은 믿고 구원을 얻었으나(선포된 말씀을 이해했음을 다시금 강조한다), 어떤 이들은 거부하고 심판을 받았다. 조롱하던 '어떤 이들'은 이 이상한 사건을 술주정으로밖에 보지 못했다.

베드로의 설교는 성령이 부어진 이 사건의 절정에 해당한다(행 2:14 참고). 그는 예수님을 안다는 사실마저 부인했던 적이 있었다. 그러나 이제 그는 성전에 서서 예수님을 그리스도로 선포하고 있다. 뿐만 아니라 그의 메시지에는 능력과 확신이 가득했다. 예수님께서 성령이 행하시리라고

---

43) Levison, *Filled with the Spirit*, 280-281.

말씀하신 모든 일들이 여기서 명백히 드러났다. 겉으로 보이는 설교자는 베드로였으나, 내적 확신을 주는 분은 성령이셨다.

이 사실에는 놀라운 점이 세 가지 있다.

첫째, 하나님께서 설교를 얼마나 중대하게 생각하시는지를 알려 준다. 오늘날 우리는 성령이 부어져 이렇게 예언이 성취된 것에 대해 다른 효과를 기대할지도 모른다. 그러나 에스겔 37장이 우리에게 상기시키듯이, 성령은 설교를 통해 죄와 허물로 죽은 자를 일으키는 놀라운 일을 행하셨다. 복음이 선포될 때마다 일어나는 일들보다 놀랍고도 기적이며 극적인 일은 없다.

둘째, 베드로가 설교를 구성한 방식이다. 예수님은 바리새인들이 성경에서 그리스도를 발견하지 못하면서도 성경을 다 안다고 생각하는 것을 책망하셨다(요 5:39 참고). 부활하신 이후, 예수님은 엠마오로 가는 도상에서 제자들에게 성경을 여시고 그 모든 내용이 어떻게 자신과 연관되는지를 보여 주셨다(눅 24장 참고). 이제는 베드로가 새언약에 관해 처음으로 대중에게 설교하고 있다. 그런데 그는 그리스도의 약속과 성취를 중심 내용으로 설교한다. 베드로는 구약의 말씀들과 신약의 성취를 한데 묶고 있으며, 이것이 이후 사도행전에 등장하는 바 모든 사도들의 설교의 유형이 된다. 베드로의 설교는 신약의 본문이 될 설교였다.

베드로는 오순절을 요엘의 예언과 결부시키며, 그 사건을 그리스도의 존재와 사역(그리스도의 십자가 죽음, 부활, 하나님 '우편에 앉아' 높임 받으심[그로 말미암아 성령을 보낼 권세를 성부로부터 받으셨다])에 연결시킨다. 오순절은 성 금요일이나 부활절과 분리될 수 없고, 오로지 함께할 때만 이해될 수 있다. 리처드 개핀(Richard Gaffin Jr.)은 이렇게 말한다.

성령에 관한 구절 중 대다수는 신약 후반부에 있다. 약 80%가 사도행전과 서신서와 계시록에 있으며, 복음서에는 상대적으로 적게 등장한다. 특히 구절들이 분포된 양상이 의미심장하다. 복음서에서는 성령의 사역에 관한 한 강조점이 예수님과 그분의 사역에 있다. 제자들에게 성령은 대체로 약속, 심지어 미래의 은사와 관련된 분이다. 그러나 사도행전과 서신서에서는 성령이 교회 안에서 활동하고 신자들 안에서 역사하시므로 현재 실재한다는 점을 강조한다.[44]

먼저 십자가와 부활이 있어야 했다. 그렇지 않다면, 우리는 성령이 내려오시는 것을 보지 못했을 것이다. "베드로는 그리스도를 설교함으로써 성령의 오심을 설명한다."[45] 개핀은 계속해서 이렇게 말한다.

성령의 사역은 그리스도 사역의 부록(addendum) 같은 것이 아니다. 성령의 사역은 다소 독립된 영역을 가지고서, 그리스도께서 이미 하신 일들을 넘어서거나 보충하는 활동도 아니다. 성령의 사역은 그리스도께서 확보하신 구원에 기초하여 더해지는 여분도 아니다. 성령이 오시는 것은

---

44) Richard B. Gaffin Jr., *Perspectives on Pentacost* (Philipsburg, NJ: P&R, 1993), 13.
45) Ibid., 16.

그리스도가 사셨던 것과 행하셨던 일들을 조명할 뿐만 아니라 그분을 종말론적 생명의 근원으로, 현재도 살아 계시며 교회 안에서 역사하시는 분으로 조명하는 것이다. 성령을 통하여, 그리고 성령 안에서 그리스도는 자신을 현존하는 분으로 계시하신다. 성령은 큰 능력으로 드러난 비밀이요 계시된 신비로서 교회와 연합함으로 함께하시는 그리스도의 성령이시다.[46]

셋째, 베드로의 설교가 가지는 '선포'적인 성격에 주목해야 한다(이는 사도행전에 담긴 모든 설교의 전형이다). 심지어 '적용' 부분도 약속의 선포를 통해 설교에 묶여 있다.

"그런즉 이스라엘 온 집은 확실히 알지니 너희가 십자가에 못 박은 이 예수를 하나님이 주와 그리스도가 되게 하셨느니라 하니라. 그들이 이 말을 듣고 마음에 찔려 베드로와 다른 사도들에게 물어 이르되 형제들아 우리가 어찌할꼬 하거늘, 베드로가 이르되 너희가 회개하여 각각 예수 그리스도의 이름으로 세례를 받고 죄 사함을 받으라 그리하면 성령의 선물을 받으리니, 이 약속은 너희와 너희 자녀와 모든 먼 데 사람 곧 주 우리 하나님이 얼마든지 부르시는 자들에게 하신 것이라 하고"(행 2:36-39).

어쩌면 이 일이 있기 이전에 사람들은 단순히 가르치고 지도하며 격려하고 권면하는(그러나 그중 어떤 것도 우리를 회심하게 하지는 않는다) 설교를 기대했을지도 모른다. 그런 유의 설교는 장차 올 시대에 영적으로 죽은

---

46) Ibid., 19-20.

자들을 도와줄 수 없다. 오직 성령의 영감을 받고 성령이 능력을 더하여 하나님께서 자유를 주시기 위해 행하신 새 일을 선포해야만 한다. 권면이나 격려를 격하시키는 것이 아니다. 둘 모두 성경에 가득하다. 그러나 이렇게 말하는 것은, 기독교의 설교가 '선포'의 성격을 잃어 감으로 인해 사도적 기준에서 기독교적 설교라고 말할 수 없어지고 있기 때문이다. 또한 기독교 설교가 성경을 영감하고 우리를 중생시키고 조명하여 그리스도를 받아들이게 하시는 성령을 의지하지 않기 때문이다. 설교가 강의나 동기를 부여하는 세미나보다 약간 나은 수준이 되었기 때문이다.

선포하는 설교는 하나님의 성령이 거하시는 성전의 담을 기하급수적으로 확장시킨다. 심지어 표적들이 명백하고도 풍성하게 드러났던 사도들의 비범한 사역에서도 교회는 화려한 연출이나 스마트한 기술들 때문이 아니라, 오히려 설교와 기도, 성례와 교제라는 일반적 방식으로 말미암아 성장했다(행 2:42,43 참고). 그렇다면 승천하시기 전에 "주님, 지금 올라가셔서 이스라엘 나라를 회복하려 하십니까?"라고 질문한 제자들에게 예수님께서 성령을 선물로 줄 테니 예루살렘에서 기다리라고 분부하신 것은 놀라운 일이 아니다.

7장 | 성령 세례

구속사의 순서(성경신학이 연구한)에서 성령의 사역은 외적이고도 보편적이며 우주적인 것에서 개인적인 것으로 옮겨간다. 성령은 성자 안에서 성부로부터 보냄을 받고, 마지막 때에 새 창조를 시작하기 위해 유대인과 이방인, 남자와 여자, 노예와 자유자, 곧 "모든 육신"에게 부어진다. 결과적으로 성령은 한 사람의 은밀한 마음속으로 들어오셔서 죄와 사망의 매임에서 자유롭게 하시고, 장차 올 시대의 시민이 되게 하신다. 여러 사람이 있겠으나, 게할더스 보스(Geerhardus Vos)와 헤르만 리델보스(Herman Ridderbos)는 '새 창조'를 신자 개인의 차원으로 축소하는 것이 위험함을 상기시켜 준다.[1] 이 위험은 만성적이다. 특히 경건주의와 부흥주의가 발흥

---

1) Geerhardus Vos, "The Eschatological Aspect of the Pauline Concept of the Spirit," in *Redemptive History and Biblical Interpretation: The Shorter Writings of Geerhardus Vos*, ed. Richard B. Gaffin Jr. (Philipsburg, NJ: P&R, 2001), 91-125; Herman Ridderbos, *Paul: An Outline of His Theology*, trans.

한 때부터 그러했다. 그때에는 그리스도의 구속 사역을 적용하시는 성령의 사역이 개인의 영혼 내에서 일어나는 심리적 과정으로 축소되었다. 새 창조는 단지 신자 개개인이나 그러한 개인이 모인 집합체가 아니다. 이는 첫 창조와 동일한 수준으로 나타나는 실재이다.

그러나 구원의 적용(조직신학이 연구한)에서는 이 순서가 뒤집힌다. 우리는, 우리를 그리스도와 연합시키며 우리로 하여금 그리스도 안에서 조건 없이 성부에게로 나아가게 하는 내주하시는 성령을 개인적으로 경험한다. 성령은 우리를 머리이신 그리스도께 연합시키는 동시에, 우리를 그분의 몸인 교회에 연합시키신다. 다시 한 번 말하지만, 성령 세례와 그분의 은사를 이해할 때에 더 넓은 구속사적 지평을 의식해야 한다. 특히 이는 거룩함과 연관되어 있다.

"여호와께 거룩하심을": 구약 관점의 구별

모세 율법에서 정결한(clean) 것과 부정한(unclean) 것, 속된(common, 또는 일상적인) 것과 거룩한(holy) 것만큼 명확히 구분되는 것도 없을 것이다(레 11:47 참고). 메리 더글라스는 이런 구분이 "질서와 무질서, 존재와 비존재, 형상과 형상 없음, 생명과 죽음 간의 관계"와 밀접하게 연관되어 있다고 지적한다.[2] 이런 식으로 개념을 확장하면서, 우리는 창세기 1장 2

John R. De Witt (Grand Rapids, Eerdmans, 1997), 42-59.

2) Mary Douglas, *Purity and Danger: An Analysis of the Concepts of Pollution and Taboo* (London:

절을 기억하게 된다.

"땅이 혼돈하고 공허하며 흑암이 깊음 위에 있고 하나님의 영은 수면 위에 운행하시니라."

여기서 '혼돈'과 '공허'로 번역된 토후와 보후에는 인격적 주체가 거의 함축되어 있지 않으며, 윤리적 측면도 드러나지 않는다. 그러나 타락 이후에 토후와 보후는 분명 그런 의미를 가진다. 죄로 인해 무질서, 부정함, 죽음이 초래되고, 땅 자체가 풍성한 동산에서 처량한 황무지로 시들어 버렸기 때문이다. 여호와는 야곱으로 인격화된 이스라엘을 만나신다.

"여호와께서 그를 황무지에서, 짐승이 부르짖는 광야에서 만나시고 호위하시며 보호하시며 자기의 눈동자같이 지키셨도다"(신 32:10).

시내산과 가나안 사이의 광야는 "사막과 구덩이 땅, 건조하고 사망의 그늘진 땅, 사람이 그곳으로 다니지 아니하고 그곳에 사람이 거주하지 아니하는 땅"(렘 2:6)이었다. 그리고 성령이 성전을 떠나시자 가나안도 바로 그 상태에 처하게 되었다(사 13:20; 렘 9:11, 10:22, 49:18,33 참고).

창조 이야기에서는 혼돈이 구획으로 나뉘고, 각 구획이 피조물들과 그들을 다스리는 존재로 채워지며, 여호와는 자신의 안식의 보좌로 들어가신다. 이 이야기가 이스라엘 역사의 출애굽-정복-안식이라는 패턴에서도

Routledge and Kegan Paul, 1966), 5. 다음도 참고하라. Jacob Neusner, *The Idea of Purity in Ancient Judaism* (Leiden: Brill, 1973); David P. Wright, "Unclean and Clean (OT)," in *The Anchor Bible Dictionary*, ed. David Noel Freeman, 6 vols. (New York: Doubleday, 1992), 6:729-741. *The Mshnah*, trans. Herbert Danby (Oxford: Oxford University Press, 1933). 특히 Kelim 1:1-9와 부록 4, "The Rules of Uncleanness"(800-804)를 보라.

동일하게 드러난다. 이런 기초를 다루었으니 더 지체할 필요 없이, 시내산에서 주어진 정결, 음식, 시간(주, 월, 년)에 관한 율법들과 하나님께서 이스라엘을 열방으로부터 구별하는 데에 초점이 맞춰진 공간(땅)이 얼마나 중요한지를 설명하고자 한다. 이런 맥락에서 보면, 겉으로는 모호하고 의미 없어 보이는 바 '두 재료로 직조한 옷을 입지 못하게 한 규례'(레 19:19 참고)가 어떠한 의미인지도 드러난다.

속됨(일상적인 것)과 성별됨

옛언약은 사람, 장소, 물건을 부정함(corrupt), 속됨(common), 거룩함(holy)이라는 세 가지 상태로 나눈다. 이 구분을 성별됨(consecrated)과 속됨(common)이라는 두 가지 상태로 줄여 볼 수도 있다. 순종은 성경의 가르침을 구성하는 매우 중요한 요소이다. 그러나 이 개념들은 처음부터 도덕적 특성이 아니라 상태를 가리킨다. 다시 말해, 우리가 하나님께 주장하는 것이 아니라 하나님께서 우리에게 주장하시는 바를 뜻한다. 예를 들어, 인류와 관련하여 하나님께 거룩한 것은 하나님의 언약 백성이라는 가시적인 권역 안에 있는 것이다. 언약을 거절하는 것은 곧 '잘려 나가는 것(출교)'이었다. 속된 사람, 장소, 물건은 전혀 잘려 나갈 일이 없었다. 왜냐하면 처음부터 거룩한(holy) 적이 없었기 때문이다.

오늘날 많은 그리스도인들이 성(聖, sacred)과 속(俗, secular)의 구분에 도전해 왔다. 이는 하나님께서 은혜로 모든 존재를(당대의 왕국들을 포함하여) 붙들고 계시다는 것을 확증하고자 하는 올바른 관심에 기인한다. 그러나 이렇게 거룩함과 속됨의 구분을 흐리는 데에는 석의적 근거가 없다. 더 나아가 이는 구속사의 역동성을 평면화시키며 은혜언약의 다양한 적용 사이에서 서로 구별되는 특성들을 간과하게 만든다. 속됨(또는 일상성)과 성별됨(또는 거룩함)이 구분되지 않았던 시절이 있었다. 에덴에서 아담과 하와에게는 피조 세계를 다스리고 여호와의 궁극적 종주권에 굴복시킴으로써 '생육하고 번성하라'는 명령이 위임되었다. 모든 순간과 활동이 거룩(holy)했으며, 이 세계 내에서 하나님 나라를 직접 촉진시켰다. 더 나아가 이스라엘이라는 신정 왕국도 거룩했다. 열국 중에서 하나님의 거룩한 소유로 구별되었기 때문이다. 그러나 첫 창조 때에 경험할 수 있었던 이 모든 것을 능가하는 때가 올 것이다. 위대한 왕의 의롭고도 자비로우며 공정한 통치에 온전히 복종하는 질서가 세워질 것이다.

그러나 그리스도의 두 강림 사이에 있는 이때에 구속 계획은 이 시대의 왕국으로부터 사람들을 불러내는 데 중점을 두고 있다. 은혜언약 밖에 있는 이들은 거룩하지 않은데도 성별되어(consecrated) 있다. 모든 인류는 하나님의 형상을 담지한 자들로서, 주님께 언약적 순종을 행하도록 '구별되어(set apart)' 있다. 그러나 그들은 성별되어 있기에, 다시 말해, 주님께 속한 것으로 구별되어 있기에 반역의 상태에 있는 것이고, 따라서 하나님의 진노 아래 있다. 당분간 하나님께서 '계엄령(martial law)'을 중지하고 계실 뿐이다.

지금은 '거룩한 전쟁'과 '거룩한 땅'의 시대가 아니다. 오늘 하나님의 진노 아래 놓여 있는 이들이 내일은 성령으로 말미암아 그리스도께 연합될 수도 있다. 이렇게 말씀과 성령에 의해 정복이 이루어지려면 모든 경계가 철폐되어야지 수비되어서는 안 된다. 모든 땅이 일상적(common)이어야지 구별된(holy) 것이어서는 안 된다. 집행 유예인 셈이다. 그리스도의 두 강림 사이에 있는 이때에 하나님은 섭리 안에서 악한 자와 선한 자에게 동일하게 복을 베푸신다(마 5:45 참고). 믿지 않는 자들은 지금도 멸망하도록 주님께 구별되어(set apart) 있다.

"아들을 믿는 자에게는 영생이 있고 아들에게 순종하지 아니하는 자는 영생을 보지 못하고 도리어 하나님의 진노가 그 위에 머물러 있느니라"(요 3:36).

그러나 아직 이 평결이 최종적인 것은 아니다! 그리고 끝이 오기 전까지 불신자(ungodly)가 건설하는 왕국은 거룩한 것도 아니고 정죄당한 것도 아니며, 단지 일상적인 것일 뿐이다. 그들 중 어느 한 사람을 거룩함으로 끌어올리는 것은 그들을 향한 하나님의 즉각적 심판을 부르는 일이 될 것이다. 한편 그들은 역사 속에서 중요하지만 궁극적인 것과는 무관한 역할을 감당한다. 교회를 핍박하는 이교 통치자들조차도 하나님의 선한 일을 위한 사역자들이다(롬 13:4 참고). 예수님과 따르는 이들을 십자가에 못박았던 예수님과 사도들이 알던 그 왕국도 역설적이게도 합법적이다. 바리새인들이 놀란 예수님의 말씀처럼(마 22:21 참고) 말이다. 한편으로 이 왕국은 사망을 향해 가는 '현재 이 시대'에 속한 것으로 멸망하게 되어 있다.

그리스도의 죽음은 사탄의 궁극적 승리를 좌절시켰다. 우리가 찬양하듯이, '이것은 내 아버지의 세계(This Is My Father's World)'이다.[3] 이는 창

---

3) 역자주 - '참 아름다워라 주님의 세계는'이라는 제목으로 알려진 찬송가의 원제목이다.

조에서 참될 뿐만 아니라 특히 그리스도의 승리가 깨어날 때에 참되다(고전 15:27 참고).

"만물로 그에게 복종하게 하셨은즉 복종하지 않은 것이 하나도 없어야 하겠으나 지금 우리가 만물이 아직 그에게 복종하고 있는 것을 보지 못하고, 오직 우리가 천사들보다 잠시 동안 못하게 하심을 입은 자 곧 죽음의 고난받으심으로 말미암아 영광과 존귀로 관을 쓰신 예수를 보니 이를 행하심은 하나님의 은혜로 말미암아 모든 사람을 위하여 죽음을 맛보려 하심이라"(히 2:8,9).

온 땅과 그 안에 있는 모든 것이 피조물의 권리로 하나님의 언약적 선언 아래 있다. 그러나 이제까지 봐 왔듯이, 하나님은 이스라엘을 자신의 거룩한 나라로 취하셨다. 출애굽 사건은 이스라엘을 애굽에서 잘라 내는 것이었으며, 할례는 겉피(이는 원죄가 유전되는 것을 의미한다)를 잘라내는 것이었다. 그리하여 전인격을 구원하려는 것이었다. 다시 한 번 역사 가운데서 여호와는 백성, 장소, 물건들을 파멸하기 위해서든 구원하기 위해서든 자신의 것으로 주장하신다. 성령은 나누고 채우신다. 가나안은 그분의 발등상으로서, 성령의 극적 비유를 위한 무대였다. 다시 강조하지만, 이는 여호와께서 이스라엘의 위대한 왕으로서 일상적 방어('일반적 전쟁')가 아닌 '거룩한 전쟁'을 수행하면서 직접 다스리시겠다는 것을 의미한다. 하나님의 명령과 성령의 임재로 말미암아, 가나안은 더 이상 일상적 땅이 아니라 거룩한 땅이 되었다. 일반적인 전쟁에 관한 수칙들은 하나님이 '이스라엘의 용사요 왕'으로 직접 행동하기 시작하시면서 중단되었다. 아담과 같이 이스라엘은 하나님의 거룩한 땅에서 뱀을 몰아내야 했다. 그 땅의 부패한 모든 것은 소멸되어야 했으며, 하나님의 거룩한 백성은 반드시 명령을 지켜야 했다. 그렇지 않으면 그 땅이 그들을 뱉어 낼 것이다(레 18:28 참고). 이런 맥락에서 성령의 임재는 위로인 동시에 심판이었다. 온 나라가 위대한 왕이신 여호와께 의존하고 있었기 때문이다. 하나님은 이스라엘에게도 그들에게서 쫓아냈던 불경한 나라들에게 행하신 대로 행하실 것이라고 경고하신다(신 28:1-68, 29:10-29, 30:11-20 참고).

이제까지 나는 시내산의 신정이 햄릿의 극중극과 같이 거대한 인간 이야기에 대한 큰 비유라고 논증해 왔다. 이스라엘 역시 '아담 안에서' 발견되지만, 그들을 구속하시는 그리스도를 가리키는 율법과 제사라는 체계를 가지고 있었다. 이런 여호와의 직접적 통치 가운데 천국은 실제로 이 땅에 있는 영역을 조금씩 차지하고 있다. 에덴, 노아의 방주, 모세가 마주친 불타는 덤불, 언약 체결식이 거행된 시내산, 장막, 가나안 땅이 모두 그러하다. 이 성결된 구역에 사는 모든 사람은, 그리고 모든 물건은 파멸하기 위해서든 구원받기 위해서든 하나님께 바쳐진 것이었다. '주님께 거룩하다'는 것은 죽음을 의미할 수도 있었고, 생명을 의미할 수도 있었다. 거룩한 구역은 놀이터가 아니었다. 성령은 이스라엘의 심판자이지 마스코트가 아니었다. '주님께 거룩하다'는 것은 말 그대로 양날의 검이었다. 언약적으로 주님에게서 멀어지는 것은 위험했으며, 베푸시는 복을 걷어차는 것이었다(이것은 특히 히브리서 4,6,10장을 관통하는 주제이다). 고린도전서 11장에 의하면, 새언약에서 성찬을 함부로 대하는 일도 임시적인 심판을 가져온다.

에덴과 가나안 같은 지역에서도 거룩함의 정도가 증가하는(그래서 위험한) 동심원이 있었다. 에덴동산에 있던 생명나무는 거룩함이 집중된 핵이었다. 언약궤와 시은좌가 있던 지성소는 예루살렘 성전에서 하나님이 임재하시는 가장 내밀한 장소였다. 그곳에서부터 하나님의 거룩함이 온 땅으로 퍼졌다. 하나님이 율법을 통해 주신 구체적인 지시사항들은 이 땅에 천국의 모형을 만들기 위한 것이었다. 수직적인 것(vertical)이 수평적인 것(horizontal)으로 만들어졌다. 그리고 그 중앙에 가장 거룩한 것이 놓였다. 수직적 차원은 거룩한 역사를 드러냈다. 구름이 백성들을 이끌어 약속을 향해 나아가게 했던 것처럼 말이다. 그 무리의 선두에는 유다 지파의 사자에게로 이끄는 유다 지파가 자리하였다.[4]

제사장의 목표는 성소를 '지키고 관리하는 것'이었으며, 따라서 부정한 것은 그 성스러운 구역 안으로 절대 들어올 수 없었다. 아담은 뱀을 몰아내는 데 실패하고 유혹에 굴복했을 때 쫓겨났다. 그러나 다시 말하지만, 이것은 그를 위한 길이었다. 거룩한 땅에 남아 있는 것은, 더욱이 생명나무의 열매를 먹는 것은 아담의(그리고 우리의) 영원한 죽음을 확정했을 것이다. 주님은 이를 보시고 자비롭게도 우상숭배적인 호기심이 자신의 구속 계획을 뒤엎지 못하도록 하셨다. 여호와는 에덴의 지성소 입구에 그룹들을 세우심으로써 자신의 거룩함뿐만 아니라 타락한 피조물들을 안전히 지키셨고, 아담과 하와는 하나님의 거룩한 땅에서 추방되었다. 하나님은

---

[4] 성막과 성전 이미지에 관한 탁월한 연구를 위해서는 다음을 보라. G. K. Beale, *The Temple and the Church's Mission: A Biblical Theology of the Dwelling Place of God*, NSBT (Downers Grove, IL: IVP Academic, 2004).

자신의 거룩한 보좌를 하늘로 옮기시면서, 자비롭게도 이 땅을 비성별된 것, 즉 일상적인 것으로 만드셨다. 선지자들의 글은 이스라엘을 향한 하나님의 소송건을 변호하며, 아담이 언약을 깨뜨림으로 인해 피조 세계에 들어온 저주를 명료하게 제시한다.

"그들은 아담처럼 언약을 어기고 거기에서 나를 반역하였느니라"(호 6:7).

그리고 여호와는 그들을 그 임시적인 땅에서 잘라 내셨다. 하나님의 나라는 더 이상 이 땅의 지정학적 신정과 연관되지 않게 되었다. 이제 택함 받은 자들과 버림받은 자들 모두가 '에덴의 동쪽'에서 더불어 살게 되었다. 그러나 서로 결혼하는 것은 금지되었다.

그런데도 선지자들은 예표와 그림자가 실재에게 자리를 내주는 그날을 고대했다. 그곳은 새 에덴이 될 것이며, 첫 번째 낙원보다 더 위대할 것이다. 그들은 생물학적으로만 사는 것이 아니라 영으로 살게 될 것이다.

"내가 그들에게 한 마음을 주고 그 속에 새 영을 주며 그 몸에서 돌 같은 마음을 제거하고 살처럼 부드러운 마음을 주어……그들은 내 백성이 되고 나는 그들의 하나님이 되리라"(겔 11:19,20).

그러나 그리스도에게서 분리되는 것, 즉 성령이 모든 육체에 부어지는 것은 결코 우리가 원하는 바가 아니다. 이는 우리 존재가 그리스도께 연합되지도 않았는데 하늘로부터 소멸의 불을 내려 달라고 구하는 셈이 되기 때문이다. 성결하게 되는 것은 하나님의 오래 참으시는 보존하심 아래에서 더 이상 일상적인 상태에 있지 못하는 것이다. 곧 파멸을 위해서든 거룩한 분과의 화해를 위해서든 구별된다는 것이다.

성령의 능력 안에서 우리를 성결하게 하는 심판을 받으신 예수님

예수님은 궁극적인 잘라 냄을 당하셨다. 단지 할례만이 아니라 출교를 당하셨다.

"그는 곤욕과 심문을 당하고 끌려 갔으나 그 세대 중에 누가 생각하기를 그가 살아 있는 자들의 땅에서 끊어짐은 마땅히 형벌 받을 내 백성의 허물 때문이라 하였으리요"(사 53:8).

야고보와 요한은 예루살렘에 도착하면 왕이신 메시아의 성별하는 사역이 절정에 이르리라 상상하면서 예수님의 오른편과 왼편에 앉게 해 달라고 간청했다.

"예수께서 이르시되 너희는 너희가 구하는 것을 알지 못하는도다. 내가 마시는 잔을 너희가 마실 수 있으며 내가 받는 세례를 너희가 받을 수 있느냐? 그들이 말하되 할 수 있나이다. 예수께서 이르시되 너희는 내가 마시는 잔을 마시며 내가 받는 세례를 받으려니와"(막 10:38,39).

예수님은 세례를 받아 왕으로서 성별되었고 이를 통해 죽음에 들어가셨다. 곧 자신의 몸과 영혼을 우리가 받을 정죄에 내놓으셨다. 그리하여 이제 세례를 받아 그분께로 들어가는 자는 누구든지 상처 하나 없이 심판의 물을 지나가게 되었다.

바울은 우리에게 다음과 같이 상기시킨다.

"형제들아 나는 너희가 알지 못하기를 원하지 아니하노니 우리 조상들이 다 구름 아래에 있고 바다 가운데로 지나며, 모세에게 속하여 다 구름과 바다에서 세례를 받고, 다 같은 신령한 음식을 먹으며, 다 같은 신령한 음료를 마셨으니 이는 그들을 따르는 신령한 반석으로부터 마셨으매 그 반석은 곧 그리스도시라"(고전 10:1-4).

단 한 사람도 예표였던 출애굽과 구름을 통과해 세례 받아 그리스도께로 들어가지 않는다. 그것은 다른 약속과 조항들을 가진, 특히 다른 중보자(아들이신 예수가 아니라 종인 모세)를 가진 전혀 다른 언약이었다. 그러나 그 언약 안에 있는 모든 것은 그리스도를 가리켰다. 바울이 설명하는 문맥은, 성례와 성례가 만들어 내는 교제(코이노니아)가 고린도인들이 혼란스러운 예배와 분파주의로 모독한 것과는 달리 진지하고도 거룩해야 한다는 것이었다. 바로의 군사들은 물에 잠겼으나 이스라엘 백성은 마른땅을 안전히 지나가 구원을 받았다. 이 사건은 바로 세례를 예표한다. 그리고 그들은 다 같은 '신령한 음식(만나)'을 먹으며 다 같은 '신령한 음료(그리스도가 성령을 물로 비유하셨으나[요 7:37-39 참고], 여기서 그리스도를 예표하는 것은 바위이다[고전 10:4 참고])'를 마셨다. 그리고 바울은 덧붙인다.

"그러나 그들의 다수를 하나님이 기뻐하지 아니하셨으므로 그들이 광야에서 멸망을 받았느니라"(고전 10:5).

이때 세례 받은 이들은 모두 모세를 중보자로 한 이 언약에 들어갔으나, 그들 모두가 약속의 땅에 들어가지는 못했다. 오히려 대다수가 그 예표적 안식의 땅에 들어가는 데 실패했다. 그들은 '우리의 본보기'가 되었다. 이제 그리스도가 '실재' 곧 새언약의 중보자로 오셨고, 우리는 세례를 받고 진지하게 성찬에 참여함으로써 그분의 몸과 피에 참여한다.

예표는 우리를 실재로 이끌어야 한다. 외적으로 세례를 받아 모세에게로 들어간 이들 중 이 세상에 있는 예표적 땅에 들어가지 못한 사람들이 있었고, 모세 자신도 여기에 포함되었다. 그렇다면 우리가 세례를 받았는데도 영원한 안식에 들어가지 못하는 것은 얼마나 더 큰 상실이겠는가! 여기서 바울이 논증하는 바가 히브리서 4,6,10,12장에 상응한다.

이것이 바로 우리가 거룩한 성령에 관해 말할 때 기억해야 할 성경적인 신학이다. 성령은 해를 입히지 않는 비둘기가 아니다. 성령을 삼위일체 중 연약한 위격, 수줍어하시는 분, '세밀한 음성'으로 여기는 모든 말에(이는 삼위 하나님에게서 약점을 찾으려는 아르키메데스의 요점이 되곤 한다) 반드시 논박해야 한다. 성령은 절대주권을 지닌 하나님이시다. 성령은 계시의 역사 전체에서 심판을 가져오셨다. 에덴에서, 이스라엘에서, 그리고 이제 새언약 가운데 우리 안에서 우리의 죄를 깨닫게 하고 우리를 그리스도께로 인도하심으로써 그렇게 하신다. 성령의 이런 독특한 사역이 오순절에 명백히 드러났다. 베드로의 죄와 은혜에 관한 선포를 들은 이들은 "마음에 찔려" 그리스도를 믿었다(행 2:37 참고). 성령 덕분에 칠십 인이 돌아와 귀신이 예수님의 이름으로 그들에게 굴복했다는 소식을 전했으며, 주님께서 사탄이 하늘에서부터 번개같이 떨어지는 것을 보았다고 말씀하셨다. 그러할지라도 그들은 성령의 이 우주적 정복 사건보다 자신들이 택함 받고 용서받았다는 사실에 더 유념해야 했다(눅 10:20 참고).

성령은 우리를 부패한 데서만 잘라 내시는 것이 아니라 일상적인 것에서도 잘라 내신다. 예수님의 대제사장적 기도에서 드러나듯이, 그분만이 스스로를 구별하며 '거룩하게 한다'고 말씀하실 수 있었다.

"또 그들을 위하여 내가 나를 거룩하게 하오니 이는 그들도 진리로 거룩함을 얻게 하려 함이니이다"(요 17:19).

성별함과 종말론: 예수님과 성령과 새 창조

하나님은 이스라엘에게 명령하셨다.
"너희는 마음에 할례를 행하고"(신 10:16).
그러나 30장에서 백성들이 실패할 것을 예언하신 후에 아직 많이 남은 새언약이 선포된다.
"네 하나님 여호와께서 네 마음과 네 자손의 마음에 할례를 베푸사 너로 마음을 다하며 뜻을 다하여 네 하나님 여호와를 사랑하게 하사 너로 생명을 얻게 하실 것이며"(신 30:6).
이와 같이 시내산 신정의 헌장 자체인 토라 안에서도 복음이 선포된 것이다.
흥미롭게도 온 백성에게 주어진 바 마음에 할례를 행하라는 명령이 에스겔 13장 30-32절에서 동일하게 공포된다. 그러나 에스겔 37장까지 회개가 없었음은 너무나 분명하다. 백성들과 선지자, 제사장, 왕 모두가 영적으로 죽어 있었으며, 회개를 촉구하는 부르심도 아무 효과가 없었다. 그룹이 짐을 싸고, 성령은 성소를 떠나셨다. 더 이상 지상에 하늘은 없었다. 예루살렘은 황무지로 버려질 것이다. 그러할지라도 미래는 닫혀 있지 않았다. 이스라엘 백성들이 시내산에서 맹세한 그 언약에 불순종한 것과 무관하게, 여호와는 아담과 하와, 아브라함과 사라, 다윗과 맺으셨던 자신의 약속에 신실함을 거두지 않을 것이며, 그러실 수도 없었다. 하나님은 그들의 마음에 할례를 행하시고, 돌 같은 그들의 마음을 부드러운 마음으로 바꾸실 것이며, 자신의 성령을 그들 안에 넣으실 것이다. 놀랍게도 에스겔은 이 새 창조에서 '빛이 있으라'와 동등한 말을 외치는 특권을 얻는다. 마른 뼈들이 쌓인 골짜기에 생명을 외치자, 성령께서 바짝 마르고 생명 없으며 벌거벗은 뼈다귀들 속으로 들어가 살과 생명으로 덧입히신다. 단지 생명만 소생한 것이 아니라, 풍성하고도 부요한 부활 생명이 전투를 위해 준비된 군대처럼 두 발로 선 무리의 모습으로 나타났다. 에스겔 37장의 놀라운 환상은 생명의 성령으로 말미암아 온 백성이 새 창조로 나아가는 모습을 보여 준다.

그런데 개인적 구원을 강조하는 것에 과도하게 반응할 위험도 있다. 우리는 이런 경향을 (매우 다른 방식이지만) 칼 바르트(Karl Barth)와 에른스트 캐제만(Ernst Käsemann)에게서, 그리고 종말론과 교회론을 개인 구원과 대립하는 개념으로 보는 다양한 형태의 '바울에 관한 새 관점(New Perspective on Paul)'에서, 또한 우주적이며 사회정치학적 혁명으로 개인의 구원을 잠식해 버린 자유주의 신학들에서 보게 된다.

많은 경우, 이런 다양한 주장들은 그들이 긍정하는 내용이 아니라 간과한 내용들 때문에 잘못되어 버린다. 선택과 관련하여, 구속을 받는 자와 구속이 적용되는 이들은 특정 개인들이다. 중생 역시 동일하다. 이 새 창조를 우선적으로 온 우주를 포함하는 광범위한 종말론적 실재로 여기는 것은 분명 옳다. 이것이 예수님이 말씀하신 새 창조(팔링게네시아)이다(마 19:28 참고). 그러나 각 신자가 그리스도 안에서 새로운 피조물이 되는 것도 동일하게 참이다(고후 5:17 참고). 모든 신자는 로마서 8장 18-30절에서 예견하는 갱신될 우주의 축소판이다. 이 새 시대가 도래했으므로 각 개인이 거기 포함된다. 이는 논리적 우선 순위의 문제이다. 구원의 역사(*historia salutis*)가 구원의 서정(*ordo salutis*)보다 앞서 온다. 또한 구원의 역사는 구체적 인격들에 색이 칠해지는 캔버스가 된다. 달리 말하면, 개인이 새 창조의 일부일 수 있는 것은, 애초에 그리스도의 유일한 구속 사역이 성취하고 '첫 열매'가 된 결정적이고도 완전히 새로우며 우주적인 새 창조가 있기 때문이다.

성경의 드라마에서 논란의 여지 없이 중심이 되는 예수님의 십자가 사건은 자기 백성들을 위한 고난과 순종으로 사신 전 생애의 절정이다. 성육신 자체는 영원한 아들이 찬란한 왕위를 버리고 종의 형체를 입으신 희생적 사랑의 행위였으며, 자신의 생명을 버리고 십자가에서 죽기까지 복종하신 순종이었다(빌 2:6-8 참고). 영원한 아들은 우리의 인성을 입으심으로써 마지막 아담이 되셨고, 첫 아담의 배신을 되돌리셨다. 그러나 우리가 구속된 것은 단지 예수님이 우리의 본성을 입으셨기 때문도 아니고, 우리 자리에서 모든 의를 이루고 저주를 받으셨기 때문도 아니다. 아리마대의 요셉에게 빌린 무덤에 장사된 예수님은 부활하시되, 완전히 새로운 상태로 다시 살아나신 바로 그분이시다.

이러한 두 상태의 차이는(그리고 우리에게 주는 의미는) 고린도전서 15

장, 특히 20-57절에서 찾아볼 수 있다. 고든 피는 바울의 논의가 부활을 지나치게 '영적(프뉴마티코스)'인 것으로 여기는 문제를 겨냥하고 있다고 말한다. "그들은 성령을 받음으로, 특히 방언의 은사를 받음으로 자신들이 장차 이르게 될 참된 영성에 이미 이르렀고(고전 4:8 참고) 천사의 존재와 같은 형태가 되기 시작했다고 여겼다(고전 13:1, 4:9, 7:1-7 참고). 천사와 같으니 몸은 불필요했고 의미가 없었으며, 결국 파괴될 것이었다."[5] 여기서 우리는 앞서 살펴본 형이상학적 이원론을 다시금 만나게 된다. 반면 바울에게 몸과 영의 대립은 의와 생명 가운데 있는 새 시대의 것이 아닌 죄와 죽음 아래 놓인 옛 시대의 것이었다.[6] 그리스도는 "잠자는 자들의 첫 열매"(고전 15:20)로 부활하셨다. 따라서 예수님의 부활과 우리의 부활은 동일한 사건의 다른 측면이다. 예수님의 부활은 새 창조의 시작이었으나, 우리는 아니다.

"각각 자기 차례대로 되리니 먼저는 첫 열매인 그리스도요 다음에는 그가 강림하실 때에 그리스도에게 속한 자"(고전 15:23).[7]

죄와 사망의 시대는 희미해져 가고 있으며, 그 역사의 한복판에 장차 올 시대가 이미 도래하였다. 사망은 "맨 나중에 멸망 받을 원수"(고전 15:26)이다. 인류는 난폭한 조류에 휩쓸려 폭포를 향하여 떠밀려 가며 영원한 사망

---

5) Gordon D. Fee, *The First Epistle to the Corinthians*, NICNT (Grand Rapids: Eerdmans, 1987), 715.

6) 바울이 이런 대립으로 본 것을 여전히 가장 탁월하게 다룬 저서로는 다음을 보라. Herman Ridderbos, *Paul: An Outline of His Theology,* trans. J. R. de Witt (Grand Rapids: Ederdmans, 1975), 91-104.

7) Richard B. Gaffin Jr. *Resurrection and Redemption: A Study in Paul's Soteriology* (Philipsburg, NJ: P&R, 1987), 33-74.

으로 돌진하는 중이다. 그리스도는 이 격렬한 포말 가운데서 생존자로서가 아니라, 정말로 죽은 후 완전히 새로운 상태로 살아나신 자로서 나타나셨다.

농부는 자신이 추수할 상태의 무언가를 심는 것이 아니라 씨앗을 심는다. 모든 살아 있는 존재는 자신의 종을 결정하는 고유한 씨앗을 그 몸에 가진다. 각 씨앗의 모습이 거기서 자라나는 식물과 외형적으로 상당히 달라 보이더라도 말이다.

"죽은 자의 부활도 그와 같으니 썩을 것으로 심고 썩지 아니할 것으로 다시 살아나며, 욕된 것으로 심고 영광스러운 것으로 다시 살아나며, 약한 것으로 심고 강한 것으로 다시 살아나며, 육의 몸으로 심고 신령한 몸으로 다시 살아나나니 육의 몸이 있은즉 또 영의 몸도 있느니라"(고전 15:42-44).

예수님은 우리의 죄책을 감당하기 위해 죽으셨을 뿐만 아니라, 부패할 수 있는 육신이라는 그분의(그리고 우리의) 존재를 마감하기 위해 죽으셨다. 심지어 의로운 종은 모든 아담의 자녀들과 마찬가지로 영원히 살 수 없는 '생령(네페쉬)'이었다(사 53:12; 창 2:7을 보라). 예수님이 "살려 주는 영"(고전 15:45)이 되기 위해, 그분의 옛 존재는 (아무리 원죄책과 개인적 죄책에 의해 오염되지 않았을지라도) 영원한 영광으로 다시 태어나시기 전에 먼저 땅에 묻혀야 했다. 성령의 능력으로 살아나신 그리스도가 다른 사람은 아니나 이전과는 다른 종류의 사람이 되셨다. 본인이 달라지셨을 뿐만 아니라 공적 대표로서도 달라지셨다.

"기록된 바 첫 사람 아담은 생령이 되었다 함과 같이 마지막 아담은 살려 주는 영이 되었나니, 그러나 먼저는 신령한 사람이 아니요 육의 사람이요 그다음에 신령한 사람이니라. 첫 사람은 땅에서 났으니 흙에 속한 자이거니와 둘째 사람은 하늘에서 나셨느니라. 무릇 흙에 속한 자들은 저 흙에 속한 자와 같고 무릇 하늘에 속한 자들은 저 하늘에 속한 이와 같으니, 우리가 흙에 속한 자의 형상을 입은 것같이 또한 하늘에 속한 이의 형상을 입으리라"(고전 15:45-49).

알렉산드리아의 필로가 창세기 2장 7절에 대해 주석한 내용과 고린도전서 15장 사이에는 종종 충격적인 비교와 대조가 나타난다. 바울과 동시대 인물이자 유대인 철학자인 필로는 중기 플라톤주의의 창시자로도 인정받는다. 일반적인 스토아학파와 플라톤주의자들과 마찬가지로, 필로는 영적 에테르(ether)야말로 가장 높고 최고로 순전한, 피조된 질료라고 믿었다. 이는 신플라톤주의의 '세계영혼'과 흡사한 사상이다. 그러나 필로는 히브리 성경의 성령을 로고스처럼 피조물보다 더 초월적인 어떤 것 또는 어떤 존재로 여겼다.[8]

존 레비슨은 필로의 이런 입장을 다루면서, 필로가 성령을 "'영적 에테르, 심지어 복된 존재의 광채, 하나님의 삼중으로 복된 본성'(*On the Special Laws* 4.123)으로 불렀고, '그 두려운(볼 수 없는) 영, 영원한 말씀이라는 그 도장에 의해 서명되고 인 쳐진 신적이고도 보이지 않는 존재를 가

---

[8] B. A. Stegmann, *Christ, the 'Man from Heaven': A Study of 1 Corinthians 15, 45-47 in the Light of the Anthropology of Philo Judaeus* (Washington, DC: Catholic University of America Press, 1927); Matthew Goff, "Genesis 1-3 and Conceptions of Humankind in 4QInstruction, Philo and Paul," in *Studies in Scripture and Early Judaism and Christianity*, ed. Craig A. Evans, LNTS 15 (London: T&T Clark, 2009), 114-125.

리키는 순전한 표현'(*On the Planting of Noah* 18)이라고 하였으며, '복된 본성의 복사판 또는 조각 또는 빛줄기에서 온 우리 인류의 유익을 위한 그 복되고도 기쁜 존재로부터 불어온 하나님의 숨결"로 표현했다고 설명한다.[9] 고린도인들에게(또는 바울에게) 직접적인 영향을 미쳤는지와 무관하게, 그 유사성은 차이만큼이나 놀랍다. 필로는 『세계의 창조에 관하여』(*On the Creation of the World*) 134장에서 정확히 창세기 2장 7절의 70인역을 인용한다. "하나님이 땅에서 진흙을 취하여 사람을 만드셨고 그의 얼굴에 생명의 숨결을 불어넣으셨다."[10] 필로는 첫 사람이 "남자나 여자로부터 나지 않았고 '본성적으로 부패하지 않는'" 존재로서 (하나님의 형상에 맞는) 이상적 모습이었다고 주장한다.[11]

창세기 2장의 사람은 이 이상적인 모습을 모방한다. 몸과 영혼을 지닌 유한자이며, 남자 또는 여자였다. 다른 논저에서 필로는 창세기 2장 7절을 더욱 간명하게 해석한다. "두 종류의 인간이 있었다. 하나는 하늘의 인간이며 다른 하나는 땅의 인간이다. 하늘의 인간은 하나님의 형상을 따라 지음받았고, 일부이든 훨씬 많게든 부패할 수 있거나 지상의 물질이 전혀 없었다. 그러나 땅의 인간은 여기저기 흩어져 있던 질료들을 뭉쳐 만들어졌다. 모세는 그것을 '진흙'이라 부른다"(*On the Allegorical Laws*

---

9) Levison, *Filled with the Spirit*, 247.
10) Ibid.
11) Ibid.

1.31).[12]

그러나 바울은 이 순서를 뒤집어 그리스도를 '마지막 아담'으로 부른다.[13] 첫 아담은 필로가 말한 것처럼 영적이거나 (영원한 원형인) 불멸하는 존재가 아니었다. 그는 이 땅에 속했으며, 아직 영원을 확실히 받지 못한 존재였다. 이 아담은 살아 있었다. 그는 자신의 코에 생기를 불어넣은 성령에게서 그 존재를 받았다. 반면 그리스도는 부활의 근원이시며, 그분께 연합된 모든 이들에게 새 창조의 생명이 되신다. 레비슨은 로마서 1장 3,4절을 근거로 성령과 그리스도의 부활이 분리될 수 없음을 설명한다. 그러나 필로가 바울보다 히브리 성경에 더 일치한다고 결론 내린다. 이것이 가장 오래되고도 영향력 있는 이스라엘 문헌에 의거한 레비슨의 중심 테제 중 일부이다. 그는, '영'은 하나님이 인류를 창조할 때 불어넣으신 어떤 것이며, 인류든 아니든 살아 있는 모든 피조물들은 나중이 아니라 태초부터 이를 가진다고 주장한다. "필로는 바울과 달리, 진흙에서 나온 인간이 하나님의 숨결을 충만하게 받았다고 인식했다."[14]

중요하면서도 오래된 문헌에 관한 그의 테제를 받아들인다 할지라도(나는 여전히 설득되지 않는다), 레비슨의 조예 깊은 연구의 주된 허점은 종말론과 구속사적 발전을 평가절하하는 데 있다. 창세기 1-3장은 그 어디서

---

12) Ibid., 310.
13) Ibid., 310-311.
14) Ibid., 311.

도 아담과 하와가 성령을 '한량없이' 받았다고 제시하지 않는다. 사실 우리는 요한복음 3장 34,35절의 예수님이 말씀하신 부분에서 그런 표현을 최초로 접한다. 더 나아가 레비슨의 주된 전제는 (근거를 제시하기보다 가정에 따라) 인간과 동물들을 생동하게 하는 피조된 영혼 혹은 생기를 성령(기독교적 용어로는 삼위일체의 제삼위로 인식되는)과 동일시한다.

바울은 두 가지를 근거로 이에 동의하지 않는다. 첫째, 생동하게 하는 숨은 피조된 것으로서, 생동하게 하는 분이신 성령 하나님과는 다르다. 둘째, 바울은 (요한과 마찬가지로) 예수님을 새 창조의 종말론적 첫 열매로 본다. 그분의 부활과 영화를 통해서만 성령이 모든 육체에 부어지고 모든 신자들을 새로운 관계와 상태로 이끌 수 있다. 이 관계와 상태에서 인간은 첫 아담에게서 생물학적 생명(영혼 또는 숨)을 얻을 뿐만 아니라, 마지막 아담에게서 종말론적 생명(내주하시며 중생케 하시는 성령의 임재)도 얻는다. 던은 이렇게 말한다. "함의하는 바는 명료하다……마지막 아담이신 그리스도 안에서 하나님이 아담 곧 사람을 창조한 목적이 성취되었다……그리스도(죽었고 부활한 그리스도)는 구원하고자 하는 하나님의 목적을 위한 본보기이시다."[15] 따라서 우리가 기대하듯이 성령은, 아담이 자신의 부르심을 상실함으로 인해 결코 경험하지 못했던 불멸성과 영광을 선사하심으로써 인간을 완성하신다.

우리는 아담의 씨에서 난 자들이므로, 타락하지 않았더라도 티끌로 만

---

15) James D. G. Dunn, *Did the First Christian Worship Jesus? The New Testament Evidence* (Louisville: Westminster John Knox, 2010), 137.

들어진 존재이다. 예수님 역시 성육신에 관해서는 '땅에서' 나셨다(고전 15:47 참고). 그러나 지금 그분은 "하늘에 속한 이"(고전 15:48)이시다. 그분은 부활과 승천을 통해 우리의 인성과 역사를 장차 올 시대의 영광으로 데리고 들어가신다. 예수님은 현재 이 시대에 새로운 생명을 빌려주셔서 중생하지 못한 자들이 도덕적으로 탁월해져 스스로를 끌어올릴 수 있게 하시지 않는다. 예수님은 자신의 인격 안에 우리의 부정하고도 유한한 인성을 취하여 무덤으로 들어가셨고, 저주 아래 있는 그 존재에 끝을 고하셨다. 그러나 예수님은 무덤에서도 우리의 본성을 버리지 않고, 그 본성을 성부의 우편 높은 곳, 그 영화로운 상태까지 올리셨다.

결과적으로 우리의 확신은 우리가 인간의 본성을 버리는 것이 아니라 마지막 아담의 형상으로 변화되리라는 데에 있다. 바울은 "다 변화되리니"(고전 15:51)라고 강조하는데, 이는 다른 사람이나 다른 무언가로 변하는 것이 아니라 우리의 가장 터무니없는 상상조차 뛰어넘는 새로운 상태의 존재로 변화하는 것이다(고전 15:50-52 참고). 우리의 인간 본성이 다른 몸으로 교체되는 것이 아니라, "이 썩을 것이 반드시 썩지 아니할 것을 입겠고 이 죽을 것이 죽지 아니함을 입으리로다"(고전 15:53)라고 말한다. 굴욕 가운데 심은 그 몸이 영예 가운데 다시 살아날 것이다. 바울이 다른 곳에서 "사망의 몸"(롬 7:24)이라 부른 것은, 수리되거나 심지어 소생하지 않고 모든 죄와 고통과 비참함을 그대로 지닌 채 묻힐 것이다. 그렇게 죽어야만 그 몸이 불멸의 몸으로 다시 살아날 수 있다. 더 나아가 바울은 처음부터 죽음으로 이끄는 인과관계를 밝히 드러낸다.

"사망이 쏘는 것은 죄요 죄의 권능은 율법이라"(고전 15:56).

"죄의 삯은 사망이요"(롬 6:23).

죄가 우리의 운명을 쥐고 있는 동안에는 우리 범죄로 말미암아(아담의 죄와 자범죄 모두) 내려진 사망 선고가 여전히 유효하다. 그러나 예수님은 자기 백성의 죄 때문에 죄인을 대신하여 묻히셨다.

"그가 살아 있는 자들의 땅에서 끊어짐은 마땅히 형벌 받은 내 백성의 허물 때문이라"(사 53:8).

예수님은 죄와 사망이라는 상태를 무덤에 내버리셨으나 자신을 버리지는 않으셨다. 그래서 저주의 독침이요 "둘째 사망"(계 20:14)으로 우리를 이끌었던 그 사망이 그분에게, 그리고 우리에게 패배했다. 도리어 죽음은 옛것의 마지막이 되었고, 새것의 시작이 되었다. 이 일은 내적인 중생으로 일어나나, 그리스도가 돌아오고 예수님을 죽은 자 가운데서 살리신 그 성령이 그분과 함께 우리를 영원한 영광으로 다시 살리실 마지막 날에는 공적이고도 가시적으로 일어날 것이다(롬 8:11 참고).

"우리 주 예수 그리스도로 말미암아 우리에게 승리를 주시는 하나님께 감사하노니"(고전 15:57).

결론적으로 구속 역사(완성된 구원)는 구원 서정(적용된 구원)과 적절하면서도 분리될 수 없는 접점을 찾게 된다. 그리스도 그분이 바로 성령에 의하여 새 창조가 되신다. 그리고 성령으로 말미암아 그분께 연합된 모든 것들이 첫 창조 안에서 살아 있는 존재가 되었을 뿐만 아니라, 그리스도의 초림 이전에는 누구도 경험하지 못한 방식으로 온전히 살게 되었다. 바로 그 성령께서 성자를 동정녀의 태에서부터 인간 본성으로 형성하셨고, 예수님이 시험을 받으시도록 광야로 몰아내셨으며, 고난 가운데서 그를 붙드셨고, 의로 충만하고 기묘자가 되며 성부가 계시하신 종이 되도록 그분에게 능력을 부으셨으며, 그를 죽은 자 가운데서 부활시키셨다. 그리고 이제 그 동일한 성령이 우리를 그리스도와 연합시키시고, 우리 부활의 마지막 약속이자 보증으로서 우리 안에 거하시어 우리 마음을 거듭나게 하신다. 예수 그리스도는 신자와 교회에 내주하신다. 그러나 육신으로 직접 하시지 않고 그분의 성령을 통해 하신다(고후 1:22; 롬 8:17,26; 고전 3:16; 갈 4:6; 엡 5:18 참고).

이 새 창조는 하나님의 사역이다. 택함 받은 백성이라 할지라도, 자기 마음에 할례를 행할 수는 없다. 하나님께서 그 일을 하신다. 자신들이 새 성전이요 에덴이라고 믿으면서 스스로를 성별하기 위해 예루살렘에서 떨어져 나온 쿰란 공동체와는 얼마나 다른 모습인가! 그들이 철저하게 지켰던 엄격한 규율들은 그들이 새 창조에 참여하는 방식이었으며 동료들을 위한 속죄의 수단이었다. 바울이 쿰란 분파에 관해 정확히 알았는지는 알 수 없다. 그러나 그는 새언약과 능력을 주시는 성령에 대한 강조를 토라에 순종해야 한다는 옛 질서와 혼동하는 문제를 보았다.

더 나아가 이 새 창조는 참으로 새로운 것이다. 이것은 타락 이전의 낙원이 다시 돌아오는 것이 아니며, 더 위대한 것, 아담이 우리를 대표하는 머리로서 실패한 안식일을 완성하는 것이다. 카이퍼는 다음과 같이 설명한다. "아담이 만들어진 땅의 티끌은 생령이 될 수 있도록, 그리하여 인간이 되도록 작업되었다."16) 그는 계속해서 말한다.

그 결과는 단지 움직이고 기어다니고 먹고 마시고 자는 피조물이 아니었다. 그것은 티끌에 숨결이 불어넣어진 생령이었다. 먼저 티끌이 있었고, 그다음에 티끌 가운데 인간 생명이 생기고, 그 후에야 영혼이 그 인간 생명에 더 높은 기관으로 자리잡은 것이 아니었다. 도리어 생명이 아담에게로 들어가는 그 순간, 그는 사람이었다. 그리고 그의 모든 귀한 은사들이 본성에 부어졌다.17)

아담이 자신에게 주어진 사명을 성공적으로 완수했다면, 그는 하와와 그들의 후손들과 더불어 초자연적 은혜를 받았을 것이다.

카이퍼는 말하기를, "위로부터 난 죄악된 인간은 본성을 넘어서는 은사를 받는다. 그러하기에 성령은 오직 다시 살아난 죄인들에게만 내주하신다. 그러나 천국에서는 그렇지 않을 것이다. 사망을 통해 인간 본성이 너무나 완전하게 변화되어, 죄를 향한 충동이 완전히 소멸될 것이기 때문이다. 그런 까닭에 천국에서 성령은 인간의 본성 자체에서 영원토록 역사하실 것이다"라고 한다.

---

16) Abraham Kuyper, *The Work of the Holy Spirit*, trans. Henri De Vries (New York: Funk & Wagnalls, 1900; repr., Grand Rapids: Eerdmans, 1979), 34.
17) Ibid.

아담은 영원한 생명을 가지지 않았다는 측면에서, 은혜로 하나님의 자녀가 된 이들과는 다르다. 그는 성결한 일을 한 보상으로 영원한 생명을 받도록 되어 있었다. 한편 믿음의 조상 아브라함은 영생으로 시작해서 일을 하기 시작했다. 이 둘이 완전히 다른 것이다. 아담은 행위로 영생을 얻어야 했다. 따라서 아담에게는 성령의 내주하심이 있을 수 없었다. 성령과 그는 적대관계가 아니었다. 따라서 성령은 그에게 단지 내주하시는 것이 아니라 충만하실 수 있었다. 죄악된 인간의 본성은 성령을 배척한다. 그러나 아담의 본성은 성령을 부르고, 기꺼이 자유롭게 그분을 받아들였다. 그리고 그분이 자신의 존재에 생기를 불어넣으시게 하였다.[18]

그러나 이제 성령은 "외부에서 우리에게 오셔야 한다."[19] 예수님이 제자들에게 숨을 내쉬신 것은 오순절의 전조로서, 이제는 이 충만한 내주하심이 반드시 필요함을 보여 주신다.[20]

우리가 이 주제를 다룰 때에는, 실제로 중생이라는 개인의 경험이 아니라 가장 큰 범위인 종말론적 지평에서 시작해야 한다. 새 창조는 단지 중생한 신자들이 이 세상에서 차이를 만들어 내는 것의 총합이 아니다.

"예수께서 이르시되, 내가 진실로 너희에게 이르노니 세상이 새롭게 되어 (in the new world[ESV]) 인자가 자기 영광의 보좌에 앉을 때에 나를 따르는

---

18) Ibid., 35. 카이퍼는 덧붙인다. "아담에게 영적인 것은 초자연적인 것이 아니라 오히려 자연적으로 좋은 것(영생을 제외하고)이었다. 그는 율법을 만족시킴으로 이를 얻어 내야 했다."
19) Ibid.
20) Ibid., 35-36.

너희도 열두 보좌에 앉아 이스라엘 열두 지파를 심판하리라"(마 19:28).

헬라어 팔링게네시아의 번역과 관련하여, 영어 성경 ESV 역본의 '새 세상(new world)'이라는 표현이 NIV 역본의 '모든 것의 갱신(the renewal of all things)'이라는 표현보다 더 정확하다. 그러나 '모든 것의 중생'이라고 번역하는 것이 가장 정확할 것이다. 고린도후서 5장 17절이 보여 주듯이, 팔링게네시아에는 개인적인 개념과 집합적인 개념이 모두 담겨 있다. ESV는 이 구절을 이렇게 번역한다. "Therefore, if anyone is in Christ, he is a new creation(그러므로 만약 누구든지 그리스도 안에 있으면 그는 새로운 피조물이다)." 그러나 여기서는 NIV가 더 정확하게 번역한 것 같다. "Therefore, if anyone is in Christ, the new creation has come(그러므로 만약 누구든지 그리스도 안에 있으면 (그는) 장차 올 새로운 피조물이다)." 두 역본 모두는 이어서 오는 절을, ESV는 "The old has passed away; behold, the new has come(옛것은 지나갔으니 보라 새것이 왔도다)," NIV는 "the old has gone, the new is here(옛것은 갔다, 새것이 여기 있다)"라고 거의 동일하게 번역한다. 어쨌거나 ESV가 번역한 첫 구절은 '새로운 피조물(kainē ktisis, 카이네 크티시스)'에 대해 이미 더 개인적이고 덜 종말론적인 관점에 치우쳐 있다.

그래서 몰트만과 해방신학자들, 또 다른 여러 학자들이 종말론적 지평을 확장시킨 것은 매우 옳은 일이었다. 그러나 맹목적 후천년설은 '이 마지막 날들'에 나타날 성령의 사역과 그리스도께서 옛 질서의 '마지막 날'에 오셔서 행하시는 사역을 정확히 구분하는 데 실패한다. 바울은 고린도후서 4장에서 이런 실패에 관해 지적한다.

"그러므로 우리가 이 직분을 받아 긍휼하심을 입은 대로……만일 우리의 복음이 가리었으면 망하는 자들에게 가리어진 것이라"(고후 4:1,3).

그러나 성령께서 이끄시는 이들은 마음에 빛을 받았다.

"어두운 데에 빛이 비치라 말씀하셨던 그 하나님께서 예수 그리스도의 얼굴에 있는 하나님의 영광을 아는 빛을 우리 마음에 비추셨느니라"(고후 4:6).

그리스도의 대사들은 이제 그분의 겸손으로 그분을 따르며 복음을 위해 고난받고, 장차 영광 가운데 그분과 함께 통치할 것이다.

"(지금) 우리가 항상 예수의 죽음을 몸에 짊어짐은 예수의 생명이 또한 우리 몸에 나타나게 하려 함이라"(고후 4:10).

그리고 바울은 다시 한 번 말한다.

"그러므로 우리가 낙심하지 아니하노니 우리의 겉사람은 낡아지나 우리의 속사람은 날로 새로워지도다. 우리가 잠시 받는 환난의 경한 것이 지극히 크고 영원한 영광의 중한 것을 우리에게 이루게 함이니"(고후 4:16,17).

바울이 두 경우 모두에서 '낙심하지 않는다'라고 말한 것에 주의하라. 바울은 갈수록 눈에 보이도록 나아지리라 생각하지 않았다. 세상과 우리 몸은 후패할 것이다. 그러나 우리는 말씀과 성령으로 전진하는 능력의 직분을 받았으며, 거듭났고, 부활을 기대하며 내적으로 새로워졌다.

이는 절대로 이 시대에 나라들과 문화를 점진적으로 정복하는 그림이 아니다. 새 창조는 현 시대를 압도하며, 죄인들이 중생하고 성령이 주시는 믿음으로 말미암아 그리스도의 몸인 교회에 연합되는 것이다. '이 세계가 소멸하리라'라는 식의 말은, 오히려 사도들이 저주할 만한 말이요 그리스도의 부활을 거부하는 것이다. 어쨌든 신약에는 팔링게네시아 곧 새 창조라는 단계가 이 시대의 왕국을 그리스도의 왕국으로 변화시키리라는 기대가 전혀 나타나지 않는다. 그리스도는 자신의 교회를 자신의 말씀과 성령으로 구원하실 것이다. 교회는 장차 올 능력이 침투할 세계의 일부이다. 그리고 교회가 자신보다 큰 문화 안에 나그네로 거주하며 낼 수 있는 (때론 현저하게 나타나는) 효과들은, 그리스도의 나라가 성령을 통해 몸 된 교회를 통치하시는 일의 부산물이다.

그러므로 새 창조를 성령이 우리 마음 안에서 행하시는 어떤 것으로 축소하여 이해하거나, 그리스도가 아닌 우리가 우주적 구속의 효과를 완전히 성취한다는 지나친 종말론에 대한 대안이 존재한다. 이에 대한 대안(무천년설)에 따르면, 새 창조는 두 단계에 걸쳐 나타난다. 먼저 성령으로 택자의 내면이 새롭게 되고 나면, 그다음에 그리스도가 나타나실 때 완전히 새롭게 된 우주에서 몸의 부활과 영원한 생명이 있을 것이다. 우리 자신의 몸이 계속 후패해져 가는 것을 비롯하여 겉으로 보이는 것이 아무리 그와 반대되는 것처럼 보여도, 성령께서 보증으로서 현재 내주하시면서 우리의 마지막 부활과 영화를 보장하신다. 그리고 온 피조 세계가 죄와 사망의 저주에서 해방되는 것을 함께 기뻐하게 될 것이다(롬 8:18-24 참고).

"만일 우리가 보지 못하는 것을 바라면 참음으로 기다릴지니라"(롬 8:25).

결론적으로, 성령의 강림은 현재의 이 악한 시대에 불안과 갈등을 가져왔다. 성령의 내주하심은 그리스도의 승리에 참여하는 확신을 주는 동시에 '옛 자아'와 벌이는 전쟁을 일으켰다. 성령은 불안정한 두 시대가 교차하는 지점에서 우리에게 거듭남을 주신다. 이제 우리의 생에서 성령은 예수님이 말씀하신 바로 그 일을 행하신다. 그는 그리스도의 것을 가지고 우리에게 알리신다(요 16:14 참고). 성령은 그리스도가 구원자로서 높임을 받으시는 곳이라면 어디든지 역사하신다. 바울은 그리스도와 자신이 동일시된다는 신비를 너무나 놀라워하면서, 그리스도의 죽음과 부활을 곧 자신의 것으로 여겼다. 이는 그가 대단한 신비주의자이거나 예수님의 자리에 있는 자신을 생생하게 상상할 수 있었기 때문이 아니다. 물론 예수님을 시온산으로 인도할 수 있는, 앞서 간 본보기로 생각했기 때문도 아니다. 오히려 이전까지 교회를 박해했던 자신을 성령이 그리스도와 연합시키셨기 때문에 그럴 수 있었던 것이다.

세상은 우리에게 새로운 피조 세계가 아니라 더 나은 피조 세계가 필요할 뿐이라고 생각한다. 이런 생각은 우리가 인간을 교육함으로써 윤리적 왕국을 섬기는 하나 된 인류라는 꿈을 이루는 데 더욱 헌신하여야 한다고 가르친다. 서구 문화는 타락한 마음을 자연적으로 이해하는 이단(펠라기우스주의)에 특히 헌신한다. 그러나 중생이 가치 있게 여겨지는 곳이라면, 성령 역시 가치 있게 여겨질 것이다. 기독론에 관한 유비가 있다. 만약 누군가가 타락후선택설의 인간론이 근본적으로 건강하지만 실제로 거기에 좋은 예와 방향성이 없다고 생각한다면, 우리는 당연히 우리를 하나님께로 되돌릴 만한 도덕적 개혁자라는 대책을 찾게 될 것이다. 예수님은 우리가 방황한 후에 우리를 올바른 길로 돌려 놓으신다. 우리는 예수님의 본을 따름으로써 우리가 어디에 있는지를 다시금 확인하게 되고, 도덕적으로 발전하는 길로 나아갈 수 있게 된다. 만약 반대로 우리가 하나님의 정죄 아래 '경건하지 않은 자'로 서 있다면, 하나님께서 우리를 구해 주셔야만 한다. 그런데 만약 우리가 단지 아플 뿐이고 "허물과 죄로 죽은"(엡 2:1) 것이 아니라면, 우리에게는 하나님 자신이 우리에게 내주하심으로써 직접 중생시키시는 것이 아니라, 하나님의 도우심과 설득하는 권고가 필요할 뿐이다.

성령 세례란 무엇인가?

이제 성령 세례에 대해 숙고할 만한 지점에 이르렀다. 중생은 우선적으로는 우주적이고 종말론적이며 전체를 아우르는 구속사적 실재이지만, 개인적으로만 받을 수 있는 것이다. 하나님은 자신의 성령을 역사 가운데 부으셨을 뿐만 아니라, 그렇게 하심으로써 "우리를 구원하시되 우리가 행한 바 의로운 행위로 말미암지 아니하고 오직 그의 긍휼하심을 따라 중생의 씻음과 성령의 새롭게 하심으로"(딛 3:5) 하셨다.

만물의 중생은 그리스도의 육신적인 중생 및 부활과 함께 시작되었고, 우리 몸의 부활 및 온 피조 세계의 회복과 함께 완성될 것이다. 그 전까지 우리 각자는 세례를 통해 팔링게네시아(새 창조)로 진입하여 그리스도의 죽음과 부활에 들어간다. 앞서 언급한 디도서 3장 5절도 그것을 증언한다(롬 6:1-10 참고). 싱클레어 퍼거슨의 말을 달리 표현하자면, 팔링게네시아는 안에서 밖으로 역사하는 것이 아니라 밖에서 안으로 역사하는 것이다. 이는 우리 안에서 먼저 일어난 다음에 세상에 효과를 일으키는 일이 아니다. "새 시대의 능력에 참여함으로써, 더 구체적으로는 성령을 통해 둘째 아담 곧 부활의 첫 열매요 종말론적 아담(*ho eschatos Adam*, 호 에스카토스 아담, 고전 15:45 참고)이신 그리스도의 부활에 참여함으로써 밖에서, 그리고 위에서부터 일어나는 변화"이다.[21] 그는 이렇게 덧붙인다. "이는 후기 사도 교회에서 잠잠해진 이 가르침이 반드시 회복되어야 함을 알려 준다."[22] 물론 그리스도 안에서 자라는 데에는, 우리 측에서 은혜의 방편에 참여하는 노력이 필요하다. 그러나 이것은 근본적으로 그리스도를 닮는 것이 아니라 그리스도와 연합하는 것이다. 그러므로 성령으로 받는 세례는 신자 개인이 절제(자기 훈련)나 고양(신비주의적 관상)을 통해 얻을 수 있는 것이 아니다. 성령 세례는 무엇보다 객관적 실제로서, 장차 올 시대로부터 오시는 성령이 자신의 영광스러운 능력의 구름으로 우리를 덮으시는 것이다.

이 빛 안에서 볼 때, 우리의 중생을 단지 오래전에 그리스도가 성취하신 것으로 말미암아 우리 안에서 일어나는 일로 볼 수만은 없다. 중생은 성령의 세례를 통해 그리스도의 죽음과 부활에 참여하는 것이다. 그리스도가 죽었고 부활하셨기 때문에 우리가 영적으로 (그리고 언젠가 육신적으로) 부

---

21) Sinclair Ferguson, *The Holy Spirit,* Contours of Christian Theology (Downers Grove, IL: InterVarsity Press, 1997), 118.

22) Ibid.

활하는 것이 아니다. 바울이 첫 열매와 온전한 추수에 유비하여 설명하는 본문에서 시사하듯이, 그분과 우리의 부활은 동일한 사건에 속해 있다. 모든 것의 중생이 완성되기 전에, 성령께서 우리 안에서 역사하여 우리를 영적 죽음에서 일으키신다.

성령으로 세례 받는 것은 그리스도와 연합하는 것이다

 엄밀히 말해, 예수 그리스도는 새 창조이며, 성령으로 세례 받는 것은 그리스도와 연합하는 것이다. 우리는 지금까지 성령이 어떻게 우리에게 그리스도를(그리스도의 성육신, 삶, 죽음, 부활, 승천) 주셨는지 살펴보았다. 성령은 그리스도를 우리의 인성과 연합시키고 그 인성을 영화롭게 하신 후에, 우리를 우리의 언약적 머리이신 그리스도께 연합시키신다(롬 5장 참고). 바울은 로마서 6장에서 "은혜를 더하게 하려고 죄에 거하겠느냐?"(1절)라고 질문하고는 그에 대해 답하면서 우리에게 복음을 더욱 풍성히 제시한다. 용서받기 위해 그리스도의 죽음과 연합한 자는 모두 새 창조의 생명을 위해 그분의 부활과도 연합한다. 우리는 '그리스도 안에' 있든지 아니면 밖에 있든지 둘 중 하나이다. 다만 우리는 예수님의 구원 사역 중 어느 측면을 받아들일지는 선택할 수 없다.

 오늘날 벌어지는 논쟁의 비극 중 하나는 그리스도께로 들어가게 하는 세례와 성령 세례를 구분하고, 또한 이 둘 모두를 성례로서의 세례와 구분하는 것이다. 두 번째에 관해서는 다음 장에서 다루고, 여기서는 첫 번째 문제에 집중하고자 한다.

나는 성례로서의 세례와 중생은 구별되나 분리되지 않는다고 믿는다. 그러나 (구원을 위해) 그리스도께로 들어가는 세례와 (능력을 위한) 성령 세례를 구분해야 한다고 제시하는 성경 구절을 전혀 찾을 수 없다. 우리가 '성령 안에' 있는 것은 오직 우리가 '그리스도 안에' 있기 때문이다. 우리가 성령으로 말미암아 그리스도께로 세례 받는다고 말하는 편이 더 나을 것이다. 그리스도와 연합하게 하는 믿음의 행위와 동일한 믿음이 우리에게 모든 영적 은사를 준다. 세례는 오직 하나이다(엡 4:5 참고). 그 세례는 "아버지와 아들과 성령의 이름으로"(마 28:19) 행해진다. 성령을 하늘의 복을 주시는 다른 근원으로 보는 것은, 그분을 그리스도와 상관없는, 또 다른 중보자로 만드는 것이다. 그러나 이미 강조했듯이, 모든 좋은 은사는 성부로부터 성자 안에서 성령을 통해 온다.

우리의 인성은 그리스도 안에서 회복되었을 뿐만 아니라 이미 영화롭게 되었다. 이는 어느 인간도 절대 목격한 적이 없는, 아담과 하와가 타락하기 전에 경험한 것마저도 뛰어넘는 영화로운 상태이다. 아담과 달리, 그리스도는 시험을 이기고 죽음과 혼돈의 힘을 정복하심으로써 '6일' 동안의 일을 마치고는 그 아버지의 영광의 안식일로 들어가셨다. 그리스도가 "하나님의 영광의 광채"(히 1:3)라는 말씀을 들을 때, 우리는 그분의 신성만이 아니라 인성까지 포함한 그리스도의 전 존재를 생각해야 한다. 성령은 능동적으로 우리 안에 임재하심으로써, 우리의 눈을 성령이나 우리 안에서 행하시는 그분의 사역이 아니라 우리와 연합하게 하신 그리스도께 고정시키신다. 또한 일반적 의미의 그리스도가 아니라 죽으시고 부활하셨으며 영광스런 성부의 오른편에 앉으신 구원자 그리스도께 고정시키신다. 성령의 사역에 관한 일반적 오해와는 달리, 이런 이해는 건강하지 않은 주관주의로부터 우리를 지켜 준다.[23] 성령의 사역은 우리의 모든 초점을 "믿음의 주요 또 온전하게 하시는 이인"(히 12:2) 그리스도께 집중시킨다. 따라서 이러한 연합이나 세례를 분리시키는 관점은 모두 복음 자체를 심각하게 위협할 소지가 있다.

만약 새언약의 두 가지 주요한 은사를 밝히라고 요구한다면, 성경의 답은 분명해 보인다. 곧 죄의 용서와 성령의 부어짐이다. 이런 점에서 구약의 선지서들로부터 신약의 서신서들에 이르기까지 놀라운 일관성이 나타난다. 선지서에서 북극성 역할을 하는 구절들은 '새언약'을 바라보면서 특별히 이 두 선물을 강조한다(렘 31:31-34; 겔 36:25-27 참고). 그와 비슷하게 세례 요한은 예수님을 "세상 죄를 지고 가는 하나님의 어린양"(요 1:29)과 "성령으로 세례를 베푸는 이"(요 1:33)로 보았다. 희년의 주님이 가져오시는 구원과 용서의 좋은 소식은 두 가지 유익을 주는데, 이것은 예수님이 회당에서 대중 앞에 처음으로 모습을 드러내면서 이사야 61장 1,2절을 읽고 스스로를 성령이 거하시는 그 종으로 선포하셨을 때(눅 4:18,19 참고) 역사하신 성령과 한데 묶여 있다.

오순절에 베드로는 그리스도 안에 있는 죄의 용서와 함께 "성령의 선물"(행 2:38)을 선포한다. 예수님은 법정적 기초를 세운 후에야, 곧 그분의 피로 새언약을 승인한 후에야 자기 백성들에게 성령을 주실 수 있었다. 성

---

23) 다음의 유용한 설명을 참고하라. Sinclair Furguson, *Holy Spirit*, 99-100.

령은 백성들에게 임재하여 내주하시며, 그리스도가 죄와 사망을 통치하시는 것을 보증하신다. 또한 존 스토트가 지적했듯이, "바울은 기독교 사역자들을 '새언약의 직분'으로 지칭하고, 곧장 이어서 '의의 직분'(즉, 칭의)이자 '영의 직분'으로 지칭한다(고후 3:6-9 참고)."[24] 우리가 그리스도와 연합함으로 말미암아 칭의와 성화를 함께 가지게 되듯이, 성령 세례는 칭의와 성화의 서명이자 도장이다. 성령은 심판의 성령인 동시에 능력의 성령이시다.

그리스도의 연합은 구원에서 우리가 얻는 모든 선물들을 포함하는 개념이다. 바울은 '그리스도 안에서'라는 문구를 160번 사용한다.[25] 그리스도 안에서 우리는 성부의 양자가 되며, 그리스도와 공동 상속자가 된다. 칼빈이 고찰하였듯이, 우리가 구원의 선물은 그리스도 안에서 찾고 다른 선물은 다른 곳에서(심지어 성령 안에서) 찾는 것이 아니다. 우리는 성령의 기름 부음을 받는 것조차도 그리스도의 세례를 통해 그리스도와 연합함으로써 얻게 된다. "그러므로 우리 함께 다른 곳이 아니라 바로 그 수원에서 물을 들이켜자."[26] 또한 칼빈은 덧붙인다. "하나님으로부터 우리에게로 오는 은혜는 무엇이든지, 그 한 티끌이라도 성령을 통하지 않고 오는 것은 없다."[27] 예수님과 성령을 서로 다른 세례의 근원으로 여기는 것은, 모든

---

24) John Stott, *Baptism and Fullness,* IVP Classics (Downers Grove, IL: InterVarsity Press, 2006), 32.

25) Ferguson, *Holy Spirit,* 100.

26) John Calvin, *Institutes of the Christian Religion,* trans. Lewis Ford Battles, ed. John T. McNeill (Philadelphia: Westminster, 1960), 2.16.19.

27) John Calvin, "1539 Institutes," in *John Calvin: Selections from His Writings,* ed. John Dillenberger (Missoula, MT: Scholars Press, 1975), 294.

선물이 언제나 성부로부터 성자 안에서 성령의 사역에 의해 온다는 사실을 잊어버리게 만드는 위험을 안고 있다. 구원의 어느 층에서는 그리스도를 바라보고 다른 층에서는 성령을 바라보는 것이 아니다. 우리는 말씀을 통해 자신의 성령으로 일하시는 그리스도를 바라본다.

하나님은 이스라엘에게 자신의 율법을 지키기만 하면, 모든 민족 중에서 자신의 소유가 되리라고 말씀하신다.

"세계가 다 내게 속하였나니 너희가 내 말을 잘 듣고 내 언약을 지키면 너희는 모든 민족 중에서 내 소유가 되겠고, 너희가 내게 대하여 제사장 나라가 되며 거룩한 백성이 되리라"(출 19:5,6).

그리스도 안에서 모든 신자들도 참으로 그러하다. 참이스라엘이신 그리스도께서 이를 성취하셨으며, 성령이 적용하셨기 때문이다. 일상적인 것뿐만 아니라 불경건한 것까지도 의롭게 되며 깨끗해질 수 있다. 심지어 백성이 아니며 긍휼을 얻지 못하였던 자들까지도 말이다(벧전 2:9,10; 엡 2:12,13 참고).

예수님이 요한에게서 받으신 세례는 우리를 위해 갈보리 언덕에서 겪으신 세례를 예표한다. 그분의 능동적 순종으로 말미암아 우리는 거룩해졌다(요 17:19 참고). 왜냐하면 그리스도가 우리를 위해 지옥의 세례를 받아 잘려 나갔고 다시 살아났으며 영광을 받으셨기 때문이다. 우리는 세례 안에서 심판의 물을 지나 마른땅을 안전하게 건너가며, 세상으로부터 구원받는다. 그러므로 예수님은 제자들에게 포도나무 가지로서 결실하는 삶을 살아야 한다고 말씀하시기 전에 이렇게 선포하신다.

"너희는 내가 일러준 말로 이미 깨끗하여졌으니"(요 15:3).

성령 세례는 '두 번째 축복'인가?

만약 정말로 성령이 모든 영적인 복을 위하여 우리를 그리스도의 전 인격과 연합시키신다면, 신약은 모든 신자가 성령 세례 안에서 동일한 정도로 복을 얻는다고 강조한다(고후 12:13; 엡 4:4 참고). 양자 되고 의롭다함을 받은 상속자의 무리 안에서는 법적 지위에 어떠한 차이도 없다. 중생의 정도에도 차이가 없다. 죽었거나 살았거나 둘 중 하나이다. 심지어 성화에서도, 어떤 사람들의 믿음과 사랑은 다른 이들보다 성숙하기도 하지만, 모든 이들이 온전히 거룩하다. 즉, 주님은 모두를 동일하게 자신의 특별한 백성으로 구별하셨다.

사도행전의 예외들

어떤 사람들은 사도행전의 예에 호소하면서 성령 세례가 이와는 다르다고 주장한다. 사도행전 8장에는 사마리아인 무리가 하나님의 말씀을 받고 주 예수의 이름으로 세례를 받는 이야기가 나온다. 그런데 그들은 사도들이 도착해서 기도하고 그들에게 안수했을 때에야 비로소 성령을 받았다(행 8:14-17 참고). 사도행전 19장은 그와 비슷한 사건이 에베소에서도 일어났다고 기록한다.

"이르되 너희가 믿을 때에 성령을 받았느냐? 이르되 아니라 우리는 성령이 계심도 듣지 못하였노라. 바울이 이르되 그러면 너희가 무슨 세례를 받았느냐? 대답하되 요한의 세례니라. 바울이 이르되 요한이 회개의 세례를 베풀며 백성에게 말하되 내 뒤에 오시는 이를 믿으라 하였으니 이는 곧 예수라 하거늘, 그들이 듣고 주 예수의 이름으로 세례를 받으니 바울이 그들에게 안수하매 성령이 그들에게 임하시므로 방언도 하고 예언도 하니"(행 19:2-6).

이것이 귀납적 성경 공부의 한계를 보여 주는 예이다. 이 구절의 의미는 분명하며, 논쟁하는 양측 모두의 주장과 모순되지 않는다. 결정적인 질문은 더 연역적인 데 있다. 즉, 특정 구절을 해석할 때에는 그와 관련된 다른 구절의 빛 안에서 해석해야 한다. 오순절주의자들은 이 내용이 오늘날 우리에게 모범이 된다고 전제하고서 사도행전 8장과 19장을 살핀다. 반면 오순절주의자가 아닌 이들은 같은 구절을 해석하면서, 그것을 첫 세대 신자들에게 속한 고유한 사건으로 전제한다. 예를 들어, 존 스토트는 이렇게 주석한다.

> 이 사마리아 사건은 분명 너무나 비범하다. 그러하기에 대다수의 오순절주의자들과 일부 은사주의 기독교인들이 어떻게 이 사건을 근거로 하여 오늘날에도 성령이 회심한 후에 이차적으로 주어진다는 규범을 만들어 낼 수 있는지, 납득하기가 어렵다. 마찬가지로, 오직 사도들이 손을 얹음으로써 성령이 주어졌다고 말하는 가톨릭의 견해도 이해할 수가 없다(게다가 그들은 주교의 손이 '사도적 계승'을 받았다고 주장한다). 신약의 다른 기록들을 보면, 여기서 사마리아인들에게 은사가 주어진 시점과 방식

이 전형적이지 않다는 사실을 명백히 알 수 있지 않은가?[28]

앞에서 제시되었으면 좋았으리라 생각되는 석의적이고도 신학적인 이유로 인해, 다음과 같은 스토트의 관점을 나눈 것이 독자들에게 놀랍지 않을 것이다. 사도행전은 청사진이라기보다, 성령께서 사도들을 통해 그리스도를 전파하시는 이야기를 기록한 것이라 할 수 있다. 그리고 살아 있는 사도들의 후계자는 없다. 사도 시대에 놀랍게 부어진 성령의 표적들이 오늘날에도 규범적으로 나타나야 한다고 여길 만한 이유가 전혀 없다. 특히 그리스도인의 모든 규범이 서신서에 너무나 분명하게 기록되어 있다는 사실을 볼 때 더욱 그러하다. 서신서는 그리스도께로 들어가는 세례가 바로 성령 세례이며, 그리스도 안에 있는 자라면 누구든지 성령의 기름 부음을 받았다고 가르친다.

사도행전 8장에 등장하는 사마리아인들은 마술사 시몬의 속임수에 현혹되었다(행 8:9-11 참고).

"빌립이 하나님 나라와 및 예수 그리스도의 이름에 관하여 전도함을 그들이 믿고 남녀가 다 세례를 받으니"(행 8:12).

시몬이 행하는 마술과 빌립이 행하는 복음 전파와 세례 사이에는 눈에 보이는 것 이상의 차이가 있다. 시몬도 믿고 세례를 받은 후에 전심으로 빌립을 따라다녔다. 그러나 그 뒷부분은 이렇게 말한다.

"그 나타나는 표적과 큰 능력을 보고 놀라니라"(행 8:13).

---

28) Stott, *Baptism and Fullness*, 43.

나중에 그는 성령이 주신 사도의 능력을 사고자 했다(행 8:18-24). 사도들은 사마리아에서 복음이 성공적으로 전파된 것을 기뻐하면서 다음과 같이 행했다.

"예루살렘에 있는 사도들이 사마리아도 하나님의 말씀을 받았다 함을 듣고 베드로와 요한을 보내매, 그들이 내려가서 그들을 위하여 성령 받기를 기도하니, 이는 아직 한 사람에게도 성령 내리신 일이 없고 오직 주 예수의 이름으로 세례만 받을 뿐이더라. 이에 두 사도가 그들에게 안수하매 성령을 받는지라"(행 8:14-17).

그들은 믿었을 때 성령을 받지 못했다. 그러나 그것은 규범적인 사례가 아니다. 다만 그들은 "주 예수의 이름으로 세례만 받을 뿐"이었기 때문에 성령을 받지 못한 것이다. 이는 요한의 세례보다 한 걸음 더 나아간 것이었으나, 여전히 예수님께서 지상 명령 가운데 주신 삼위일체 하나님의 원리를 따른 것은 아니었다(마 28:18-20 참고). 이제 오순절은 예루살렘과 유대 지방에서 사마리아라는 다음 권역으로 넘어가게 되었다. 베드로와 요한은 예루살렘으로 돌아가는 길에 주의 말씀을 증언하여 말하였다. 마을에서 복음을 전파한 것이 성공적이었는지는 언급되지 않는다. 그러나 사도들이 성부와 성자와 성령의 이름으로 세례를 주었다면, 그것은 성공적인 것이다.

사마리아가 예루살렘과 유대 지방에서 한 권역 바깥이라면, 에베소 지역은 "땅 끝"(행 1:8)에 해당한다. 따라서 에베소 사람들이 사마리아 사람들보다 이해가 더 부족했던 것은 놀랄 일이 아니다. 사도행전 19장은 그들을 "제자들"(행 19:1)이라고 부른다. 바울이 그들에게 묻는다.

"너희가 믿을 때에 성령을 받았느냐?"(행 19:2)

이것은 오늘날 우리가 신자들에게 물어야 할 규범적 질문이 아니다. 다만 사도가 에베소의 제자들에게 물어보기에 합당한 질문이었다. 그들은 성령을 받기는커녕 잘 알지도 못했으며, 단지 요한의 세례만을 받았을 뿐이었다. 그들은 대답한다.

"아니라, 우리는 성령이 계심도 듣지 못하였노라"(행 19:2).

이어지는 바울의 대답에 담긴 논리에 주목하라.

"그러면 너희가 무슨 세례를 받았느냐?"(행 19:3)

지상 명령으로 주어진 삼위일체의 원리와 이 원리를 따르는 세례의 주체가 예수님이라는 사실이 이미 바울의 때에 합법한 세례의 기준이 되었다고 전제하고서, 나는 바울의 질문에 '이름'을 추가하고 싶다. "그러면 너희가 무슨 이름으로 세례를 받았느냐?" 이런 해석은 삼위일체 원리가 빠진 채 그들이 "요한의 세례니라"(3절)라고 대답한 데서 지지를 받는다.

이제 바울이 틀림없이 생각하고 있었으리라 했던 것이 말이 된다. 요한의 세례는 그리스도가 시작하신 세례와 달랐다. 요한의 세례가 삼위일체적이지 않았다(적어도 내적으로는)는 것이 아니라, 우리에게 주시는 성령이 아직 부어지기 전에 행해졌다는 것이다. 바울은 그들에게 설명한다.

"요한이 회개의 세례를 베풀며 백성에게 말하되 내 뒤에 오시는 이를 믿으라 하였으니 이는 곧 예수라"(행 19:4).

그래서 바울은 그들에게 안수했고, 그들은 성령을 받았으며 방언을 말하고 예언을 하였다(행 19:6 참고).

주님께서 예루살렘과 온 유대와 사마리아와 '땅 끝'까지 복음을 전하라고 명령하신 것은 이미 에베소에서 성취되었다. 오순절 때에는 (회심한 유대주의자들을 제외하고는) 이방인들이 없었다. 그러나 이제 작은 오순절이 그들을 찾아갔고, 베드로와 야고보는 예루살렘 공회에서 발언하면서 이 사건들을 구약 예언의 성취로 해석했다(행 15:15-18 참고). 베드로는 어떻게 이방인들이 그리스도를 자기들의 언어로 받아들일 수 있었는지를 설명하면서 이렇게 말한다.

"하나님이 우리에게와같이 그들에게도 성령을 주어 증언하시고 믿음으로 그들의 마음을 깨끗이 하사 그들이나 우리나 차별하지 아니하셨느니라"(행 15:8,9).

사도들은 이런 기초를 쌓는 시대에 독특한 사역을 감당했다. 그래서 우리는 그들로부터 우리 시대의 범상한 사역에서는 규범으로 받을 수 없는, 특별한 기초를 쌓는 사건들을 보게 된다. 누가는 사도행전 19장에서 이 사건에 대해 다음과 같이 보고하면서 마무리한다.

"모두 열두 사람쯤 되니라"(행 19:7).

누가가 이 숫자에 의미를 부여했다고 말하는 것은 지나친 것일지도 모른다. 그러나 열두 사도들은 지상 명령이 가장 가까운 권역에서 그다음 권역으로, 이어서 세 번째 권역으로 움직여 가는 것을 대표했다.

이 사례들이 혹시나 어느 경우에 규범이 된다 할지라도, 그것은 일련의 특정한 환경과 연관되어 있다. 에베소의 제자들은 성령을 몰랐으나 그리스도를 믿는 믿음을 고백했고, 요한의 세례를 이미 받았다. 또 다른 이들은 '예수의 이름으로' 세례를 받았으나 성부와 성자의 이름으로는 받지 않았다. 이 구절들은 우리에게 그리스도와 성령의 밀접한 연관성을 보여 줄 뿐만 아니라, 성례로서의 세례와 성령으로 말미암아 그리스도로 들어가는 세례의 연관성도 보여 준다.

세례, 충만하게 하심, 그리고 인치심

나는, 스토트가 믿음으로 그리스도께 연합한 자라면 누구나 성령 세례를 누리지만 그 정도에는 차이가 있다고 주장한 것에 감사한다. 그는, 고린도전서 12장 4-13절에서 모든 신자가 한 성령으로 한 세례를 받는다고 강조한 것이 '어떤 사람'은 가졌고 '어떤 사람'은 가지지 못했다는 생각을 금하며, 도리어 "놀라운 연합의 요소"를 제시한다고 말했다.[29] 바울은 에베소서 4장 4,5에서도 동일하게 주장한다.

"(모든 신자가) 몸이 하나요 성령도 한 분이시니……주도 한 분이시요 믿음도 하나요 세례도 하나요."

스토트는, 따라서 "우리가 성령 세례를 말할 때에는 단번에 모든 것을 주시는 선물을 가리키는 것이며, 성령 충만을 말할 때에는 이 선물이 지속되고 증가하며 사용되어야 함을 인정하는 것이다"라고 결론 내린다.[30] 또한 그는 "사도들의 설교나 서신에는 성령 세례를 주장하는 내용이 없다.

---

29) Stott, *Baptism and Fullness*, 51.
30) Ibid., 62.

신약에서 성령으로 세례를 받는 것에 관한 언급은 일곱 번 등장하는데, 모두 부정과거나 현재 또는 미래형의 직설법으로 표현되었으며, 명령법으로 권면하는 곳은 하나도 없다"라고 말한다. 성경은 어디에서도 신자들이 성령으로 세례를 받아야 한다고 말하지 않는다. 다만 성령으로 더욱 충만해져야 한다고 요청한다. 즉, 술 취하는 것과 같이 성령의 '영향 아래' 있어야 한다(엡 5:8,18-21 참고).[31] 고린도교회의 "육신에 속한 자"들은 "성령으로 세례를 받았으며 성령으로부터 풍성한 은사를 받았으나 (적어도 사도 바울이 방문했을 때와 편지를 쓸 때에는) 성령으로 충만하지는 않았다."[32] 나는 여기서 이 '충만하게 하심'이 지속적인 동시에 기복도 있다는 점만 강조하고 싶다. 시간이 지난다고 하여 그리스도 안에서 우리가 반드시 더 충만해지는 것은 아니다. 자연스럽게 숨을 쉬듯이, 그 기쁨의 향기를 더욱 깊이 빨아들일 때가 있다. 우리는 성령이 우리의 생각과 소망과 꿈과 사랑과 행동 구석구석에 내주하여 그 모든 것을 가득 채우시기를 원한다. 우리의 죄악된 열정이 아니라 성령의 인도를 받고 싶기 때문이다.

성별됨과 관련하여 '충만하게 하심'은 더 큰 구속사적 맥락에서 이해되어야 한다. 출애굽기 28장에서 하나님은 모세에게 아론과 그의 아들들로 하여금 하나님을 섬기는 제사장 직분을 행하게 하라고 명령하셨다(출 28:1 참고).

"네 형 아론을 위하여 거룩한 옷을 지어 영화롭고 아름답게 할지니 너는 무

---

31) Ibid., 65.
32) Ibid., 66.

릇 마음에 지혜 있는 모든 자 곧 내가 지혜로운 영으로 채운 자들에게 말하여 아론의 옷을 지어 그를 거룩하게 하여 내게 제사장 직분을 행하게 하라"(출 28:2,3).

여기서 "지혜로운 영"이라는 표현은 번역에 의해 선택된 것이다. 그러나 '채우다'라는 동사는 성령이 의도하신 듯하다. 하나님은 어떤 장인들을 '지혜로운 영(ruakh khokmah, 루아흐 호크마)으로 채워' 아론과 그의 아들들을 "영화롭고 아름답게 할" 옷을 지어 입히도록 하셨다. 의복은 아담의 소명을 감당하는 새로운 직분자로서 제사장들을 표시하였다. 이와 비슷한 사건이, 하나님이 모세에게 명하여 브살렐을 구별하여 장막을 건설하게 하셨을 때, 그리고 아론과 제사장들을 위한 의복을 장식하는 일을 맡기셨을 때에도 일어났다.

"하나님의 영을 그에게 충만하게 하여 지혜와 총명과 지식과 여러 가지 재주로 정교한 일을 연구하여 금과 은과 놋으로 만들게 하며 보석을 깎아 물리며 여러 가지 기술로 나무를 새겨 만들게 하리라"(출 31:3-5).

존 레비슨은 영감 넘치는 두 사례들을 한데 엮으면서, 두 사건 모두의 중심에 충만하게 하심이 있음을 관찰한다. "그들은 광야에서 하나님이 임재하실(하나님의 임재 없이는 그저 공허한 상태일) 장막을 설계하고 건설하기 위해 필요한 모든 것으로 충만하게 되었다."[33] 그는 계속 설명한다.

'충만하게 하다'라는 동사가 의미하는 바 가득 채운다는 것은, 특히 반드

---

33) Levison, *Filled with the Spirit*, 56.

시 완성되거나 만족되어야 하는 일정한 시간과 관련된 문맥에서 명백히 드러난다. 정결 기간은 완성될(충만해질) 수 있다(레 12:4,6 참고). 맹세 기간은 '충만해질 수' 있다(민 6:4 참고). 포위 기간에는 끝이 있다. 곧 '충만하게 된다'(에 1:5 참고). 바벨론 포로기간은 결국 끝이 날 것이다(충만하게 될 것이다, 렘 25:12 참고). 이처럼 완성을 다양하게 묘사하는 내용들은 모두 동사 말라(*ml'*)로 표현되는데, 이는 동사 타맘(*tmm*)과 유의어로 작용하여, '완성됨, 충만하게 됨, 또는 끝'을 의미한다(레 25:29,30 참고)……완성과 충만하게 되는 것에 대해 느끼게 해 주는 이 동사는 공간적인 문맥에서도 나타난다. 하나님은 회막을 가득 채우시며(출 40:34 참고), 지상의 성전을 가득 채우시고(왕상 8:10 참고), 하늘의 성전을 가득 채우신다(사 6:1 참고)……하나님의 영광, 즉 성전을 가득 채웠던 구름도 여기에 해당하는 경우이다(왕상 8:11; 겔 43:5 참고).[34]

따라서 "충만하게 되는 것은 완성, 채움, 결실, 온전해짐, 가득 찬 상태를 의미한다."[35] 출애굽기 40장 35절에서 모세는 장막에 하나님의 영광이 가득 차 들어가지도 못했다.[36] 이는 우리가 지금까지 봐 온 성부의 사역을 성자 안에서 온전하게 하시는, 그래서 특히나 그 정체성이 '마지막 날들'과 연관되었던 성령의 역할에 관한 여러 예시들과 일관성을 가진다.

---

34) Ibid.
35) Ibid., 57.
36) Ibid., 57-58.

우리 안에서 일하시는 성령의 이 놀라운 역사는 세례와 충만하게 하심으로 묘사될 뿐만 아니라, 에베소서 1장 13,14절이 말하듯이 인치심으로도 묘사된다.

"그 안에서 너희도 진리의 말씀 곧 너희의 구원의 복음을 듣고 그 안에서 또한 믿어 약속의 성령으로 인치심을 받았으니, 이는 우리 기업의 보증이 되사 그 얻으신 것을 속량하시고 그의 영광을 찬송하게 하려 하심이라."

이와 비슷한 형태의 표현이 로마서 8장에서도 등장한다. 내주하시는 성령은 그리스도의 부활 영광 안에 있는 우리 몸을 보장하신다(롬 8:10 참고). 그분의 임재는 '우리까지도 속으로 탄식하여 양자 될 것 곧 우리 몸의 속량을 기다리게 한다'(롬 8:23 참고). 모든 신자는 영광을 위하여 성령으로 동일하게 인치심을 받았다. 또 다른 보혜사(파라클레토스)로서 성령은 내적으로 우리가 죄를 깨닫게 하실 뿐만 아니라 그리스도 안에 있는 우리를 의롭다하심도 확신하게 하신다. 법적 측면은 성령의 역할에서 가장 중요하다. 바로 성령이 복음에 대해 내적으로 증언하시기 때문에 우리가 "아빠 아버지"(롬 8:15)라고 부를 수 있다.

"성령이 친히 우리의 영과 더불어 우리가 하나님의 자녀인 것을 증언하시나니 자녀이면 또한 상속자 곧 하나님의 상속자요"(롬 8:16,17).

지금까지 우리는 이런 성령이 심판과 밀접하게 연관되는 것을 여러 차례 마주쳤다. 요한복음 16장 8절을 보면 예수님께서 이에 대해 직접적으로 말씀하셨을 뿐만 아니라, 베드로가 전한 오순절 설교도 법정적이었다. 베드로의 설교는 예수 그리스도에 대한 하나님의 변론이었으며, 성령은 사람들이 '마음에 찔려' 회개와 믿음에 이르도록 내적 확신을 일으키셨다. 그런데 여기에서 또 한 가지 연결되는 지점을 볼 수 있다. 창세기 38장에 나오는 다말의 책략이다. 남편과 시동생의 문제에도 별 탈 없이 살아남은 다말은, 창녀로 변장하여 시아버지인 유다를 통해 임신하고자 한다. 그리고 자신의 자녀를 상속자로 삼겠다는 유다에게, 그의 도장 반지와 그 끈과 손에 있는 지팡이를 증거물로 주어 담보해 달라고 요구한다. 만약 바울이 도장이나 인치심에 관해 이야기할 때 이 이야기를 염두에 두었다면, 그것은 아마 존 레비슨이 제시한 이유 때문이었을 것이다.

아마 가장 분명한 답은 이 성적 연합으로 잉태된 쌍둥이 중 한 명인 베레스가 메시아와 다윗의 조상이라는 사실일 것이다. 마태의 족보를 보면, 다말도 예수님의 조상으로 포함되어 있다(마 1:3 참고). 달리 말하면, 유다와 다말이 긴 약속의 계보에서 핵심적인 축의 역할을 한 것이다······ 이 약속의 이야기는 고린도후서 1장에 나오는 결론에 대한 문맥과 완벽하게 들어맞는다. 바울은 하나님의 모든 약속들이 그리스도 예수 안에서 성취되었다는 확신을 열정적으로 보여 준다.[37]

이런 맥락에서 보면, 우리는 에베소서 1장 13,14절에 나오는 성령의 인치심을 더 잘 이해할 수 있다. 첫째, 이 인치심은 성인 회심자를 청중으로 가정한다(특히 이방인 회심자들인데. 그들이 '그리스도 안에서' '구원의 복음을

---

37) Ibid., 257-258.

듣고' '믿어' '인치심'을 받은 데로 옮겨졌기 때문이다[엡 1:12,13 참고]). 성인 세례는 반드시 신뢰할 만한 신앙고백이 뒷받침되어야 한다. 둘째, 이 인치심은 그리스도 안에 있는 믿음의 결과이다. 이 믿음은 단지 특정한 사실을 추종하는 것이 아니다. 그것은 "진리의 말씀" 곧 "구원의 복음"(엡 1:13)을 들은 결과이다. 여기서 다시 성령과 말씀이 하나로 묶여 등장한다. 성령은 믿음을 직접 또는 직접적인 어떤 방식으로 주시지 않고 오직 복음 선포를 통해서만 주신다. 셋째, 이 회심자들은 그리스도를 믿음으로 말미암아 '약속의 성령으로 인치심을 받았다'(엡 1:13 참고). 이것은 신약에서 '세례 받는 일'을 표현하는 방식이다.

성령은 '기업의 보증' 또는 '기업의 담보'이시다(엡 1:14 참고). 옛 언약의 법은 가난한 자의 옷을 저당 잡거나 배상으로 요구하는 일을 금한다. 이것은 우리가 아는 신용 제도와도 어느 정도 비슷할 것이다. 예수 그리스도는 이미 우리를 완전히 속량하셨다. 그런데도 우리는 이 시대에서 우리의 구원을 온전히 누리지 못한다. 바울은 로마서 8장에서, 우리의 몸이 부활하기 전에는 우리가 하나님의 자녀로 입양된 것을 온전히 경험하지 못하리라고 말한다. 그러나 성령께서 삼위일체로부터 온 담보로 우리에게 주어졌다. 우리가 의롭다함을 받거나 지속적으로 성화되는 과정을 넘어 영화롭게 되고 장차 올 세상에서 유혹이 건드리지 못하는 날이 이를 때까지, 성령께서 그리스도의 무한한 공로라는 금고에서 비용이 지출될 것이라고 확증하시는 것이다. 이는 비록 장래의 소망이지만 현재 그에 대한 담보로 성령을 소유하는 것이며, 어떤 의미에서 그 위대하고도 영광스러운 날을 미리 맛보는 것이다. 성령으로 인침 받는 것은 성령과 마찬가지로 객관적 실재이다. 그러나 성령으로 충만하게 되는 것과는 다르다. 성령은 우리 안에서 주관적으로 증언하신다. 그러나 그분은 밖에 있는 말씀에 근거를 두신다. 우리는 '구원받은 느낌'을 항상 가지지는 못할 수도 있다. 그러할지라도 성령은 우리 구원의 담보가 되신다. 느낌과는 상관이 없다. 아래에서 논하겠지만, 물 세례는 이 객관적인 약속을 서약하고 인치는 것이다. 세례를 하나님의 선의의 담보로 여기는 것을 불안한 마음으로 보는 이들이 있었으나, 종교개혁자들과 그 계승자들은 앞선 사실을 근거로 그들을 격려했다.

더 나아가, 에베소서 1장에서 보여 주듯이 이 인침은 하나님의 영광을 찬양하기 위한 것이기도 하다. 4절에 나타난 선택에서 시작하여 우리가 소망하는 영화에 이르기까지, 이 모든 구원 계획의 궁극적인 목적은 하나님의 영원한 영광이다.

"그의 영광을 찬송하게 하려는 것이라(*eis epainon [tēs] doxēs autou*, 에이스 에파이논 [테스] 독세스 아우투)"(엡 1:4).

"그의 은혜의 영광을 찬송하게 하려는 것이라(*eis epainon doxēs tēs charitos autou*, 에이스 에파이논 독세스 테스 카리토스 아우투)"(엡 1:6).

이것은 그리스도 안에서 우리를 선택하시는 것(6절 참고), 우리가 그리스도를 믿는 것(12절 참고), 끝으로 우리가 영화되는 것(14절 참고)과 연결되어 나타난다.

이러한 성령의 인치심은 우리로 하여금 미래를 향하게 한다. 레비슨은 이렇게 말한다.

성령으로 충만하게 되는 것은 미래에 대한 확신과 방향성을 제공하기 위해 주어진 것이다. 만약 그러지 않고 이 충만하게 됨이 현재에 열중하게 만든다면, 즉 영적 자아도취를 끌어낸다면, 그 충만하고도 온전한 담보와 인치심이, 즉 "성령의 능력"(롬 15:13)이 슬프게도 소멸되고 말 것이다. 간단히 말해, 성령으로 충만하게 되는 것은 신자를 아브라함과 사라로부터 시작해 알 수 없는 미래로까지 뻗어 있는 그 웅장하고도 위대한 이야기로 들어가게 한다. 성령의 인치심과 담보는 신자들의 미래가 안전하다는 사실을 스스로에게 확증해 준다. 조상들에게 하신 약속을 성취하신 하나님이 신자들에게 하신 약속을 지키실 것이다.[38]

이 인치심은 단지 우리 개인의 소유가 아니다. 이는 하나님의 사랑 안에 있는 가족 가운데서 우리의 몫을 확보해 준다. 이 인치심은 개인적인 확신의 기초 위에서 우리로 하여금 타인을 향하도록 만든다.

성령이 주어지고 우리를 인 치시며 우리가 성령을 받는 과정은, 노예가 주체적인 인간으로 변하고, 아들과 딸로 변하는 과정이다. 그것은 소유주와 그의 재산이 형제자매로 변하며, 평생 불안해했던 마음에 가족의 품이 새롭게 주어지고, 우리 안에 죽음보다 더 강한 열정적인 사랑을 만들

---
[38] Ibid., 259.

어 내는 충격적인 경험이다.³⁹⁾

하나님은 자신의 은혜로 인해 우리 구원의 알파와 오메가가 되신다. 이것이 에베소서 1장 전체의 논리이다. 하나님은 우리 안에서가 아니라 그리스도 안에서 우리를 택하셨다. 그러하기에 우리는 그분 앞에서 거룩하고 흠 없게 설 수 있다. 하나님은 우리 안에 있는 사랑스러운 어떤 요소 때문이 아니라 그리스도 안에서 우리를 사랑하신다. 하나님은 우리를 그리스도 안으로 불러모으신다. 우리는 그리스도가 성부의 아들이라는 사실 안에서만 양자가 된다. 심지어 우리가 그리스도를 믿는 것도 오직 하나님께서 그리스도 안에서 자신의 성령으로 우리에게 주시는 은혜 덕분이다. 하나님이 모든 일을 하신다. 따라서 하나님이 모든 영광을 받으셔야 한다.

---

39) Ibid., 278-279.

8장 | 구원의 선물

성부와 성자는 당연히 새 창조라는 이 힘 있는 사역에 함께하신다. 그러나 성령도 자신만의 고유한 역할을 행하신다. 성령은 성육신하지는 않으신다. 그러나 성령은 성자가 인성을 입는 능력을 주셨으며, 우리를 대표하는 머리를 영화롭게 하셨다. 그리고 성령은 지금까지도 계속해서 우리를 예수님과 연합시킴으로써 역사 속의 예수님이 과거로 떠내려가지 않도록 하신다. 성자는 역사 가운데 오셔서 우리를 구원하셨으며, 성령은 그분의 역사가 결코 무덤에서 끝나도록 두지 않으신다. 이 성령은, 그리스도의 생명과 죽음과 부활을 통해 장차 올 시대의 능력이 현 시대를 뚫고 들어오도록 하시면서 역사와 종말론의 교차점을 만드신다. 존 지지울라스는 이렇게 말한다. "성령이 그리스도를 종말론적 존재, 곧 '마지막 아담'이 되게 하신다."[1)]

비록 예수님이 몸으로는 우리와 함께하시지 않으나, 성령은 우리를 언약의 머리이신 그리스도와 연합시키신다. 성령은 세례를 통해, 우리와 죽음이 맺은 연맹을 깨뜨리신다. 그분은 우리를 '함께 일으키사 그리스도 예수 안에서 함께 하늘에 앉히신다'(엡 2:6 참고). 따라서 우리의 생명은 심지어 지금도 이 악한 세대에 의해 정의되지 않으며, 장차 올 시대에 완성된 상태로 그리스도가 누리실 그 생명의 능력과 동일하게 정의된다.

"그런즉 사랑하는 자들아 이 약속을 가진 우리는 하나님을 두려워하는 가운데서 거룩함을 온전히 이루어 육과 영의 온갖 더러운 것에서 자신을 깨끗하게 하자"(고후 7:1).

"그의 성령을 우리에게 주시므로 우리가 그 안에 거하고 그가 우리 안에 거하시는 줄을 아느니라"(요일 4:13; 3:24 참고).

이번 장에서는 그리스도 안에서 우리 모두가 동일하게 누리는 성령의 선물에 초점을 맞추고자 한다. 다음 장에서는 성령이 몸 전체의 유익을 위해 성도들 사이에 다양하게 나누어 주시는 선물들에 관해 살펴볼 것이다.

성령이 주시는 최고의 선물

성령의 은사에 관해 오랫동안 이어진 논쟁의 비극 중 하나는, 은사가 은사를 주시는 분보다 더 중요해져 버렸다는 것이다. 그리스도가 승천하신

---

1) John Zizioulas, *Being as Communion: Studies in Personhood and the Church* (Crestwood, NY: St Vladimir's Seminary Press, 2002), 130.

후에 주시는 가장 큰 선물은 바로 성령이시다. 존 오웬은 성부께서 우리를 위한 구원 사역에서 가장 큰 선물 두 가지를 주신다고 고찰했다. "하나는 그들을 위해 자신의 아들을 주신 것이며, 다른 하나는 그들에게 성령을 주신 것이다……하나님의 모든 약속이 이 두 지점으로 환원된다."[2] 또한 구원을 적용하는 일에서는 "하나님으로부터 우리에게 선이 전달된 것이 아니라 성령에 의해 우리에게 주어지고 우리 안에 기록되었다"고 말한다.[3]

우리 안에 있는 성령의 임재는, 우리로 하여금 말씀에 믿음으로 '아멘' 하게 하시며, 우리가 사는 이 시대를 '그 마지막 때'로 정의하게 한다. 우리는 "'하나님 아버지'의 미리 아심을 따라 '성령'이 거룩하게 하심으로 순종함과 '예수 그리스도'의 피 뿌림을 얻기 위하여 택하심을 받은 자들"(벧전 1:2)이다. 성령은 우리에게 생명을 주실 때 우리 마음의 어둠과 공허함을 품으시고 "혼돈의 물질을 사랑"하신다.[4] 이 경우에만 혼돈은 첫 창조 때처럼 가공되지 않은 채 조형되기를 기다리는 물질이 아니라 우상숭배와 불의함의 소용돌이를 의미한다. 그러므로 새 창조는 첫 창조보다 더 놀라운 것이다. 이번에 삼위 하나님은 무에서 새로운 세상을 창조하시는 것이 아니라 죄와 죽음으로부터 창조하신다. 아무런 도움도 없이 창조하실 뿐만 아니라 자신의 형상으로 창조하신 피조물이 대적하는 것에 맞서 새롭게 창조하신다. 성자 안에서 성부가 완수하신 구원을 성령께서 성취하신다.

---

2) John Owen, *A Discourse concerning the Holy Spirit*, in vol. 8 of *The Works of John Owen*, ed. William H. Goold, 16 vols. (Edinburgh: Banner of Truth, 1965), 23.

3) Ibid., 157.

4) 2장에서 인용한 바 성령이 물들을 품으시는 모습을 설명하는 칼빈의 묘사를 가리킨다.

성령은 성자를 위해 자연의 몸을 준비하셨고, 이후에 그리스도를 위해 교회로서의 몸을 준비하셨다(이에 관해서는 10장에서 볼 것이다). 성령은 주님이시다. 그분은 우리를 영광스러운 머리와 연합시키심으로써 새 창조 안에서 기업을 나눌 이들로 세우셨고, 우리에게 내주하사 종말의 구원을 보증하셨다. 성령은 성자를 구원의 문으로 만드시고, 이제 우리의 마음을 열어 그리스도를 모든 좋은 것들과 함께 받게 하신다(행 16:14 참고).

나는 예수님이 성령을 가리켜 말씀하신 파라클레토스라는 명칭이 법정에서 사용하는 용어에서 비롯되었다고 논증했다. 곧 성령은 변호인 또는 변호사이시다. 또한 성령은 우리를 변호하기 위해 오시는 위로자이기도 하다. 그러나 성령은 또 다른 보혜사이시다. 예수님이 우리의 자리에서 우리 중 하나로 함께하시다가 이제 하늘에서 우리를 위해 중보하심으로 우리 곁에 계신다면, 성령은 우리 안에서 죄를 깨닫게 하고 우리가 택함 받았음을 확신하게 하며 의롭다 하고 양자 삼으심으로써 자신의 보혜사 역할을 감당하시기 때문이다. 성령은 자기 자신을 우리의 영화를 위한 보증과 담보로 내주시는 변호인이시다. 지금 여기서 성령은, 그리스도가 역사 가운데서 우리를 위해 완수하신 법적 사역에 우리의 믿음을 단단히 묶으신다. 이렇게 법적 사역에 기초하여, 성령은 우리 안에서 우리가 더욱 그리스도의 형상을 닮도록 새롭게 하고 위로하는 능력의 사역을 시작하신다. 그러므로 모든 선물이 성자 안에서 성부로부터 성령을 통해 온다는 더 넓은 토대 위에서만, 선택에서 영화까지의 구원의 황금 사슬 전체를 이해할 수 있다. 예수님은 제자들을 고아와 같이 이 세상에 내버려 두지 않겠다고 약속하셨다. 바로 이 약속의 토대가 성령의 친밀한 임재이다. 세상은 그리스도를 대적했으나 그리스도는 세상을 이기셨다. 제자들 역시 현재의 일시적인 불안정과 상관없이, 그분 안에서 성령의 능력으로 이기는 자들이 될 것이다(요 16:33 참고). 삼위 하나님의 두 위격은 모두 변호인이자 위로자라는 의미로 파라클레토스이시다. 다만 서로 위격이 다르고 그에 따른 사역 방식이 다르기 때문에 서로 다른 파라클레토스이시다.

그렇다면 성령은 무엇을 인 치시는가? 이제 우리는 성령이 택자들에게 구원을 적용시키시는 것, 곧 구원의 서정을 살펴볼 것이다. 창세기 3장 15절에서 구원의 첫 약속이 주어진 때부터 성육신과 궁극적인 마지막 완성에 이르기까지 역사가 진행되었듯이, 영원 전의 선택에서부터 구원, 칭의, 양자 됨, 성화, 그리고 영화에 이르는 논리적 황금 사슬이 존재한다. "또 미리 정하신 그들을 또한 부르시고 부르신 그들을 또한 의롭다 하시고 의롭다 하신 그들을 또한 영화롭게 하셨느니라"(롬 8:30).

중생

성령은 성 삼위일체 하나님 중에서 우리가 가장 먼저 만나게 되는 분으로서, 우리를 성자와 연합시키시며, 또한 우리를 양자 삼으신 성부께로 데리고 가신다.[5] 카이퍼는 다음과 같이 말한다. "영원하며 언제나 복된 하나

---

5) 이 논의에 대해서는 다음을 보라. Abraham Kuyper, *The Work of the Holy Spirit*, trans. Henri De Vries (New York: Funk & Wagnalls, 1900: repr., Grand Rapids: Eerdmans, 1979), 32-33.

님은 성부나 성자로부터의 발생한 행위가 아니라 성령으로부터 발생한 행위로 피조물과 생명의 접촉을 하신다."[6] 확실히 말하자면, 우리는 성령을 통해서만 성부와 성자를 만난다. "그리스도는 결코 인간의 인격 안으로 들어오지 않으신다. 예수님은 스스로 인간의 본성을 입으셨다. 성령이 하신 것보다 자신을 인간 본성과 더 가까이 연합시키신 것이다. 그러나 예수님은 인간의 내면과 숨겨진 인격을 만지시지는 않았다."[7] 다음 사실을 안다면 이 일이 놀랍지 않을 것이다. "하나님의 성령은 수면 위를 운행하신다. 성령은 하늘과 땅의 군대들을 질서 있게, 생동감 있게, 찬란하게 일으키신다." 그런데 그 성령께서 인간의 마음의 영역 안으로 들어오셨다.[8] 그래서 예수님의 제자들은 오순절이 있은 후에 예수님을 이후의 모든 신자들이 아는 모습으로 알게 되었다. 성령이 오신 후에 그들은 예수님을 단지 랍비나 주인이 아니라 자기 몸의 종말론적 머리로 보게 되었다. 교회는 예배하는 가운데, 특히 그리스도와 그리스도를 통해 성부에게 초점을 맞추는 동안 "오소서 창조주 성령이여(*Veni, Creator Spiritus*)!"라고 외치는 셈이다. "언제나 동일한 깊은 생각이 존재한다. 성부는 여전히 피조물 외부에 계시며, 성자는 외부에서 피조물을 만지시고, 성령을 통하여 하나님의 생명이 인간 내면의 존재를 직접 만지신다."[9]

"허물과 죄로 죽었던"(엡 2:1) 우리에게는 오직 중생이 필요하다.

---

6) Ibid., 32.

7) Ibid.

8) Ibid., 33.

9) Ibid., 43.

"허물로 죽은 우리를 그리스도와 함께 살리셨고(너희는 은혜로 구원을 받은 것이라)"(엡 2:5).

옛 아담은 단지 더 나은 조언과 습관을 필요로 하는 불법자가 아니다. 그의 상태는 절박했다.

"육에 속한 사람은 하나님의 성령의 일들을 받지 아니하나니 이는 그것들이 그에게는 어리석게 보임이요, 또 그는 그것들을 알 수도 없나니 그러한 일은 영적으로 분별되기 때문이라"(고전 2:14).

예수님은, 성령이 진리의 영이라서 세상은 능히 받지 못하지만 자신의 택자 안에는 그분이 거하신다고 설명하신다(요 14:17 참고). 중생 없이는 우리가 회개할 수도 없고, 그리스도를 믿을 수도 없다(요 3:5, 6:44 참고). 심지어 믿음조차 선물이다(엡 2:8,9 참고). 성령은, 바닥을 쓸고 먼지를 털어 방을 준비하고 나면 그제서야 마음의 방에 들어오시는 분이 아니다(그것은 죽은 자에게 기대하기에는 지나치게 낙관적인 비유이다). 그분은 들어와 운행하면서 생명을 불어넣고 믿음을 주시며, 즉시 그 집을 새롭게 고치기 시작하신다. 성령은 그 집에 먼저 육(생물학적)의 생명을 불어넣으셨고, 이제 종말론적인 새 창조의 생명을 불어넣으신다.

효과적 부르심은 주체가 객체에게 힘으로 강제하여 행하는 일이 아니다. 그것은 성부로부터 나와 성자 안에서 성령에 의해 우리로 하여금 복음에, 그리고 복음을 통해 동의하게 하시는 화행이다. 첫 창조 때든 새 창조 때든, 하나님께서 "빛이 있으라"라고 말씀하신 것이 모두 이런 화행이었다. 하나님은 다시금 명하신다.

"땅은……내라"(창 1:24).

새 창조에서 우리는 생명을 주시는 명령적 선포를 수동적으로 받는다. 이러한 새 창조는 회심을 낳는다. 그리고 이때 우리는 성령이 주시는 회개와 믿음으로 반응한다. 이것이 바로 신약에 드러난 회심의 방법이다. 신약은 루디아의 경우를 예로 들어 어떻게 회심하는지를 묘사한다.

"주께서 그 마음을 열어 바울의 말을 따르게 하신지라"(행 16:14).

이것은 폭력적이거나 강압적이지 않다. 이것은 생명을 얻는 해방이다. 하나님의 말씀은 아무런 효과도 내지 못한 채 하나님께로 돌아가지 않는다(사 55:11 참고). 그것이 단지 절대주권을 가진 성부에게서 나왔기 때문만도 아니며, 예수 그리스도를 말하기 때문만도 아니다. 하나님의 말씀이 효과적인 것은 성령이 귀를 열어 듣게 하고 믿게 하시기 때문이다. 그러하기에 예수님의 사역에서는 심지어 듣지 못하는 자마저도 그 말씀을 들을 수 있다. 그러므로 하나님의 말씀은 단지 성부가 성자에 관해 말씀하시고 그 후에 우리가 스스로 결정하여 유효하게 만드는 것이 아니다. 성령은 자신을 통해 우리 안에서 합당한 반응을 불러일으키기 위해 일종의 도구로 작용하신다.

"그러므로 내가 너희에게 알리노니……또 성령으로 아니하고는 누구든지 예수를 주시라 할 수 없느니라"(고전 12:3).

"하나님의 약속은 얼마든지 그리스도 안에서 예가 되니 그런즉 그로 말미암아 우리가 아멘 하여 하나님께 영광을 돌리게 되느니라"(고후 1:20).

뿐만 아니라 성령은 하나님이 생명의 궁극적인 원천이요 저자라는 사실을 지키면서도 피조물을 도구로 사용하여 중생 사역을 행하신다. 성령은 복음의 외적 전파를 통해 우리를 중생시키신다(벧전 1:23,25 참고).

"자기의 뜻을 따라 진리의 말씀으로 우리를 낳으셨느니라"(약 1:18).

"그러므로 믿음은 들음에서 나며 들음은 그리스도의 말씀으로 말미암았느니라"(롬 10:17).

"(우리는) 혈통으로나 육정으로나 사람의 뜻으로 나지 아니하고 오직 하나님께로부터 난 자들이니라"(요 1:13).

본성적으로 "불의로 진리를 막는 사람들"(롬 1:18)이 하나님께서 세상에 하시는 말씀 안으로 쏠려 들어온다.

"또 미리 정하신 그들을 또한 부르시고"(롬 8:30).

칭의

바울은 로마서 8장 30절에 이렇게 덧붙인다.

"부르신 그들을 또한 의롭다 하시고."

바울은 복음에 관해 다음과 같이 선포한다.

"아들에 관하여 말하면 육신으로는 다윗의 혈통에서 나셨고 성결의 영으로는 죽은 자들 가운데서 부활하사"(롬 1:3,4).

호리스텐토스(*horisthentos*)라는 동사는 '표시하여 구별하다, 경계로 구분되다, 구별하다, 또는 소유로 선언되다' 등의 의미를 가진다. 이는 공적이고도 법적인 선포를 가리킨다. 성령은 공적으로 부활하신 그리스도를 공인하셨다. 즉, 의롭다 하셨다. 그리고 이제 그분은 우리를 그리스도에게 연합시키고 동일한 칭의를 얻게 하신다. 이와 비슷하게 바울은 고린도전서 6장에서 반역한 인간의 표지인 악덕을 나열한 후 이렇게 쓴다.

"너희 중에 이와 같은 자들이 있더니 주 예수 그리스도의 이름과 우리 하나님의 성령 안에서 씻음과 거룩함과 의롭다하심을 받았느니라"(고전 6:11).

일반적으로 우리는 칭의를 신자와 그리스도 간의 거래로 생각한다. 그런 이유로 어떤 학자들은 구원의 법정적 측면을 성령론적으로 전환하여 '구원 후에 나타나는 변화에 종속되는 것'으로 이해한다. 두 가지 모두 성령 사역에 대한 오해에서 비롯된 잘못된 견해이다. 성령을 하나님의 법정의 심판과 연관 짓고 나면, 성령이 구체적으로 칭의의 과정에 개입하시는 데에 놀랄 필요가 없다. 예수님이 고별 강화에서 가르치셨듯이, 성령은 '죄를 깨닫게' 하며 그리스도 안에 있는 '믿음'을 불러일으킨다. 그래서 우리는 현재도 우리의 무죄를 확신할 수 있다. 그리고 장차 우리가 영광 가운데서 다른 모든 성도들과 함께 부활하여 그리스도 안에서 무죄를 입증하게 될 때, 우리의 무죄함이 공적으로 드러날 것이다. 성령의 사역을 통해, 현재에도 우리는 마지막 판결에 대한 종말론적 확신을 가질 수 있다.

"그러므로 이제 그리스도 예수 안에 있는 자에게는 결코 정죄함이 없나니"(롬 8:1).

성령의 순종이 죄인들에게 주입된 것도 아니고, 그분이 우리의 죄를 대신 짊어지고 죽었다가 우리를 의롭다 하시기 위하여 살아나신 것도 아니다. 그러나 칼빈은 이를 잘 표현했다. "그리스도가 우리 외부에 계시며 우리와 분리되어 계신 한, 그분이 인류를 위해 겪으신 고난과 행하신 모든 것들은 우리에게 아무런 쓸모가 없으며 무가치할 뿐이다."[10] 결혼이 없다면, 빛도, 부도 나눌 수 없다.

연합과 결혼을 의미하는 언어는 교부들의 구원론에서 빠지지 않고 등장하는 표현이었다. 특히 중세에 끌레르보의 베르나르(Bernard of Clairvaux)는 이 비유를 강조했다. 루터는 그의 가르침이 그리스도와의 연합을 이해하는 데 중요한 영향을 끼쳤다고 말하면서 그를 칭송하였다.[11] 칼빈은 『기독교 강요』 중 이 주제를 다루는 부분에서 29번이나 베르나르를 직접 인용하였다.[12] 그러나 두 종교개혁자 모두에게 주된 원천은 신약, 특히 요한복음과 바울서신이었다. 그리스도와 연합한다는 것은 우리가 그에게 '접붙임' 받았으며 그리스도로 '옷 입었다'는 뜻이다(갈 3:27 참고). 우리를 구원하신 그리스도는 '멀리 떨어져 있는' 분이 아니다. 우리는 믿음을 통하여 그리스도와 연합하였다. 그것은 가장 친밀한 하나 됨이다. 이러한 결혼과 같은 연합의 기초는 그리스도의 구속 사역이지만, 그것은 실제로 성령의 은밀한 능력으로 가능해진다. 베드로는 우리가 "성령이 거룩하게 하

---

10) John Calvin, *Institutes of the Christian Religion*, trans. Lewis Ford Battles, ed. John T. McNeill (Philadelphia: Westminster John Knox, 1960), 3.1.1.

11) Martin Luther, "Anainst the Antinomians," in *Luther's Works*, ed. Jaroslav Pelikan and Helmut T. Lehmann, 55 vols. (Philadelphia: Fortress; St. Louis: Concordia, 1955-1986), 47:110: "이 교리는 내 것이 아니라 성 베르나르의 것이다. 아니, 내가 지금 뭐라고 하였는가? 성 베르나르의 것이라고? 이 가르침은 모든 그리스도의 왕국의 것이며, 모든 선지자와 사도들의 것이다."; idem, "The Freedom of a Christian," *Luther's Works*, 31:351; idem, "Two Kinds of Righteousness," *Luther's Works* 31:298, 351.

12) 특히 3.20.1. 베르나르의 피인용 횟수에 대해서는 다음을 보라. François Wendel, *Calvin: Origins and Development of His Religious Though,* trans. Philip Mairet (New York: Harper & Row, 1963), 127n43.

심으로 순종함과 예수 그리스도의 피 뿌림을 얻기 위하여"(벧전 1:2) 성부에 의해 선택되었다고 말한다. 예수님은 자신의 피를 주셨고, 성령은 그 피를 우리에게 뿌리셨으며, 영생을 주기 위해 우리에게 그리스도 안으로 들어가는 세례를 베푸셨다.

의롭게 하는 그 의는 그리스도께서 성취하신 것이므로 여전히 신자 외부에 존재한다. 그리스도는 우리 중 하나가 되셨으나 지금은 하늘에 계신다. 그런데도 우리가 그것을 확신할 수 있음은, 가장 친밀한 연합 안에서 성령이 우리의 죄를 내면에서부터 깨닫게 하시고 믿음을 주사 그리스도를 받아들이게 하시기 때문이다. 거듭 말하지만, 이것이 바로 우리에게 두 보혜사(한 분은 우리 바깥과 위에, 다른 한 분은 우리 안에 계신다)가 모두 필요한 이유이다.

양자의 영

성령은 성자 안에서 성부를 향해 부르짖을 수 있도록 하신다. 이 사역이 없이는 우리가 예수님께서 우리에게 가르쳐 주신 대로 "우리 아버지여"라고 기도할 수 없다. 막달라 마리아가 빈 무덤을 발견했을 때, 예수님은 마리아에게 말씀하셨다.

"나를 붙들지 말라 내가 아직 아버지께로 올라가지 아니하였노라. 너는 내 형제들에게 가서 이르되 내가 내 아버지 곧 너희 아버지, 내 하나님 곧 너희 하나님께로 올라간다 하라 하시니"(요 20:17).

바울도 그와 비슷하게 설명한다.

"예수를 죽은 자 가운데서 살리신 이의 영이 너희 안에 거하시면 그리스도 예수를 죽은 자 가운데서 살리신 이가 너희 안에 거하시는 그의 영으로 말미암아 너희 죽을 몸도 살리시리라……무릇 하나님의 영으로 인도함을 받는 사람은 곧 하나님의 아들이라……성령이 친히 우리의 영과 더불어 우리가 하나님의 자녀인 것을 증언하시나니, 자녀이면 또한 상속자 곧 하나님의 상속자요 그리스도와 함께한 상속자니 우리가 그와 함께 영광을 받기 위하여 고난도 함께 받아야 할 것이니라"(롬 8:11,14,16,17).

이 편지에서 바울은 조금 더 나아간다.

"이와 같이 성령도 우리의 연약함을 도우시나니, 우리는 마땅히 기도할 바를 알지 못하나 오직 성령이 말할 수 없는 탄식으로 우리를 위하여 친히 간구하시느니라. 마음을 살피시는 이가 성령의 생각을 아시나니 이는 성령이 하나님의 뜻대로 성도를 위하여 간구하심이니라"(롬 8:26,27).

일반적으로 우리는 두 가지 오류에 빠지곤 한다. 그중 하나는 그리스도와 성령의 중생의 은혜와 상관없이 하나님을 우리 아버지로 여기는 것이다. 다른 하나는 특히 교회 안에서 더욱 일반적인데, 성부를 너무 멀고 높은 분으로 여겨 히브리서 기자가 초청하는 대로 '담대히' 나아가지 못하는 경우이다. 히브리서 기자는 그리스도가 우리의 중보자이심을 선포하면서 이런 담대함을 가지라고 말한다. 그러나 동시에 그리스도께서 그러하셨듯이, 성령이 법정(하늘 법정이 아닌 우리 마음의 법정)에 입회하여 그리스도가 온전히 우리를 위해 의의 빚을 해결하셨음을 우리 양심에 확증하시기 때문이기도 하다. 여기서 우리는 또 하나의 역설을 만난다. 우리가 우리 안에서 역사하시는 성령의 사역을 만날 때, 역사 가운데 우리 바깥에서 일어난 객관적 사역과 그리스도로부터 멀어지는 것이 아니다. 반대로 우리 안에서 증언하시는 성령은, 우리가 우리의 마음에서 일어난 일이 아니라 하늘 법정에서 거룩한 천사들의 기쁜 모임에 둘러싸여 우리를 위하여 증언하시는 그리스도의 약속을 향하도록 인도하신다. 더 나아가 성령은 증언하실 뿐만 아니라 우리의 어리석고도 부적절한 기도들을 성자 안에서 성부께 통역하신다. 우리는 무엇을 어떻게 기도해야 하는지를 확실히 알지 못하지만, 성령께서 우리의 기도를 알아들을 수 있게 하신다(롬 8:26 참고). 우리는 자유롭게 슬퍼하고 탄식하며 찬양하고, 성부의 위엄에 적절하지 않은 듯한 간청들도 올려드릴 수 있다. 하나님께서 그리스도 안에서 우리에게 부모로서의 자비를 베푸시기 때문이기도 하지만, 성령이 우리 안에서 중보하시기 때문이기도 하다. 성령은 예수님이 성부로부터 보내신 또 다른 보혜사이시다.

성령 안에서 성화

바울은 성화에 관해 말할 때, 이미 신자가 얻은 것처럼 말한다(행 20:32 참고). 바울의 편지에서 그는 교회에 인사하면서 일반적으로 그들을 "성도들(하기오이스, *hagiois*)"이라고 부른다(롬 1:7; 고후 1:1; 엡 1:1; 빌 1:1; 골 1:2 참고). 심지어 성숙하지 못하고 훈련되지 않은 고린도 교인들까지도 "그리스도 예수 안에서 거룩하여지고(헤기아스메노이스, *hēgiasmenois*)"(고전 1:2)라고 일컫는다. 그와 비슷하게 베드로는 첫 번째 편지에서 흩어진 유대 기독교인들을 다음과 같이 부른다.

"하나님 아버지의 미리 아심을 따라 성령이 거룩하게 하심으로 순종함과 예수 그리스도의 피 뿌림을 얻기 위하여 택하심을 받은 자들"(벧전 1:2).

그리고 두 번째 편지에서는 다음과 같이 부른다.

"우리 하나님과 구주 예수 그리스도의 의를 힘입어 동일하게 보배로운 믿음을 우리와 함께 받은 자들"(벧후 1:1).

그리스도 안에 있는 것은 무엇이든 거룩하다. 그것이 그리스도 안에 있기 때문이다. 그리스도는 우리의 거룩함이시다.

"여호와 우리의 공의"(렘 23:6; 고전 1:30 참고).

그분은 우리의 거룩한 땅이요 거룩한 장소가 되신다. 그리스도의 피가 뿌려지는 것은 우리를 거룩하게 하는 일에서 염소나 소의 피가 뿌려지는 것보다 훨씬 더 우월하다. 그리스도가 성결하게 하는 것은 우리의 "양심을 죽은 행실에서 깨끗하게 하고 살아 계신 하나님을 섬기게"(히 9:13,14) 하기 때문이다.

"이 뜻을 따라 예수 그리스도의 몸을 단번에 드리심으로 말미암아 우리가 거룩함을 얻었노라"(히 10:10).

이는 언약 구성원들을 거룩하게 하는 "언약의 피"(히 10:29)이다. 예수님은 "자기 피로써 백성을 거룩하게 하려고"(히 13:12) 진영 밖에서 고통을 받으셨다.

"하나님이 우리를 구원하사 거룩하신 소명으로 부르심은 우리의 행위대로 하심이 아니요 오직 자기의 뜻과 영원 전부터 그리스도 예수 안에서 우리에게 주신 은혜대로 하심이라. 이제는 우리 구주 그리스도 예수의 나타나심으로 말미암아 나타났으니 그는 사망을 폐하시고 복음으로써 생명과 썩지 아니할 것을 드러내신지라"(딤후 1:9,10).

이 모든 것이 이전 장에서 살펴본 성별함에 속한다.

동시에 성령의 사역은, 우리를 그리스도가 시작하신 새 창조로 데리고 들어가 새롭게 하신다. 그 사역은 심판일 뿐만 아니라 능력을 더하는 것이다. 하나님의 모든 외적 사역이 그러하듯, 성령은 성부에 의해 시작되고 성자가 성취하신 사역을 완성하기 위해 보냄 받으셨다. 성화는 복음의 한 부분이다.

우리는 성령의 새롭게 하시는 경이로운 사역이 칭의 명제를 위협하는 듯하다는 생각의 문턱에서 우왕좌왕할 필요가 없다. 칭의와 성화에 대한 잘못된 선택은 반율법주의와 율법주의가 부정한 연합을 이루게 한다. 또한 우리는 객관적으로 구원받았으면서도 주관적으로 중생한 후에도 중생을 얻기 전과 동일한 상태에 있다고 생각하는 유혹에 빠져서도 안 된다. 여전히 죄악되고 방황하며 회개와 믿음이 약하다 하더라도(나는 이것이 로마서 7장의 논의라고 생각한다), "허물과 죄로 죽은" 것은 아니며, 다른 사람들처럼 "진노의 자녀"도 아니다(엡 2:1-3 참고).

중생에서 우리는 수동적이다. 죽었던 우리가 "빛이 있으라"라는 말씀으로 말미암아 다시 살아났기 때문이다. 반면 "땅은……내라"라는 말씀에서와 같이 회심, 즉 믿음과 회개에서 우리는 능동적이다. 그러나 두 가지 모두 성자 안에서 성령에 의해 성부께서 말씀을 발하신 결과이다. 성령의 절대주권적 은혜는 인간의 주체성을 소멸하지 않으며, 반대로 그리스도 안에서 우리를 자유롭게 하여 갈수록 더욱 하나님의 형상을 닮게 하신다.

그러므로 우리의 성화에서도 성령은 우리를 원래 본성에서 구원하시는 것이 아니라 그 본성을 회복시키신다. 성령은 피조 세계 가운데서 이 땅의 일반적 방법으로 역사하신다. 존 웹스터는 멋지게 이 지점으로 우리 관심을 이끈다.

성령은 거룩하게 하시는 주님이시다. 직설적으로 말하면, 성화는 하나님과 피조물 간에 협력하거나 협조하는 과정이 아니다. 피조물이 이미 어느 정도 가지고 있는 거룩함을 끌어내거나 세우는 것이 아니다. 성화는 거룩하게 만드는 것이다. 거룩함은 공유할 수 없는 하나님의 속성이다. 만약 이 땅의 실재가 거룩하게 된다면, 그것은 선택 받았기 때문일 것이다. 즉, 주님이신 성령의 구분하며 나누시는 주권적 행위를 통하여 된 일이다……수직적 '주 되심'으로부터 참으로 '주어진' 수평적 의미의 삶이 흘러나온다. 구별하는 것, 거룩함으로 택함 받는 것은 피조물 됨을 폐지하는 것이 아니다. 그것이 곧 창조이며 보존이다.[13]

---

13) John Webster, *Holy Scripture: A Dogmatic Sketch* (Cambridge: Cambridge University Press, 2003), 27.

성령은 우리를 거룩하게 하심으로써 이 지나가는 악한 세대와 그 부패한 열매로부터 잘라 내, 우리가 그분의 의의 열매를 맺을 수 있도록 하신다. 성령의 구원하는 말씀은 우리가 말할 수 없도록 하는 것이 아니라, 그분을 기꺼이 찬양하게 하신다. 성령은 우리에게 목소리를 돌려주셔서 성자 안에서 믿음으로 "아멘!" 하여 성부의 말씀에 화답하게 하신다. 한편 신약에서는 육체와 영의 전쟁을 말하는데, 이것은 바로 '이미'와 '아직'의 긴장을 시사한다. 선택, 중생, 칭의와 양자 삼으심과는 달리, 우리의 성화는 이 땅에서의 생애에 완성되지 않을 것이다. 그런데도 이것은 참되며 결정적인 것이다. 승천 및 오순절과 함께 온 종말론적 새로움은 얼마나 놀라운지, 요한은 이웃을 사랑하라는 옛 계명을 말하면서 이렇게 기록할 수밖에 없었다.

"다시……새 계명을 쓰노니……이는 어둠이 지나가고 참빛이 벌써 비침이니라"(요일 2:7,8).

죄와 사망의 시대에서 의와 생명의 시대로 새롭게 옮겨가는 역사의 질적 전환이 이루어졌다.

"창세전에" 그리스도 안에서 우리를 택하셨을 때에도 이미 어떤 구별됨과 '잘라 냄'이 있었다(엡 1:4 참고). 삼위 하나님은 영원 가운데 이미 자신의 아들을 위하여 한 무리의 백성을 정죄당한 인류 가운데서 자신에게로 구별하셨다. 예수님은 이들을 가리켜 "아버지께서 내게 주시는 자"라고 반복해서 말씀하셨다(요 6:37,39, 10:11,15, 17:9 참고). 예수님은 그들을 위해 자기 생명을 내주셨다. 바로 그들이 성령께서 다시 일으키신 그 아들과 영원한 혼인으로 연합할 신부이다. 칼빈은 이렇게 쓴다. "요약하자면, 성령은 그리스도가 우리를 자신과 유효하게 연합하게 하시는 띠이다."[14]

칼빈은 바울의 말을 인용하면서 로마 가톨릭과 재세례파에 맞선다. 곧 우리가 하늘로 올라가거나 우리의 마음속으로 내려감으로써 그리스도를 발견하는 것이 아니라, 말씀을 통해 일하시는 성령의 역사로 발견하게 된다고 강조한 것이다. 우리는 "하나님의 아들과 함께한 자들이다. 그분이 자신의 실체를 우리에게 전달해 주셔서가 아니다. 성령의 능력으로 말미암아 그리스도가 자신의 생명과 성부로부터 받은 모든 복을 우리에게 나누어 주셨기 때문이다."[15] 칭의와 관련하여 "우리는 아들의 의로 옷 입음으로써 하나님과 화목하게 되고, 성령의 능력으로 말미암아 거룩함을 향하도록 새로워진다."[16] "놀라운 연합으로 인하여 온전히 우리와 하나가 되실 때까지 날마다 (그리스도가) 우리와 더욱 한몸이 되어 가기 때문이다."[17]

그래서 종교개혁자들에게 연합의 신비롭고도 주관적인 측면은 객관적이고도 법적인 측면과 뗄 수 없다. 성령의 법적 사역이 그분의 새롭게 하시는 능력과 뗄 수 없는 것과 마찬가지이다. 그러할지라도 우리는 우리의 마음에 내려가서 그리스도를 발견하는 것이 아니라, 복음의 옷을 입고 계신 그리스도에게로 이끌려 그분을 발견하게 된다. 칼빈은 이렇게 조언한

---

14) Calvin, *Institutes*, 3.1.1.

15) Ibid.

16) John Calvin, *The Epistles of Paul the Apostle to the Romans and to the Thessalonians*, in *Calvin's New Testament Commentareis*, trans. Ross Mackenzie, ed. David W. Torrance and Thomas F. Torrance, 12 vols. (Grand Rapids: Eerdmans, 1964), 8:138.

17) Calvin, *Institute*, 3.2.24.

다. "만약 당신이 스스로를 관상하고 있다면, 분명 정죄 받을 것이다."[18] 그리고 계속해서 이렇게 말한다.

그러나 그리스도는 자신의 모든 유익들과 더불어 자기 자신을 당신에게 주셔서 당신 것이 되게 하시고, 당신을 그분의 지체로 삼으셨으며, 실제로 그분과 하나 되게 하셨다. 그분의 의가 당신의 죄를 압도하여 정죄로부터 당신을 구원하신다. 그분은 너무나 무가치하여 하나님의 눈앞에 설 수 없는 당신을 그분의 가치 있음으로 중보하신다. 참으로 그러하다. 우리는 그리스도를 우리에게서 분리하거나 우리를 그분에게서 분리해서는 안 된다. 오히려 우리는 우리를 그분과 하나로 묶은 그 교제를 담대하게 두손으로 꼭 붙들어야 한다. 그래서 사도는 우리에게 이렇게 가르친다. "또 그리스도께서 너희 안에 계시면 몸은 죄로 말미암아 죽은 것이나 영은 의로 말미암아 살아 있는 것이니라(롬 8:10)."[19]

한 믿음을 통해 우리는 온전한 그리스도를 주님과 구세주로 받으며, 더불어 그분이 주시는 칭의와 새롭게 하심을 비롯하여 온갖 선물들을 받는다. 성령은 우리가 아직 죽었을 때에 우리 위에서 주님이요 생명을 주는 분으로 역사하신다(엡 2:1-5 참고). 또한 성령은 우리를 그리스도와 함께 살게 하면서, 은혜 가운데 선한 일을 할 수 있도록 힘을 더하신다(엡 2:10

---

18) Ibid.
19) Ibid.

참고).

이제 우리가 곤경에서 건짐을 받았으므로 성화를 우리 쪽에서 행하거나 취해도 되고 취하지 않은 채 내버려 두어도 되는 것인 양 생각하면서 복음을 죄 사함과 칭의로만 전달하는 것은, 복음을 심각하게 협소하게 만든다. 성경은 결코 믿음의 행위를 나누어 말하지 않는다. 즉, 칭의를 위해 그리스도를 받아들이는 믿음(예수님을 인격적으로 구세주로 받아들이는 것)이 있고, 주님이신 그분께 헌신하는 믿음이 있다는 식으로 말하지 않는다. 우리가 예수님을 무언가로 만드는 것이 아니다. 믿음은 단지 그분을 그분 그대로, 그분이 행하신 일과 베푸시는 모든 것을 함께 받는 것이다.

칭의와 성화의 관계에 관해 이런 질문이 제기될 때마다, 신약은 거듭 유기적 유비들(포도나무 줄기와 가지, 머리와 지체)을 사용하여, 우리가 그리스도 안에 있는 어떤 은혜들(예를 들어, 선택, 구속, 칭의, 양자 됨)을 위해서는 연합되면서도 다른 은혜(성화와 영화)들을 위해서는 연합되지 않을 수 있다는 것이 불가능한 일임을 명확히 밝힌다. 바울은 로마서 6장에서, 세례로 그리스도께 들어간 자들은 죄 사함을 위하여 그분과 함께 죽은 자들일 뿐만 아니라 부활한 삶에도 동참하는 자들이라고 말한다. 그들은 성령으로 인하여 이미 새로워졌다. 칭의가 과거형이듯 이 사실도 동일하게 과거형이다. 중생한 자는 다시 영적 죽음의 상태로 돌아갈 수 없다. 그러므로 죄는 더 이상 그들을 지배하지 못한다.

하이델베르크 요리문답은 십계명을 다루면서 이렇게 질문한다. "그러나 하나님께 회심한 자들이 완벽하게 이 계명들을 지킬 수 있는가?" 답은 다음과 같다. "아니오. 이 세상에서 가장 거룩한 자 할지라도 겨우 이 순종을 시작할 수 있을 뿐입니다. '그러나' 그들은 진실된 목적으로 하나님의 계명 중 일부가 아니라 모든 계명을 따라 살기 시작합니다."[20]

우리는 하나님의 율법을 지켜서 칭의를 얻을 수 없다. 계명을 지킴으로써 완전히 성화될 수도 없다. 우리는 언제나 우리의 죄를 자백하며, 계속 죄를 짓는 상태에 있다. 스스로 완벽하다고 말하는 자는 누구든지 하나님을 거짓말하는 분으로 만드는 것이다(요일 1:9,10 참고). 그러나 우리는 그리스도의 본을 따라 그분께 순종할 수 있으며, 새로운 삶을 살 수 있다. 우리는 "내가 주의 법을 어찌 그리 사랑하는지요 내가 그것을 종일 작은 소리로 읊조리나이다"(시 119:97)라고 노래했던 다윗보다 더욱 기꺼이 하나님의 율법을 기뻐할 수 있다. 우리의 경험은 다르게 말할지도 모른다. 하나님의 율법을 사랑하지도 않으며, 그 계명을 따르지도 못하고, 따를 수도 없다고 말이다. 그러나 약속은 우리의 경험을 이긴다. 하나님이 주신 계명 중 하나라도 단정적으로 순종하지 않으려는 자는 그리스도께 연합하지 않은 자이다.

거룩함 안에 자라는 것은 끊임없는 씨름이다. 그러나 중생한 자에게 그것이 불가능하다고 말하는 것은 성령을 부정하는 것이다. 예수님은 이렇게 초청하셨다.

"수고하고 무거운 짐 진 자들아 다 내게로 오라 내가 너희를 쉬게 하리라. 나는 마음이 온유하고 겸손하니 나의 멍에를 메고 내게 배우라 그리하면 너희 마

---

20) 하이델베르크 요리문답 주일 44, 114문답을 참고하라.

음이 쉼을 얻으리니, 이는 내 멍에는 쉽고 내 짐은 가벼움이라"(마 11:28-30).

예수님의 주 되심은 쉽고 그분의 짐은 가볍다. 이는 종교 지도자들이 백성들에게 무거운 짐을 지운 것과 극명하게 대조된다. 예수님이 바리새인들의 규례 모음을 철폐하셨기 때문만이 아니다. 실상 더 많은 것을 요구하는 그분의 사랑의 법이 더 이상 외적 위협이 아니며, 내주하고 중생시키며 거룩하게 하시는 성령의 임재에 의해 다듬어지는 내적 경향성이 되었기 때문이다. 성령이 우리 마음 안에 율법을 넣으실 때, 선지자들이 고대했던 그날이 온 것이다. 만일 우리가 하나님이 주시는 칭의나 다른 좋은 선물들을 율법 자체에서 찾고 있다면, 이는 결코 쉬운 멍에나 가벼운 짐일 수 없다. 오히려 우리를 탄식 가득한 절망으로 이끌 것이다. 그러나 우리가 그리스도 안에서 율법의 저주로부터 구원받았다면, 우리는 죄와 죄의 지배로부터 자유롭게 된 것이다. 성령의 시대에 신자는 결코 하나님 계명을 사랑할 수 없거나 순종할 수 없는 상태로 끝나지 않는다.

회개는 언제나 계속된다. 다만 그 의미는 광범위하다. 회개가 계속되는 것은, 우리의 최선마저도 온전한 마음에서 나오지 않으며 하나님께 공로가 되기에도 늘 모자랄 뿐이기 때문이다. 우리는 무엇을 믿을 것인지, 또는 어떻게 살 것인지를 결정할 수 있는 어떤 권리도 주장할 수 없다. 그러하기에 우리의 회개의 범위는 더욱 크다. 우리는 어떤 가르침을 믿을 것인지, 어떤 명령에 순종할 것인지를 고를 수 없다. 하나님은 자신을 위해 우리에 대한 권리를 완전히, 그리고 온전히 주장하신다. 물론 이 사실에 익숙해지는 데는 평생이 걸린다. 우리가 한 영역에서 성령에게 우리 자신을 드렸다고 생각할 때, 또 다른 측면에서 새로운 전선이 형성되는 것을 발견한다. 심지어 죽는 순간에도, 하나님 앞에서 의롭다함을 받은 우리의 모습이 그리스도가 돌아오실 때 우리 안에서 완성되어 드러날 영광스러운 모습과는 한참 거리가 먼 것을 보게 된다.

여러 개신교도들은 협력주의(synergism)라는 표현을 의심의 눈으로 바라본다. 거기에는 타당한 이유가 있다. 긴 역사 속에서 이 용어는 '적용된 구원론(구원 서정)'의 체계와 연관되어 그리스도 안에서만 의롭다 칭함 받는 것(칭의)과 점진적으로 그리스도의 형상으로 변화해 가는 것(성화) 사이의 모든 차이를 희미하게 만들어 버렸다. 그리고 우리는 여기에 중생과 성화의 차이도 모호하게 만들었다는 점도 추가해야 할 것이다. 이런 협력주의는 반(半)펠라기우스주의나, 심지어 구원이 순전히 은혜로 주어지는 선물이 아니라 우리가 얻어 내는 것이라고 믿는 펠라기우스주의로 빠지기 쉽다. 이런 신학들(이들은 중세 초기에 교회에서 이단으로 정죄받았다)에 따르면, 은혜는 단지 신자의 결정과 노력에 따라 하나님이 주시는 도움에 불과하다. 심지어 정통적 알미니안의 가르침에서도 사람으로 하여금 중생을 선택할 수 있게 하는 선행 은총을 통해 중생에 이르게 된다. 그래서 알미니안은 협력주의자라는 이름을 받아들인다.[21] 그러나 개혁파적 해석에 따르면, 성경은 절대 거듭남이 인간이 협력함으로써 나타나는 결과라고 말하지 않는다. 부활하는 데에 죽은 자가 협력할 수 없는 것과 마찬가

---

21) Roger E. Olson, *The Mosaic of Christian Belief: Twenty Centuries of Unity and Diversity* (Downers Grove: IL: InterVarsity Press, 2002), 281.

지이다.

그러나 우리는 더 이상 죽은 자들이 아니다. 내주하시는 성령의 능력으로 말미암아 그리스도 안에서 산 자들이다. 이제 우리는 중생의 결과로 하나님과 협력할 수 있게 되었다. 협력주의가 그 관계를 과도하게 설명하는 것일 수 있으나, 유의어인 공역(cooperation)은 그렇지 않다. 나는 다음 구절들과 같이 직설적인 말씀들을 어떻게 다른 식으로 해석할 수 있는지 모르겠다.

"그러므로 너희는 죄가 너희 죽을 몸을 지배하지 못하게 하여 몸의 사욕에 순종하지 말고, 또한 너희 지체를 불의의 무기로 죄에게 내주지 말고 오직 너희 자신을 죽은 자 가운데서 다시 살아난 자같이 하나님께 드리며 너희 지체를 의의 무기로 하나님께 드리라"(롬 6:12,13).

"내가 이르노니 너희는 성령을 따라 행하라. 그리하면 육체의 욕심을 이루지 아니하리라. 육체의 소욕은 성령을 거스르고 성령은 육체를 거스르나니 이 둘이 서로 대적함으로 너희가 원하는 것을 하지 못하게 하려 함이니라. 너희가 만일 성령의 인도하시는 바가 되면 율법 아래에 있지 아니하리라. 육체의 일은 분명하니 곧 음행과 더러운 것과 호색과 우상숭배와 주술과 원수 맺는 것과 분쟁과 시기와 분냄과 당 짓는 것과 분열함과 이단과 투기와 술 취함과 방탕함과 또 그와 같은 것들이라. 전에 너희에게 경계한 것같이 경계하노니 이런 일을 하는 자들은 하나님의 나라를 유업으로 받지 못할 것이요. 오직 성령의 열매는 사랑과 희락과 화평과 오래 참음과 자비와 양선과 충성과 온유와 절제니 이 같은 것을 금지할 법이 없느니라. 그리스도 예수의 사람들은 육체와 함께 그 정욕과 탐심을 십자가에 못 박았느니라. 만일 우리가 성령으로 살면 또한 성령으로 행할지니"(갈 5:16-25).

"그러므로 나의 사랑하는 자들아, 너희가 나 있을 때뿐 아니라 더욱 지금 나 없을 때에도 항상 복종하여 두렵고 떨림으로 너희 구원을 이루라"(빌 2:12).

이런 구절들은 더 많다. 이 구절들에서 도덕적 명령법은 복음적 직설법에 기초하고 있다. 공역은 거듭남으로 이끌지 못한다. 오직 거듭남으로부터 나온다. 우리는 죄가 자유롭게 통치하도록 놔두지 않는다. 왜냐하면 우리는 "죽은 자 가운데서 다시 살아난 자"이기 때문이다(롬 6:12,13 참고).

"죄가 너희를 주장하지 못하리니 이는 너희가 법 아래에 있지 아니하고 은혜 아래에 있음이라"(롬 6:14).

우리는 '성령을 따라 행해야' 한다(갈 5:16 참고). 참으로 성령으로 행해야 한다(갈 5:25 참고). 왜냐하면 '우리가 성령으로 살기' 때문이며(갈 5:25 참고), 더 이상 율법의 정죄 아래 있지 않기 때문이다(갈 5:5-13 참고). 그리고 바울은 "항상 복종하여 두렵고 떨림으로 너희 구원을 이루라"(빌 2:12)라고 명령한 후에 다음 말씀을 즉시 덧붙인다.

"너희 안에서 행하시는 이는 하나님이시니 자기의 기쁘신 뜻을 위하여 너희에게 소원을 두고 행하게 하시나니"(빌 2:13).

내가 창세기 1장에서 도출해 낸 구분을 기억해 보라. 중생은 '……있으라 하시니……있었고'와 같은 화행에 해당하며, 성화는 '땅은……내라 하시니 그대로 되어 땅이……내니'와 같은 종류로 이해할 수 있다. 성령은 중생과 그리스도와의 연합의 효과를 점진적으로 산출하신다. 그러므로 우리 자신의 활동 안에서, 그 활동으로, 그 활동을 통하여 성령의 열매가 맺힌다.

우리의 성화에서 한편으로 성령과 공역하라는 명백한 부르심이 있다. 그리고 또 다른 한편에는 비대칭이 명백히 보인다. 중생 및 칭의와 마찬가지로 성화는 하나님의 은혜로운 일하심 덕분에 가능하다. 참여하는 각자가 구원 사역에 어느 정도 기여한다는 의미의 협력주의는 없다. 오히려 우리가 하라고 부름 받은 일들은 선물에 대한 반응이며, 심지어 그 반응 자체가 선물이고, 우리가 죽기까지 그러할 것이다. 그러나 공역은 여전히 존재한다. 위로부터 주어진 명령법은, 우리의 몸을 성령을 위해 드리면 우리가 성령의 열매를 맺을 것이라고 분명히 말한다. 반면 우리가 우리 자신을 죄악된 본성에 내주면 육의 열매를 맺어 죽음에 이를 것이다.

성화는 하나님의 사역이다. 성화는 그리스도가 이루신 승리의 열매이며, 성령으로 말미암아 우리에게 적용된다. 동시에 그리스도인으로 성장하는 과정에 우리는 성령을 소멸할 수도(살전 5:19 참고), 우리를 성령께 내드릴 수도(롬 6:13 참고) 있다. 다시 한 번 의존에 관한 논리적 순서에 주의를 기울이라.

"만일 우리가 성령으로 살면 또한 성령으로 행할지니"(갈 5:25).

에디스 험프리는 이렇게 말한다. "여기서 우리는 이것이 우리에게 의존하고 있다는 인상을 주지 않도록 조심해야 한다. 이 모든 것이 하나님이 시작하셔야 우리에게 오기 때문이다. 그러나 어떤 의미에서 우리는 '공-역(共役, co-operate)'하도록 부름 받았다(어쩌면 '종-역(從役, sub-operate)'

이라고 할 수 있을지도 모르겠다)."[22] 공식 용어는 반드시 항상 경건하게 사용되어야 한다. 비록 신조어이지만 '종-역'은 성화에 대한 언약적 이해가 가진 독특성을 잘 포착한다고 생각한다. 성화는 전적으로 하나님으로 인한 것이다. 그리고 우리는 은혜의 수단에 참여하며, 날마다 믿음과 회개와 순종으로 반응할 의무를 진다. 하나님의 도우심이 있더라도 우리가 우리 스스로를 거룩하게 하는 것이 아니다. 오직 하나님만이 거룩하게 하실 수 있다. 그러할지라도 우리는 거룩하게 하는 일을 해야 한다. 오직 하나님만이 우리를 자라게 하시지만, 우리는 회개하고 믿고 훈련하며 영적 식단의 균형을 맞추어야 한다. 우리는 그리스도 안에 있으며 오직 그 연합으로 말미암아 산다. "오직 우리 주 곧 구주 예수 그리스도의 은혜와 그를 아는 지식에서 자라"(벧후 3:18) 간다.

존 오웬이 지적했듯이, 아담과 하와는 올바르게 창조되었다. 그들의 의는 더해진 선물이 아니라 창조된 존엄성에 내재된 것이었다. 다만 그들은 하나님의 형상을 지닌 자들로서 그들의 존엄성을 계속 지켜 가야 했다. "그리고 이 모든 것들이 성령의 직접적인 사역의 독특한 효과였다."[23] 그러므로 중생에서 성령은 "그분 자신의 일을 회복"하시고, "우리 안에 하나님의 형상, 곧 성령의 독특한 사역으로 원래 창조되었던 형상을 새롭게 하신다."[24] 그 첫 언약에 따라 "그들은 완전히 성령을 잃을 수도 있었으며, 실제

---

22) Edith M. Humphrey, *Ecstasy and Intimacy: When the Holy Spirit Meets the Human Spirit* (Grand Rapids: Eerdmans, 2006), 72.
23) Owen, *Discourse*, 102.
24) Ibid.

로 그 일이 일어났다. 하나님은 성령에게 특별한 곳에 거주하게 하지 않으셨다. 온 세계가 하나님의 성전이었기 때문이다. 반면 그리스도의 인격과 중보 위에 세워진 은혜언약에서는 그렇지 않았다. 하나님의 성령이 부어지는 사람은 누구나 그 안에 하나님의 형상이 새롭게 되었고, 영원히 하나님께 접붙임 받게 되었다."[25] 그다음 부분에서 오웬은 이렇게 말한다. "그러므로 어떤 사람들처럼 성령의 이 영광스러운 사역에서 비천하고도 무가치한 육신적인 생각들을 발산하는 것이야말로 가장 혐오스러운 일이다. 성령은 자신의 영광스러운 사역을 온전히 법정적 의, 또는 도덕적 덕행으로 이루어지게 하셨다."[26]

심지어 오웬은 이전에도 점진적 갱신이 있었다고 말한다.

성화는 하나님의 성령이 신자의 영혼에 직접 일하시는 사역으로서, 죄의 오염과 부정함에서 그들의 본성을 성결하고도 깨끗하게 하시며, 그들 안에 하나님의 형상을 새롭게 하시고, 이로써 그들이 영적이고도 습관적인 은혜의 원리들로부터 새언약의 조항들이 의도하는 바를 따라 예수 그리스도의 삶과 죽음에 의지하여 하나님을 향해 순종할 수 있도록 하시는 사역이다.[27]

---

25) Ibid.
26) Ibid., 376.
27) Ibid., 386.

그리스도께서 이루신 만족(satisfaction) 및 그분이 전가하신 의로 말미암는 칭의 교리와 더불어 성화의 교리도 모든 성실한 순종을 무력화시킨다는 공격을 받는다. 그러나 성경은 이 은혜의 교리들이야말로 경건을 추구할 수 있는 유일하고도 참된 기초라고 가르친다.[28]

오웬에 반대하는 이들은 중생을 그저 자연법을 따르는 생명을 개선하는 것 정도로 축소시킨다.[29] 그러나 이는 행위언약을 위해 은혜언약을 버리는 것에 불과하다. 오웬은, 예수님의 옷자락을 움켜쥔 병든 여인처럼(마 9:20-22 참고), 가장 비천한 믿음을 가진 가장 가난한 죄인이 고침을 받았다고 말한다.

수많은 이들이 서로 밀치면서 그리스도 주위에 모여 믿음과 순종을 고백하고 실제로 많은 의무들을 행했노라고 말했지만, 그리스도에게서는 그들을 고치는 그 어떤 은혜도 나오지 않았다. 그러나 누가 보아도 멀찍이 떨어져 있는 것 같은 가난한 자가 특별한 믿음으로 살짝이라도 그분을 만진다면, 그 영혼은 고침을 받을 것이다. 이것이 죄 죽임에 관해 우리가 취해야 할 길이다.[30]

그리스도 안에 있는 믿음은 사랑의 결과를 가져온다.[31] 이제 신자들은

---

28) Ibid., 394-397.
29) Ibid., 526.
30) Ibid., 562.
31) Ibid., 564.

시내산으로부터 나오는 하나님의 명령을 율법적 언약으로 듣지 않고 "은혜언약에서 결코 떨어질 수 없는 상태가 되었다"고 생각한다.[32]

성령은 우리를 타락하기 이전에 아담이 가졌던 형상으로 회복시키시는 것을 넘어, 그리스도의 형상과 같이 만드신다. 그분이야말로 "보이지 아니하는 하나님의 형상"(골 1:15)이시다. 더 나아가 이 형상은 이제 우리 인성을 입고 영화롭게 되사 높임을 받으시는 아들이요, 아담이 실패한 형상을 완성하신 아들의 형상이다. 이미 살펴본 대로, 바로 이것이 그리스도가 승천하여 영광을 받으시기 전까지는 성령이 주어질 수 없었던 근본적인 이유이다. 예수님의 인성이 영화롭게 되어 성부의 오른편 보좌에 앉으셔야 새 인류의 원형이 정말로 존재하게 된다.

그러므로 이제 우리의 성화는 "영광에서 영광"(고후 3:18)으로 변화하는 (변모하는) 것이며, 마지막 날에 이 변화가 온전히 드러날 것이다. 이는 자연적 성장, 도덕성의 계발, 인류의 교육이나 인간성의 증진을 훨씬 뛰어넘는 일이다. 우리가 세례를 통해 씻어져 그리스도께로 들어갈 뿐만 아니라 그리스도의 영광스러운 형상의 수준으로까지 변화하는 것은 초자연적이고도 말할 수 없는 기적이요 하늘로부터 주어진 선물이다.

이 세상에서 오직 신자들만이 성령으로 말미암아 그리스도와 연합함으로써 '이미'와 '아직' 사이의 긴장을 느끼면서 살아간다. 신자들은 현재 자신의 삶이 죄에서 자유로워졌음을 경험하면서도 그리스도 안에서 제대로 성장하지 못하는 것을 보고 자주 실망하곤 한다. 우리는 우리가 누리는 성

---

32) Ibid., 606.

령의 내주하심과 그리스도와의 연합이라는 사역으로 말미암아 객관적 정체성과 계속되는 죄와의 싸움 사이에서 내적 갈등을 겪는다. 그러나 성경은 명확한 진리를 제시한다. 곧 끊임없이 계속되는 우리의 성화가 언제나 우리가 선택 받고 칭의를 얻으며 양자 되었다는 안전한 기초 위에 서 있다는 것이다. 또한 우리가 받은 칭의가 성화를 목적으로 하며 궁극적으로 영화를 향한다는 것이다(이는 11장에서 다룰 것이다). 바울만 하더라도, 여러 부분에서 이 핵심들을 다룬다. 바울은 직설법에서 출발하여 직설법이 요구하는 명확한 명령법으로 옮겨간다(롬 6:13, 12:1; 고후 5:15; 엡 2:10, 4:1; 골 1:9,10; 딛 2:14, 3:8 참고). 그러므로 현재 우리의 성화는 과거에 하나님께서 우리를 위해 이미 이루셨고 또한 장차 이루실 하나님의 약속으로 열매를 맺는다. 이것이 든든한 기둥이 되어 다음과 같은 확신을 불러일으킨다.

"너희 안에서 착한 일을 시작하신 이가 그리스도 예수의 날까지 이루실 줄을 우리는 확신하노라"(빌 1:6).

성령의 열매

몸(교회)의 건강을 위해 각 신자에게 나누어지는 여러 은사들과는 달리, 성령의 열매는 모든 신자들에게서 열린다. 특정한 몇몇 신자만이 아니라 모든 신자들이 성령으로 말미암아 세례를 받아 그리스도께로 들어가고, 그리하여 서로를 사랑하며 겸손히 행해야 할 의무를 지게 된다. 누군가 다른 성도에게서 자기에게는 부족한 특별한 섬김의 은사를 발견할 수도 있다. 그러나 어느 누구도 성령의 열매를 몇 가지가 아니라 모두 맺어야 한다는 의무에서 벗어나지 않는다. 예수님은, 자신이 포도나무 줄기요 우리는 가지라고 가르치셨다. 예수님께 연합되는 것은 곧 생명을 얻는 것이며, 사랑과 선행의 열매를 맺는 것이다. 갈라디아서 5장에서 사도 바울도 이와 비슷하게 '성령의 열매'를 육신의 열매와 비교하며 구체적으로 가르친다.

"오직 성령의 열매는 사랑과 희락과 화평과 오래 참음과 자비와 양선과 충성과 온유와 절제니 이 같은 것을 금지할 법이 없느니라. 그리스도 예수의 사람들은 육체와 함께 그 정욕과 탐심을 십자가에 못 박았느니라"(갈 5:22-25).

이 문제를 이렇게 다루는 것은 성화의 역동적 움직임을 강조한다. 성령은 우리를 거듭나게 하실 뿐만 아니라, 내주하여 우리를 인도하신다. 성령은 최전방에 서서 우리가 그분을 따라갈 수 있도록 이끄신다. 바울이 묘사한 열매는 수많은 이교 철학자들의 윤리 저작들에서도 열거될 만한 것들이다. 그러나 육신(이는 현재의 악한 시대가 품은 잠재성을 간결하게 표현한다)은 이 열매들을 맺을 능력이 없다. 그것들이 시민적 덕목일 수는 있으나 새 창조에 참여한 열매는 아니다.

또한 바울은 "성령으로 충만함을 받으라"(엡 5:18)라고 권면하는데, 이것은 그리스도의 말씀을 감사함으로 찬양하는 것과 일상의 관계에서 서로에게 더욱 복종할 것을 내포하고 있다(엡 5:19-33 참고). 이것 역시 매우 중요하다.

일반적인 경건 훈련은 신자 개인의 내적 삶에 초점을 맞춘다. 이와 달리 성경은, 우리를 열어 바깥을 돌아보게 하시고 위로는 믿음으로 하나님을 우러러보며, 밖으로는 사랑으로 이웃들을 바라보게 하시는 성령의 사역에 초점을 맞추고 있다. 성령의 열매는 우리가 다른 사람들을 어떻게 대하는지와 연관된다. 나는 손가락으로서, 또는 팔꿈치로서, 어떤 식으로 온몸의 건강에 기여하고 있는가? 바울은, 우리 삶에서 성령의 능력이 나타나는 곳마다 진리를 배우고 진리에 설득되며 선행의 열매가 맺히는 효과가 나타나리라고 말한다.

"하나님의 성령을 근심하게 하지 말라. 그 안에서 너희가 구원의 날까지 인치심을 받았느니라. 너희는 모든 악독과 노함과 분냄과 떠드는 것과 비방하는 것을 모든 악의와 함께 버리고 서로 친절하게 하며 불쌍히 여기며 서로 용서하기를 하나님이 그리스도 안에서 너희를 용서하심과 같이 하라"(엡 4:30-32).

바울이 갈라디아서 5장 21,22절에서 묘사한 성령의 열매는 우리가 일반적으로 성령의 은사와 연관시키지 않는 은혜들이다. 성령으로 충만하다는 증거는 방언을 하거나 치유를 행하거나 새로운 계시를 전하는 것이 아니라 인내와 기쁨과 사랑과 화평과 절제 같은 것들이다.

바울이 충격적이게도 그리스의 자연법(*stoicheia tou kosmou*, 스토이케이아 투 코스무)을 토라와 동일시했을 때, 그는 어느 쪽도 정죄하는 것이 아니었다. 우주를 다스리는 물리적이고도 자연적인 법은 섭리하시는 창조주이자 주님이신 하나님의 것이다. 이 법들은 모세 율법과 마찬가지로 선한 규례들이다. 이 법들은 하나님께서 자연의 질서로 정하신 그 원칙으로 돌아오라고 계속해서 우리 양심을 부른다. 그런데도 우리의 타락한 상태 때문에, 이 법들은 우리를 구원하지 못하고 오직 정죄할 뿐이다. 우리는 이 법들과 결별했다. 그 법들의 성격 때문이 아니라 우리 때문이다. 이 선한 법들은 인간 존재의 무익함의 일부가 되어 버렸다. 그러나 또 하나의 실재가 있으니, 바로 이 시대에 성령이 가져오신 새 창조이다. 오직 성령의 능력으로만 죽음의 옛 시대를 끝내고 의의 새 시대를 열 수 있다. 양심에 적힌 것이든 돌판에 적힌 것이든, 법은 하나님이 새언약에서 주신 '새로운 마음'과는 전혀 다르다(렘 31:31-34 참고). 우리는 법의 노예들이다. 그것이 '원소들의 원리(elementary principle)'이든 토라이든 말이다. 그러나 그리스도 안에서 성령은 우리를 상속자로 삼으신다. 성령은 양자의 영이다(롬 8:12-21,23,29; 고전 12:3; 갈 4:1-7; 계 21:7 참고).

바울은 예언적 계시를 해석하면서 이렇게 설명한다.

"우리가 육신에 있을 때에는 율법으로 말미암는 죄의 정욕이 우리 지체 중에 역사하여 우리로 사망을 위하여 열매를 맺게 하였더니, 이제는 우리가 얽매였던 것에 대하여 죽었으므로 율법에서 벗어났으니 이러므로 우리가 영의 새로운 것으로 섬길 것이요 율법 조문의 묵은 것으로 아니할지니라"(롬 7:5,6).

'영으로' 산다는 것은 그리스도의 부활을 통해 이 시대로 들어온 새 창조의 일부라는 실재 안에서 산다는 것이다.

육신의 열매를 볼 때, 우리는 우리 문화가 덕목으로 여기는 것들이 악덕으로 뒤집혀 있는 것을 보게 된다. 서구 사회에서 성적 자유는(갈 5:19 참고) 자기에게 솔직하고 자기를 긍정하는 것으로 여겨지는 반면, 자신을 제어하는 것은 비도덕적인 것으로 받아들여진다. 자기 창조는(심지어 너무도 명백한 자연적 사실에 반대되는 것인데도) 자기 신격화의 열정을 드러낸다. 하나님에 의해 하나님을 닮도록 만들어지기보다 스스로를 신으로 만들고자 한다. 우리의 기독교 교리와 의식이 외적으로 이교나 '술 취함'이나 '방탕함'을 닮는 것은 피했다 할지라도, "원수 맺는 것과 분쟁과 시기와 분냄과 당 짓는 것과 분열함과 이단과 투기"(갈 5:20,21)로 언급되는 것들은 우리의 입에서도 그들과 같은 냄새가 풍긴다는 것을 깨닫게 하여 입을 벌리지 못하게 만든다. 오늘날 우리에게는 새로운 예언보다 자기 절제에 관한 진지한 우려가 훨씬 더 필요하다. 아무도 알아듣지 못하는 천만 마디의 '방언'보다 더욱 귀한 것은, 우리가 어떻게 하면 착하고 겸손하고 사랑할 수 있는지, 그리고 어떻게 하면 블로그에서 개인을 우상화하거나 분노에 찬 악성 댓글을 다는 것을 피할 수 있는지에 관한 바람직한 가르침이다.

지금까지 우리는 성령의 사역이 어떻게 성자 안에서 성부의 말씀을 구체적으로 온전히 완성하는지를 살펴보았다. 성령이 계신 곳에는 자유가 있을 뿐만 아니라, 황야에 꽃을 피워 정원으로 만드는 결실함이 있다. 성령은 창조 때에 수면 위를 운행하고, 물과 마른땅을 구분하며, 심어진 씨앗들을 결실하게 하셨다. 또한 성령은 창조 때에 사람에게 숨, 곧 영혼을 주셨다. 노아와 그의 가정을 물로부터, 그리고 물을 통해 살리셨다. 뿐만 아니라 다시 한 번 물에서 마른땅을 구분하여, 여호와와 언약적으로 연합할 수 있는 결실의 땅으로 만드셨다. 비둘기가 잎사귀 달린 가지를 물고 온 것을 통해, 그들은 심판이 지나갔고 자신의 가정이 구원받았으며 새 창조가 나타났음을 확증하였다. 성령은 우리의 궁극적인 구원에 대한 담보로서, 우리로 하여금 '이미' 그리스도 안에서 새 창조에 참여하게 하셨다. 성령은 우리 안에서 말할 수 없는 탄식으로, 그리스도와 연합하게 될 '아직'을 기다리게 하신다(롬 8:18-28; 고후 1:22, 5:5; 엡 1:14 참고). 장차 올 시대의 실재인 성령으로부터 더 많은 것을 받을수록, 우리는 미래를 미리 맛보게 되어 더욱 움직이게 된다.

최고의 열매: 사랑

종말론적 소망은 사랑을 자라게 한다. 믿음, 소망, 사랑이라는 전통적 순서는 매우 중요하다. 로마 가톨릭의 가르침에 따르면, 사랑과 그 공로인 열매를 통해 완벽해져야만 합당한 믿음이 된다. 그러나 고린도전서 13장의 전통적 순서는 정확히 믿음이 먼저 와서 소망과 사랑과 선행의 원천이 된다는 점을 보여 준다. 믿음이 사랑의 열매를 낸다. 믿음으로 그리스도와 연합한 사람이라면 어느 누구도 사랑이 결여될 수 없다. 어떻게 사랑해야 하는지, 어떤 방향으로 사랑해야 하는지, 그 사랑을 어떤 방식으로 전해야 하는지를 알기 전에, 그리스도 안에 있는 믿음이 그들 안에 하나님과 이웃을 향한 사랑을 꽃피운다.

이 사랑으로 말미암아 믿음이 선행으로 바뀐다. 사랑은 의롭게 하는 믿음을 완성하는 것이 아니라 믿음의 열매이다. 칭의 안에서, 믿음은 사랑이나 소망이 아닌 '오직 받아들이고 거하는 행위를 통해서만' 그리스도께 묶인다.[33] 그러나 믿음도 구원의 궁극적 선물은 아니다. 믿음은 이제 생명의

---

33) 웨스트민스터 신앙고백서 11장을 참고하라.

뿌리가 된다. 우리가 아직 소망하는 것을 얻지 못했기 때문이다(롬 8:25 참고). 칭의는 그리스도를 믿는 모든 이들이 가지는 현재의 판결이다. 우리는 마지막 날에 우리에게 어떤 일이 일어날지를 알고 있다. 그러나 바울이 가장 탁월한 선물은 사랑이라고 말한 것은 상당히 의미가 있다(고전 13:13 참고).

사랑은 한 분 하나님의 본질의 한 속성이다.

"하나님은 사랑이심이라"(요일 4:8).

삼위일체의 각 위격은 그 사랑을 위격적 속성에 따라 표현하신다. 성부는 "세상을 이처럼 사랑하사 독생자를"(요 3:16) 주셨다. 성자는 "사람이 친구를 위하여 자기 목숨을 버리면 이보다 더 큰 사랑이 없나니"(요 15:13)라고 말씀하셨다. 고별 강화와 그 강화를 끝맺는 예수님의 기도에서 보듯이, 성령은 지금 여기서 성자의 중보를 통해 사랑 안에서 우리를 성부에게로 묶으신다. 성령은 하나님의 사랑이 아니다. 그렇게 되면, 성령이 이 본질적 속성을 동일하게 지니는 다른 위격들과 거의 구별되지 않게 된다. 오히려 우리는 성령이 사랑하시는 방식에서 다시 한 번 그분의 고유함을 발견한다. 성부는 자신의 사랑을 우리에게로 뻗으시고, 성자는 우리를 향한 자신의 사랑을 보여 주신다. 그러나 "우리에게 주신 성령으로 말미암아 하나님의 사랑이 우리 마음에 부은 바"(롬 5:5) 되었다. 성령의 사역 외에 우리를 위한 하나님의 사랑은 여전히 우리 외부에 존재한다. 우리가 선행의 열매를 맺게 하는 것은 사랑이고, 사랑의 열매를 맺게 하는 것은 믿음이며, 우리에게 믿음을 주시는 분은 성령이다.

사랑은 영원히 지속될 것이다. 우리가 실재를 붙들게 되면, 더 이상 믿음은 필요 없다. 약속도, 의지함도 필요 없다. 설교와 약속을 가시적으로 확증하는 성례에 의지할 필요도 없을 것이다. 그리고 온전히 보고 인지하게 되면, 소망도 그 자리를 내줄 것이다. 이 모든 일이 일어나더라도 영원토록 있는 것은 사랑일 것이다.

사도들은 여기서 사랑이야말로 하나님과의 수직적인 관계와 성도들과의 수평적인 관계의 궁극적인 목적임을 절대적으로 확신한다. 사랑은 궁극적인 묶임이다. '한 주님, 한 믿음, 한 세례'로 함께 묶이는 성도의 교제에서는 사랑이 법이다. 새 도성에서는 교만함으로 자리를 뺏거나 배신하거나 서로를 삼키려 하지 않을 것이다. 우리 모두가 각자에게 필요한 모든 것을 가질 것이기 때문이다. 그러나 아직 우리는 그 완벽한 도성에 도착하지 않았다. 성령의 능력 있는 복음의 사역을 의지하여, 믿음이 그리스도 안에 있는 소망으로 그 길을 인도해야 한다.

이 시대 가운데서는, 궁극적으로 완벽한 그 거룩한 도성 위에 세워지는 그런 유의 사랑을 절대 귀납적으로 도출해 낼 수 없다. 심지어 교회조차도 이 연합을 희미하게 반영할 뿐이다. 그렇다 하더라도 교회는 여전히 그 연합을 반영한다. 영원히 지속될 이 사랑은 지금도 믿음이라는 뿌리에서 복음을 양분으로 삼아 피어나고 있다. 의롭다함과 양자 됨을 얻은 그 믿음으로 말미암아 소망 가운데 살듯이, 우리는 장차 올 시대의 관점에서 우리의 형제자매들을 바라보는 믿음으로 말미암아 소망 가운데서 그들을 사랑한다. 그들도 불완전하다. 그러나 그들도 우리와 함께 그리스도 안에서 성부의 기업을 상속할 자들이다. 우리는 수건을 벗고 얼굴을 바라보는 것처럼 되어 그리스도를 사랑하듯이, 이 타인들을 영원토록 사랑하게 될 것이다. 그러므로 지금부터 이 성령의 열매를 맺기 시작하자. 성령의 가장 큰 관심은 사랑에 있다.

이런 맥락에서 기도는 말할 수 없이 중요하다. 기도는 이 믿음과 소망과 사랑의 결합 안에 있다. 아이가 태어날 때 응애 하고 울듯이, 기도는 의지와 슬픔과 결핍과 시험에서 처음으로 터져 나온다. 기도는 어린 아기가 자녀로서 우는 울음이다. 그러나 언젠가 설교와 성례가 없어지듯이, 기도가 없어질 날이 올 것이다. 더 이상 슬프거나 탄원하거나 흐느끼거나 고백하거나 하나님께서 자신의 교향곡을 위해 쓰신 '새로운 노래'를 미숙하게 고대하는 일이 없을 것이다. 성령으로 말미암아 성자 안에서 성부의 직접적인 임재 앞에서 영원한 노래를 부르게 될 것이다.

결론

잠시 멈춰 서서 성령의 사역을 통해 새언약 안에서 놀랍게 보장된, 이 거대한 광경을 바라보자. 노아의 홍수 이후에도 부패는 여전했다.

"여호와께서 이르시되 나의 영이 영원히 사람과 함께하지 아니하리니 이는 그들이 육신이 됨이라. 그러나 그들의 날은 백이십 년이 되리라 하시니라"(창 6:3).

여기서 '함께하다'라는 말은 분명히 '애쓰다'로 번역될 수 있다. 하나님은 에녹과 같은 이들을 보내 사람들에게 선포하게 하신 후, '그들을 내버려 두셨다'(롬 1:24,26,28 참고). 그러나 성령은 노아에게 하신 약속을 지키기 위해 당분간은 참으실 것이다. 물론 성령은 다시 이스라엘이라는 범위 안에서 '애쓰실' 것이나, 결국 거기에서도 성소를 떠나고, 성전과 그 땅이 파괴되어 승냥이들의 소굴이 되도록 내버려 두실 것이다.

그러나 성령은 오순절에 다시 한 번 혼돈을 질서로 변화시키심으로써 새 창조를 시작하신다. 폐허에서부터 회복된 돌로 세워진 성전이 아니라, '산 돌'들로 이루어진 산 성소를 세우실 것이다. 그리고 우리가 그분의 의로운 사랑을 소멸시키려 하여도 영원한 견고함으로 애쓰시며, 결코 자신의 성전을 버리지 않으실 것이다. 다윗은 간음과 살인을 저지른 후에 왕으로 기름부음을 받는 것에 관해 이렇게 말했다.

"주의 성령을 내게서 거두지 마소서"(시 51:11).

그러나 중생에 관해 주님은 자신의 성도들에게 이렇게 약속하신다.

"내가 결코 너희를 버리지 아니하고 너희를 떠나지 아니하리라"(히 13:5).

9장 | 성령이 주시는 것

이 고찰을 시작한 때부터 우리는 삼위일체 내의 연합과 복수성을 함께 기억해 왔다. 하나님은 본질에서는 변화나 정도의 차이가 없이 하나이시나, 세 위격은 모든 외적 사역에서 각자의 고유한 위격적 속성을 드러내신다. 유비적으로, 교회는 모든 신자들이 동일하게 공유하며 동일한 정도로 받은 성령의 선물로 인하여 하나이다. 또한 하나님의 본질에 대한 유비로서, 교회는 오직 인격들로만 존재한다. 따라서 교회에는 수많은 은사들과 여러 가지 정도라는 다양성이 있다. 성령은 이를 통해 온몸을 세워 가신다.

그리스도가 이루신 승리의 전리품을 나눠 주시는 성령

이번에도 개별 은사들을 더욱 잘 해석하게 하는, 더 넓은 성경적이고도 신학적인 지평에서 시작할 것이다. 에베소서 4장에서 사도 바울은 특별히 교회론을 그리스도의 승천과 연결한다.[1] 여기서도 우리는 사도가 아주 분명하게 출애굽-정복-안식이라는 패턴으로 해석하는 것을 볼 수 있다. 이번 장에서는 상당 부분 시편 68편을 염두에 두고서 전리품을 나눠 주는 흥미로운 주제에 관해 논의하고자 한다.

성전에 올라가는 노래인 시편 68편은 순례자들이 예배하기 위해 성전으로 올라갈 때 교창(antiphonally)으로 부른 시이다. 또한 이 시는 언약궤가 성소로 처음 들어가는 의식에서 부르기 위해 지어졌을 수도 있다. 유대인 학자 존 레빈슨의 말을 빌리자면, 시편 68편은 "시내산으로부터 전진해 오는 여호와의 기록이다. 이스라엘의 하나님과 그분의 동행자들이 사막을 가로질러 행군하기 시작하는 것이다."[2] 예배자들은 시내산에서 시온으로 향하던 이 행군을, 오순절에 성전으로 올라가면서 매번 재연했던 것이다.

"하나님이 일어나시니 원수들은 흩어지며"(시 68:1)라는 첫 절은 전쟁을 준비하는 함성이다.

"하나님이여 주의 백성 앞에서 앞서 나가사 광야에서 행진하셨을 때에 (셀라) 땅이 진동하며 하늘이 하나님 앞에서 떨어지며 저 시내산도 하나님 곧 이

---

1) 내가 보기에 다음 주석들의 서론 부분이 바울 저작에 대해 설득력 있는 논증을 제시한다. Stephen M. Baugh, *Ephesians*, Evangelical Exegetical Commentary (Bellingham, WA: Lexham Press, 2016); Markus Barth, *Ephesians: Introduction, Translation, and Commentary on Chapters 1-3*, AB 34 (Garden City, NY: Doubleday, 1974); Harold W. Hoehner, *Ephesians: An Exegetical Commentary* (Grand Rapids: Baker Academic, 2002); Peter T. O'Brien, *Ephesians*, PNTC (Grand Rapids: Eerdmans, 1999); Luke Timothy Johnson, *The Writing of the New Testament* (Philadelphia: Fortress, 1986).

2) Jon D. Levenson, *Sinai and Zion: An Entry into the Jewish Bible* (San Francisco: HarperOne, 1987), 19. 레빈슨은 이 시를 기원전 13-10세기 작품으로 보는 올브라이트(W. F. Albright)의 견해에 동의한다.

스라엘의 하나님 앞에서 진동하였나이다"(시 68:7,8).

여기서 여호와는 혼자이시나 그분의 수호를 받는 이스라엘 사람들과 함께하시는 수장으로서 주목받으신다. 그다음 부분에서는 여호와가 승리하시는 동안 남자들은 잠을 자고 여인들은 전리품을 나누는 놀라운 장면이 이어진다(시 68:11-13 참고). 여호수아서도 이 내용을 일관되게 기술한다. 여호와가 승리하여 땅을 정결하게 하고, 그 땅을 자기 백성들의 손에 넘기신다. 여호와의 백성은 그분이 탈취하신 것을 받을 뿐이다.

"하나님의 병거는 천천이요 만만이라. 주께서 그중에 계심이 시내산 성소에 계심 같도다"(시 68:17).

'시내산'은 이제 '성소'와 같다. 언약궤가 시내산에서 이스라엘이 맹세했던 언약 전체의 축소판이기 때문이다.

그런데 18-36절에서는 초점이 시내산에서 시온으로 옮겨진다.

"주께서 높은 곳으로 오르시며 사로잡은 자들을 취하시고 선물들을 사람들에게서 받으시며 반역자들로부터 받으시니, 여호와 하나님이 그들과 함께 계시기 때문이로다"(시 68:18).

사로잡힌 자들을 취하시고, 높은 곳에 올라 선물을 주실 뿐만 아니라 적군들로부터도 선물을 받으시며, 뱀의 머리를 부수시고, 시온에 영원토록 거주하실 이분이 바로 왕이신 하나님, "날마다 우리 짐을 지시는 주 곧 우리의 구원의 하나님"(시 68:19)이시다. 우리는 오직 그분을 통해 '사망에서 벗어난다'(시 68:19-23 참고).

그러므로 시내산은 애굽에서 가나안(시온)으로 행군해 나아가는 과정에도 동일하게 중요하다. 예를 들어, 시편 97편에서도 초점이 시내산에서 시온으로 옮겨간다(신 33:2; 시 50:2,3, 68:8,9 참고). 레빈슨은 이렇게 설명한다.

시내산에서 시온으로 모티프가 이동하는 것은 이미 완료되어 되돌릴 수 없는 일이다. 여호와는 더 이상 '시내산의 여호와'가 아니라 "시온산에 계신"(사 8:18) 여호와이시다……하나님의 집이 시내산에서 시온으로 이동한 것은, 하나님이 이제는 영토 바깥의 분쟁 지역이 아니라 이스라엘 공동체의 영역 안에 거하심을 의미한다.[3]

시온의 전통에서는 '시내산에서는 결코 생각할 수 없었던 일이 일어난다.' 불순종하는 인간의 온갖 변덕스러움을 뛰어넘는, 하나님의 무조건적인 서약이 행해진다. 하나님께서 홀로 일어나 자기 대적들을 격파하고 백성들을 구원하신다는 것이다. 이처럼 시온은 시내산이 할 수 없었던 우주적이고도 보편적인 역할을 담당한다. 이사야 51장 16절과 스가랴 2장 11절에서와 같이 "예루살렘과 이스라엘 땅뿐만 아니라 이스라엘 사람들도 시온으로 지칭될 수 있다."[4] 시편 68편의 마지막 절에서 하나님은 애굽의 왕들과 고관들, 구스인과 하늘과 땅의 주에게 공물을 가지고 오는 이들과 함께 승리의 행진을 하면서 성소로 들어가신다(시 68:29-34 참고). 어둠의

---

3) Ibid., 91.
4) Ibid., 137.

주권과 세력은 이스라엘의 하나님의 발아래에 굴복했다. 시편 68편은 그리스도의 부활로 말미암는 더 위대한 출애굽뿐만 아니라 더 위대한 정복을 기대한다.

누가복음 10장에서 칠십 인이 수행한 임무는, 성령이 주시는 능력으로 예수 그리스도를 증언할 수백만에 의해 온 세상 도처에서 사탄과 마귀들이 정복될 사건을 맛보는 것에 불과했다. 여호수아서와 시편 68편의 정복 보고에서 밝히듯이, 승리는 주님께 속한 것이다. 주님의 백성들은 단지 수혜자요 그 승리를 전하는 자들일 뿐이다. 주님께서 승리를 얻으시고, 그 전리품을 자신의 공동 상속자들에게 분배하실 것이다. 하나님의 백성은 단지 승리를 선포하며 감옥 문을 여는 역할을 할 뿐이다.

"적은 무리여, 무서워 말라. 너희 아버지께서 그 나라를 너희에게 주시기를 기뻐하시느니라"(눅 12:32).

"내가 이 반석 위에 내 교회를 세우리니 음부의 권세가 이기지 못하리라"(마 16:18).

이는 우리가 세운, 일어났다가 다시 무너질 여느 왕국과는 다르다. 도리어 우리는 '흔들리지 않는 나라를 받았다'(히 12:28 참고). "하늘과 땅의 모든 권세를 내게 주셨으니"(마 28:18)라는 주님의 승리에 기초하여 제자들은 땅 끝으로 갈 것이며, 복음을 전하고 세례를 줌으로써(마 28:19,20 참고) 사탄의 감옥 문을 열 것이다. 시편 68편은 하나님과 그분을 뒤따르는 자들이 승리의 행진을 하면서 성소로 들어가는 것으로 끝맺는다. 이 결론은 그리스도께서 승천하여 하늘로 들어가 "볼지어다, 나와 및 하나님께서 내게 주신 자녀라"(히 2:13; 사 8:18 참고)라고 선포하시는 것을 희미하게 묘사할 따름이다.

이제 다시 에베소서 4장으로 돌아가 보자. 시편 68편의 첫부분과 마찬가지로, 바울은 교회를 '한 연합체로서 함께 행진하는 백성'으로 묘사한다(엡 4:1-6 참고). 이 연합의 근원은 한 성령이다.

"평안의 매는 줄로 성령이 하나 되게 하신 것"(엡 4:3).

"주도 한 분이시요 믿음도 하나요 세례도 하나요 하나님도 한 분이시니 곧 만유의 아버지시라. 만유 위에 계시고 만유를 통일하시고 만유 가운데 계시도다"(엡 4:5,6).

각 신자는 성부와 성자와 성령 안에서 동일하게 분배받는다. 그리스도와 그분이 주시는 유익에는 성령의 선물(단수적 표현)이 포함되며, 계급도, 위계도, 정도도 차이가 없다. 우리는 그리스도 안에서 모두 하나이며, 택함 받고 구속 받고 중생 받고 의롭다함을 얻고 성령으로 인하여 세례를 받고 인침을 받는 데에 더하거나 덜함이 없다(엡 1-3장 참고). 모든 신자들은 은혜와 '부르심'이라는 성도의 기업을 선물로 받는다(엡 4:1 참고). 구원받은 것에 성령 세례를 추가로 받는 엘리트 계층이 있지 않듯이, 일반 신자가 성직으로 안수 받을 때에 되돌릴 수 없는 표가 주입되어 '존재론적인 화체(ontological transubstantiation)'가 발생하는 것이 아니다. 그리스도가 승천하면서 '사로잡혔던 자들을 사로잡으셨다'(엡 4:8 참고). 이는 모든 신자들에게 공통된다.

그렇다 할지라도 '사람들에게 선물을 주신 것' 외에(엡 4:8 참고), 이 선물들은 성령이 나눠 주시는 분량에 따라 달라진다(여호와가 열방을 이스라엘의 손에 넘겨주신 후 가나안 땅의 분깃을 나누었던 것처럼 말이다). 퍼거슨에 따르면, 1세기까지 오순절 절기는 시내산에서 율법이 "세상의 70가지 언어로" 주어진 일을 기념하는 것이었다.[5] 시편 68편은 예수님 당시 이 절기 때에 송가로 불렸던 노래가 거의 확실하다. "유대교와의 관련성에 대해서는 질문이 제기되나, 신약 스스로가 시내산과 오순절의 연관성을 세우고 있다."[6] 퍼거슨은 계속해서 이렇게 말한다.

하나님께서 모세에게 주신 계시에는 불과 바람과 거룩한 언어가 수반되었다(히 12:18-21 참고). 모세는 산을 올랐다가 하나님의 율법인 십계명을 가지고 산에서 내려왔다. 그리스도 역시 얼마 전에 승천하셨다. 그리고 오순절에 내려오셨다. 그런데 진흙 판에 새겨진 율법이 아니라 자신의 성령의 은사와 함께 내려오셨다. 성령은 신자들의 마음판에 율법을 새기시고, 그 율법의 명령들을 지킬 수 있게 하는 능력을 주신다. 따라서 새언약의 약속은 성취되기 시작하였다(렘 31:31-34; 롬 8:3,4; 고후 3:7-11).[7]

흥미롭게도 유대 탈굼은 이렇게 쓴다. "선지자 모세 당신은 하늘로 올라 가셨습니다. 당신은 사로잡힌 자들을 사로잡으셨고 토라의 말씀을 배우

---

5) Sinclair Furguson, *The Holy Spirit*, Contours of Christian Theology (Downers Grove, IL: InterVarsity Press, 1997), 61.
6) Ibid.
7) Ibid.

셨습니다. 그리고 그것을 사람들에게 선물로 주셨습니다."[8] 여기서 바울이 염두에 두고 있던 버전이 무엇이든 간에, 시편 68편의 성취는 약속의 술부대를 터뜨렸다. 모세가 그리스도의 모형일 뿐이기에 영감 받은 사도는 시편을 더 위대한 구속사적 실재를 반영하는 것으로 바꿀 수 있었고, 실제로 그렇게 했다. 모세가 시내산으로 올라간 것이 아니라 승리하신 하나님의 아들이 올라가신 것이다. 선물을 받으신 것이 아니라 하나님이 그들에게 선물을 주신다. 바울은 시편 68편을 실제로 일어난 그리스도의 승천에 비추어 해석하였다. 바울은, 모세는 시내산으로 올라갔으나 그리스도는 "모든 하늘 위에"(엡 4:10) 오르셨고, 그분의 선물은 토라가 아니라 은혜(엡 4:7 참고)였다고 말한다.

바울은 시편 68편을 오순절에 성전에 올라가는 시로 매우 이상적이라고 보았다. 그러나 그것은 유대교가 아는 것과 다른 올라감과 다른 오순절 때문이었다. 실제로 모세도 내려갔으나 약속의 땅에는 들어갈 수 없었다. 그런데 그리스도는 시내산의 모세보다 더 낮아지셨고 더 높아지셨다.[9] 모세는 이스라엘을 이끌고 예표로서의 땅에 들어가는 것에 실패했으나, 그리스도는 만왕의 왕이요 만주의 주로서 아버지 우편에 앉으셨다. 예수님은 자신을 따르는 무리에 들어온 사로잡혔던 자들과 함께 시온산으로, 곧

---

8) Andrew Lincoln, *Ephesians*, WBC 42 (Nashville: Thomas Nelson, 1990), 243에서 재인용.
9) 모세가 시내산으로 올라간 일은 1세기까지 모세가 하늘로까지 올라갔다는 전설로 과장되었다. 그런 자료는 매우 적고 읽기 어렵다(예를 들어, 위경이라 할 수 있는 모세승천기). 그리고 우리는 바울이 실제로 그런 생각을 염두에 두고 있었을지도 모른다는 데까지 과장하여 이야기하지 않도록 조심해야 한다. 어떤 경우든, 바울에게 모세는(설령 그 전설이 사실이라 할지라도) 하늘로 올라갔으나 예수님은 "하늘 위에" 오르신 분이셨다. 이런 전설에 관한 내용이 유다서 9절에 나타난 것일지도 모른다.

이 땅의 모조품이 아닌 하늘에 있는 성소로 올라가 만왕의 왕이요 만주의 주가 되셨다. 예수님이 만물을 충만하게 하시는 것은(엡 4:10 참고) 물리적 임재를 가리키는 것이 아니라 그분의 통치가 미칠 범위를 가리킨다. 또한 더 나은 언약의 중보자인 그리스도는 시내산에서 율법을 주고 그 대가로 선물을 받으시는 것이 아니라, 복음을 선포하시고 전혀 가치가 없는 자들에게 선물을 나누어 주신다.

승리한 정복자로서 예수님은 이제 그 전리품을 나누시고, 자기 백성들에게(한때 대적했던 자들에게도) 선물을 뿌리신다. 예수님은 내려오셨을 때(태어나셨을 때) 이방 왕들에게 선물을 받으셨다. 그리고 승천하신 지금은 해방된 포로들에게 승리의 전리품을 내려보내신다. 캘리포니아주 남부에서는 생일을 축하할 때 보통 피냐타(piñata)를 함께 준다. 그것은 풀을 먹인 종이로 만든 동물 인형에 사탕을 가득 채운 것이다. 아이들은 이것을 나무 막대기로 때려서 터뜨리는데, 터져 나오는 보물에 흥분해서 달려든다. 예수 그리스도는 피냐타를 터뜨리셨고, 그 선물을 성령이 나누어 주시는 셈이다. 이 선물들은 우리가 우리의 노력이나 경작의 결과로 얻은 것이 아니라 승리하신 그리스도의 전리품들이다. 반복해서 등장하는 '주셨다'라는 표현이 이 점을 설명한다(엡 4:7,8,11 참고).

"그가 주신 선물들"

한편 그리스도가 승천하심으로 나누어진 선물들(복수적 표현)은 구체적으로 교회의 직분들을 가리킨다. 에베소서 4장 7,8,11절은 '그리스도의 선물의 분량대로,' '주셨다'라고 반복해서 말한다. 그리스도와의 관계에서 교회는 언제나 받는 쪽이다. 교회는 한 번도 구속자인 적이 없었으며, 언제나 구속 받는 자였다. 한 번도 머리였던 적이 없으며, 언제나 몸이었다. 한 번도 통치자였던 적이 없으며, 언제나 통치 받는 쪽이었다.

선물들(은사들)은 사람들이다. 이는 구체적으로 교회 직분으로 나누어진 동료 그리스도인들이며, 더 구체적으로는 말씀의 직분들이다.

"그가 어떤 사람은 사도로, 어떤 사람은 선지자로, 어떤 사람은 복음 전하는 자로, 어떤 사람은 목사와 교사로 삼으셨으니"(엡 4:11).

비록 신약에도 목양을 의미하는 곳(목자를 뜻하는 *poimēn*[포이멘]의 동류 동사를 사용하여)이 있지만, 신약에서 이는 오직 그리스도에게만 적용되었다(요 10:11,14; 히 13:20; 벧전 2:25 참고). 유일한 예외가 에베소서 4장 11절이다. 바울이 언급하는 직분들은 말씀 선포와 관련된다. 이 선물을 통해 성령이 우리 모두를 한 선물의 공동 상속자로 삼으시기 때문이다.

이어지는 구절인 에베소서 4장 12,13절은 최근 십수 년 사이에 새롭게 보편화된 '1인 1사역(every-membeer-ministry)'이라는 개념의 근거가 되었다. 이 관점에 따르면, 만인제사장설은 모든 신자가 자기 교회에서 사역을 찾아야 한다는 것을 의미한다. 이런 해석은 최근의 영어 성경들이 에베소서 4장 12절을 번역한 것에서 힘을 얻는다. 일례로, ESV 역본은 직분들이 '성도로 하여금 사역의 일을 하도록 무장시키기 위해(to equip the saints for the work of ministry)' 주어졌다고 번역한다.

중요한 것은 이런 해석이 최근에 등장했다는 것이다. 예를 들어, KJV 역본은, 이 직분들이 '성도를 온전하게 하며, 사역의 일을 온전하게 하고, 그리스도의 몸을 세우기 위하여' 주어졌다는 의미로 번역한다. 핵심 질문은 어느 것이 '카타르티스몬(katartismon)'을 가장 적절히 번역한 것인가 하는 것이다. '온전하게 하다, 완성시키다'인가, 아니면 '무장시키다'인가? 다시 말해, 바울은 사역의 봉사를 통해 하나님의 사람들을 온전하게 하고자 이 직분들이 주어졌다고 말하는가? 아니면 하나님의 사람으로 하여금 사역의 봉사를 하도록 무장시키기 위해 이 직분들이 주어졌다고 말하는가? 간단히 말해, 나는 다음과 같은 이유로 '온전하게 하다'라는 관점을 선호한다.

첫째, 카타르티조(katartizō)의 유의어가 다른 곳에서 '완전하다,' '온전하다,' '보충하다'로 번역된다(살전 3:10; 벧전 5:10 참고). 그러므로 여기서도 그렇게 번역하지 않을 이유가 없다. 단어적으로는 두 가지 의미 모두로 쓰일 수 있다. 문맥에 따라 '무장하다'나 '온전하게 하다'를 선택해야 한다. 예를 들어, 히브리서 11장 3절에서 카테르티스타이(katērtisthai)의 의미를 생각해 보면, 우주가 하나님의 말씀으로 '창조되거나 완전하게 되었다'는 것이 '무장되었다'고 하는 것보다 더 잘 이해된다. 에베소서 4장에서 바울은 분명히 사역자들이 교회를 창조해야 한다는 의미로 말하지는 않았을 것이다. 그러나 무장시킨다는 의미도 그다지 매끄럽지는 않다. 무엇보다 여기서 바울은 고린도전서와 마찬가지로 건물과의 유비를 염두에 두고 있다.

"우리는 하나님의 동역자들이요(co-workers in God's service), 너희는 하나님의 밭이요 하나님의 집이니라"(고전 3:9).

그리고 뒤따르는 일반 사역자들은 그 기초 위에 집을 짓는다(고전 10:14 참고). 이러한 점은 헬라어에서 더 잘 드러난다. "우리는 하나님의 동역자들(*synergoi*, 시네르고이)이다."[10] 바울과 그의 동역자들의 역할에 관한 내용에서도 그와 동일한 주장이 등장한다(고후 6:1 참고). 그들은 하나님의 '동역자들'이다. 하나님께서 그들을 통해 자신을 나타내시기 때문이다. 사도들은 기초를 쌓는 건축자들이다. 그리고 다른 모든 이들은 세워져 가는 건물의 일부이다. 그리스도가 사도들에게 맡긴 지상 사명에는 복음 전파와 세례, 그리고 그분이 분부한 모든 것을 가르쳐 지키게 하는 일이 포함된다(마 28:20 참고). 몸이 제대로 기능하기 위해서는 분명 더 많은 은사가 필요하다. 그러나 교회는 말씀과 성례 사역을 떠나서는 존재할 수 없다.

둘째, 에베소서 4장 12절에는 '성도를 온전하게 하는 것,' '사역의 일을 하게 하는 것,' 그리고 '그리스도의 몸을 세우는 것'이라는 세 가지 내용의 사역이 담겨 있다.[11] 이는 히브리 시에서 전형적으로 나타나는 바, 서로 다른 단어들을 거듭 사용해 동일한 내용을 반복하는 평행법과 유사해 보인다. 이 사역 내용들은 앞서 언급된 사도들, 선지자들, 복음 전파자들, 목사

---

10) 역자주 – 저자가 인용한 영어 성경에는 "하나님의 일의 동역자"라고 번역되어 있다. 반면에 한글 개역개정 성경에는 "하나님의 동역자"라고 번역되어 있다. 후자의 번역이 여기서 저자가 강조하는 헬라어의 의미에 더욱 가깝다.

11) 역자주 – 지금 저자는 '성도를 온전하게 하는 것'과 '봉사의 일을 하게 하는 것'과 '그리스도의 몸을 세우는 것'이 서로 다른 세 가지 사역이라고 주장한다. 반면 한글 개역개정 성경은 "성도를 온전하게 하여 봉사의 일을 하게 하며, 그리스도의 몸을 세우려"라고 번역하여 사역의 내용을 두 가지로 제시한다.

이자 교사들의 것이다. 반대로 최근의 영어 번역은 '선물을 주셨다(말씀 사역자들을 삼으셨다)'는 말씀에서 갑작스럽게 몸 전체를 사역자로 보는 내용으로 넘어가게 만들어 이런 대응을 깨뜨린다. 이런 구조에서 말씀 사역자들만이 단지 첫 번째 동사(무장시키다)만의 주어이다.

셋째, 가장 먼저 말씀 사역자들과 그들의 세 가지 사역 내용을 분명히 언급한 것은 그들이 행한 봉사의 결과에 가장 잘 상응한다.

"우리가 다 하나님의 아들을 믿는 것과 아는 일에 하나가 되어 온전한 사람을 이루어 그리스도의 장성한 분량이 충만한 데까지 이르리니, 이는 우리가 이제부터 어린아이가 되지 아니하여 사람의 속임수와 간사한 유혹에 빠져 온갖 교훈의 풍조에 밀려 요동하지 않게 하려 함이라"(엡 4:13,14).

이 목적절들은 모두 말씀 사역과 자연스럽게 어울린다. 이 사역을 통해 우리는 그리스도를 알게 되고, 함께 그리스도에게로 온전히 세워져 가며, 성숙한 신자들로 완전해져 가거나 '조립'된다. 이 사역의 결과로 온몸이 섬김을 받고, 모든 구성원이 '사랑 안에서 진리를 말하며' 세워져 간다(엡 4:15,16 참고).[12] 이런 해석은 사도가 자신의 사역을 바라보는 관점과도 일치한다.

"우리가 그를 전파하여 각 사람을 권하고 모든 지혜로 각 사람을 가르침은 각 사람을 그리스도 안에서 완전한(*teleion*, 텔레이온) 자로 세우려 함이니"(골 1:28).

---

12) 따라서 링컨이 주장하듯이, "다른 관점을 취하는 것은 대부분 사제주의를 배제하려 하거나 교회의 '민주적' 모델을 지향하려는 동기에서 나온 것일 수도 있다는 의심을 떨쳐 내기 힘들다"(*Ephisians*, 253).

바울은 다른 곳에서는 교회의 다른 직분들(예를 들어, 장로들이나 집사들)을 언급하면서도, 에베소서 4장에서는 언급조차 하지 않는다. 에베소서 4장에서 바울은 은혜의 방편들을 통해, 그리고 성령에 의해 이어지는 그리스도의 사역에 초점을 맞춘다. 이것이 온몸이 그리스도 안에서 온전해지며 성숙해져 가는 방법이다. 유행이나 이단에 이리저리 밀려다니지 않고, 날마다 머리에게로 자라 가는 방법이다(엡 4:14 참고). 그리스도께서 몸으로 돌아오시기 전까지, 그분은 자신이 승리하여 얻은 전리품을 말씀을 통해 성령으로 말미암아 나누어 주신다. 여기서조차 교회는 그리스도의 사역을 받는 쪽이다. 그리스도는 사역자들에게 은사를 주고 사역으로 봉사하게 하셔서 '우리가 다' 그리스도 안에서 성숙해져 갈 수 있도록 하셨다. 로마서 12장과 고린도전서 12장에서 바울이 더 온전한 형태의 은사 목록을 제시하듯이, 몸의 더 다양한 건강을 위해 다른 은사들이 주어졌다. 그러나 여기서 바울의 초점은, 성령이 말씀 사역이라는 은사를 통해 자신의 교회를 창조하고 유지하신다는 점에 맞춰져 있다.

섬김이 부족하거나 행정이나 봉사에 대한 은사가 결핍되어 있는 교회는 건강하지 않을 수도 있다. 그러나 신실한 말씀이 선포되지 않는 교회는 애초에 교회가 아니다. 성령이 베드로에게 복음을 전파하게 하신 것, 이것이 오순절의 진앙지였다는 사실을 기억하라. 베드로는 예수님이 십자가에 대해 말씀하실 때마다 반대하고 예수님의 임무를 오해했으며, 세 번이나 예수님을 부인하고, 심지어 어린 여자아이 앞에서도 부인하였다. 그런 그가 이제 구약성경에서부터 제시된 그리스도를 선포한다. 사도행전 전반에 걸쳐 살펴보았듯이, 하나님 나라의 확장은 하나님의 말씀이 선포되어 퍼지는 것과 동일하다. 사역자들이 복음을 선포하며 성례를 집전하고 죄인들의 죄를 사하는 것 자체가 땅 끝까지 하나님의 나라가 확장되는 일이다.

따라서 모든 신자가 제사장이라는 것은 우리 모두가 그리스도와 그분의 성령을 나누고 있다는 의미이지, 모든 구성원이 곧 사역자라는 의미가 아니다. 교회 안에는 존재적 주종관계란 없다. 그러나 삼위일체의 나뉘지 않는 사역에서와 같이 경륜적 질서가 존재한다. 목회서신이 명확히 밝히듯이, 지체 중 일부는 공식적인 봉사 직분으로 부름을 받는다. 현대의 추세는 더 위계적인 교회론도 위협하지만, 일반 직분(그리스도의 기름 부으심으로 모든 신자가 가지는 직분)과 특별 직분(목사, 장로, 집사들이 가지는 직분) 사이를 구분하면서도 동일하게 긍정하는 신약의 올바른 교회론도 위협한다.

동시에 그 사역자들을 성령이 주시는 은사를 사용하는 대리자나 대체자로 여기는 교회도 건강하지 못하다. 은사를 가지거나 사용하는 일은 직분이 필요한 일이 아니다. 목사들은 설교하고 가르치며 성례를 집전하도록 부름 받았으며, 장로들은 영적으로 다스리기 위하여 부름 받았다(행 14:23, 20:28; 빌 1:1; 딤전 3:1-7, 5:17; 딛 1:5 참고). 그러나 모든 신자는 가르치고 권면하고 책망하고 격려하며 서로의 영적 건강을 돌보라는 권면을 받는다. 참으로 나이 든 지체들은 특별한 직분에 상관없이 어린 지체들을 보호하여야 한다(딛 2:4 참고). 집사들은 몸 전체를 위해 공식적으로 섬김과 행정의 일을 담당하나(행 6장; 딤전 3:8-13 참고), 집사가 아닌 이들에게도 날마다 이런 은사를 드러낼 기회와 필요는 무궁무진하다(갈 6:10; 히 13:2 참고).

성령의 은사를 다루는 두 가지 주요 목록(롬 12장과 고전 12장 참고)은 모든 성도들을 포함한다. 예언하고 가르치고 위로하는 은사도 있지만(롬 12:6-8 참고), 섬기고 긍휼을 베풀고 다스리는 은사도 있다(롬 12:8 참고). 고린도전서의 목록도 말씀 사역과 관련된 은사로 시작하여(고전 12:8 참고) 능력 행함, 예언, 분별, 각종 방언 말함과 방언들 통역함으로 이어진다(고전12:9,10 참고).

"하나님이 교회 중에 몇을 세우셨으니 첫째는 사도요, 둘째는 선지자요, 셋째는 교사요, 그다음은 능력을 행하는 자요, 그다음은 병 고치는 은사와 서로 돕는 것과 다스리는 것과 각종 방언을 말하는 것이라"(고전 12:28).

사도적 교회에서 방언의 은사는 말하는 이들도 알지 못하는 언어로 이 방인들에게 복음을 전파하는 것이었으며, 방언 통역은 그런 말을 통역하는 것이었다. 그리고 병 고치는 은사는 신약 정경이라는 형태로 우리를 찾아온 이 메시지의 신적 권위를 확증하는 것이다.

사도행전 이후: 오늘날 나타나는 표적으로서의 은사들

오늘날 방언, 예언, 치유에 관한 논쟁들은 대부분 이 은사들이 오늘날에도 지속되느냐 하는 문제와 연관된다. 내가 보기에 이것은 이차적인 문제이다. 더 깊고도 주된 문제는 이중적이다. 한 가지는, 이 은사들이 사도들의 정황에서 원래 무엇이었는가 하는 것이다. 또 한 가지는, 왜 우리가 이 은사들을, 수많은 사람들의 죄를 깨닫게 하고 그들을 그리스도를 믿는 믿음으로 인도한 복음 전파라는 주된 증거를 통해 성령의 부어짐이 드러난 오순절의 열매로 여기려 하는가 하는 것이다. 내가 이를 이중적이라고 하는 이유는, 두 측면이 떼려야 뗄 수 없는 관계에 있기 때문이다. 현재에도 지속되는가 하는 논쟁을 불러일으키는 은사들은, 분명히 사도행전에서 처음부터 말씀 전파에 이바지하기 위한 것으로 나타난다. 어떤 진영에 속하든, 사도행전이 새언약의 계시를 증언하는 표적과 이적들로 가득 차 있다는 데는 모두가 동의할 것이다. 바울 서신들은 사도들과 선지자들의 활동에 관해 말하면서, 치유와 방언과 방언 통역의 은사를 언급한다.

사도 교회에 있었던 표적으로서의 은사의 성격

첫째, 사도행전과 서신서에서 발견할 수 있는, 성령이 주신 모든 은사들(*charismata*, 카리스마타)은 '유익하게 하기 위한 것'이다(고전 12:7 참고). 각자는 '은사를 받은 대로 서로 봉사해야' 한다(벧전 4:10 참고). 리처드 개핀은 우리의 은사를 파악하는 것에 대해 이렇게 말한다. "이런 태도는 신약의 참된 영성보다는 특별함(specialist)을 더 좋아하는 오늘날의 서구적 사고방식에 위배된다고 할 수 있다."[13] 개핀은 계속해서 말한다.

---

13) Richard B. Gaffin Jr., *Perspectives on Pentecost: New Testament Teaching on the Gifts of the Holy Spirit* (Grand Rapids: Baker, 1979), 52.

우리의 영적 은사를 결정하는 방법은 "나의 영적인 '것,' '나의 영적 특별함,' '나를 다른 신자들과 구분 지어 주고 교회에서 나만의 자리를 가질 수 있게 하는 것'은 무엇인가?"라고 묻는 것이 아니다. 오히려 신약 전체는 훨씬 더 기능적이거나 상황적으로 접근한다. 우리는 이렇게 물어야 한다. "하나님이 나를 두신 자리에서 내가 다른 신자들을 말씀과 행동으로 섬길 수 있는 특별한 기회는 무엇인가?(벧전 4:10 참고)"[14]

사람들이 모두 달라서 각자의 영적 목적을 달성하도록 구별해 주는 은사가 필요한 것이 아니다. 오히려 성령은 온몸이 정상으로 기능하는 데 필요한 은사를 우리 각자에게 주신다. 더 완전한 성령의 은사 목록에서, 바울은 "이 모든 일은 같은 한 성령이 행하사 그의 뜻대로 각 사람에게 나누어 주시는 것이니라"(고전 12:11)라고 가르친다. 이 가르침은 하나님의 절대주권과 성령의 고유한 위격 되심을 다시금 확증한다. 이 은사들은 개인적 유익을 위해 주어진 것도(시몬 마구스가 원했듯이, 행 8:18,19 참고), 개인의 복으로만 주어진 것도 아니다. 이 은사들은 모두를 유익하게 하기 위한 것이다(고전 12:7 참고).[15]

둘째, 모든 은사는 다른 무엇보다 온 세상에 복음이 전파되며 성도를 세우기 위해 주어졌다. 모든 은사의 능력은 말씀 사역에서 파생되며, 말씀과 행위를 통해 이루어지는 온갖 형식적·비형식적 사역들을 장려하는 데 이

---

14) Ibid.
15) 역자주 – 영어 성경에는 "for the common good(모두의 유익을 위하여)"라고 번역되어 있다.

바지한다. 지금까지 살펴보았듯이, 선지자들, 예수님, 그리고 사도들은 장차 올 성령을 무엇보다 죄를 깨닫는 것, 용서받는 것, 복음 전파를 위한 능력을 얻는 것과 연결한다. 앞서 논했듯이, 바로 이것이 에베소서 4장에서 이 직분들을 따로 언급하는 이유이다.

이 책의 6장에서 논했듯이, 사도행전 2장에 기록된 방언의 이적은 말하는 이들이 배운 적 없는 언어로(또는 지역 방언으로) 복음을 전파하게 된 능력이었다. 만약 그렇다면, 증명의 짐은 고린도전서 1장에 기록된 방언의 은사가 사도행전 2장에 나타나는 알아들을 수 있는 언어와는 다르다고 주장하는 사람들에게 있다. 스토트는 이렇게 논한다.

신학적으로든 언어학적으로든 고린도전서에서 설명된 현상이 동일한 것임을 강력하게 보여 주는 전제가 존재한다. 첫째, 헬라어 구가 거의 완전히 동일하다. 성경 해석의 일차 법칙 중 하나는 '동일한 표현은 동일한 의미를 가진다'이다. 둘째, 글로사(*glōssa*)라는 명사는 '입에 있는 기관' 또는 '언어'라는 두 가지 의미로만 알려져 있다. NEB 역본처럼 '무아지경의 발화(ecstatic utterance)'라고 번역할 만한 언어학적 근거가 없다. 이는 번역이 아니라 해석이다. 유사하게 '방언을 통역하다'라는 동사 역시 언어 통역을 의미한다. 셋째, 고린도전서 14장의 주제는 이해할 수 없는 광신을 어린아이 같은 것이라고 책망하는 것이다. "형제들아 지혜에는 아이가 되지 말고……지혜에는 장성한 사람이 되라"(고전 14:20).[16]

---

16) John Stott, *Baptism and Fullness*, IVP Classics (Downers Grove, IL: InterVarsity Press, 2006), 145-146.

더 나아가 고린도전서 14장에서 바울이 책망하는 내용 전체가, 방언을 몸과 불신자들의 유익에 도움이 되는 공적 은사로 사용하기보다 개인적 은사로 왜곡함으로써 교만하게 된다는 데 기초한다. 바울은 방언을 사모하는 자에 대해 이렇게 말한다.

"그러므로 방언을 말하는 자는 통역하기를 기도할지니, 내가 만일 방언으로 기도하면 나의 영이 기도하거니와 나의 마음은 열매를 맺지 못하리라"(고전 14:13,14).

이는 방언을 올바르게 사용한 것을 묘사하지 않는다. 오히려 해석 없이 사용한 것에 대한 논의이다. 바울은 이 은사를 개인 기도에 사용하는 언어로 규정하지 않는다. 오히려 스토트가 말한 대로, "바울은 지성이 활발하게 동원되지 않은 그리스도인의 기도와 찬양을 생각조차 할 수 없었음이 분명하다."[17] 그렇다면 바울이 '교회를 세우는 자'와 '방언 말하는 이 자신만을 세우는 자'를 구분하는 것은 어떻게 보아야 할까? 이에 관해 스토트는 "냉소까지는 아니더라도 역설이다"라고 결론짓는다.[18] 만일 고린도전서 14장 13,14절에서 바울이 통역 없이 방언으로 기도하는 것의 단점을 지적한 것이라면, 스토트의 결론이 옳은 듯하다. 통역 없이 방언하는 것이 자신만을 세울 수 있다고 말하는 것은 책망이지 권장이 아니다.

예언의 은사는 어떠할까? 우리는 먼저 사도 시대 교회에서 예언이 어떠한 성격을 가지고 있었는지를 살펴보아야 한다. 성경 전반에서 예언은 개

---

17) Ibid., 147.
18) Ibid., 148-149.

인적으로 중요한 것만이 아니라 공적인 내용들을 드러내기 위해 주어진다. 선지자들이 구체적으로 무슨 일을 하며 어디로 가고 뭐라고 말해야 하는지를 받았을 때도, 그것은 그들이 개인적으로 사용하기 위한 것이 아니라 공적인 목적을 위한 것이었다. 하나님은 호세아에게 창녀와 결혼하라고 명령하셨다. 그런데 이것은 누구와 결혼해야 하는지에 관해 '하나님께로부터 온 말씀'을 기대해야 한다는 본을 세우고자 하신 것이 아니었다. 하나님은 호세아에게 창녀와 결혼하라고 명령하심으로써, 여호와가 자신에게 반역하는 열방과 맺은 관계가 어떠한 것인지를 이스라엘과 세상에게 보여 주시고자 했다. 신약에서도 예언은 그리스도에 관한 공적 선포이자 해석이었다.

많은 복음주의자들이 "무오한 성경의 예언은 종결되었으나 우리가 사도행전에서 만나는 것과 같은 유의 예언은 여전히 존재한다"라는 웨인 그루뎀의 견해를 설득력 있게 여긴다. 사도행전과 같은 유의 예언이 성경과 동일하지는 않더라도, 오늘날 봉사를 위해 여전히 하나님으로부터 오는 통찰과 특별한 지식으로서의 은사라는 것이다.[19] 이에 대해 나는 주해적으로 관점이 다르다는 것은 차치하더라도, 지속되는 예언을 긍정함으로써 참된 예언의 직분이 가지는 중요성을 희석시킨다는 점을 크게 우려한다.

청교도들은 일반적으로 예언을 설교로 해석하였다. 나도 말씀의 선포가 하나님의 말씀을 선포하는 것이라는 의미에서는 동의하는 바이다. 그

---

19) Wayne Grudem, *The Gift of Prophecy in the New Testament and Today,* rev. ed. (Wheaton, IL: Crossway, 2000).

러나 내가 보기에, 사도적 가르침과 실제 사역에서 예언을 설교와 동일하게 여길 만한 주해적인 기반은 존재하지 않는 듯하다. 사도행전의 선지자들은 새로운 계시를 전달했다. 교회는 거짓 선지자들 때문에 '영을 분별하라'고 권면받았다(요일 4:1 참고). 그러나 참된 예언은 일상적인 말씀을 전하는 설교도 아니었고(적어도 내가 보기에는), 틀릴 가능성이 있는 계시도 아니었다. 나는 스토트의 결론에 동의한다.

성경에서 선지자들은 미래를 예측하는 자도 아니었고, 정치적 조언자도 아니었으며, 활력 있는 설교자나 격려하는 자도 아니었다. 그들은 오직 하나님의 입술과 같이, 새로운 계시를 전달하는 기관으로서의 역할을 수행하였다. 이런 의미에서 바울은 '사도들과 선지자들'을 따로 떼어 모든 은사 중 가장 중요한 것으로 말한 듯하다(엡 2:20, 3:5, 4:11; 고전 12:28 참고). 그리고 이런 의미에서 (거기에 종속되는 의미와 사역들에 대해서는 다양하게 말할 수 있겠으나) 우리는 이 은사가 더 이상 교회에 존재한다고 말해서는 안 된다.[20]

한마디로, "더 이상 교회는 감히 '주님의 말씀이 내게 임하여 말씀하시기를'이라고 말해서는 안 된다."[21] 사도행전의 많은 에피소드들처럼 아가보 역시 규범이 되는 사례라고 할 수 없다(행 11:28, 21:10,11 참고).

---

20) Stott, *Baptism and Fullness*, 131.
21) Ibid., 130.

셋째, 어떤 영적 은사들은 사도 시대의 특별한 사역을 위한 것이나, 또 어떤 은사들은 사도들이 죽은 후에도 교회에서 지속될 사역을 위한 것이다. 그리스도의 이름으로 마귀들이 자신들에게 복종한 것으로 기뻐하면서 예수님께로 돌아왔던 칠십 인에게 주어진 임무는 독특한 것이었다(눅 10장 참고). 그들이 다시 보냄을 받았다는 내용이나 지속되는 사역을 위해 특별한 직분을 임명받았다는 언급은 없다. 이 사건은 우리에게 모세 아래 임명되었던 칠십 장로들을 떠올리게 한다(민 11장 참고). 그들의 예언은 성령으로 말미암아 지도자 역할을 수여받은 것을 입증하였다(민 11:16,17 참고). "영이 임하신 때에 그들이 예언을 하다가 '다시는 하지 아니하였더라'"(민 11:25).[22]

고린도전서 14장에서 보았듯이, 방언의 은사는 표적이다. 이 경우에는 이 표적이 새언약을 거부한 유대인들에게 일시적 심판으로 주어진 것이었다. 그렇다면 방언의 은사를, 구속사에서 독특한 때에 제한된 목적을 이루기 위하여 주어지는 것으로 보아야 하지 않겠는가?

터 닦기와 건물 세우기의 질적 차이

사도들은 그리스도의 목격자들로서 독특한 이들이었다(행 1:21,22; 고전 9:1, 15:8,9 참고). 그들은 선지자들과 함께 교회의 '터'였다(엡 2:20, 3:5 참고). 사도들 자신이 그들의 독특한 사역과 그들 뒤에 이어질 일상적 사역 사이

---

[22] 나는 이 의견을 다음에서 찾을 수 있었다. Raymond B. Dillard, "Intrabiblical Exegesis and the Effusion of the Spirit in Joel," in *Creator, Redeemer, Consummator: A Festschrift for Meredith G. Kline*, ed. Howard Griffith and John R. Muether (Greenville, SC: Reformed Academic Press, 2000), 93.

에 질적 차이가 있음을 분명히 보여 주었다. "지극히 크다는 사도들"(고후 11:5, 12:11)의 확실한 위험은, 사도들을 통해 전해진 말씀보다 자신들이 계시로 받은 진리가 더 우월하다고 주장하는 것이었다. 이는 다른 터를 닦겠다는 것과 같은 말이었다. 그러나 바울은 그리할 수 없다고 대답한다.

"이 닦아 둔 것 외에 능히 다른 터를 닦아 둘 자가 없으니 이 터는 곧 예수 그리스도라"(고전 3:11).

그렇다면 일반 사역자는 짚으로든 질 좋은 재료로든 '터 위에 세우는' 자이다(고전 3:12 참고). 물론 성령은 자유롭게 고치실 수 있으며 특별한 방식으로 복음을 전파하실 수 있다. 그러나 사도와 선지자와는 달리, 오늘날의 직분은 규범으로 여겨질 만한 표적으로서의 은사를 가지지 않는다.

바울은 자신이 교회의 안수 없이 그리스도께 직접 부름 받았음을 호소할 수 있었다(갈 1:11,12 참고). 그리스도께서 승천하시기 전에 다른 사도들에게 하셨던 것처럼, 승천하신 그리스도께서 직접 바울에게 손을 얹어 그를 사도로 삼으셨다. 그러나 바울은 디모데에게, 그리스도께 직접 부름 받았다는 사실이 아니라 장로들이 그에게 안수함으로 얻은 은사를 통해 사역에서 격려를 받으라고 권면한다(딤전 4:14 참고). 이러한 일반 사역자들이 사도들의 뒤를 이으면서, 그 고유한 표적으로서의 은사(특히 방언, 치유, 예언)는 소멸했다. 나라가 시작되는 것(터를 닦는 것)과 그 위에 건물을 세우는 것 사이에는 본질적인 차이가 존재한다.

창조 때에 하나님의 직접적인 명령이었던 "있으라"와 "땅은……내라"라는 부르심을 구별했던 것을 기억해 보라. 선지자들과 사도들이 성령의 감동하심을 따라 "그러므로 주님이 말씀하시기를"이라고 선포하는 것과 일반 사역자들이 성령의 조명하심을 따라 하나님의 계시된 말씀을 선포하는 것 사이에는 분명한 전환점이 존재한다. 심지어 창조에서도 명령적 말씀(무에서 유를 창조하는)에 통상의 과정을 통해 실재가 일반적 유형이 되도록 조직하는 성령의 역사가 뒤따랐다.

이렇게 비상한 은사들과 같은 신비로운 표적들은 구속사의 초신성 주변에 무리 지어 있다. 이 은사들은 하나님의 백성의 삶에서 전형적인 것이 아니다. 다섯 세기 동안 히브리인들은 주님으로부터 새로운 말씀도, 도우시겠다는 신비로운 표적도 받지 못한 채, 애굽 사람들의 압제에 시달려야 했다. 아삽은 이렇게 애곡했다.

"우리의 표적은 보이지 아니하며 선지자도 더 이상 없으며 이런 일이 얼마나 오랠는지 우리 중에 아는 자도 없나이다. 하나님이여 대적이 언제까지 비방하겠으며 원수가 주의 이름을 영원히 능욕하리이까?"(시 74:9,10)

제임스 던은 제2성전기의 랍비들이 "학개, 스가랴, 말라기는 마지막 선지자들이었으며, 따라서 성령은 철수하셨다"라고 믿었다고 말한다.[23] 그러나 그리스도가 오심으로 말미암아 구속사의 절정에 표적과 이적들에 의해 증언되는 신선한 계시의 새 조류가 밀려 들어왔다.

오순절에 부어진 성령은 역사의 전환점이었다. 이 사건으로 인해 그 이후의 역사는 현 시대의 '마지막 날들'이 되었다. 비록 복음이 전파되고, 죄

---

23) James D. G. Dunn, *Christology in the Making: a New Testament Inquiry into the Origins of the Doctrine of the Incarnation,* 2nd ed. (Grand Rapids: Eerdmans, 1996), 135.

를 깨닫고, 그리스도를 믿고, 세례 받는 것과 같은 동일한 패턴들이 사도행전 전체에서 반복되지만, 오순절 사건 자체는 본질적으로 고유한 것이었다. 오순절 이후에는 성령의 승리가 새로운 계시보다 말씀 전파를 통해 더욱더 강조되었다. 정경이 완성됨에 따라, 사도들이 터를 닦던 시대도 종결되었다. 디모데는 공적으로 말씀을 읽는 일과 가르치는 일로 부름 받았다(딤전 4:13 참고). 그는 "네게 부탁한 아름다운 것을 지키라"(딤후 1:14)라고 부름 받았지, 새로운 계시를 정경에 덧붙이라고 부름 받지 않았다. 미성숙하고 영웅 숭배하기를 좋아하던 당시 고린도인들에게, 살아 있던 사도로서 바울이 "기록된 말씀 밖으로 넘어가지 말라 한 것을 우리에게서 배워 서로 대적하여 교만한 마음을 가지지 말게 하려 함이라"(고전 4:6)라고 권면한 것은 상당히 중요하다. 새로운 계시는 더 이상 필요하지 않다. 그리스도가 하나님의 말씀의 절정이시기 때문이다(히 1:1,2 참고). 그래서 사도 시대 이후에 성령은 일반적인 사역을 통해 말씀이 죄인들의 마음에 효과를 나타내도록 하신다.

지금 내가 말하는 바는 표적으로서의 은사들이 마지막 사도가 죽으면서 소멸되었다는 것이 아니다. 오늘날에도 보고되는 바 특별한 상황 속에서 일어나는 기적과 계시들을 무시하는 것도 아니다. 그러나 분명히 해야 할 점이 있다. 우리는 이런 비상한 방법들을, 바울이 다메섹 도상에서 예수님을 만나 눈이 멀었던 사건과 유사한 것으로 이해해서는 안 된다. 도리어 바울을 만나라고 아나니아에게 주어진 계시와 같은 것으로 이해해야 한다. 그와 비슷하게, 주님은 베드로와 고넬료가 만날 수 있도록 특별한 계시를 주셨다. 그러나 성령은 베드로가 고넬료에게 복음을 전파했을 때에 비로소 주어졌다. 따라서 사도들의 비범한 사역에서도 믿음은 그리스도의 말씀을 들음으로 말미암아 오는 것이었다(롬 10:17 참고). 비범한 방법들은 긴급한 상황 가운데 말씀 사역과 세례로 이끌어야 할 이들에게 국한되어 사용되었다. 우리는 성령께서 한 번도 복음을 들은 적이 없는 이에게 어떤 방법으로든 복음을 들려주시는 것으로 기뻐해야 한다. 그렇다고 해서 우리가 특별한 계시들을 기대할 수 있다는 성경적 근거는 전혀 없다. 그리고 어떤 경우에도 우리는 믿음의 내용이나 자리에 새로운 계시를 추가할 수 없다.

아직 나는 신비로운 표적들이 절대적으로 중단되었다고 결론지을 준비가 되지는 않았다. 그러나 이 해석학적 전제가 핵심이라는 것은 확신한다. 즉, 제자들의 경험이 교회의 모범이 될 수는 없다. 예를 들어, 우리는 제자들의 경험을 토대로 성령의 은사가 중생과 성령 세례, 두 가지로 구별된다고 결론 내릴 수 없다. 우리가 새로 회심자들에게 성령을 받으라고 하면서 숨을 불어넣을 수는 없다. 예수님의 세례 이전에 에베소에서 행해지던 요한의 세례를 줄 수도 없는 노릇이다(행 19장 참고). 그리고 아나니아와 삽비라처럼, 헌금함에 얼마나 넣었는지를 속이는 지체들을 성령이 치시기를 기대할 수도 없다(행 5장 참고). 싱클레어 퍼거슨은 이렇게 말한다.

> 그들의 경험은 시대를 교차하는 것이었다. 그래서 결론적으로 전형적이지 않으며, 본질적으로 본이 아니다. 온전한 수준으로 일하시는 성령의

사역 안으로 들어가는 것은, 필연적으로 서로 다른 두 단계에 걸쳐 일어났다. 이는 연속성(동일한 성령)과 불연속성(오직 오순절에만 높아지신 그리스도의 영으로서 그분의 능력과 사역으로 오신)을 함께 반영한다.[24]

이런 생각들로 인하여, 나는 놀랍도록 자유하신 성령께서 어떤 방법들을 여전히 사용하시든지, 표적으로서의 치유나 방언이나 예언의 은사가 더 이상 규범적인 것이 될 수 없다고 결론 내리게 된다. 다음의 말씀이 오늘날 진리가 아닌 것은 아니다.

"우리의 씨름은 혈과 육을 상대하는 것이 아니요, 통치자들과 권세들과 이 어둠의 세상 주관자들과 하늘에 있는 악의 영들을 상대함이라"(엡 6:12).

에베소서 6장은 우리에게 진리로 허리띠를 띠고 의의 호심경과 복음의 신과 믿음의 방패와 구원의 투구와 '성령의 검 곧 하나님의 말씀'으로 무장하라고 가르친다(엡 6:13-17 참고). 이 모든 무장들은 교회의 유일한 방어와 공격의 무기가 되는 복음을 다양하게 표현한 것에 불과하다.

사도 이후에

신약 정경이 확실히 형성되었을 즈음에 특별한 표적들이 우주선의 추진체처럼 사라지기 시작했다는 사실은 놀랍지 않다. 특별한 표적으로서의 은사들이 일상적으로 나타나지 않게 된 명백한 전환점이나 특정한 날 또는 기간은 보고되지 않았다. 교회사에서 이를 찾으려는 것은, 이 논쟁의

---

24) Ferguson, *Holy Spirit*, 80,82 (강조는 저자의 것).

어느 쪽에서 시도해도 빈약한 논증이 될 것이다. 한 가지 확실한 것은, 표적과 이적이 지속되는 것에 대해 서로 다른 관점이 제시된 것이 우리 시대가 처음이 아니라는 점이다. 이른 시기부터 은사 사역과 교회의 직분 사역 간의 긴장이 생겨났다. 그리고 때로는 전자가 희미하게 교회와 연결되었다. 가령 누군가가 고대 신자들에게 새로운 계시와 기적이 중단되었느냐고 묻는다면, 2세기 후반의 몬타누스주의자(Montanists)들은 당시 주류 교회들과는 상당히 다르게 대답했을 것이다.

영지주의와 몬타누스주의 운동이 도래하면서, 고대 교회는 바울이 직접 말했던 "기록된 말씀 밖으로 넘어가지 말라"라는 가르침을 더욱 확신하게 된다. 표적으로서의 은사(방언, 예언, 치유)에 대해 초기 교부들 사이에서도 의견들이 다양했으나, 2세기 중반 무렵에는 이 은사들이 중단되어 가고 있다는 견해로 모아지기 시작했다.[25] 요한 크리소스톰(John Chrysostom) 당시에는 대다수가 이런 은사는 이제 끝이 났다고 보았다.[26] 그러나 성령의 열매는 마지막 때까지 계속되며, 사랑이 영원하리라는 데는 모두가 동의했다.

새로운 성육신, 십자가 죽음, 부활, 승천이 필요 없는 것처럼, 또 다른 오순절 역시 우리에게 필요 없다. 오히려 우리에게는 지금 이곳, 우리 가운데 거하시는 성령의 임재로부터 불어오는 바람에 우리의 개인적인, 그리고

---

25) 다음을 보라. Yves Congar, *I Believe in the Holy Spirit*, trans. David Smith, Milestones in Catholic Theology (New York: Crossroad, 1999), 1:65-72.

26) Ibid., 72n36.

공동체적인 돛의 방향을 맞추는 일이 필요하다. 성령은 1세기 예루살렘에 계셨던 것보다 오늘날 더 적게 계시는 것이 아니다. 하나님은 아담과 하와가 타락한 직후 약속을 주신 때부터(창 3:15 참고) 자신의 말씀과 성령을 통해 자신의 교회를 지어 오셨다. 그리고 종종 기적들을 통해 자신의 말씀을 증언하셨다. 이 기적들이야말로, 특히 우리 주님께서 죽은 자 가운데서 성령의 능력을 통해 부활하신 기적이야말로 복음이 참됨을 확증한다.

10장 | 성령은 어떻게 주시는가

  이 책에서 나의 목표는 삼위일체의 외적 사역에서 성령의 존재와 사역이 어떻게 구별되는지를 살펴보는 것과 더불어, 성경에서 성령이 어떻게 드러나는지를 조명하는 것이다. 여기에는 단지 특별하고도 즉흥적이며 무질서한 방법뿐만 아니라, 통상적인 피조물을 방편으로 삼아 믿음과 아름다운 질서와 지식과 지혜와 사랑을 창조하시는 것도 포함된다. 이번 장에서는 성령과 은혜의 방편 간의 관계를 살펴보면서, 우리를 그리스도와 연합시키고서 신자 개인에게 주시는 성령의 은사들과 우리를 그리스도의 몸인 교회와 연합시키시는 데서 나타나는 성령의 역할의 연결고리를 고찰할 것이다.

  내가 볼 때 신자들의 삶에서 성령이 역사하시는 방식만큼 많은 오해를 받는 것은 없다. 일반적인 관념에 따르면 성령이 나타나실 때 어떤 일이든 일어날 수 있다. 그리고 어쩌면 우리는 성령이 비상하고도 즉흥적인 활동으로 제도적 교회를 흐트러뜨리시기를 기대하는지도 모른다. 성령의 주체성과 능력과 임재를 '불장난' 정도로 제한하여 생각하는 것은, 성령이 우리의 일상 속에서 행하시는 역할을 깨닫고 기뻐하는 것을 저해한다. 이제까지 살펴보았듯이 하나님은 명령법으로 "빛이 있으라"라고 하신 것처럼, 때때로 매개 없이 직접 일하신다. 그러나 "땅은……내라"라는 자신의 선포에 적절한 반응을 일으키기 위하여 피조 세계 안에서 일하시기도 한다. 성령은 피조 세계 안에서 두 가지 방식으로 함께 일하신다. 중생을 통해 죽음에서 생명이 나오도록 명하시는가 하면, 날마다 우리에게 능력을 주어 성령의 열매를 맺도록 하신다. 그리고 성령은 두 종류의 작용을 완수하기 위해 이 모든 사역에서 일반적으로 피조 세계의 수단들을 사용하신다.

지금까지 우리는 성령의 사역이 어떻게 질서 짓는 것, 구조화하는 것, 세우는 것, 자라게 하고 성숙하게 하는 것과 연관되어 있는지를 계속 살펴보았다. 성령은 질서, 훈련, 제도적 구조와 대립되게 하는 것이 아니라, 피조 세계 안에 거하시며 혼돈이 질서가 되게 하신다. 성령만이 이 연약한 피조된 그릇을 인간 존재에 새로운 질서를 불어넣는 도구로 사용하신다. 이들은 지상 작전의 교두보이다. 또는 더 가정적인 유비를 사용해 보자면, 성령은 피조 세계를 사용하여 정죄 받은 건물을 호화롭게 치장된 집으로 바꾸신다. 새롭게 하시는 성령의 사역은 때때로 파괴적이지만, 궁극적으로는 언제나 건설적이다. 성령은 나누고 분리하시며, 우리를 죽어 가는 시대에서 잘라 내신다. 그리고 이는 어디까지나 우리를 그리스도와 그분의 몸에 연합시키시기 위함이다. 성령은 이 마지막 날들에, 사람들을 휘저어 무아지경에 빠지게 하거나 즉흥적인 충동을 일으키는 것이 아니라, 진리와 선과 아름다움에 강하게 의지적으로 반대하며 대적하는 이 세계를 바로잡으신다. 성령은 우리의 사랑의 질서를 새롭게 하여 우리의 마음이 선물보다 선물을 주시는 분을 향하도록 하신다. 성령은 지혜와 명철을 주시고, 그분의 말씀을 받고 선포하며 순종하도록 우리의 마음을 조명하신다.

성령은 그리스도가 얻은 영적 은사들을 성부의 계획에 따라 배분하신다. 가나안의 분깃들을 각 지파에게 배분하셨듯이 말이다. 또한 피조 세계를 질서 정연한 영역들로 나누시고, 각 영역이 자기만의 피조된 존재인 왕 아래 있도록, 그리고 그 모든 왕이 하나님의 대리 통치자인 아담 아래 있도록 하셨듯이 말이다. 다스리고 정복하며 질서를 가져오고, 방어하고 지키며 성소를 보호하는 일은 아담과 하와와 이스라엘의 제사장들에게 반복해서 주어진 임무로서, 이제는 그리스도 안에서 완전히 성취되었다. 그리고 우리는 그리스도의 사역에 힘을 더하신 성령으로 말미암아 그리스도의 왕적이고도 제사장적인 기름 부음을 함께 받는다. 이는 우리 시대의 전제 정치나 관료주의적 권력처럼 위로부터 하달되는 질서가 아니다. 이는 안에서부터 밖으로 형성되는 질서이다. 성령은 우리 자신을 '아담 안에' 감싸시고, 우리를 '그리스도 안에서' 참된 의미로 무아지경이 되게 하신다. 그리하여 경외심과 기쁨과 능력으로 가득 차 참으로 그분의 새 창조 안에, 그리고 새 창조의 일부로 살아가게 하신다.

혼돈은 성령의 임재와 복의 표징이 아니다. 성령은 질서와 연합을 세우시고, 설교와 가르침, 세례와 성찬을 통해 교회를 그리스도께로 세우시며, 교회의 일상적인 삶, 훈련, 예배, 기도, 증언을 위해 다양한 은사를 주신다. 교회에서 장로를 세우는 분은 바로 성령이시다(행 20:28 참고). 성령께서 영감 받은 사도의 명령을 통하여 공적 예배의 구체적인 순서들을 승인하셨다. 바울은 고린도인들에게 혼란과 미성숙함을 상기시키면서 이렇게 말한다.

"하나님은 무질서의 하나님이 아니시요 오직 화평의 하나님이시니라. 모든 성도가 교회에서 함과 같이"(고전 14:33).

성령은 우리에게 그리스도를 전달하신다. 그러나 아무 데서나 아무 방식으로 하신 것이 아니라 자신이 약속하신 곳에서 약속하신 방식으로 하셨다. 비록 성령은 그분의 언약적 긍휼과 상관없이 자유롭게 일하실 수 있지만, 우리는 그분의 구원하시는 복과 임재가 우리에게 약속된 곳에만 있을 것이라는 확증을 받는다. 만약 우리가 예측할 수 있거나 일상적이지 않은 데서만 성령을 찾는다면, 실제로 성령을 만날 수 있는 대부분의 시간과 장소에서 그분을 놓치게 될 것이다.

성령 대 은혜의 수단들

종교개혁자들은 교회를 "말씀의 피조물"로 생각했다.[1] 그들은 중세 후

---

1) 이 부분에 대해 길게 살펴볼 수 있는 자료로는 다음을 참고하라. *People and Place: A Covenant Ecclesiology* (Louisville: Westminster John Knox, 2008), 37-98.

기 교회가 이와 정반대로 말씀을 교회의 피조물로 여겼던 것에 대항하여 이렇게 말한 것이다. 그런데 그들은 이 금언을 재세례파에 반박할 때에도 사용하였다. 로마 가톨릭이 성령의 사역을 권력의 대리자로 격하시켰다면, 극단주의자들은 성령의 사역을 보이는 교회의 일반적 사역과 분리시켰다. 재세례파들은 육신과 영혼을 대비하는 신약의 표현 위에 물질과 영을 구분하는 플라톤적 이분법을 덧대어 버렸다.[2] 외형적이고 질서 정연하며 일반적이고 구조를 가지며 공식적인 것들을 모두 '인위적'인 것으로 보았는데, 이것들은 내적이고 즉흥적이며 특별하고 비형식적이고 안에 계신 성령의 개인적인 증언과 반대된다. 비밀스럽고 개인적이며 안으로부터 태어난 "말씀"은 "단지 허공을 때릴 뿐인 외적 말씀"과 대립되었다.[3]

3세기 초 오리겐 당시, 인간을 영과 육으로 구분하는 이분법은 이미 영과 문자, 내적인 것과 외적인 것, 영원한 것과 일시적인 것, 핵과 껍질을 구분하는 데까지 이어졌다.[4] 오리겐 이후 이른 시기의 재세례파 지도자 토마스 뮌처는 진리에 대한 "다른 사람들보다 더 높은 지식"을 약속했다.[5] 그는

---

2) Thomas N. Finger, *A Contemporary Anabaptist Theology: Biblical, Historical, Constructive* (Downers Grove, IL: InterVarsity Press, 2004), 563.

3) 다음에서 예를 보라. Thomas Müntzer, "The Prague Protest," in *The Radical Reformation: Cambridge Texts in the History of Political Thought*, ed. and trans. Michael G. Baylor (Cambridge: Cambridge University Press, 1991), 2-7; idem, "Sermon to the Princes," *Radical Reformation*, 20. 다음도 참고하라. Thomas N. Finger, "Sources for Contemporary Spirituality: Anabaptist and Pietist Contributions," *Brethren Life and Thought* 51.1-2 (2006):37.

4) Origen, *On First Principle*, trans G. W. Butterworth (Gloucester, MA: Peter Smith, 1973); Hans-Jurgen Goertz, *The Anabaptists*, trans. Trevor Johnson (London: Routledge, 1996), 49에서 "영과 문자"에 관한 부분을 보라.

5) Müntzer, "Sermon to the Princes," 20; idem, "The Prague Protest," 9.

새로운 계시를 받지 못하는 사역자들을 가리켜 "성경의 죽은 말씀들을 게걸스럽게 먹어 치우고는 경험 없는 믿음과 문자를(이것만도 못한 것이다) 불쌍하기 그지없는 의로운 사람들에게 뱉어 대는 자"라고 말했다.[6] 반대로 그에 따르면, "참된 목자의 직분은 양들을 계시로 이끌며 하나님의 살아 있는 목소리로 다시 살린다."[7] 또한 참되고도 비밀스러우며 안으로부터 태어나는 "말씀"(성경의 "외적 말씀" 및 설교와 대립되는 것으로서)은 "영혼의 심연에서부터 솟아오르고" "마음에서부터 발생"한다.[8] 토마스 핑거의 결론은 이 예들을 통해 충분히 명백하게 드러난다. "뮌처는 성령의 나라를 외적 말씀이나 교회에 더는 기댈 필요가 없는 것으로 선포했다."[9]

세바스천 프랑크(Sebastian Frank)는 성경을 "영원한 유비"로 생각했다. 그가 본문에서 모순들을 찾아내고는 "성경에서 역사적 이야기로서 '외적 말씀'은 스스로 불합리함을 드러낸다"라고 말한 사실을, 플로리안 에벨링(Florial Ebeling)이 언급한다.[10] "개신교 내의 성경 이해, 즉 오직 성경이라는 금언에서 프랭크는 '종이 교황'을 보았던 것이다. 그에게는 '내적 말씀'만이 믿음의 기초요, 인간사에서 비객관적인, 그러하기에 또한 비교의적

---

6) Müntzer, "Sermon to the Princes," 20; idem, "The Prague Protest,"6.

7) Müntzer, "Sermon to the Princes," 20; idem, "The Prague Protest,"6-7.

8) Müntzer, "Sermon to the Princes," 20; idem, "The Prague Protest,"9.

9) Finger, "Sources for Contemporary Spirituality," 37.

10) Florian Ebeling, *The Secret History of Hermes Trismegistus: Hermeticism from Ancient to Modern Times,* trans. David Lorton, Cornell Paperbacks (Ithaca, NY: Cornell University Press, 2011), 82. 다음도 참고하라. Steven E. Ozment, *Mysticism and Dissent: Religious Ideology and Social Protest in the Sixteenth Century* (New Haven: Yale University Press, 1973), 35.

인 기초였다." 그리고 그것은 "극단적 절충주의"로 이어졌다.[11] 그는 이렇게 말한다.

성경은 어린아이가 그리스도 안에서 성숙하여 어른이 되기 전까지 필요한 것이다. 우리는 모든 외적인 것에 등을 돌릴 수 있다. 어느 누구도 육신을 따라 이해하지 않고 그 어떤 것도 육신을 따라 알지 않으며 이미 영으로 옮겨진 자들로서, 우리는 하나님의 살아 있는 책으로 성령을 소유한다. 그리고 경건한 자의 유일한 참된 스승으로부터 하나님에 대해 가르침을 받는다……온전한 자가 먹는 단단한 음식은 성경에서 오는 것이 아니다……성경은 단지 성령에게 가르침을 받은 이들에 관한 진리를 증언할 뿐이다.[12]

교부들과 더불어 권위 있는 종교개혁자들은 말씀과 성령이 가장 가까운 관계에 있다고 여겼다. 그들은 성령이 단지 영감하실 때뿐만 아니라 말씀을 진리로 깨닫는 데에도 반드시 필요하다고 주장했다. 그와 동시에 개혁파 신학은 열광주의자들에 반박하면서, 결코 이 성령의 내적 증언을 말씀 외에 계시를 내는 또 다른 원천으로 여기지 않았다. 성령의 증언은 계시의 내용에 아무것도 더하지 않는다. 도리어 성령은 내적으로 마음을 조명하여 그 진리의 의미를 이해하게 하시며, 그것이 참임을 확신하게 하신

---

11) Ebeling, *Secret History of Hermes*, 82.
12) Ozment, *Mysticism and Dissent*, 36에서 재인용.

다. 성령이 우리 안에서 일하시더라도 구원하시는 그리스도의 존재와 사역이 우리 바깥에(extra nos) 있는 것처럼, 외적 말씀의 선포는 성령의 역사 곧 우리 마음에서 작용하여 약속의 말씀으로 그리스도께 붙어 있게 하시는 성령의 역사와 대립하지 않는다. 우리에게는 두 가지가 모두 필요하다. 우리가 객관적으로 정죄 받았을 뿐만 아니라 주관적으로 영적 죽음에 묶여 있어서 중생하지 않고서는 진리를 받아들일 수 없기 때문이다.

카이퍼는 다음과 같이 말한다.

그런데도 이 증언은 마법으로 이루어지는 것이 아니다. 불신자의 혼란스러운 지성이 느닷없이 "확실히 성경은 하나님의 말씀입니다!"라고 외치게 되는 것이 아니다. 만약 그랬다면, 열광주의자들의 길이 열리고, 우리의 구원은 우리를 속이는 영적 통찰을 의지해야 했을 것이다. 그러나 성령의 증언은 전혀 다른 방식으로 작용한다. 성령은 우리가 스스로 읽든 다른 이들에게서 전해 듣든 말씀을 만나게 하시는 일로 시작한다. 그러고 나서 성령은 우리에게 말씀에 따라 죄인의 모습을 보여 주시고, 자비롭게도 그를 구원하신 구원을 보게 하신다. 그리고 종국에는 그의 입술에서 불리는 찬양의 노래를 듣게 하신다. 우리가 이성의 눈을 통해 이것을 객관적으로 본 후에야, 그분은 우리의 감정에 역사하여 자신이 죄인이라는 사실을 깨닫게 하시고, 성령의 진리가 직접 우리와 관련된 것임을 느끼게 하신다. 끝으로, 성령은 의지를 붙들어 성경에서 보았던 그 능력이 우리의 삶에서 역사하도록 하신다. 이와 같이 전인의 지성과 마음과 의지가 말씀의 능력을 경험하고 나서야, 성령은 확신이라는 광범위한 작용을 더하신다. 그로부터 성경은 하나님의 아름다우심으로 우리의 눈 앞에서 빛나기 시작한다.[13]

무아지경은 배제하더라도, 극단적인 개신교 정신은 대부분 간접적으로 현대 (자유주의) 개신교로 이어졌다. 이는 교리보다 개인적인 경험을, 외적 말씀보다 내적 말씀의 권위를, 복음 선포보다 도덕적 진지함을 더 중요하게 생각하며 하나님과 사람을 대립되는 주체로 여긴다는 점에서 비롯되었다.[14]

그런데 오순절이 아닌 복음주의 안에서 동일한 대립이 오래도록 명백히 드러나고 있다. 예를 들어, 침례교 신학자인 스탠리 그렌츠는 종교개혁과 후기 종교개혁을 강조하는 것보다 경건주의 운동을 회복해야 한다고 고무했다. 그는 이렇게 말한다. "최근 몇 해 동안 명제적 진리에 초점을 맞추던 우리의 관심이 영성을 바라보는 독특한 복음주의적 관점을 구성하는 것이

---

13) Abraham Kuyper, *The Work of the Holy Spirit*, trans. Henri De Vries (New York: Funk & Wagnalls, 1900; repre., Grand Rapids: Eerdmans, 1979), 193.
14) 예를 들어, F. C. Bauer는 바울이 '영'이라는 용어로 그리스도인의 양심을 지칭했다고 말한다. "양심은 '본질적으로 영적인 원리이며, 기독교인이 단지 외적 감각으로만 모든 것을 이해하는 것을 금하고 물질이 어떤 경우에도 구원의 조건이 될 수 없다는 것을 시사한다……그러므로 하나님과 사람이 영과 영으로 관계될 수 있는 요소이며, 거기서 그들은 성령의 연합으로 하나가 된다"(F .C. Bauer, *Paul the Apostle of Jesus Christ: His Life and Work, His Epistles and His Doctrine* [London: Williams and Norgate, 1875]; John R. Levison, *Filled with the Spirit* [Grand Rapids: Eermans, 2009], 4에서 재인용). 레비슨은 헤르만 궁켈(Herman Gunkel)의 의견을 추가로 인용한다. "하나님과 사람의 활동 간의 관계는 서로 겹치지 않는 대립 관계이다"(5).

란 무엇인가 하는 방향으로 이동하기 시작했다."[15] 그의 저서 『복음주의 재조명』(Revisioning Evangelical Theology, CLC 역간)에서는 또 다른 익숙한 대립들이 나타난다. 곧 "신경에 기초한" 것과 "경건"(57), "종교적 의식"과 "예수님이 하셨을 일을 하는 것"(48), "주일 오전 예배 참석"과 "매일의 삶"을 우선시하는 것(49), 그리고 개인적이고도 내적인 헌신을 공적 정체성보다 중요시하는 것(49-53) 등이다. "한 사람은 구원을 얻기 위해 교회에 오는 것이 아니라" 매일의 삶에서 행진 명령을 얻기 위해 온다.[16] 그는 또한 다음과 같이 덧붙인다. "우리는 세례와 성찬을 시행하지만, 이 의식들의 의미를 소극적으로 이해하고 있다." 이것들이 "존속되는 것은 하나님께서 은혜를 주시는 통로로서의 가치 때문이 아니다. 세례와 성찬이 내적으로 얻은 하나님의 은혜에 참여하는 것이요 그 공동체를 기억하고 순종으로 반응하는 것이기 때문이다."[17]

열광주의의 역사를 고려해 보면, 미국의 사회학자인 웨이드 클라크 루프(Wade Clark Rook)의 보고도 전혀 놀랍지 않다. 그는, 오늘날 영적 구도자들에게는 "'영'과 '제도'의 구분이 가장 중요하다"라고 보고한다.[18] "영은

---

15) Stanley Grenz, *Revisioning Evangelical Theology: A Fresh Agenda for the 21ˢᵗ Century* (Downers Grove, IL: InterVarsity Press, 1993), 56. 다음도 참고하라. Veli-Matti Kärkkainen, *Toward a Pneumatological Theology: Pentecostal and Ecumenical Perspectives on Ecclesiology, Soteriology, and Theology of Mission,* ed. Amos Yong (Lanham, MD: University Press of America, 2002), 9-37. 이 모든 사례에서 '성령론적 해석학'이 로마 가톨릭과의 화합을 이루기 위한 방법으로 제시된다.
16) Grenz, *Revisioning Evangelical Theology*, 49.
17) Ibid., 48.
18) Wade Clark Roof, *A Generation of Seekers: The Spiritual Journeys of the Baby Boom Generation* (San Francisco: HarperCollins, 1993), 23.

신앙의 내적이고도 경험적인 측면이다. 제도는 신앙의 외적이며 기성화된 형태이다."[19] 그리고 그는 이렇게 덧붙인다. "직접적인 경험이 다른 이유가 아니라 단지 '내적'이며 '안으로부터' 일어난다면, 그 직접적인 경험은 언제나 믿을 만하다. '내적'이며 '안으로부터' 일어난다는 두 가지 특징은 고도로 표현 중심적이고 자기애적인 문화에서 크게 환영받아 왔다."[20] 여기에 반대하는 의견은 주로 명확하게 논증되기보다는 전제되는 형태로 작금의 수많은 전통들의 영성에 모범이 되고 있다. 비극적이게도 성령의 사역과 외적 방편의 이런 잘못된 취사선택으로 말미암아 교회는 열광주의와 형식주의로 나뉘게 되었다.

⟨성령 대 외적 방편⟩

성령	외적 방편
직접적(방편 없이 작용)	매개(방편을 통해 마음 안에 작용)
개인적	공동체적
내적, 비밀스러움, 주관적	외적, 공적, 객관적
무질서한, 즉흥적인/갑작스러운	질서 있는, 점진적인
'신' (영)	'죽은' (문자)
확실한/측량 할 수 있는 결과들	종종 깨닫지 못한 사이에 이루어지는 장기적인 결과로 약속된

이원론을 전제하고 일하면서 '열광주의'나 '형식주의'로 흘러가기란 어렵지 않다. 바우어(F. C. Bauer)의 튀빙겐 학파를 따르는 아돌프 폰 하르낙

---

19) Ibid., 30.
20) Ibid., 67.

(Adolf von Harnack)이 교리적 기독교 전통 전체를 '가톨릭주의'의 비호 아래 이루어진 믿음의 헬레니즘화라고 주장했을 때, 그는 단지 국가를 인정하는 종교개혁자들이 아닌 극단적 개신교도의 전통을 따랐을 따름이다.[21] 하르낙에 따르면 신약에서 그런 증거들을 찾을 수 있지만, 그가 믿었던 내용들은 대부분 정경이 확립된 이후 발전된 것이었다. 성령을 강조하는 것은 많은 경우 성경과 정해진 교회 직분, 예배, 제자도와 선교 제도에서 떠나도록 부채질했다.[22]

그러나 신약 학자들이 첫 그리스도인들과 정경 형성 간의 격차를 좁히고 있는 것과 동시에 몇몇 복음주의적이고도 오순절적인 학자들은 신약 전통 자체에서 "골화(ossifying)" 경향을 찾는다. 예를 들어, 벨리-마티 캐르크캐이넨에 따르면, "기독교 성경의 마지막 부분인 공동서신들"에서는 이미 "성령 사역의 은사적이며 역동적이고 놀라게 하는 요소들이 없어졌거나 별로 중요하지 않은 것이 되었다."[23] 반대로 "성경의 영감과 사역을 위한 은사('성직 수여')"를 강조하기 시작했으며, 이것들은 "구조화와 제도

---

21) Adolf von Harnack, *History of Dogma*, trans. Neil Buchanan, 7 vols. (Boston: Little, Brown, 1902), 2:48-60에서 아리안에 대한 긴 논의를 확인하라. 다음도 보라. Jaroslav Pelikan, *The Emergence of the Catholic Tradition (100-600)*, vol. 1 of *The Christian Tradition: A History of the Development of Doctrine*, 5 vols. (Chicago: University of Chicago Press, 1971), 194-198.
22) "성령은 오늘날 우리에게 뭐라고 말씀하시는가?"라는 질문과 성경적이고도 신조적 규범의 갈등은 주류 교회와 운동에서 항상 반복되어 왔다. '오소서 성령이여 - 온 피조 세계의 갱생'이라는 주제로 1991년 캔버라에서 열린 세계교회연합 제7차 대회는 무슨 '영'을 말하고자 했는지가 불분명해 보인다. Lawrence E. Adams, "The WCC at Canberra: Which Spirit?" *First Things* (June 1991), https://www.firstthings.com/article/1991/06/005-the-wcc-at-canberra-which-spirit.
23) Veli-Matti Kärkkäinen, "Introduction," in *Holy Spirit and Salvation: The Sources of Christian Theology*, ed. Veli-Matti Kärkkäinen (Louisville: Westminster John Knox, 2010), xvi.

화를 향해 가는" 것이었다.[24] 이 논의를 증명하기란 어렵다. 매우 이른 시기의 목회서신에서, 그리고 심지어 공동서신 이후에 기록된 사도행전에서 은사적 요소와 질서와 직분이 완전히 결합되어 나타나기 때문이다.

나는 오늘날 이 주제에 드러나는 극단성이 역설적이게도 모두 성령이 어떻게 일하시는지에 대해 잘못된 관념을 전제하는 데서 비롯된다고 생각한다. 만약 어떤 교회들이 제도와 형식에 치우쳐 성령을 중요하지 않게 여긴다면, 다른 이들은 단지 그 반대를 선택하는 것으로 반발하는 것이다. 그러나 그분의 주권적 사역을 형식주의와 동일시하는 것 외에 성령을 잘 어울리게 할 수 있는 수많은 방식이 존재한다. 어떤 이가 성령을 교회에 고용된 존재로 여긴다면, 또 어떤 이는 성령을 어느 운동의 마스코트로 여기거나 개인적인 경험의 포로로 만들어 버린다.

로마 가톨릭 신학자 이브 콩가가 말했듯이, 교회를 제도적인 교회와 성령으로 말미암은 은사적 공동체로서의 교회 중 하나로 선택해야 한다는 잘못된 생각은 초기부터 이어져 온 도전이었다.[25] 신품성사를 통해 화체의 기적을 행하는 능력을 얻게 되는 사제들의 손에서 성례가 창조되고 성례의 효과가 단지(의식을 방해하는 것이 전혀 없다면) 의식을 거행함으로써 유효해진다면(엑스 오페레 오페라토, 행함으로 된 것이다), 거기서 성령이 할 일은 거의 없어 보인다. 칼빈이 불만을 표했듯이, 중세에 하나둘 더해

---

24) Ibid.
25) Yves Congar, *I Believe in the Holy Spirit,* trans. David Smith, Milestones in Catholic Theology (New York: Crossroad, 1999), 2:11-15.

진 성례들은 그리스도가 지정하신 두 가지 의미를 격하시켰다.[26] 심지어 이브 콩가마저도 초대 교회에서 세례와 견진(성령으로 인침 받는 것)은 하나의 동일한 의식이었다고 지적한다.[27] 그리고 이렇게 덧붙인다. "이 성례가 현재 불안한 상태에 있다는 사실은 의심할 필요가 없다. 대체 어느 누가 성령을 줄 수 있다고 말하며, 그것을 축하할 수 있단 말인가?"[28] 더 나아가, 기적은 창조된 은혜의 주입으로 말미암아 발생한다. 이 창조된 은혜는 영혼을 치유하는 영적 실체이다. 물론 피조되지 않으신 성령의 내주하심이 이 은혜의 주입에 포함되지만, 여전히 효과를 일으키는 주체라기보다는 구성 요소처럼 보인다.

바울이 고린도후서 3장에서 죽이는 조문과 생명을 주는 성령을 비교한 것은 극단적인 신비주의 분리주의자들의 핵심 화두가 되어 왔다. 이 둘을 '물질과 연관된 존재론적 개념'과 '내적이고도 영적인 것과 연관된 존재론적 개념'으로 해석하였으므로, 육신과 영의 전쟁은 이 땅에 속한 은혜의 방편들을 외적 속박으로 보는 형태를 띨 수밖에 없다. 루터는 스말칼드(Smalcald) 조항에서 이렇게 기록했다.

이것이 (토마스) 뮌처가 행했던 바이며, 오늘날도 영과 문자를 분별하는 판별자가 되고자 하는, 그러나 자기가 말하고 가르치는 바가 무엇인지를

---

26) John Calvin, *Institute of the Christian Religion*, trans. Lewis Ford Battles, ed. John T. McNeil (Philadelphia: Westminster John Knox, 1960), 4.19.8.

27) Congar, *I Believe in the Holy Spirit*, 3:105.

28) Ibid., 3:106-107. 그러나 그러고 나서 콩가는 유아세례에 반박한다(106).

알지 못하는 많은 사람들이 행하는 바이다. 교황주의 역시 열광주의이다. 교회에서 결정하고 명한 것이라면 무엇이든, 설령 그것이 성경이나 선포된 말씀을 넘어서거나 그것과 모순되더라도 영적이고도 의로운 것으로 여겨져야 한다고 말하기 때문이다……그러하기에 우리는 권리이자 의무로서, 하나님만이 외적 말씀과 성례를 통해 우리 인간과의 관계로 들어오실 수 있다고 주장해야 한다. 이 말씀과 성례에서 벗어나 성령에 대해 말하는 것들은 무엇이든 악마의 것이다![29]

이런 맥락에서 칼빈은 사돌레토(Sadoleto) 추기경에게 담대하게 말한다. "우리는 두 분파들 곧 교황과 재세례파에 의해 맹렬히 공격당하고 있다." 처음에 듣기에는 이런 비교가 직관적이지 않다고 생각할 수 있다. 칼빈은 두 분파 모두가 사도적 직분이 계속된다는 사상에 기초하여 특별 계시가 지속된다고 주장한다고 설명한다. 이런 식으로 둘 모두 말씀을 성령에게서 분리하며, "그들의 거짓됨을 위한 여지를 만들기 위해 하나님의 말씀을 매장시켜 버린다."[30] 칼빈은 극단주의자들을 '열광주의자'들이라고 불렀는데, 말 그대로 '하나님이 그 안에 있다고 믿는 자들'이라는 뜻이다. 내적 자아가 신성의 불꽃이며 하나님께서 직접 마음에서부터 말씀하시는데, 눈에 보이는 교회와 외적 사역이 왜 필요하겠는가?

---

29) Martin Luther, "Smalcald Articles," in *Triglot Concordia: The Symbolical Books of the Evangelical Lutheran Church* (St. Louis: Concordia, 1921), 3.8.

30) John Calvin, "Reply by John Calvin to Cardinal Sadoleto's Letter," in *Seleted Works of John Calvin: Tracts and Letters,* ed. Henry Beveridge and Jules Bonnet, 7 vols. (Grand Rapids: Baker, 1983), 1:36.

칼빈은 이렇게 성령에게서 말씀을 분리하는 것에 대해, "주님은 그분의 말씀과 성령을 너무나 긴밀하게 엮어 두셨다. 그러하기에 성령이 성경을 비추어 하나님의 얼굴을 보게 하실 때에 우리 지성은 합당한 경외로 물든다. 다른 한편, 우리는 그분의 형상, 곧 그분의 말씀 가운데서 그분을 인식해야 성령에 대해 착각할 위험에 빠지지 않는다."[31] 칼빈이 도입한 원리는 "내적으로는 주님의 성령으로 말미암아, 외적으로는 주님의 말씀으로 말미암아"이다.[32] 오순절 신학자 벨리-마티 캐르크캐이넨은 이렇게 말한다.

성령과 말씀(그리고 성례)의 관계를 강조하는 것은, 대체로 제도의 권위를 중시했던 종교개혁자들이 성령의 열매를 은사주의가 말하는 은사보다 더 중시했음을 의미한다. 그 이유는 쉽게 이해된다. 재세례파와 로마 가톨릭은 모두 치유, 예언, 환상, 그리고 다른 말씀과 성례를 뛰어넘는 은사들을 높였다. 적어도 루터와 칼빈의 이해는 이러했다.[33]

종교개혁자들의 반응은, 기적에 대해 반발심을 보인 초기 계몽주의가 아니라 말씀에서 분리된 성령이 결코 삼위일체의 제3위일 수 없다는 확신에서 비롯된 것이었다. 그들은 성육신 자체가 아니라 성육신의 논리라도 위협할 만한 형이상학적 이원론이라면 무엇이든 반대했다.

---

31) Calvin, *Institutes*, 1.9.3.
32) 예를 들어 다음을 보라. *Institutes*, 2.5.5.
33) Kärkkäinen, "Introduction," xx.

고린도후서 3장에서 사도는 언약을 구분하지, 영역을 구분하지는 않는다. 달리 말해, 우리는 플라톤의 '두 세계'가 아니라 바울의 '두 시대'를 가지고 있다. 옛언약은 사라져 가는 이 시대에 속하는 것으로 토라에 대한 인간의 순종이라는 연약한 육신의 팔에 의존한다. 이제 그 역할을 다하여 결코 존재할 수 없었을 실재를 가리키는 옛언약은 이제 그 역할을 다하였다. 새 창조는 오직 성령의 오심으로만 복음을 통해 현 시대를 뚫고 들어올 수 있다.[34] 어둠과 공허 가운데서 성령께서 우리 영혼을 자라게 하시지 않는다면, 우리는 '허물과 죄로 죽은' 상태일 것이다(엡 2:1 참고).

카이퍼가 설명한 대로, 성경에서 '육'은 죄 아래 있는 '인간 본성 전체'를 가리킨다. 사실 "이런 의미에서의 육이란 몸보다는 영혼을 더 직접적으로 시사한다."[35] 사탄과 그 마귀들도 육적인 영들이다.[36]

하나님의 생명과 인간의 생명의 차이가 성경에 독특성을 부여하며, 고린도후서 3장 6절을 잘못 주해한 데서 비롯되는 조문과 영 사이의 반목을 불가능하게 만든다. 만일 하나님의 말씀이 우리 마음에 기어들어 온 거짓에 지배를 받는다면, 그리고 우리의 비참함 가운데 계속해서 말씀과 생명을 분리할 뿐만 아니라 대립시킨다면, 우리는 우리와 의견을 달리하는 형제들처럼 말씀보다 생명을 높이는 입장으로 피하게 될 것이다. 그러나

---

34) Geerhardus Vos, *The Pauline Eschatology* (Grand Rapids: Eerdmans, 1952), 300.
35) Kuyper, *Holy Spirit*, 254.
36) Ibid., 255.

우리는 그럴 필요가 없다. 그런 대립과 분리는 성경에 존재하지 않기 때문이다.[37]

성령을 말씀 및 성례와 대립시키는 것은 목수와 망치를 대립시키는 것만큼이나 이해할 수 없는 태도이다. 성령은 도구를 통해 사역하시는 분으로서, "말씀으로 우리를 거듭나게 하신다."[38] "그러므로 죽게 하는 조문, 영적이지 않은 것, 영적 생명에 대립하는 것이 아니라, 근원이 터져 영생이 솟아나는 생명의 샘이다."[39]

성령이 피조물을 수단으로 일하신다고 하여 피조 세계 전체가 성례전적이라는 일반화된 이론으로 우리를 이끌 수는 없다. 창조 세계가 선하다는 것을 긍정하기 위해, 모든 것이 하나님의 구원적 계시의 도구라고 주장하는 이들이 종종 있다. 이런 관점이 가지는 어려움은, 피조된 물질이 하나님의 은혜의 수단으로 사용될 수 있다는 식으로 그것을 긍정하는 데에 있지 않다. 이 점을 긍정하는 것이 이번 장의 주요 임무이며, 지금까지 내가 설명해 온 바이기도 하다. 도리어 문제는 일반 은혜와 구원하는 은혜, 일반 계시와 특별 계시를 구분하지 못한다는 것이다. 세계는 하나님의 비가시적 속성들과 그분의 법을 드러내지만, 구원의 길은 오직 복음으로만 드러난다.[40] 세상은 내재적으로 거룩하거나 구원하는 은혜를 계시하는 것

---

37) Ibid., 57.
38) Ibid., 58.
39) Ibid., 59.
40) 나는 이를 로마서 1:18-3:20에 나타난 바울의 논의에 대한 타당한 요약이라고 생각한다.

이 아니다. 하나님께서 기꺼이, 그리고 열심히 자신의 피조 세계 중 특정한 요소들을 구별하여 우리를 그분께 묶으신 것이다. 따라서 하나님께서 그것들을 사용하신다(즉, 그분의 말씀과 약속으로)는 사실이 그것들을 거룩하게 하며, 성령의 주체성이 그것들을 유효하게 한다.[41] 피조 세계가 하나님의 다층적 지혜와 능력을 드러낸 한편, 복음은 인간이 하나님과 그분의 자연법을 대적한 후에 하나님이 선포하신 놀라운 선언이다. 이 복음은 반드시 선포를 통해 들려져야 한다. 하나님 자신이 우리에게 어디서 그분을 찾을 수 있는지를 알려 주셔야 한다. 구유에서, 십자가에서, 그리고 교회에서 찾을 수 있다고 말이다.

그러하기에 한편으로 우리는 성령을 은혜의 수단과 동일시하여, 마치 그 수단들이 구원의 복을 유효하게 하는 것인 양 여겨서는 안 된다. 또 다른 한편으로 우리는 하나님이 함께 두신 것을 나누려고 해서는 안 된다. 이를 잘 표현하기 위해 두 가지 극단적인 경향을 더 살펴보는 편이 좋을 것이다.

---

41) Luigi Gioia는 어거스틴의 가르침에 대해 이렇게 고찰한다. "성육신과 관련해 그리스도의 신성은 비가시적이다. 이것이 예수님이 십자가에서 죽으신 이유이다. 유대인들도, 로마인들도 그들이 무슨 짓을 하는지 알지 못했다." 구약의 신현에 대해 그는 이렇게 쓴다. "어거스틴은 이 사건들의 기적적인 특성을 강조한다. '이 사건들이 기적과 표적으로 불리는 것은 합당하다'"(Luigi Gioia, *The Theologial Epistemology of Augustine's* De Trinitate [Oxford: Oxford University Press, 2008], 108-9, reflecting on *De Trinitate* 3.19). 심지어 비둘기나 불의 모습도 이것들과 마찬가지로 성령의 표적이었지, 성육신은 아니었다(Gioia, *Theological Epistemology*, 112).

엑스 오페레 오페라토: 성령과 은혜의 수단을 동일시하는 전통

로마 가톨릭 신학만이 교회의 힘을 '엑스 오페레 오페라토(ex opere operato)'라고 보는 위험에 처해 있는 것이 아니다. 종교개혁 당시 교회들은 분파주의적 열광주의에 반발하면서, 때때로 세례를 받고 설교를 듣고 신앙을 확인받아 온전한 회원이 되며 성례를 받아들임으로써만 참된 믿음으로 그리스도와 연합된다는 듯 자신들만의 형식주의를 만들어 냈다. 교회의 고백과 의식은 성령이 전혀 개입하지 않아도 참된 교회의 존재를 확증해 주는 것으로 여겨졌다.

더 나아가, 발흥하는 국가의 역사적 맥락은 개신교 교회 중 다수가 세속 권력에 의해 세워졌다고 말해 준다. 이 시대의 힘으로 성령을 이보다 더 길들이기도 어려울 것이다.

어쨌든 오순절이나 은사주의 전통 같은 자유 교회에서도 성령을 길들이는 다른 방식이 있었다. 역설적이게도, 제도 교회와 그 사역보다 성령의 사역을 더 중요하게 여기는 것을 표방하는 곳에서도 자주 이런 일이 일어났다는 것이다. 다만 말씀과 성례라는 공적 사역의 자리를 새로운 방법의 은혜의 수단들로 대체했을 뿐이다. 구체적으로 보면, 영미 부흥주의의 영향을 받아, 은혜가 일반적 수단이라는 입장을 비판하는 열광주의와 대안으로 제시된 거의 엑스 오페레 오페라토에 가까운 관점이 합쳐지는 경향이 명백하다. 찰스 피니(Charles G. Finney, 1792-1875)의 열심이 이 점을 잘 보여 준다.

먼저, 피니는 그리스도가 세우신 방법들을 격하시켰다. 피니는 지상 사명이 단지 "가라"라고 명령한다고 말한다.

어떤 형태를 미리 정해 주시지 않았다. 특정한 것을 승인하신 것이 아니다……그리고 [제자들의] 목표는 복음을 가장 효과적인 방법으로 사람들에게 알리는 것이었다……최대한 많은 이들이 관심을 가지고 순종할 수 있도록 하기 위함이다. 어떤 형태로 이 일을 해야 하는지에 대한 설명을 어느 누구도 성경에서 찾을 수 없을 것이다.[42]

그리스도께서 지상 사명에서 분명하게 지시하신 것이 설교와 세례와 제자 삼는 것임을 고려한다면, 이는 의아한 주장이다.

다음으로, 피니는 성령을 일반적 사역에서 '해방'시킴으로써 이른바 '새로운 방법'이라 불리는 자신의 발명품에 더욱 속박하였다. 그의 설교 중 가장 유명한 '죄인들은 자신의 마음을 바꿀 수 있다'는 그의 신학을 요약해 준다. 부흥, 치유, 그리고 다른 특별한 성령의 발현이 계획되고 선전되고 꾸며질 수 있다. 피니는 꽤나 명백한 표현으로 성령을 개인의 직접적인 통제 아래 두었으며, 특히 그리하여 영리한 복음전도자들은 "더 많은 회심자를 이끌어 낼 수 있도록 계산된 방법"을 고안할 수 있었다.[43] 그는 이렇

---

42) Michael Pasquarello III, *Christian Preaching: A Trinitarian Theology of Proclamation* (Grand Rapids: Baker Academic, 2007), 24에서 재인용.

43) Charles G. Finney, *Lectures on Revival*, ed. W. G. McLoughlin (Cambridge: Harvard University Press, 1960), 12-13,17.

게 덧붙인다. "부흥은 기적이나 기적에 의존하는 것이 전혀 아니다." 오히려 "방법을 제대로 사용한 데 대한 철학적 결과일 뿐이다."⁴⁴⁾ 하이델베르크 요리문답이 "성령이 우리 마음 안에 거룩한 복음을 선포하사 믿음을 창조하시며 거룩한 성례로 그것을 확증하신다"는 사실을 상기시키지만,⁴⁵⁾ 피니는 자기 자신의 생각에 더 효과적인 자신만의 방법을 고안해 냈다. 물론 이 새로운 의식들도 구식이 되었고, 순종을 다음 수준으로 끌어올리기 위해 사람들에게는 더욱 새로운 흥분이 필요했다.

그래서 역설적이게도, 정해진 방식으로부터 벗어나자고 선언하는 것은 엑스 오페레 오페라토 사고방식에 가깝게 고작 복음전도자의 창의력이 승인한 새로운 방식이 유효하다고 말하게 한 셈이다. 제도적 교회와 공식적인 교회의 사역에서 성령이 해방되었다고 칭송할 때, 일종의 이신론이 일어나게 되었다. 회심은 반드시 거듭남에 이르게 하는 몇 가지 단계로 바뀌어 버렸다. 한 가지 확실한 발명품은 '불안 의자'였다. 이후에 이는 '강단 부르심'으로 발전했다. 확신을 가진 사람들은 거듭나기 위해 강단 앞으로 나왔다. 그러고는 새로운 의식을 만족시키면서 자신이 은혜의 상태에 있다고 확신하게 되었다. 로마 가톨릭의 고해성사(rite of penance)와도 상당히 닮은 이 의식은, 신자가 뒤로 물러가거나 토마스 아퀴나스가 '파선한 뒤의 두 번째 판자'라고 불렀던 경우에 처하면 되풀이될 수 있었다.⁴⁶⁾

---

44) Ibid.
45) 하이델베르크 요리문답 주일 25, 65문답을 참고하라.
46) Thomas Aquinas, Summa Theologica, trans. the Fathers of the English Dominican Province, 5 vols. (Baltimore: Christian Classics, 1981), III.84.6.

제임스 헌터(James D. Hunter)는 복음주의 경건에서 은혜의 경험이 일종의 공식이나 단계, 절차로 격하되었다고 고찰한다.[47] '거듭나는 방법' 또는 '성령을 받는 네 가지 단계'와 같은 제목의 안내서들이 수없이 존재하였다. 여기서는 세례, 설교, 성례, 형식적 교회의 회원이 되는 것에 관해서는 거의 언급하지 않는 반면, 로마 가톨릭의 전통처럼 인과 관계로 규정된 단계들이 구원과 성장에 효과적인 수단으로 제시된다. 더 나아가, 비즈니스 모델과 마케팅 원리들이 들어오면서, 이런 원리들을(여느 사업에서 그렇듯이 교회에서도 효과적일) 따르면 성공을 보장받으리라는 식으로, 교회 성장 지침에 대체로 기계적으로 접근하는 경향이 나타났다. 자연은 공허를 혐오한다. 이 열광주의 운동은 하나님께서 정하신 방법들이 밀려나면 새로운 것이 그 자리를 차지한다는 사실을 보여 주었다. 주로 그 효과와 관련해 기계적인(엑스 오페레 오페라토) 전제를 가진 것들이다.

더 최근에는 신오순절주의권에서 하나님이 함께하실 필요가 없어 보이는 듯한 영성 기술이 생겨나고 있다. 물리적 법칙처럼, 영적 법칙에서도 정해진 절차만 따르면 하나님이 원하는 선을 전달해 주도록 되어 있다는 것이다. "말하고 선포하라"라는 엑스 오페레 오페라토의 또 다른 버전이다. 단지 하나님의 약속이나 약속을 이루기 위해 따르라고 하신 방법과 거의, 또는 아예 연관이 없을 뿐이다. 기적은 자연적 원인의 자연적 결과가 되어 버렸다. 하나님의 역할이, 마치 이신론자들의 설계자나 친절한 섭리

---

[47] James D. Hunter, *American Evangelicalism: Conservative Religion and the Quandary of Modernity* (New Brunswick, NJ: Rutgers University Press, 1983), 75.

처럼, 우리가 올바른 원리와 절차만 따르면 반드시 기적이 일어나게 되는 방식으로 우주에 영적 법칙을 세우시는 것을 넘어서지 않는 듯하다. 심지어 이런 터무니없는 영성 기술은 아니더라도, 사회학자 크리스천 스미스(Christian Smith)가 "도덕적이고도 치유적인 이신론"이라고 묘사한 종교적 접근법에서 성령이 어떤 필수적인 역할을 하는지 여전히 정당한 의문이 제기될 수 있을 것이다.[48]

지금까지 설명한 모든 방식들에는 한 가지 공통된 약점이 있다. 적어도 현실적으로는 만일 우리가 올바른 것을 믿고 행하거나 경험한다면, 그것이 평범하든 비상하든, 하나님이 정하셨든 그렇지 않든, 우리가 알라딘 램프의 지니처럼 성령을 통제할 수 있다고 여긴다는 것이다. 더 이상 성령께 간구할 필요가 없다. 올바른 인원, 의식, 교리와 기술이 동원되기만 한다면 성령이 일하시리라고 생각하기 때문이다.

성령, 그리고 은혜의 수단

이는 성령과 피조된 방식의 대립 문제가 아니라, 성령이 어떻게 그것들을 통해 일반적으로 작용하시는가 하는 문제이다. 성령이 창조 때 수면 위를 운행하시며, 지팡이와 막대기, 장막, 기름, 동물 희생 제사와 거룩한 음식들을 사용하여 생명으로 피조계를 채우셨듯이 말이다. 예수님의 사역

---

[48] Christian Smith, *Soul Searching: The Religious and Spiritual Lives of American Teenagers*, Melinda Lundquist Denton과 공저 (New York: Oxford University Press, 2005).

에서 드러나는 바 예수님이 성령이 거하시는 약속된 여호와의 종이라는 징표는 바로 그분이 가난한 자에게 복음을 전파하셨다는 것이었다(마 11:5 참고).

요한복음 9장에서 예수님은 말씀하실 필요 없이 직접 눈먼 자를 고치실 수 있었을 것이다. 그런데도 예수님은 "말씀을 하시고 땅에 침을 뱉어 진흙을 이겨 그의 눈에 바르시고"(요 9:6) 그에게 실로암 연못으로 가서 눈을 씻으라고 말씀하신다. 그리고 그 사람은 볼 수 있게 되자 기뻐하며 돌아온다(요 9:6,7 참고). 하나님은 우리처럼 육신을 입으셨을 뿐만 아니라 흙과 침을 사용하여 표적 행하기를 기뻐하셨다(그분은 애초에 우리를 진흙에서 만드셨다). 성령은 예수님의 죽은 몸을 생명으로 일으키셨으며, 그리스도에게 연합된 모든 자에게 동일하게 행하실 것이다(롬 8:11 참고). 부활 후 예수님은 제자들에게 오셔서 이렇게 말씀하셨다.

"평강이 있을지어다"(요 20:21).

그리고 그들을 사도로 세우셨다.

"이 말씀을 하시고 그들을 향하사 숨을 내쉬며 이르시되 성령을 받으라. 너희가 누구의 죄든지 사하면 사하여질 것이요, 누구의 죄든지 그대로 두면 그대로 있으리라 하시니라"(요 20:20-23).

이처럼 성령은 귀로 들을 수 있는 예수님의 말씀을 통해 역사하셨고, 눈에 보이는 예수님의 표적을 통해 일하셨다. 지금은 그분의 사역자들이 행하는 설교와 성례를 통해 역사하신다. 극단적 신비주의자들은 일반적으로 요한복음 6장에서 예수님이 "살리는 것은 영이니 육은 무익하니라"(63

절)라고 하신 말씀을 지적한다. 그러나 예수님은 바로 다음에 이렇게 말씀하셨다.

"내가 너희에게 이른 말은 영이요 생명이라"(요 6:63).

성령, 그리고 말씀

콩가는 루터와 칼빈이 성례에서 엑스 오페레 오페라토 개념을 거부했던 것을 정확하게 요약한다. 그들은 성령을 은혜의 수단과 분리하기를 거절했다. "두 개혁자 모두가 중도를 유지했다. 아니, 종합이었다. 그리고 저마다 자신의 길에서 외적 은혜의 '수단'과······성령의 활동을 긴밀히 연관시키고자 했다."[49] 성령이 일반적으로 이러한 방법들을 사용하여 활동하신 것은, 이 수단들이 없이는 일하실 수 없기 때문이 아니라, 우리가 하나님이 심판이 아닌 긍휼로 우리와 만나기로 약속하신 곳이 어디인지를 알아야 하기 때문이다.

루터는 말씀과 성령의 연합을 강조하였을 뿐만 아니라 성령의 활동을 중요시했다. 루터의 대요리문답에서 이 점이 드러난다. "여러분이나 나나 복음 전파를 통해 성령이 우리 마음에 공급해 주지 않으셨다면, 결코 그리스도에 관해 아무것도 알 수 없었을 것이며, 그분을 믿을 수도 없고, 우리 주로 받아들일 수도 없었을 것이다." 그리고 이렇게 덧붙인다. "그리스도가 선포되지 않은 곳에는 기독교회를 창조하고 부르며 모으시는 성령이

---

49) Congar, *I Believe in the Holy Spirit*, 1:138.

없는 것이다. 그리고 그분 없이는 어느 누구도 주 그리스도께로 나올 수 없다."50) 이와 유사하게, 칼빈은 성령을 외적 말씀에 대립시키는 것을 경고하였다.51) 그러나 효과는 성령께 속했다. 심지어 구약의 예표에서도 이것이 반영된다고 주장했다. "장막에는 기름이 뿌려졌다. 이스라엘 사람들은 성령의 비밀스러운 역사가 없이는 그 어떤 경건도 이행할 수 없다는 사실을 알았을 것이다."52) 성령은 우리 안에서 내적으로, 인격적으로, 개인적으로 비밀스럽게 일하시되, 외적이고도 공적이며 공동체적인 은혜의 수단을 통해 일하신다.

옛 교부들도 그와 같이 가르친다. 예를 들어, 닛사의 그레고리는 세례를 베풀 때 사용하는 물과 성찬 때 사용하는 빵과 포도주가 평범한 물질들이며 성령을 통해서만 은혜의 수단이 된다는 사실을 보았다. 성령은 그 수단들에 "보이지 않는 힘과 은혜로" 역사하신다.53) 우리는 단지 나무 십자가에 달리신 성육신하신 하나님에 의해 구원받은 것이 아니다. "떨기나무 덤불이 모세에게 하나님의 임재를 드러냈던 것처럼, 엘리사가 생명으로 일으킨 뼈들도, 날 때부터 눈먼 자에게 시력을 찾아 준 진흙도 그러했다."54) 세례 역시 마찬가지이다. "(은혜를) 주는 것은 물이 아니라(만약 그랬다면 온

---

50) 다음에서 찾아볼 수 있다. Article III in *Luther's Large Catechsm*, trans. F. Samuel Janzow (St. Louis: Concordia: 1978), 73.

51) Calvin, *Institutes*, 4.1.6.

52) Ibid., 2.223, 출 30:23-25에 관한 내용.

53) Gregory of Nyssa, *On the Baptism of Christ* (NPNF² 5:519).

54) Ibid., 5:520.

피조 세계에서 가장 칭송받는 것이 되었을 것이다), 하나님의 명령과 우리를 자유롭게 하시기 위해 성례전적으로 오신 성령의 방문이다."[55]

루터교와 개혁파 전통은 선포된 말씀을 특별히 강조한다. "믿음은 들음에서 나며 들음은 그리스도의 말씀으로"(롬 10:17) 말미암기 때문이다. 이 선포를 통해 그리스도는 자신의 성령으로 말미암아 우리 가운데 계시면서 자신의 선물들을 베푸신다. 성령의 사역은 그분이 베푸시는 외적 수단들과 구별되지만, 분리되지는 않는다. 우리는 우리 안에 있는 것으로 결코 구원받을 수 없다. 자성(自省, introspection)만으로는 충분하지 않다. 우리가 우리 바깥에서 우리를 구원할 분으로 그리스도를 필요로 하는 것처럼, 동료 죄인을 통해 우리에게 선포되는 그분에 의한 외적 복음이 필요하다. 웨스트민스터 대요리문답은 이렇게 설명한다.

하나님의 성령은 읽는 것, '특별히 말씀이 선포되는 것'을, 죄인을 밝히고 깨우치며 낮아지게 하시는, '그들을 자신에게서 끌어내' 그리스도 앞으로 인도하고 그리스도의 형상을 닮도록 하며 그분의 뜻에 굴복시키시는, 유혹과 부패로부터 강하게 하고 은혜 안에 그들을 세우며 그 마음을 거룩함으로 세우고 구원에 이르기까지 믿음을 통해 위로하시는 효과적 수단으로 삼으신다.[56]

---

55) Ibid., 5:519.
56) The Westminster Larger Catechism, Q.155, in the *Book of Confessions* (Louisville: PCUSA, 1991). 강조는 저자의 것.

내용뿐만 아니라 방법도 우리를 우리 자신으로부터 끌어낸다. 이는 물론 '내적 말씀'이 할 수 없는 일이다. 그분이 만드신 바로 그 피조물을 통해, 성령 하나님은 우리를 스스로 닫힌 존재에서 끌어내 위로는 믿음으로 하나님을, 밖으로는 사랑으로 우리 이웃들을 보게 하신다.

만일 믿음이 복음 선포를 통해 온다면, 그리고 선포가 본질적으로 사회적 사건이라면, 은혜의 주된 수단으로서 선포된 말씀의 효과는 개인주의적일 수 없고 참으로 공동체적이다. 믿음은 누군가의 영혼에 즉흥적으로 솟아나는 것이 아니라, 언약으로 모여 함께 듣는 가운데 일어난다. 디트리히 본회퍼(Dietrich Bonhoeffer)가 말한 바와 같다.

> 만약 성령의 직접적인 사역이 있었다면, 교회에 대한 관념은 애초부터 개인주의적으로 분해되었을 것이다. 그러나 가장 탄탄한 사회적 구조물은 태초부터 말씀 안에서 세워졌다. 말씀은 사회적 속성을 가진다. 기원이 그러할 뿐만 아니라 목적 또한 그러하다. 성령을 말씀에 묶는다는 것은 성령이 다수의 청중을 목표로 하며, 그 말씀이 실재가 되도록 하시는 눈에 보이는 표징들을 세우신다는 의미이다. 그러나 말씀은 그리스도가 하신 그 말씀이 되기에 합당하다. 이는 성령에 의해 효과적으로 청중들의 마음에 전달된다.[57]

---

57) Dietrich Bonhoeffer, *Sanctorum Communio: A Theological Study of the Sociology of the Church*, ed. Joachim von Soosten and Clifford J. Green, trans. Reinhard Krauss and Nancy Lukens, Dietrich Bonhoeffer Works 1 (Minneapolis: Fortress, 1998), 158. 강조는 저자의 것.

심지어 세례와 성만찬의 효력도 이 선포된 복음으로부터 파생된다. 시작부터 끝까지 교회는 언제나 '말씀의 피조물'이다. 본회퍼는 이렇게 고찰한다.

요컨대, 말씀은 수적으로든 신앙적으로든 교회 전체가 세워지는 사회적 원리이다. 그리스도는 교회가 세워지기 시작하는 기초이며, 그분을 따라 교회가 세워진다(고전 3장; 엡 2:20 참고). 따라서 교회는 "주 안에서 성전"(엡 2:21)이며, '하나님이 자라게 하시므로 자라난다'(골 2:19 참고). 이는 "우리가 다……온전한 사람을 이루어 그리스도의 장성한 분량이 충만한 데까지"(엡 4:13) 이르도록 계속될 것이며, 이 모든 성장은 "그에게까지 자랄지라 그는 머리니 곧 그리스도라"(엡 4:15). 온 건물이 그리스도로 시작하여 그리스도로 끝나며, 연합의 중심은 말씀이다.[58]

설교는 공동체를 창조하며, 성만찬은 개인이 믿음으로 받도록 함으로써 어떤 의미에서 눈에 보이는(더 낫게는 귀에 들리는) 공동체를 만든다.[59] 존 오웬은 말한다. "때때로 우리는 바울처럼 특별한 방식으로 부름 받고 거듭난다. 그러나 우리는 대부분 일반적 방식을 사용함으로, 그렇게 하나님에 의해 동일한 목적에까지 세워지고 복을 받으며 거룩하게 된다."[60]

---

58) Bonhoeffer, *Sanctorum Communio*, 247.
59) Ibid.
60) John Owen, *A Discourse concerning the Holy Spirit*, in vol. 8 of *The Works of John Owen*, ed. William H. Goold, 16 vols. (Edinburgh: Banner of Truth, 1965), 213.

성령이 반드시 우리 마음 안에서 역사하셔야 우리가 하나님 말씀의 진리를 깨닫고 확신한다는 것은 분명 참이다.

성령은 예수님이 분부한 모든 것을 가르치며 장차 '이룰 것'들을 드러내도록 사도들에게 주어졌다(요 14:17, 16:12,13 참고). 성령은 프리랜서 작업자로 이 마지막 날에 새로운 계시를 만들어 내는 분이 아니시다. 그분은 중생하지 못한 이의 마음 안에서 일하심으로써 그들을 믿음으로 이끄시며 중생한 이 마음 안에서 말씀을 통해 그들의 이성을 비추신다. 존 오웬은 "중생한 이들 안에서 일하시는 성령의 사역은 열광주의적 황홀경이나 무아지경, 변성과 같은 것들로 이루어져 있지 않다. 도리어 주님의 말씀을 통하여, 그 말씀에 따라 율법과 복음으로 이루어져 있다"라고 말한다.[61]

칼빈은, 로마 가톨릭이 하나님을 이 땅의 수단에 묶어 버렸고, 재세례파는 하나님이 자유롭게 스스로를 그들에게 묶으시지 못하도록 했다고 논한다.[62] 성경은, 설교와 성례는 도구이며 성령이야말로 일하시는 주체라고 가르친다.[63] 칼빈은 은혜의 수단이 가진 효력을 전하기 위해, 라틴어 엑시베레(*exhibere*)라는 동사를 자주 사용하였다. 이 단어는 '제시하다,' '수여하다,' '전달하다'라는 의미를 가진다. 동일한 관점이 훗날 웨스트민스터 표준문서에 요약되었다. 여기서 성례는 "구원의 효과적 수단"으로 표

---

61) Ibid., 224-225.
62) Calvin, *Institutes*, 4.1.5.
63) Willem Balke, *Calvin and the Anabaptist Radicals,* trans. William J. Heynen (Grand Rapids: Eerdmans, 1981), 53.

현된다.[64] 그리스도는 성육신으로 우리 가운데 내려오셨으며, 여전히 말씀을 통하여 자신의 성령으로 말미암아 우리 가운데 내려오시고, 우리를 그분과 그분의 아버지에게로 들어올리신다.

성령과 성례

예수님이 성령에 관해 강론하신 내용이(요 14-16장 참고) 성만찬을 제정하는 문맥에 있었다는 사실을 기억해 보라. 종교개혁자들이 성례의 의미에 관해 논할 때(여기서 쯔빙글리는 제외하며, 더 넓게는 불링거도 제외한다) 성령론을 향했던 것은 놀랄 일이 아니다. 예수님이 요한복음 6장 55,56절에서 명백히 밝히시듯이, 예수님을 먹는다는 것은 그저 비유가 아니다. 그리고 '그리스도의 몸과 피' 역시 단지 상징적 표현이 아니다.

"우리가 축복하는 바 축복의 잔은 그리스도의 피에 참여함(코이노니아)이 아니며 우리가 떼는 떡은 그리스도의 몸에 참여함이 아니냐?"(고전 10:16)

성례는 지적 이론을 눈으로 확인시켜 주는 대상 교육이 아니다. 표식과 인은 정치의 영역(world of politics)이지 종교(religion)의 영역에 속한 것이 아니다. 위대한 왕께서 그분이 통치하는 자들을(사실은 자녀들을) 인 치고 구원자이자 주로서 다스리신다.

히브리서 6장에 따르면, 하나님의 풍성한 공급하심이 심지어 중생하지 않았으나 교회에 있는 이들에게도 미친다. 이들은 성령께서 교회 안에서

---

64) 다음을 보라. Westminster Confession of Faith 27; Shorter Catechism 91–93; Larger Catechism 161-164.

일반적 사역으로 주시는 유익을 받는다. 그들도 징표를 얻는다. 그러나 그들은 실재를 얻지 못하며, 그래서 떨어지고 만다(히 6:9 참고). 설교를 통해 그들은 '하나님의 선한 말씀과 내세의 능력을 맛보고,' 성찬을 통해 '하늘의 은사를 맛보았으나' 정말로 믿음으로 그리스도를 먹는 것은 아니다(히 6:4,5 참고).

나는 직접적으로 고별 강화를 다루면서(5장 참고) 이 강화가 성찬 제정이라는 맥락에 자리한다는 사실을 고찰했다. 강화와 성찬은 모두 세 가지 핵심적인 내용을 강조한다. 첫째, 그리스도는 다시 오시기 전까지 우리를 정말로 떠나셨다. 둘째, 그리스도는 여전히 우리 가운데 계신다. 셋째, 성령은 현재 여기에서 우리를 영광스러운 구원자와 연합하게 하시며, 우리에게 내주하여 궁극적인 구원의 담보가 되신다. 성례는 우리로 하여금, 이 시대와 장차 올 시대의 권세, '아직'과 '이미,' 그리고 하늘에서 계속되는 그리스도의 사역과 이 땅에서의 활동(campaign)을 인도하는 성령의 사역이 서로 만나는 복잡한 교차로에 서게 한다.

그러므로 종교개혁 때 성례를 주제로 하여 그리스도와 성령의 관계, 피조된 수단과 성령의 관계에 대한 이해에서 상당히 다른 기준을 드러내며 논쟁했다는 사실은 별로 놀랄 일이 아니다. 교황 레오 13세는 성례단에서 "모든 자연법이 무효화된다," 그리고 "빵과 포도주의 실체 전체가" 육신적 기관들을 포함하여 "그리스도의 몸과 피로 바뀐다"라고 말하였다.[65] 나는

---

[65] Pope Leo XIII, "Mirae Caritatis," in *The Great Encyclical Letters of Pope Leo XIII* (Rockford, IL: TAN Books, 1995), 524.

말씀과 성례에 관해 상당히 긴 글을 쓴 적이 있다.[66] 그러나 이번 장의 균형을 위해, 성령과 은혜의 수단 간의 관계를 더욱 폭넓게 이해하도록 하는 기준으로 작용하는 성례에 초점을 맞추고자 한다. 특히 그와 관련하여 칼빈의 기여를 살펴볼 것이다.

가톨릭 신학자 브라이언 게이바에 따르면, "(적어도 서구에서는) 칼빈에 의해 교부 시대 이후 사실상 잊혔던 성경적 사상이 재발견되었다. 바로 성령을 일하시는 하나님으로 보는 사상이었다."[67] 캐르크캐이넨은 성령론이 칼빈의 신학을 가장 온전하게 관통하고 있다고 고찰했다.[68] 워필드는 칼빈을 "탁월한 성령 신학자"라고 불렀다.[69] 패커도 이러한 의견에 동의하면서, 성령의 사역에 초점을 맞추되 오직 "기독론을 중심으로 읽어야" 한다고 말했다.[70] 성찬과 관련하여 칼빈보다 더 구체적이고도 포괄적이며 설

---

66) Michael Horton, *People and Place: A Covenant Ecclesiology* (Louisville: Westminster John Knox, 2008), 35-152; *The Christian Faith: A Systematic Theology for Pilgrims on the Way* (Grand Rapids: Zondervan, 2100), 751-826.

67) Brian Gaybaa, *The Spirit of Love: Theology of the Holy Spirit* (London: Goeffrey Chapman, 1987), 100; Matthew Levering, *Engaging the Doctrine of the Holy Spirit: Love and Gift in the Trinity and the Church* (Grand Rapids: Baker Academic, 2016), 321n43에서 재인용. 나는 레버링과 마찬가지로 이것이 다소 과장되었다는 데 동의한다. 그런데도 이 문장은 개혁파가 아닌 개혁파 신학 독자조차도 칼빈을 성령론 사상의 역사에서 중요한 인물로 생각한다는 것을 보여 준다.

68) Veli-Matti Kärkkäinen, *Pneumatology*, 83n93. *The Holy Spirit and Salvation: The Sources of Christian Theology* (Louisville: Westminster John Knox, 2010)에서 캐르크캐이넨은 "이 제네바의 신학자가 기여한 마지막 신학적 기여 중 하나는 성령론의 틀이 된 그의 성령론적 이해이다"라고 덧붙인다(176).

69) Benjamin Breckinridge Warfield, *Calvin and Augustine* (Phillipsburg: NJ: P&R, 1956), 484-487. 그는 이렇게 설명한다. "죄와 은혜의 교리가 어거스틴 때부터 시작되었으며 속상 교리는 안셀름으로부터, 이신칭의 교리는 루터로부터 시작되었다고 말하는 것과 같은 의미로, 성령의 사역에 관한 교리는 칼빈이 교회에 남긴 선물이라고 말해야 할 것이다."

70) J. I. Packer, "Calvin the Thoelogian," in *John Calvin*, ed. G.E. Duffield, Courtenay Studies in Reformation Theology (Abingdon, Berkshire: Sutton Courtenay, 1966), 169.

득력 있게 성령론을 강조한 종교개혁자는 없었다.

교부들의 가까운 학생이었던 칼빈은 여러 교부들 중 터툴리안(Tertullian)과 더불어 어거스틴에게 깊이 영향을 받았으며, 이레니우스, 갑바도기아 교부들과 크리소스톰의 영향도 받았다.[71] 2세기 주교 이레니우스는 계시의 구속사적 성격을 그리스도의 성육신, 죽음과 부활, 승천과 다시 오심을 통해 우리의 인성을 구원하시는 것과 함께 강조하면서 영지주의에 맞섰다. 이런 방식을 통해 성령이 영지주의의 '영적' 실재에 대한 모호한 관념에 비해 더 뚜렷하게 인격적인 의미로 전면에 드러나게 된다. 3세기 신학자 오리겐은 복음을 중기 플라톤주의와 신플라톤주의적 개념들로 해석했다. 여기에는 영과 육의 (종말론적이 아닌) 형이상학적 대립이 포함되었는데, 인간(특히 육신적) 존재의 목적은 이 세상을 벗어나는 것이었다.[72] 일반화이긴 하지만, 이레니우스와 오리겐 두 사람은 교부 시대 신앙에서 서로 다른 명제적 궤도를 대표한다. 루터는 에라스무스와 자유의지에 관해 논쟁하면서 "오리겐을 다시 금해야 한다"고 주장했는데, 그와 마찬가지로 칼빈도 오리겐적 궤적을 배척하면서 이레니우스로부터 상당 부분을

---

71) Irena Backus, "Calvin and the Greek Fathers" in *Continuity and Change: The Harvest of Later Medieval and Reformation History,* ed. Robert J. Bast and Andrew C. Gow (Leiden: Brill, 2000); Johannes Van Oort, "John Calvin and the Church Fathers," in *The Reception of the Church Fathers in the West: From the Carolingians to the Maurists,* ed. Irena Backus (Leiden: Brill, 1997); Anthony N.S. Lane, *John Calvin: Student and the Church Fathers* (Grand Rapids: Baker, 1999). 칼빈은 때때로 어거스틴이 지나치게 플라톤주의적이라고 비판하긴 했으나, 어거스틴의 영향을 가장 많이 받았다. 다음을 보라. Calvin, *Comm. on John,* 1:3.

72) 10장에서 오리겐의 역할에 대해 더 설명하고자 한다. 더 온전한 내용을 위해 나의 다음 저서를 보라. "Atonement and Ascension" in *Locating Atonement,* ed. Oliver D. Crisp and Fred Sanders (Grand Rapids: Zondervan, 2015), 226-250.

도출해 냈다.

16세기에 어떤 재세례파 지도자들은 오리겐의 핵심 사상으로 즉시 돌아갔다.[73] 제도를 중시하던 종교개혁자들 중에서도 여전히 상당한 논쟁이 있었다. 쯔빙글리는 에라스무스와의 친분을 유지하면서 플라톤주의 철학에 대해 호감을 공유하였는데, 적어도 초기에는 오리겐에 대해서도 그러하였다.[74] 스테펀스(W. P. Stephens)는 이 취리히의 개혁자가 "인간이신 그리스도보다 하나님이신 그리스도"를 강조한다고 쓴다.[75] 루터와 쯔빙글리의 이런 차이는, 특히 1529년 마르부르크(Marburg)에서 가진 운명적 만남을 계기로 더 뚜렷해졌다. 그들은 열여섯 명제 중 열다섯 가지에 동의하였으나, 성찬과 관련된 부분에서 갈라서고 만다.

쯔빙글리는 그리스도의 육신이 승천했다고 전심으로 강조했다. 그러나 에라스무스와 마찬가지로, 그리스도의 육신이 우리와 함께하지 않는다 하더라도 그분의 신성이 편재하시므로 별 문제가 되지 않는다고 주장했

---

73) 비록 오리겐이 그렇게 생각하긴 했으나, 어떤 재세례파 지도자들(특히 Hans Denck, Casapar Schwenckfeld, Balthasar Hubmaier, Melchior Hoffman, Menno Simons)은 성자가 육신을 동정녀 마리아가 아니라 하늘로부터 받았다고 주장했다. 칼빈과 개혁파 동료들은 이 관점에 반대하면서, 나지안주스의 그레고리가 아폴리나리안주의에 대해 했던 금언을 꺼내 들었다. "그는 입지 않은 것을 고치신 바가 없다." 다양한 각도에서 이 지도자들 중 몇몇은 오리겐의 보편 구원(아포카타스타시스), 엄격한 금욕주의, 부활과 승천에 대한 영적 이해 등을 끌어왔다. 그리고 이들 모두는 오리겐의 이원론을 받아들였다.

74) W. P. Stephens, *The Theology of Huldrych Zwingli* (Oxford: Clarendon Press, 1986), 9-17. 스테펀스는 쯔빙글리가 로마서 여백에 남긴 기록에 대해 다음과 같이 말했다. "쯔빙글리가 과도하게, 그러나 고유하게 오리겐을 사용한 것을 보여 준다. 비록 은혜에 대한 어거스틴의 가르침이 갈수록 더 지배적이 되긴 했지만 말이다"(Ibid., 18-19).

75) Ibid., 121. 또한 "쯔빙글리 신학 전체에 어거스틴주의와 신플라톤주의의 기여가 뚜렷이 드러나며, 특히 성례에 대한 이해에서 그러하다"(Ibid., 254).

다.⁷⁶⁾ 쯔빙글리는 이렇게 기록했다. "그리스도는 그 본성 중 하늘에서 내려오신 부분에 의해 우리의 구원이 되시지, 순결한 처녀에게서 나셨다고 해서 그렇게 되는 것이 아니다. 비록 이 부분이 고통받고 죽임 당하셨지만 말이다."⁷⁷⁾

루터가 이런 명제를 그리스도의 신성과 인성을 분리하여(네스토리안 이단) 성육신의 실재를 위협하는 것으로 여겼다는 사실은 그다지 놀랍지 않다. 만일 그리스도 안에서 '신성의 모든 충만이 육체로 거하신'(골 2:9 참고) 것이 사실이라면, 어떻게 그분의 인성이 우리의 구원과 무관하다 말하겠는가? 편재성과 같은 그리스도의 신적 속성이 그분의 인성에 전달될 수 있으므로 그분이 육신으로 모든 성찬단에 계신다고 주장한 루터는, 쯔빙글리가 보기에 그리스도의 두 본성을 혼동하는 단성론자였다.

마틴 부처(Martin Bucer)와 같은 다른 종교개혁 지도자들은 쯔빙글리의 가르침과 거리를 두었으며, 비텐베르크 일치신조(Wittenberg Concord, 536)에는 간단하게 동의했으나 더 젊은 신학자들이(특히, 피터 마터 버미글

---

76) 쯔빙글리의 기독론에 대한 공정한 해석을 보려면 다음을 보라. Stephens, *Theology of Huldrych Zwingli*, 108-128. 루터와 달리 쯔빙글리는 에라스무스와 친분이 있었으며, 서로 존중하는 사이였다. 종교개혁에 참여하기 전, 쯔빙글리는 플라톤의 저작을 개인적으로 가르치기도 했다. 패로우가 에라스무스를 인용한 것을 기억하라. "그리스도의 육체적 임재는 구원에 아무것도 기여하지 않는다." 스테펜스는 "에라스무스는 여러 측면에서 쯔빙글리가 종교개혁자로 발전하는 데 가장 중요한 영향을 끼친 사람이었다"라고 관찰한다. 두 사람 모두 서로에게 "철학자이자 신학자"라는 호칭을 사용하였다(Ibid., 9). "1522년 3월 쯔빙글리는 에라스무스와 루터의 논쟁을 막고 싶어하고 염려했으며, 그들 둘 모두가 기독교인으로서 헌신하였다고 보았다." 특히 자유의지에 대한 논의를 출판한 후, 루터는 에라스무스를 종교개혁의 대적으로 보았으나, 쯔빙글리는 계속해서 그를 아군으로 보았다(Ibid., 11n23).

77) Ulrich Zwingli, *Commentary on True and False Religion*, ed. Samuel Macauley Jackson and Clarence Nevin Heller (Durham, NC: Labyrinth, 1981), 204.

리[Peter Martyr Vermigli]와 존 칼빈) 개혁파 가르침의 기초를 놓게 된다. 칼빈은, 다른 이들과 더불어 피터 마터 버미글리가 개혁파 신앙고백과 요리문답의 기초를 세우는 데 기여했다는 점에서 그에게 빚졌다고 표현하였다.[78] 버미글리에 따르면, 그리스도의 몸과 피에 참으로 참여하고, 따라서 각 지체로 이루어진 온몸이 그 머리에 참여하는 것은 그리스도의 육신이 이 땅에 임재하지 않고서는 불가능한 것이었다. 그리고 사도들이 명백하게 가르친 바 성령께서 그리스도와 함께 우리를 하늘 보좌에 앉히셨다는 내용에 반하는 것이었다.[79]

칼빈도 쯔빙글리의 가르침을 네스토리우스와 동일한 것으로 간주했다. 칼빈은 쯔빙글리의 성찬에 대한 관점을 가리켜 "틀렸으며 해롭다"고 경고했다.[80] 무엇보다도 칼빈은 쯔빙글리의 관점이 칼빈 자신에게 너무나 핵심적이었던, 그리스도와의 연합이 인성을 구원했다는 가르침의 중심부를 타격했기에 두려워한 것이었다.[81] "주님의 몸과 피에 신자가 연합되지 않는다고 인식하는 것은 극단적 광기일 것이다……그리스도의 몸은 삼위 하

---

78) 칼빈은 이렇게 말했다. "모든 것은 피터 마터에 의해 완성되었다. 그는 더 해야 할 것을 전혀 남겨 놓지 않았다"(Joseph C. McLelland, *The Visible Words of God: An Exposition of the Sacramental theology of Peter martyr Vermigli, 1500-1562* [Grand Rapids: Eerdmans, 1957], 279).

79) Peter Martyr Vermigli, *The Oxford Treatise and Disputation on the Eucharist, 1549*, trans. and ed. Joseph C. McLelland, Sixteenth Century Essays & Studies 56; The Peter martyr Library 7 (Kirksville, MO: Truman State University Press, 2000), 14.

80) John Calvin, "Letter to Andre Zebedee, May 19, 1539" in *Letters of John Calvin,* ed. Jules Bonnet, trans. Marcus Robert Gilchrist, vol. 4 (Philadelphia: Presbyterian, 1858), 402.

81) John Calvin, "Short Treatise on the Holy Supper," in *Selected Works of John Calvin: Trancts and Letters,* ed. Henry Beveridge and Jules Bonnet, 7 vols. (Grand Rapids: Baker, 1983), 2:170.

나님에서부터 흘러나와 삼위 하나님에게로 돌아가는 생명이 우리에게 부어지는 부요하고도 다함없는 수원과 같다."[82] 또한 칼빈은 다른 곳에서 그 이유에 대해서 말하기를, "그분의 몸이 우리의 구원을 이루셨기 때문"이라고 한다.[83] 칼빈은 빵과 포도주를 받을 때에 "몸 자체가 우리에게 주어진다는 사실을 추호도 의심하지 말자"라고 말한다.[84] 표지들은 "신자가 그리스도의 몸과 피를 먹는다는 현존하는 실재에 대한 보장이다."[85] 그렇지 않다면, 믿음은 그리스도의 임재를 '단지 상상하는 것'이 되고 만다. 이는 단지 오리겐의 특징이었던 지성의 상승이며, 칼빈이 쯔빙글리의 특징이라고 말한 것이기도 하다.[86]

루이스 스페리 섀퍼(Lewis Sperry Chafer)는 의심할 여지 없이 오늘날 수많은 복음주의자들을 대변하여 이렇게 말했다(지금도 말하고 있다). "성경은 기념설을 지지하는 것 같다. 그리스도의 임재를 가지거나 상징하는 요소가 있다기보다는, 오히려 그리스도의 부재를 인식하는 것이다."[87] 쯔빙글리도 이 표현처럼 멀리 가지는 않았으나 이와 비슷하게 성례를 그리스도의 부재(Christ's absence)의 현장으로 여겼다. 그에 따르면, 예식을 통

---

82) Calvin, *Institute*, 4.17.9.

83) John Clavin, *John 1-10*, trans. T. H. L. Parker, ed. David W. Torrance and Thomas F. Torrance, Calvin's New Testament Commentaries 4 (Grand Rapids: Eerdmans, 1959-1972), 167.

84) Calvin, *Institute*, 4.17.10.

85) B. A. Gerrish, *Grace and Gratitude: The Eucharistic Theology of John Calvin* (Minneapolis: Fortress, 1993), 165.

86) Calvin, *Institute*, 4.17.5-6.

87) Keith Matheson, *Given For You* (Phillipsburg, NJ: P&R, 2002), 262에서 재인용.

해 우리는 과거와 미래를 바라보는 것이지, 그리스도의 실제 몸과 피의 임재에 참여하는 것은 아니다. 곧 우리가 오늘날 성찬에서 행하는 것은 기념과 기대이며, 그리스도의 초림과 재림 사이에 있는 이 시대에 우리의 믿음을 증언하고 우리를 성도의 교제에 묶어 두는 목적을 가진다. 이는 쯔빙글리의 가장 신실한 친구를 제외한 모든 사람들을 숨 막히게 했다. 쯔빙글리가 성례를 친구의 그림을 보는 것에 비교한 반면, 버미글리는 이렇게 말했다. "생각이나 기억으로 붙든 친구는 생각하는 사람을 바꾸거나 지성을 성장시키지 못할 뿐만 아니라, 그 친구의 몸이 부활할 수 있도록 만들지도 못한다. 또한 우리가 거울로 보는 것은 흐릿한 그림자로서, 우리가 그리스도와 가지는 연합에 비견될 바가 아니다." 그리스도의 임재는 "성령의 능력이 함께함으로써 우리를 그분과 가장 가까운 짝으로 만드신다."[88] 칼빈은 성찬이 우리의 지성을 확증할 뿐만 아니라 "우리 몸의 영원성을 보장하여 그분의 영원한 몸으로 말미암아 지금을 살아가게 한다"라고 주장한다.[89]

칼빈에 따르면, 그리스도께서 몸으로 승천하시지 않으면 우리는 그분의 형상을 빼앗기게 된다. 우리로 하여금 승천하신 그리스도와 연합하게 하시는 성령의 역할이 의미를 잃고, 그리스도가 정말로 몸으로 돌아오실지에 대해 의문을 던지게 된다. 그러나 역설적이게도, 그리스도의 참된 인성에 대한 의문은 칼빈이 로마 가톨릭과 루터의 관점에서 발견한 문제와 같은 것이었다. 신앙을 고양하는 성찬 찬송가에서 토마스 아퀴나스는 "시

---

88) Vermigli, *Oxford Treatise*, 120.
89) Calvin, *Institutes*, 4.17.32.

각, 촉각, 미각, 이 셋은 각기 속임 당한다"라고 노래한다.[90] 이는 그리스도께서 도마에게 만지도록 내주셨던 부활한 몸과는 다르다(요 20:27,28 참고). 물론 아퀴나스는 봉헌의 기원(the words of consecration)을 할 때마다 예수님이 마지막 때에 돌아오실 것과 정확히 같은 방식으로 성찬단으로 돌아오신다고 믿지는 않았다. 그러나 이 모든 수식어들 뒤에는 '그래서 진짜 오시는 분은 누구시란 말인가? 그리고 만약 그리스도의 신성이 인성을 압도할 수 있으며, 그래서 그리스도가 육적으로 모든 곳에 임재하실 수 있다면, 예수님이 정말로 떠나셨으며 그때 제자들이 본 것과 같은 모습으로 돌아오시리라고 말하는 여러 구절들은 어떻게 해석해야 하는가?(행 1:11 참고)' 하는 문제가 뒤따른다. 예수님이 영화롭게 되실 때 어떤 변화가 일어나든지, 예수님은 고별 강화에서 자신이 떠나실 것이며 '이 땅에서' 육신의 임재를 거두실 것이라고 가르치셨다. 그러나 동시에 예수님은 자신이 임재하실 수 있도록 이 땅에 보내실 보혜사로 성령을 제시하셨다. 예수님은 고별 강화에서, 자신의 신성이 인성에 침투할 수 있어서 몸으로 편재할 수 있으므로 정말로 떠나는 것은 아니라고 가르치지 않으셨다. 뿐만 아니라 예수님은 사제가 화체의 기적을 일으킬 때마다 다시 돌아오시리라고 가르치지도 않으셨다. 동시에 예수님은 제자들이 결국 예수님의 편재한 신성을 인식할 것이며 기억 속에서 자신을 붙들 수 있을 테니 자신이 떠나는 것이 아무런 의미가 없다고 말씀하지도 않으셨다.

---

90) Gerard Manley Hopkins, "Adoro Te Devote," in *The Poetical Works of Gerard Manley Hopkins*, ed. Norman H. McKenzie (Oxford: Oxford University Press, 1990), 112.

그리스도가 몸으로 승천하셨음을 배제한 설명은, 우리와 함께 가지시는 예수님의 인성에 의문을 제기하는 것일 뿐만 아니라, 성령의 작용의 의미를 의심하는 것이다. 예수님은 "내가 떠나가는 것이 너희에게 유익이라"(요 16:7)라고 말씀하셨다. 그러나 쯔빙글리는 이것을 예수님이 자신의 편재한 신성을 드러내신 것으로 받아들였다. 칼빈은 이와 관련해 예수님 자신의 설명을 강조한다.

"그러나 내가 너희에게 실상을 말하노니……내가 떠나가지 아니하면 보혜사가 너희에게로 오시지 아니할 것이요 가면 내가 그를 너희에게로 보내리니"(요 16:7).

이 강화의 모든 대화는 예수님의 승천과 성령 보내심에 관한 것이다. 칼빈은 이렇게 말한다. "나는 그리스도가 모든 것들을 채우기 위해 승천하셨다고 기꺼이 고백한다. 그러나 그분은 몸의 실체로써가 아니라 자신의 성령을 통하여 모든 곳에 널리 퍼지셨다."[91] 칼빈은 자신을 비난하는 자들에게 불만을 표시하였다.

그러므로 그들은 성령의 비밀한 사역을 위해 그리스도를 우리와 연합시키는 데 조금도 여지를 두지 않았다. 그들은 그리스도가 실제로 우리에게 내려오시지 않는 한 임재하시지 않는 것으로 여긴다. 마치 그분이 우리를 들어올림으로써 우리가 그분의 임재를 누려야 한다는 듯이 말이다![92]

---

91) Calvin, *Institutes*, 2.16.4; cf. 4.6.10.
92) Ibid., 4.17.31.

이와 비슷하게 이레니우스는 영지주의자들이 "사실은 성령을 완전히 곁으로 밀어 둔다"라고 말했다.[93]

칼빈은 의심이 가는 기독론적 해결책들을 따르지 않고 이레니우스처럼 성령에 주목했다.[94] 가톨릭 신학자 더글라스 패로우에 따르면, 칼빈은 이레니우스와 마찬가지로 "다른 종교개혁자들보다 더욱 담대하게, 그리스도의 부재를 교회가 가진 진정한 문제로 생각해야 한다고 말했다. 그리고 우리가 성례의 자리를 옮겨야 한다"고 보았다.[95] 칼빈은 성례에서 승천으로 넘어가는 대신에 다른 방향으로 움직였다. 그리고 '제사로 드려지는 성례의 실재를 통하지 않은 예수님의 독특성'을 강조했다. 또한 "임재와 부재라는 문제에 대해 '성령론에서 해결책'을 찾도록 했다."[96]

쯔빙글리의 접근과는 달리, 칼빈은 바울과 어거스틴과 더불어 그리스도와 교회 간에 가장 밀접한 유대가 있다는 점을 긍정했다. 더 나아가, 그리스도와 연합하는 것이 그분의 몸과도 연합하는 것이라고 말했다. 플로

---

93) Julie Canlis, *Calvin's Ladder: A Spiritual Theology of Ascent and Ascension* (Grand Rapids: Eerdmans, 2010), 230-231에서 인용한 Irenaeus, *Against Heresies* 3.17.4.

94) Calvin, *Institutes,* 4.17.10.

95) Douglas Farrow, *Ascension and Ecclesia: On the Significance of the Doctrine of the Ascension for Ecclesiology and Chirstian Cosmology* (Edinburgh: T&T Clark, 2004), 176-177. 불행히도 로마 가톨릭 교회에 들어간 후 쓴 *Ascension Theology* (London: T&T Clark, 2011)에서 패로우는, 이렇게 덕을 세우는 내용을 화체설 교의에 맞추고자 했다. 그 결과 나온 논의는, 적어도 나에게는 반대 전제라는 헝겊 조각으로 덧댄 것처럼 보인다.

96) Farrow, *Ascension and Ecclesia,* 177-178. 로마 가톨릭교회에 받아들여진 후에도 패로우는 칼빈이 오리겐과 펠라기우스에 반대하는 이레니우스의 궤적을 따르는 근대 초기의 대표적 인물로 부각된다는 의견을 유지했다(Farrow, *Ascension Theology,* 40-41이 인용하는 Calvin, *Institutes,* 4.17.27과 그의 히브리서 주석).

티누스(Plotinus)의 "일자(the Alone)를 향해 날아가는 고독한(alone) 비행" 처럼, 단지 고독한 영혼만 승천하는 것이 아니다.[97] 신자들이 참으로 인간이 되는 것처럼, 다시 머리 되심(recapitulation)은 언약에 반하여 "유리된 자아"와 진정으로 교제하는(socializing) 것이다.[98]

이레니우스처럼 칼빈은 우리의 초점을 구속의 경륜으로 되돌려 놓는다. 이는 나사렛 예수의 낮아지심(성육신과 이 땅에서의 구속 사역)에서부터 승천과 하늘 사역, 그리고 마지막 때의 재림까지를 아우르는 실제 역사이다.

참으로 부재하시다고 주장하는 것은 구원자와 구원받은 이들 사이의 참된 연속성을 유지하는 것이기도 하다. 이 모두는 칼빈이 '어디'라는 질문이 '누구'라는 질문에 묶여 있다는 것을 더 잘 이해하고 있음을 보여 준다. 이는 실제로 모든 논쟁에서 그가 가진 핵심적인 통찰이었다. 칼빈은 유튀케스적(Eutychian) 반응-(예수님은 편재하시다)이나 네스토리안적 반응(한 본성은 부재하시나, 다른 본성은 임재하신다)을 가능한 것으로 보지 않았다. 양쪽 모두가 그리스도의 인성에 대해 타협한 것이며, 우리의 중보자라는 그분의 역할을 위태롭게 만들기 때문이다. 부재하신 분은

---

97) Plotinus, trlanslation in Andrew Louth, *The origins of the Christian Mystical Tradition from Plato to Denys* (Oxford: Clarendon, 1983; repr., 1992), 51.

98) 이 표현을 다음에서 빌려 왔다. Charles Taylor, *Sources of the Self: The Making of the Modern Identity* (Cambridge: Harvard University Press, 1992). 만약 그리스도와 우리의 연합이 칼빈이 오시안더에 반대하여 논하였듯이 신성에 흡수되는 것에 지나지 않는다면, 이 연합은 그가 에라스무스와 쯔빙글리에 대항해 논하였듯이 단지 "교제"일 따름이다. 이는 칼빈이 에라스무스가 코이노니아(*koinonia*)를 교제로 번역한 것과 결국 교회를 연합(*communio*)이 아닌 단지 사교(*societas*)로 보아야 한다는 것에 반대한 이유를 설명해 준다.

신인이시며, 그러한데도 우리에게 임재하여 함께하게 되시는 분도 신인이시다……따라서 "부재하는 성체(聖體)의 것(species of absence)"과 "임재하는 성체의 것(species of presence)"은 그리스도와 우리의 연합을 가능하게 한다. 그리스도는 심판의 날까지 여전히 하늘에 계실 것이다. 우리가 성례의 자리를 옮겨야 한다.[99]

때때로 개혁파의 관점은 성찬에서 그리스도의 영적 임재를 믿는 것이라고 말한다. 그러나 이는 칼빈의 관점을 놓친 것이요, 다른 관점들을 병들게 했던 영과 물질을 대립시키는 문제로 돌아가는 것이다. 그리스도의 임재는 '영'과 '육신'으로 구분될 수 없다. 칼빈은 임재가 영적이라고 생각한 것이 아니라, 우리가 성령으로 말미암아 그리스도 전체를 받는다는 의미에서 영적이라고 생각했다. 바로 성령께서 우리를 그리스도와 함께 하늘 자리에 앉히신다. 그러므로 개혁파 그리스도인들은 성찬이 단지 "기억하게" 할 뿐만 아니라 "십자가 위에서 그리스도가 드리신 단 한 번의 제사와 그분의 모든 은사들을 함께 가진다는 사실을 확증한다"라고 고백하며,[100] 성찬에서 우리가 믿음으로 "그리스도의 참된 몸과 참된 피"를 받는다고 고백한다.[101]

---

99) Farrow, *Ascension and Ecclesia*, 176-177.
100) Heidelberg Catechism, Lord's Day 28, Question 75, in *Psalter Hymnal, Doctrinal Standards and Liturgy* (Grand Rapids: Christian Reformed Church, 1976), 36; the Belgic Confession, Article 35 (Ibid., 88).
101) Belgic Confession, Article 35 (Ibid).

칼빈이 성찬에 대한 새로운 이해를 고안해 낸 것이 아니다. 줄리 캔리스(Julie Canlis)의 판단을 나누고자 한다.

칼빈이 성찬에서 성령에게 부여한 극단적(심지어 분수령적) 역할은 과장할 수가 없다. 모르긴 몰라도, 칼빈은 교부 저자들 때부터 아무도 하지 않았던 시도, 곧 임재에서 성령론적 차원을 심각히 다루는 시도를 감행하였다. 곧 성령은 오순절에 그리스도를 대체하는 분으로 오신 것이 아니라 그분을 향한 길로 오셨다는 것이다.[102]

칼빈은 이렇게 말한다. "요컨대, 하나님이 우리에게 오심으로써 우리가 그분께로 올라갈 수 있도록 하셨다. 이것이 성찬을 사다리에 비교하는 이유이다."[103] 그리고 캔리스는 "칼빈이 보기에 중세 성찬의 문제점은 이 사다리의 방향을 뒤집었다는 것이었다"라고 고찰한다.[104] 캔리스는 계속 덧붙인다. "만일 인간의 생명이 변화나 혼란 없이 하나님께로 '위로' 들어올려진다면, 그리고 우리가 그분의 인성에 '참여'함으로써 삼위일체 하나님의 코이노니아로까지 올라간다면, 우리는 칼빈이 성찬을 참여의 교리로

---

102) Canlis, *Calvin's Ladder*, 239. 캔리스는 113페이지에서 도움이 되는 요약을 한다. "칼빈에게 승천은 세 가지 주된 기능을 가진다. 첫째, 성령론의 영역을 열었다. 그리고 동시에 인간이 하나님께 참여할 수 있는 역사적 가능성을 가져왔다. 둘째, 그리스도인의 미래가 코이노니아, 즉 그리스도 안에서 하나님과 누리는 교제임을 드러냈다. 셋째, 하나님이 조작되거나 우상숭배나 미신의 영역으로 '끌어내려'지는 것을 막는 역할을 했다."
103) Ibid., 160에서 칼빈의 삼하 6:1-7 설교 인용.
104) Ibid., 159.

승인한 것이 얼마나 중요한 핵심인지를 알 수 있을 것이다."105)

아담이 잃어버린 것은 모든 인생의 복과 의와 존엄성이 흘러나오는 하나님과의 연합이었다.106) 은혜는 중세 신학자들이 주장했던 것처럼 치유하는 물질이 우리의 영혼에 주입되어 초자연적으로 만드는 것이 아니다.107) 오히려 그것은 성부께서 성령으로 말미암아 성자 안에서 주시는 호의이자 선물이다. 성육신에서 성자는 "우리 가까이 계시며 참으로 우리를 만지신다. 그분이 우리의 살이시기 때문이다."108) 칼빈은 그리스도가 신성에서만 생명을 주시는 것이 아니라고 말한다. 예수님의 인성은 종말론적 첫 열매로서, "우리에게 전달되기 위한 풍성한 생명으로 가득"하셨으며, 그러하기에 "그분을 '살려 주는 분'이라고 부르는 것이 합당하다."109) 그리고 생명의 근원은 로마 가톨릭이 가르치듯이 피조된 은혜의 주입이 아니며, 피조되지 않은 성령의 내주하심이다.

개혁파 전통의 모든 사람이 칼빈의 의견을 설득력 있게 받아들이지는 않는다. 그리스도의 영광스럽게 된 인성의 힘이 신자들의 영혼과 육신에 생명을 준다는 내용과 관련하여 특히 그러하다.110) 그러나 많은 경우 이

---

105) Ibid., 160.
106) Calvin, *Institutes*, 2.1.5-6.
107) Aquinas, *Summa Theologica*, II-II.23.2; I-II.110.2.
108) Calvin, *Institutes*, 2.12.1.
109) Calvin, *Institutes*, 4.17.9.
110) 이는 쯔빙글리의 후계자인 하인리히 불링거에게 이미 사실이었다. 그는 칼빈에게 이렇게 쓴다. "나는 당신의 교리가 어떻게 교황주의자들의 교리와 다른지 모르겠습니다. 그들은 성례를 받기만 하면 은혜가 주어진다고 가르칩니다"(Gerrish, *Grace and Gratitude* [Minneapolis: Fortress, 1993], 3에서 재인용). 위대한 스코틀랜드 신학자 윌리엄 커닝햄은 특별히 가혹한 평가를 제기했다. "우리는 칼빈이 성례

저자들은 칼빈, 버미글리, 그리고 개혁파 정통주의자들이 이런 이해를 도출해 낸 교부들을 오해하고 있다. 그리스도의 인성의 힘이나 덕이 시간 안에 살아가는 우리 몸에 힘을 주는 것이 아니다. 성령이 몸과 영혼으로 부활을 바라보는 종말론적 삶과 함께 예수님께 합당하게 속한 것을 취하여 우리의 것이 되게 하시는 것이다. 나는 다음을 확신한다. 승천이라는 실제와 우리 주님이 직접 설명하신 바 성령이 어떻게 그리스도와의 종말론적 연합을 이루도록 하시는지를 마주할수록, 우리는 말씀과 성례를 그분의 참된 징표와 신비를 위해 지정된 수단으로 더 크게 누릴 수 있을 것이다.

성령과 세례

성례는 실재와 너무나 동일하여 할례 자체가 '언약'이라고 불렸고, 예수님께서 다락방에서 잔을 드시며 "내 언약의 피"라고 말씀하셨을 정도이다 (마 26:25-28). 바울은 십자가를 "그리스도의 할례"(골 2:11)라고 불렀다.[111]

일반에 관해서나 세례에 관해 말한 내용 중 오류를 찾을 수 없다. 그러나 그가 성찬이 분배되는 것과 직결하여 신자의 영혼에 그리스도의 인성에 의한 실제적 영향이 가해진다는 결론을 도출하고자 노력하고 있다는 것은 부인할 수가 없다. 이 노력은 물론 전혀 성공적이지 못했으며, 루터의 공재설만큼이나 비이성적인 것으로 결론 났다. 아마도 이는 공적 교사로서 칼빈이 기울인 노력에서 가장 큰 오점일 것이다"(William Cunningham, *Collected Works of the Reverend William Cunningham*, vol. 1 [Edinburgh: T&T Clark, 1862], 240).

111) 메러디스 클라인은 우리에게 예수님은 이삭처럼 아기 때 할례를 받으셨으며, 이는 "부분적이고도 상징적인 잘라 냄"이라는 사실을 상기시킨다. 이 "순간에 예언으로 정해진 대로 그를 '예수'라 하였으나 십자가 죽음이라는 그리스도의 할례가 할례를 완성시켰던 창세기 22장의 번제에 대한 대답이었다. 그것은 작은 신체 부위를 '벗는' 것이 아니라 '[온] 육의 몸'을 벗는 것이었다(골 2:11 참고). 단지 상징적인 맹세이자 제주로서가 아니라 저주받은 어둠과 유기에 있던 '육체의 죽음'을 잘라 내는 것이었다(골 1:22 참고)(Meredith G. Kline, *By Oath Consigned: A Reinterpretation of the Covenant Signs of Circumcision and Baptism* [Grand Rapids: Eerdmans, 1968], 45).

이사야는 그분에 관해 다음과 같이 예언하였다.

"그가 살아 있는 자들의 땅에서 끊어짐은 마땅히 형벌 받을 내 백성의 허물 때문이라……그가 많은 사람의 죄를 담당하며 범죄자를 위하여 기도하였느니라"(사 53:8,12).

그리스도의 할례였던 죽음 안에서 그분과 연합됨으로써, 세례 받은 자 또한 하나님의 심판의 칼 아래 놓이게 된다. 클라인은 이를 가리켜 "죄의 결과로 받게 되는 법적 죽음"이라고 말한다. "그런데도 그리스도의 죽음에 연합되는 것은, 죽음이 붙들지 못하는 그분과 함께 의롭다하심을 얻고 부활하고자 함이다."112) 베드로가 확인해 주듯이, 시련으로서 주어진 홍수에서 구원받은 노아와 그의 가족들이 먼저 보여 준 세례는 몸을 씻음으로 "이제 구원받았다"는 것이 아니라, "예수 그리스도께서 부활하심으로 말미암아 이제 너희를 구원하는 표"로서 "하나님을 향한 선한 양심의 간구"가 된다(벧전 3:21,22 참고). "이제 양심은 정죄와 사면과 연관된다. 법정적인 것이다. 그렇다면 하나님의 심판의 보좌 앞에서 인간의 세례는 고려 사항이 될 것이다.113) 출애굽 때 그러했던 것처럼, 우리는 선지자들이 전하는 바를 보면서 물과 불 시련이 가진 종말론적 성격을 떠올리게 된다.

"야곱아 너를 창조하신 여호와께서 지금 말씀하시느니라 이스라엘아 너를 지으신 이가 말씀하시느니라. 너는 두려워하지 말라 내가 너를 구속하였고 내가 너를 지명하여 불렀나니 너는 내 것이라. 네가 물 가운데로 지날 때에 내가

---

112) Ibid., 47.
113) Ibid., 66-67 (강조는 저자의 것).

너와 함께할 것이라 강을 건널 때에 물이 너를 침몰하지 못할 것이며 네가 불 가운데로 지날 때에 타지도 아니할 것이요 불꽃이 너를 사르지도 못하리니, 대저 나는 여호와 네 하나님이요 이스라엘의 거룩한 이요 네 구원자임이라"(사 43:1-3).

선포된 말씀과 함께 성령 세례는 신약에서의 물 세례와 연결되어 있다. 이 결합의 정확한 성격은 더 깊은 질문을 요구하지만, 본문을 있는 그대로 받아들이는 것은 중요하다. 상당수의 구절들은 해석이 분분하며, 이는 대체로 교회론적 차이에 따른다. 어떤 이들은 이 씻김과 중생을 설명하는 구절들이 물 세례를 의미하지 않는다고 주장한다. 또 다른 이들은 물 세례를 동일하게 중요하게 보는 것이라고 말한다. 다음의 구절들을 보자.

"우리를 구원하시되 우리가 행한 바 의로운 행위로 말미암지 아니하고 오직 그의 긍휼하심을 따라 중생의 씻음(*loutron*, 루트론)과 성령의 새롭게 하심으로 하셨나니, 우리 구주 예수 그리스도로 말미암아 우리에게 그 성령을 풍성히 부어 주사, 우리로 그의 은혜를 힘입어 의롭다하심을 얻어 영생의 소망을 따라 상속자가 되게 하려 하심이라"(딛 3:5-7).

"무릇 그리스도 예수와 합하여 세례를 받은 우리는 그의 죽으심과 합하여 세례를 받은 줄을 알지 못하느냐? 그러므로 우리가 그의 죽으심과 합하여 세례를 받음으로 그와 함께 장사되었나니, 이는 아버지의 영광으로 말미암아 그리스도를 죽은 자 가운데서 살리심과 같이 우리로 또한 새 생명 가운데서 행하게 하려 함이라"(롬 6:3,4).

"우리가 유대인이나 헬라인이나 종이나 자유인이나 다 한 성령으로 세례를 받아 한 몸이 되었고 또 다 한 성령을 마시게 하셨느니라"(고전 12:13).

"또 그 안에서 너희가 손으로 하지 아니한 할례를 받았으니 곧 육의 몸을 벗는 것이요 그리스도의 할례니라. 너희가 세례로 그리스도와 함께 장사되고 또 죽은 자들 가운데서 그를 일으키신 하나님의 역사를 믿음으로 말미암아 그 안에서 함께 일으키심을 받았느니라"(골 2:11,12).

"누구든지 그리스도와 합하기 위하여 세례를 받은 자는 그리스도로 옷 입었느니라"(갈 3:27).

"몸이 하나요 성령도 한 분이시니 이와 같이 너희가 부르심의 한 소망 안에서 부르심을 받았느니라. 주도 한 분이시요 믿음도 하나요 세례도 하나요"(엡 4:4,5).

"물은 예수 그리스도께서 부활하심으로 말미암아 이제 너희를 구원하는 표니 곧 세례라. 이는 육체의 더러운 것을 제하여 버림이 아니요 하나님을 향한 선한 양심의 간구니라. 그는 하늘에 오르사 하나님 우편에 계시니 천사들과 권세들과 능력들이 그에게 복종하느니라"(벧전 3:21,22).

내가 보기에 증명의 부담은 이 절들이 물 세례와 아무런 관련이 없다고 해석하는 이들에게 있다. 어쨌거나 양측 모두 사도행전 2장 38절이 물 세례를 말한다는 점을 일반적으로 인정한다. 그러나 베드로의 오순절 설교 이후 청중들이 "형제들아 우리가 어찌할꼬?"(행 2:37)라고 물었을 때, 베드로는 이렇게 대답했다.

"너희가 회개하여 각각 예수 그리스도의 이름으로 세례를 받고 죄 사함을 받으라 그리하면 성령의 선물을 받으리니"(행 2:38).

여기서 누가가 의도한 것은 어떤 특정한 은사가 아니라 성령 자체이다.

"그 말을 받은 사람들은 세례를 받으매 이날에 신도의 수가 삼천이나 더하더라"(행 2:41).

사람들은 믿음으로 약속의 말씀을 받고 세례로 확증되었을 때 죄 사함과 성령을 받았다.

니고데모가 거듭남에 관한 예수님의 가르침을 오해했을 때, 예수님은 이렇게 대답하셨다.

"진실로 진실로 네게 이르노니 사람이 물과 성령으로 나지 아니하면 하나님의 나라에 들어갈 수 없느니라"(요 3:5).

예수님은 니고네모를 나무라셨다.

"너는 이스라엘의 선생으로서 이러한 것들을 알지 못하느냐?"(요 3:10)

그는 에스겔 36장 25-27절에 나오는 하나님의 약속을 알았어야 한다.

"맑은 물을 너희에게 뿌려서 너희로 정결하게 하되……새 마음을 너희에게 주되……또 내 영을 너희 속에 두어."

예수님께서 니고데모에게 하신 말씀은 우리를 구원하는 것이 물이 아니라 성령임을 상기시킨다. 그러나 예수님께서 물과 성령을 언급하시면서 '물'을 성령이라는 의미로 말씀하셨다는 것은 이상해 보인다. 진흙과 침으로 눈먼 자를 고치신 분이 어째서 자신의 약속을 물과 결합시키시는 데에 어려움이 있단 말인가?

더 나아가 바울은 그리스도가 "물로 씻어 말씀으로 (교회를) 깨끗하게 하시는 일(*katharisas tō loutrō tou hudatos en rhēmati*, 카타리사스 토 루트로

투 휘다토스 엔 레마티)"(엡 5:26 참고)을 연관시킨다. 한 세례는 한 주님과 한 믿음과 나란히 교회를 규정하는 표지로 열거된다(엡 4:5; 고전 12:13 참고). 성령으로 주어지는 세례가 두 가지(일반 신자에게 주어지는 것과 특별한 성도에게 주어지는 것)가 아닌 것처럼, 신약에서 세례가 세례와 성령으로 나누어진다고 암시하는 곳은 없다. 노아와 그 가족이 물에서 구원받은 것은 더 위대한 구원을 예표한다.

"물은 예수 그리스도께서 부활하심으로 말미암아 이제 너희를 구원하는 표니 곧 세례라 이는 육체의 더러운 것을 제하여 버림이 아니요 하나님을 향한 선한 양심의 간구니라"(벧전 3:20,21).

이 세례는 언제나 성부와 성자와 성령의 이름으로 주어지는 물과 말씀과 연관이 있다(마 3:13; 눅 3:21; 요 1:31, 3:5, 4:1; 행 8:36,37, 10:47 참고).

다른 한편 세례가 신약에서 은혜의 수단으로 여겨졌다는 사실은 부인할 수 없다. 즉, 세례는 하나님이 약속하시는 방식이자 선물이다. 바울은 디도에게 다음과 같이 말한다.

"(하나님이) 우리를 구원하시되 우리가 행한 바 의로운 행위로 말미암지 아니하고 오직 그의 긍휼하심을 따라 중생의 씻음과 성령의 새롭게 하심으로 하셨나니"(딛 3:5).

여기서의 '씻음'은 내적인 것임이 분명하다. 그러나 이 진술을 물 세례와 무관하게 여기는 것은 무의미한 신학적 반박일 뿐이다.

다른 한편으로, 물로 세례를 받았다고 해서 모두 성령을 받았으며 중생한 것은 아니라는 사실도 분명하다. 히브리서 기자는 세례 받은 이들에 관해 말하는 것 같다("빛을 받고"[히 6:4]는 초대 교회에서 세례를 의미했다). 그들은 정기적으로 말씀을 들었으며("선한 말씀과 내세의 능력"[히 6:15]까지도 맛볼 정도였다) 성찬을 받았는데도("하늘의 은사를 맛보고"[히 6:4]) "타락"했다(히 6:6 참고). 한 가지 해결책은 이 경고를 단지 가설적인 것으로 보는 것이다. 그러나 여기에 나타난 진술은 실제로 떨어져 나가는 사람들이 있었음을 말한다. 그렇다면 그들이 구원을 잃었다는 것을 의미하는가? 히브리서 기자는 다음과 같이 말함으로써 그러한 결론을 배제하는 듯하다.

"우리가 이같이 말하나 너희에게는 이보다 더 좋은 것 곧 구원에 속한 것이 있음을 확신하노라"(히 6:9).

그렇다면 맛보았으나 마시지는 않았고, 물로 세례를 받았으나 확실하게 성령과 함께함이 드러나지 않았으며, 언약 공동체 안에서 성령의 일반적 사역을 함께했으나 성령께서 그 안에 인격적으로 내주하시지 않았고, 선한 말씀과 내세의 능력을 맛보았으나 구원받지는 못했다는 이들은 대체 누구인가? 히브리서 기자는 우리에게 이렇게 말한다. 곧 그들은 '그 위에 자주 내리는 비를 흡수하는 것 같으나 가시와 엉겅퀴를 내는' 자들이다(히 6:7,8 참고). 그들은 '구원에 속한 것'을, 그 실재를 사실상 받지 못한 자들이다(히 6:4-9 참고). 마지막 부분은 우리의 확신을 아브라함 언약과 멜기세덱의 반차를 따르는 그리스도의 제사장 되심에 고정시킨다. 이는 이스라엘이 지키겠다고 약속했던 시내산 언약과 아론의 반차를 따르는 제사장에 상응한다(히 6:13-20 참고).

그래서 10장에서 히브리서 기자는 다음과 같이 경고한다.

"모세의 법을 폐한 자도 두세 증인으로 말미암아 불쌍히 여김을 받지 못하고 죽었거든, 하물며 하나님의 아들을 짓밟고 자기를 거룩하게 한 언약의 피를 부정한 것으로 여기고 은혜의 성령을 욕되게 하는 자가 당연히 받을 형벌은 얼마나 더 무겁겠느냐? 너희는 생각하라"(히 10:28,29).

여기서 말하는 이 사람은 분명히 외부인이 아니라 언약 구성원이다. 저자는 그들이 받은 세례와("빛을 받은 후에"[히 10:32]) 첫사랑과 핍박 가운데 있는 형제자매들을 돕는 모습을 기억하기 위해 그들을 언급한다(히 10:32-34 참고).

"그러므로 너희 담대함을 버리지 말라. 이것이 큰 상을 얻게 하느니라"(히 10:35).

그리고 자신의 독자들을 배교자들과 구별하기 위해 덧붙인다.

"우리는 뒤로 물러가 멸망할 자가 아니요 오직 영혼을 구원함에 이르는 믿음을 가진 자니라"(히 10:39).

세례와 예배, 가정과 교회의 가르침, 믿음의 고백과 성찬의 복을 거절하는 자들은 배교자들이 아니다. 왜냐하면 그들은 처음부터 언약 밖에 있었기 때문이다. 그러나 언약의 복을 받고도 돌아서는 자들은 "한 그릇 음식을 위하여 장자의 명분을 판 에서"(히 12:16)와 같은 이들이다.

사도행전 10장 44,45절에서 성령은 이방인들에게도 주어졌다. 오순절은 "먼 데" 있는 이들을 위해 일어난 국지적 사건이었다(행 2:39 참고). 베드로는 이방인들에게 설교하였고, '성령이 말씀을 듣는 모든 사람에게 내려오셨다'(행 10:44 참고). 그들은 '성령 부어 주심'을 받았고, 물로 세례를 받았다(행 10:45-48 참고). 사도행전 8장과 19장에서도 성령을 받고 그리스도를 믿는 믿음을 나타내며 세례를 받는 일들 사이에 비슷한 시간의 간극이 존재한다. 이것들은 규범적 사건들은 아니지만, 적어도 세례(성례)와 성령의 은사(실재)를 구별하고 있다. 러시아 정교 신학자인 세르게이 불가코프(Sergei Bulgakov)가 말했듯이, "이 일은 세례 전에 일어났고 세례와 무관하게 일어났기 때문에 베드로는 '이 사람들이 우리와 같이 성령을 받았으니 누가 능히 물로 세례 베풂을 금하리요?'(행 10:47)라고 말할 수밖에 없었다."[114] 이와 비슷하게 로마 가톨릭 신학자 이브 콩가는 이 사례가 "세례 의식은 그 [성령의] 은사의 직접적 수단으로서(또는 도구인[道具 因]으로서) 나타나지는 않는다"라고 설명한다.[115] 옛언약 아래 할례를 받았으나 마음에 할례를 받지 못할 수 있는 것처럼, 새언약에서도 동일한 일이 가능하다. 그러나 이 구별이 두 가지가 분리됨을 의미하지는 않는다.

따라서 우리는 이처럼 물 세례와 성령 세례를 매우 밀접하게 연결하면서도 둘의 차이를 인식하는 이 조화로운 장들을 반드시 한데 놓고 보아야 한다. 세례가 의미하며 세례로 인 쳐진 그 약속을 통해 실재를 받는 이는 구원받은 사람이다. 실재를 받아들이지 않는 이들은 저주 아래 있는 자들이다. 구별되나 분리되지 않는다는 이러한 특징은 대다수 주류 교부들의 가르침에도 드러난다. 예를 들어, 대 바질은 이렇게 쓴다.

---

114) Sergius Bulgakov, *The Comforter*, trans. Boris Jakim (Grand Rapids: Eerdmans, 2004), 234.
115) Congar, *I Believe in the Holy Spirit*, 1:46.

그러므로 세례는 사도가 말했듯이 육의 일을 던져 버리는 것을 의미한다
……생명을 주시는 주님은 또한 우리에게 세례로 언약을 주셨다. 여기에
생명과 죽음의 형상이 담겨 있다. 죽음의 형상은 물에서 이루어지며 성
령이 우리에게 생명의 담보를 주신다……물은 무덤이 되어 우리 몸을 받
아들이고, 따라서 죽음의 형상이 된다. 성령은 생명을 주시는 능력으로
죄로 죽은 우리의 영혼에서 그 영혼이 원래 소유했던 생명을 다시 새롭
게 하신다. 이것이 물과 성령으로 다시 태어난다는 의미이다. 물이 우리
죽음을 완성하고, 성령께서 우리를 생명으로 다시 살리신다……만약 물
에 은혜가 있다면, 이는 물 자체에서 오는 것이 아니라 성령의 임재로 말
미암은 것이다. 세례가 "육체의 더러운 것을 제하여 버림이 아니요 하나님
을 향한 선한 양심의 간구"(벧전 3:21)이기 때문이다……우리는 또한 성령
으로부터 오는 은혜와 단지 물로 주어지는 세례를 구별할 수 있다.[116]

여기서 세례와 중생의 밀접한 관계를 엑스 오페레 오페라토라고 비꼴
만한 근거는 전혀 없다.

동방 기독교에서 또 다른 중요한 인물인 신(新)신학자 시므온(Simeon, 949-1022)은 이렇게 쓴다. "모든 사람들은……성령을 통하여 죽은 영혼을 날마다 대체하는 부활과 영적 중생과 영적 의미의 부활을 경험한다."[117]

---

116) St. Basil the Great, *On the Holy Spirit*, trans. David Anderson, Popular Patristics (Crestwood, NY: St. Vladimir's Seminary Press, 1980), 58-59.
117) Simeon the New Theologian, *Catechetical Discourses 6*; Congar, *I Believe in the Holy Spirit,* 1:95 에서 재인용.

시므온에 따르면, 세례는 우리를 구원의 신비로 이끈다. 그러나 "만일 누군가가 성령으로 세례 받지 않았다면, 그는 하나님의 아들 또는 그리스도의 공동 상속자가 될 수 없다."[118] 또한 그는 다른 곳에서 이렇게 덧붙인다. "세례를 받은 사람이라고 해서 모두 세례를 통해 그리스도를 받은 것은 아니라는 사실을 알아야 한다. 오직 믿음 안에서 강해진 이들만이 그리스도를 받는다." 바로 그들이 그리스도와 그분이 주시는 유익들을 실재로 받는 이들이다. 또는 이렇게도 말한다. "어린아이 때 세례를 받았으나 삶 전체에서 합당하지 않게 산다면, 세례를 받지 않은 이들보다 더 크게 정죄 받을 것이다……왜냐하면 은혜가 단지 '물로' 오는 것이 아니라 성 삼위일체 앞에서 자신이 한 고백에 따라 '성령으로' 오기 때문이다."[119]

시므온은, 당대의 고위 성직자들 중 일부가 서기관들과 바리새인들처럼 그리스도의 말씀을 듣는 것이 아니라 자신들이 '묶고 푸는 일을 위임받기에 합당한 자들로 여김 받고자 한다'고 말한다. 그들이 가져가 쥐고 있는 '지식의 열쇠'는 '믿음으로 말미암아 주어지는 성령의 은혜'인데, 이는 '아들'이라는 '문'을 여는 열쇠이다. 성령은 우리 마음의 문을 열어 그리스도를 받아들이게 하신다.[120] 시므온은 성령을 교회나 가시적인 은혜의 방편에 대립시키지 않았다. 오히려 후자가 오로지 전자의 능력으로 말미

---

118) Simeon the New Theologian, *Catechetical Discourses 33*; Congar, *I Believe in the Holy Spirit*, 1:95에서 재인용.

119) Simeon the New Theologian, *Ethical Treatise* 10 and *Hymn 55*; Congar, *I Believe in the Holy Spirit*, 1:95-96에서 재인용.

120) Simeon the New Theologian, *Catechetical Discourses 33*; Congar, *I Believe in the Holy Spirit*, 1:97에서 재인용.

암아 효력을 가진다는 사실을 강조했다.[121]

이 모두는 새언약에 속한 가시적 교회의 구성원들이 이런 의미에서 옛 언약의 성도들과 완전히 동일한 위치에 있음을 알려 준다. 누군가는 외적으로 그리스도와 그분의 가시적 몸에 연합하였으나, 아직 포도나무 줄기에 붙은 산 가지가 아닐 수도 있다.

"그러나 하나님의 말씀이 폐하여진 것 같지 않도다. 이스라엘에게서 난 그들이 다 이스라엘이 아니요, 또한 아브라함의 씨가 다 그의 자녀가 아니라. 오직 이삭으로부터 난 자라야 네 씨라 불리리라 하셨으니"(롬 9:6,7).

은혜의 수단은 인간의 반응과 무관하게 객관적 효력을 유지한다. 하나님의 말씀은 여전히 하나님의 말씀이며, 물 세례는 택자에게나 유기자에게나 참되게 시행된다. 그러나 성령은 원하는 때에 원하는 곳에서 일하심으로써 표지와 인을 통해 드러난 실재를 받을 수 있는 믿음을 주신다.

"또한 가지 얼마가(원 가지) 꺾이었는데 돌감람나무인(이방인) 네가 그들 중에 접붙임이 되어 참감람나무 뿌리의 진액을 함께 받는 자가 되었은즉, 그 가지들을 향하여 자랑하지 말라. 자랑할지라도 네가 뿌리를 보전하는 것이 아니요 뿌리가 너를 보전하는 것이니라"(롬 11:17,18).

구약과 전혀 다르지 않게, 믿음을 떠난 구원은 없다. 그리스도가 선포되

---

121) 그런데도 임명받은 직분을 경시하는 경향이 시므온의 접근에서도 나타난다(Congar, *I Believe in the Holy Spirit*, 1:99). 오리겐, 시내의 아타나시우스, 위 디오니시우스와 의견을 같이하며, 시므온은 안수를 받지 않더라도 거룩한 수도승의 직분을 추구해야 한다고 논했다. 그리고 많은 이들이 이런 입장을 따랐다. 사실 동방 기독교 신자들은 13세기 중반까지 죄 고백과 사면을 위해 사제들보다 "영적인 사람들"인 수도승을 찾아갔다(Ibid., 100).

는 것을 듣고 세례를 받으며 성찬에 참여하는 것은 믿음을 대체하지 않는다. 다만 그것들은 성령이 우리에게 믿음을 주시며 마지막 때까지 우리의 믿음을 확증하시는 방편들이다.

하이델베르크 요리문답이 요약하듯이, "성령은 거룩한 복음을 선포하여 우리의 마음 안에 믿음을 창조하시고, 성례를 사용하여 우리의 믿음을 확증하신다."[122] 하나님은 참으로 이 수단들을 통해 그리스도와 그분의 모든 은사들을 약속하고 주신다. 그러나 믿음으로 이 선물을 받는 자들만이 실재를 함께 나누게 될 것이다. 언약의 표지와 인으로서 성례는 인간 편에서의 믿음과 순종을 요구한다. 그러나 세례와 성찬이 은혜의 수단인 것은, 무엇보다도 이것들이 은혜언약의 성례들이기 때문이다. 여호와는 할례를 제정하시면서 이렇게 약속하신다.

"내가 내 언약을 나와 너 및 네 대대 후손 사이에 세워서 영원한 언약을 삼고 너와 네 후손의 하나님이 되리라"(창 17:7).

할례는 이 약속을 상징할 뿐만 아니라, 이 권리를 부여받은 모든 이에게 그 약속을 확증한다.

"이에 내 언약이 너희 살에 있어 영원한 언약이 되려니와"(창 17:13).

이는 칭의의 '표징'이었다(창 17:11 참고). 신자들은 성령에 의해, 성자 안에서, 성부와 연합함으로써 은혜언약 안에서 삼위일체의 내적 구속언약을 알 수 있다. 그러므로 그리스도는 우리에게 삼위 하나님의 각 위격의 이름으로 세례를 받으라고 명하신다. "이런 이유로 우리는 우리가 깨끗하

---

122) 하이델베르크 요리문답 주일 25, 65문답을 참고하라.

게 되고 중생하게 된 것의 원인(*causa*)을 성부로, 질료(*materia*)를 성자로, 효과(*effectio*)를 성령으로 얻는다. 즉, 분별할 수 있게 된다."[123]

이와 비슷하게 성인 회심자는 그가 그리스도를 믿는 순간에 의롭다함을 받으나, 세례에 의해 그 칭의가 인 쳐지고 확증된다. 그러므로 '믿음을 통해 은혜로 말미암아 얻는 구원'과 '성례로 말미암아 얻는 구원' 사이에서 선택해야 하는 것이 아니라, 후자가 전자에 의미를 부여하고 인 치는 역할을 한다. 그러하기에 이 표를 받고자 하는 자가 받지 못하도록 해서는 안 된다(창 17:14 참고). 더 나아가, 구약에서 성례가 은혜를 약속하는 한편 실재가 의미하는 바를 받지 않는 이들에게 심판을 경고했듯이, 신약의 성례도 동일하게 엄중하게 경고한다(고전 10:1-22, 11:27-32; 히 4:1-13, 6:1-12 참고).

이런 입장은 세례 자체가 중생이나 또 다른 은혜를 저절로(엑스 오페레 오페라토) 가져오는 것이 아니라고 말한다. 도리어 세례는 하나님이 그분의 언약 안에 있는 약속을 전달하시는 가시적 확증이다. 의도된 효과는 성령이 택하시는 때와 장소에서 일어난다. 웨스트민스터 신앙고백에 따르면, "세례의 효력은 세례가 주어지는 순간에 의해 정해지는 것이 아니다. 이 규례를 올바르게 사용함으로 약속된 은혜가 주어질 뿐만 아니라, 성령에 의해 그 은혜를 받을 이들에게(나이와 유아인지 여부에 상관없이) 하나님이 정하신 때에 하나님의 뜻의 경륜에 따라 실제로 그것이 드러나며 수

---

123) Calvin, *Institutes*, 4.15.6.

여된다."124) 사실 개혁파 신학과 신앙은 신자의 모든 생애 동안 세례의 의미와 효력이 지속된다고 강조한다.125)

결론

여기서 우리는 현재 이 땅에서 성육신으로 계속 존재하시는 그리스도가 아니라, 하늘에서 성육신으로 계속 존재하시는 그리스도가 우리에게 필요하다는 데 초점을 맞추어야 한다. 그분은 우리의 머리로서 영광스럽게 되셨고, 자신의 말씀과 성령으로 대적들을 제압하셨으며, 자신의 교회를 위해 중보하시고, 우리를 위해 영원한 자신의 나라에 자리를 마련하고 계신다. 그리스도는 성령의 능력으로 자신을 우리의 육신과 연합시키셨고, 이제 우리가 하늘나라에서 그분의 영화로운 인성에 연합되어야 한다.

"믿음으로 말미암는 의는 이같이 말하되, 네 마음에 누가 하늘에 올라가겠느냐 하지 말라 하니 올라가겠느냐 함은 그리스도를 모셔 내리려는 것이요, 혹은 누가 무저갱에 내려가겠느냐 하지 말라 하니 내려가겠느냐 함은 그리스도를 죽은 자 가운데서 모셔 올리려는 것이라. 그러면 무엇을 말하느냐. 말씀이 네게 가까워 네 입에 있으며 네 마음에 있다 하였으니 곧 우리가 전파하는 믿음의 말씀이라"(롬 10:6-8).

---

124) "The Westminster Confession of Faith," in *The Trinity Hymnal* (Philadelphia: Great Commission, 1990), 28.6.
125) Calvin, *Institutes*, 4.15.3; *Belgic Confession*, Article 25.

우리는 절대 교회를 그분과 동일시하거나 말씀과 성례의 사역을 그분과 동일시하여 '그리스도를 모셔 내리려' 해서는 안 된다. 그리스도는 성부 우편에 계시며, 자신의 말씀과 성례 가운데 온전한 그리스도로서 드러나신다. 심지어 육신으로도 그러하다. 우리를 그리스도와 연합하게 하시고 그 연합을 더 깊게 하시는 분이, 다름 아닌 그분의 성령이시기 때문이다.

성령은 하나님의 아들을 위해 자연적 몸을 준비하셨고, 오순절로 인하여 "각 족속과 방언과 백성과 나라 가운데에서"(계 5:9) 그리스도의 몸 된 교회를 준비하고 계신다. 말씀과 세례와 함께 성찬에서 성례전적 몸은, 성령께서 우리를 자연적 몸(하늘에 계신 예수님 자신)과 연합시키시며 이 땅에서 그리스도의 몸 된 교회를 세우시는 방편이 된다.[126]

존 오웬은 이렇게 정리해 두고서, 그리스도의 몸 된 교회의 성령론적 형성에 대해 전형적인 개혁파적 접근을 드러낸다. "이 새 창조에서 성령의 경륜과 사역은 먼저, 교회의 머리로서 주 예수 그리스도를 그분의 인성으로(그래야 했으며 실제 그랬던 대로) 하나님의 아들의 위격과 연합하시는 것이었다. 다음으로, 이 신비로운 몸의 구성원들에게 속한 모든 것에 관여하신다."[127] 비록 성령이 예수님의 자연적 몸을 "무한한 창조의 능력으로" 형성하셨으나, 그 몸은 "복된 처녀의 본체에 의해 형성되고 만들어졌다."[128]

---

126) 삼중 몸(Corpus Triforme)이라 불리는 개념은 초기 중세 신학에서 중요한 신학적 개념이었다. Henri de Lubac, *Corpus Mysticum: The Eucharist and the Church in the Middle Age*, trans. Gemma Simmonds, Richard Price, and Christopher Stephens, ed. Laurence Paul Hemming and Susan Frank Parsons (Notre Dame: University of Notre Dame Press, 2007).

127) Owen, *Discourse,* 159.

128) Ibid., 164.

그와 비슷하게 성령은 성자를 위해 신부를 만드셨다. 이를 천사의 본체에서가 아니라 인류의 살과 피로 하셨다. "그리고 인성, 곧 교회의 머리이신 예수 그리스도의 자연적 몸을 준비하고 거룩하게 하며 영화롭게 하신 성령께서 그리스도의 신비로운 몸을 준비하고 거룩하게 하며 영화롭게 하셨다는 사실은 우리의 믿음의 질서에 속한다. 달리 말해, 모든 택자는 성부에 의해 그분께 주어졌다."[129] 끝으로 "성령은 그리스도의 육신의 부재를 채우시는데(supplies), 그리스도께서 성령을 통해 교회를 향한 자신의 약속들을 성취하신다. 그러므로 어떤 옛사람들은 성령을 그리스도의 대리자(*Vicarium Christi*, 비카리움 크리스티)라고 불렀다. 또한 오페람 나바트 크리스토 비카리암(*operam navat Christo vicariam*), 곧 그리스도의 위격을 대표하며 그분이 약속하신 사역을 하시는 분이라고 불렀다."[130]

오늘 성령이 어디서 일하고 계신지를 알고 싶다면, 우리는 높은 곳, 특별한 곳, 이른바 기적들이 일어나는 곳, 그리스도의 구원의 직분 너머를 가리키는 표징들에서 찾아서는 안 된다. 성육신하신 성자와 같이 낮은 곳에서 적극적으로 일하시는 성령을 찾아야 한다. 성령은 그리로 내려가시고, 거기서 다른 모든 은사들과 함께 그리스도를 공급하기로(supply) 약속하셨다. 성령은 여전히 생명이 없는 수면 위를 운행하시며 생명으로 가득 채우신다. 우리는 오직 그리스도가 두렵게 하는 위엄이 아닌 은사를 주시는 기쁨으로 우리와 함께하겠다고 하신 곳에서만 성령을 발견한다. 성령

---

129) Ibid., 189.
130) Ibid., 193.

은 영원한 아들을 성육신으로 '만질 수 있게' 하신다. 그 아들은 강보에 싸인 영광의 주님이시다. 또한 성령은 육으로 성부의 우편으로 올라가신 그분을 지금 우리가 가장 낮은 것들을 통해 "만질 수 있게" 하신다.[131]

결론적으로 우리는 이 말씀이 선포되며 계속 늘어가는 증인들 사이에서 신실하게 가르쳐지는 곳에서, 그리고 세례와 성찬에서 구원하시는 말씀의 표와 인을 받는 사람들이 있는 곳에서 성령이 능력 있게 사역하시는 것을 알 수 있다. 이것들은 새로운 언약 사역(new-covenant ministry)의 표적과 이적으로서, 성령은 이것들을 통해 생명을 주시며 그리스도의 몸으로 자라게 하신다.

---

131) 여기서 나는 본회퍼의 "만질 수 있게(haveable)"라는 표현을 빌려 왔다. 그는 칼 바르트의 계시에 대한 관점에 우려를 표하면서 이 표현을 사용하였다. 본 회퍼는 하나님의 말씀을 성경의 인간 언어 곁에, 뒤에, 또는 위에 떠 있는 것으로 보고자 하는 경향에 우려를 표했다. 오히려 그는 둘 모두를 성경에서 찾을 수 있다고 주장했다. "다만 하나님 자신이 어디에 자신의 말씀이 있을지를 말씀하신다. 그리고 하나님은 인간 언어 안에서 그렇게 하신다"(Dietrich Bonhoeffer, *Dietrich Bonhoeffer Werke*, ed. Eberhard Bethge et al. [Gütersloh: Christian Kaiser Verlag, 1986], 14:408). 그렇지 않다면, 하나님은 "만질 수 없다"(*habbar*)(Dietrich Bonhoeffer, *Act and Being*, vol. 2 of *Dietrich Bonhoeffer's Works*, trans. H. Martin Rumscheidt, ed. Wayne Whitson Floyd Jr. [Minneapolis: Fortress, 1996], 90). 내가 쯔빙글리를 비판하는 방식은 본회퍼가 바르트를 비판한 방식과 동일하다. 그리고 내가 확신하는 바는 칼빈, 버미글리, 개혁파 신앙고백들이 쯔빙글리적인 전제를 공유하는 경건주의적이고도 복음주의적인 유산에 대해 암묵적으로 비판하고 있다는 점이다.

11장 | 영광의 성령

고별 강화에서 예수님께서 성령이 "내 영광을 나타내리니"(요 16:14)라고 말씀하신 것은, 우리가 한 번 들어 생각할 것보다 더 많은 것을 내포하고 있다. 이는 그리스도를 부각시키고 그분께 영예를 돌리는 것보다 더한 일이다. 성령은 그리스도를 죽은 자 가운데서 다시 살리심으로 그분의 존재 안에서 결정적이고도 공적으로 영광스럽게 하신다. 책임지고 우리의 인성과 영원한 성자를 연합시키신 성령은, 이제 그리스도를 죽은 자 가운데서 다시 살리시고, 또한 새 창조의 첫 인류가 되신 그분을 불멸의 영광으로 옷 입히셨다. 성령은 우리를 위해 스스로를 낮추어 성육신하신 성자가 영원 전부터 성부와 함께 누리던 영광을 회복하시리라 분명히 말씀하신다(요 17:22-24 참고).

그런데 성령께서 그리스도의 영광을 나타내시리라는 말씀은 그리스도가 자신의 신성으로 누리신 영원한 영광으로 돌아가는 것 이상을 의미한다. 그분의 인성은 임무를 달성하기 위해 걸치는 우주복 같은 것이 아니다. 영원한 모습으로 다시 오실 때 뒤에 버려두고 오실 것도 아니다. 성육신의 의미는, 우리의 인성을 입으심으로써 우리를 대표하여 인간의 사명을 완수하고 심판을 받으셨으며, 새 창조가 시작될 때에 다시 일으킴 받고 영화롭게 되신다는 것이다. 성령의 능력으로 성부의 영광에 들어가신 것은 성육신하신 말씀으로 그렇게 하신 것이다. 우리는 성령이 어떻게 예수님을 죽은 자 가운데서 일으키시며, 공적으로 새 창조의 첫 열매로 드러내셨는지를 보았다. 따라서 이제 그분은 영원 전부터 지니셨던 것보다 훨씬 더 위대한 영광을 소유하게 되었다. 하나님께 합당한 영광일 뿐만 아니라, 그분의 인성도 영화롭게 되셨다. 흥미롭게도, 참으로 예수님은 스스로를 거룩하게 하고 영광의 상을 얻으신 분이라 말할 수 있는 유일한 인간이시다. 그런데 예수님은 자신의 영광을 제자들에게도 나누어 달라고 성부께 기도하신다(요 17:19 참고). 그리고 성부는 성령을 보내심으로써 이 기도에 응답하신다. 성령은 첫째로는 마지막 구원을 보증하면서 내주하시는 담보이며, 둘째로는 피조 세계 첫 조상의 아름다움을 훨씬 뛰어넘는 모든 찬란한 영광으로 우리를 옷 입히실 감독이자 온전하게 하실 분이다.

영화의 교리

구원에서 성령의 역할은 택자의 구원을 위해 세 위격이 삼위일체 안에서 맺으신 영원한 언약으로까지 거슬러 올라가며, 장차 이루어질 영화에까지 이른다(롬 8:11 참고). 그날에 우리는 아름다움과 자비로 옷 입은 빛나는 몸으로 그리스도의 형상에 완전히 합치될 것이다. 이 사실은 하나님 앞에서 우리의 무죄를 증언할 뿐만 아니라, 하나님 자신과 그분의 역사 안에서 그분이 목적하신 바를 온전히 확증한다. 형상의 이러한 상태는 그들이 받은 부르심의 끝이었기 때문에, 타락 이전 아담과 하와도 이를 알지 못하였다. 베드로는 심지어 이를 신성한 성품에 참여하는 것이라고 일컫는다(벧후 1:4 참고). 하나님의 도덕적 성품에 완전하고도 온전하게, 영원히 합치되며, 영화롭게 하는 힘을 받을 것이기 때문이다.

피조 세계에서 중보자 되시는 그리스도와 함께 모든 인류는 유비적으로 그분의 형상과 같은 공유적 속성을 가진다. 그러나 우리는 이 형상을 훼손했다. 성령은 피조 세계 안에서 이루어지는 자연적 연합보다 훨씬 더 놀라운 성자와의 연합을 통해 이 형상을 회복시키신다. 그리스도가 돌아오실 때, 성령은 우리를 죽은 자 가운데서 불멸의 영광으로 일으키실 것이며, 모두가 들을 수 있도록 이 우주와 땅의 권세들에게 성부 하나님의 영광으로 예수 그리스도가 주님이심을 선포하실 것이다. 우리는 영화 가운데 '신과 같이' 될 것이다. 프란시스 튜레틴(Francis Turretin)이 말했듯이, "피조물이 될 수 있는 한, 하나님을 가장 닮은 모습"이 될 것이다.[1]

이런 '신화(deification, 또는 영화[glorification])'라는 주제가 종교개혁자

---

1) Francis Turretin, *Institutes of Elenctic Theology*, ed. J. T. Dennison Jr., trans G. M. Giger (Phillipsburg, NJ: P&R, 1997), 3:209.

들의 저작에서 중요한 주제였다는 사실에 몇몇 독자들은 놀랄지도 모르겠다. 쯔빙글리는 자신의 저서 『개혁파 신앙 수호』(Defense of the Reformed Faith)에서 이를 주제로 독립된 글을 쓰면서 이렇게 결론 내렸다. "성경은 사람이 하나님의 성령으로 말미암아 하나님께 이끌림 받아 신화된다는 내용을 매우 분명히 보여 준다."[2] 루터 역시 우리 구원의 끝은 "완전히 신화"되는 것이라고 가르쳤으며, 이 진리를 법적 주입의 대안이 아니라 그 결과로 보았다.[3] 칼빈은 이렇게 물었다. "우리가 그분을 통해 얻는 양자 됨의 목적은 무엇인가? 베드로가 말했듯이, 종국에 신성한 성품에 참여하는 것이 아니라면 무엇이겠는가?"(벧후 1:4 참고)[4] 그는 이 신성한 성품이 불멸하는 우리의 영혼이 원래 가진 속성이 아니라 그리스도가 우리를 위해 얻어 내신 상이라고 덧붙인다.[5] 피조 세계 안에서 하나님의 형상은 "하나님께 참여하는 것"이지만, 칭의와 은혜로 얻는 바 그리스도 안에서 이루어지는 새 창조는 "말할 수 없는 기쁨"이다.[6] 어쨌거나 "우리는 하나님의 아들과 하나이다. 그분의 본성이 우리에게 전달되기 때문이 아니라, 성령의

---

[2] *Huldrych Zwingli Writings, Vol. one : The Defense of the Reformed Faith*, trans. E. J. Furcha, Pittsburgh Theological Monographs (Eugene, OR: Wipf&Stock, 1984), 57.

[3] Martin Luther, from a 1529 sermon quoted in Werner Elert, *The Structure of Lutheranism,* trans. Walter A. Hansen, vol. 1 (Saint Louis: Concordia, 1962), 175-176. Kurt E. Marquart, "Luther and Theosis," *CTQ* 64.3 (2000): 182-205.

[4] Joseph Tylenda, "The Controversy of Christ the Mediator: Calvin's Second Reply to Stancaro," *CTJ* 8 (1973): 148에서 재인용.

[5] John Calvin, *Institutes of the Christian Religion*, trans. Lewis Ford Battles, ed. John T.McNeill (Philadelphia: Westminster John Knox, 1960), 2.1.1.

[6] Ibid., 2.2.1

능력으로 그분의 생명과 성부로부터 받으신 모든 은사가 우리에게 전해지기 때문이다."[7]

칼빈은 "광신자"들이 죽음의 순간에 우리가 하나님에게 흡수된다고 잘못 이해하여 "마침내 원래(상태)대로 돌아가게 된다"고 상상한다고 말한다.[8] 몇몇 재세례파 지도자들 말고도 칼빈이 염두에 두었던 사람은 의심할 여지 없이 안드레아스 오시안더(Andreas Osiander)였다. 오시안더는 원래 루터의 동료였으나 관점의 차이 때문에 루터교 무리에서 멀어졌다. 칼빈은 연합에 관해 오리겐주의적인 입장을 가진 오시안더를 깊이 비판한 후에도, 여전히 신화라는 것에 대해 "그보다 더 낫게 상상할 수 없는 것"이라는 입장을 고수하였다.[9] 속죄와 승리는 우리를 위해 그리스도께서 죽으심으로 어떠한 위험을 극복하셨는지를 드러낸다. 그러나 죄의 저주로부터 구원받았으며, 그리하여 사탄의 왕국으로부터도 구원받았다 하더라도, 여전히 하나님과 연합한 것은 아니다. 속죄에는 승천과 오순절이 필요하다.

만약 우리가 구속사(오순절)와 구원의 적용(성화)에서 너무 늦게 성령을 이야기한다면, 성령 안에서 미래의 영광을 기다릴 때 우리의 눈이 희미해질 것이다. 나는 최근 개혁파의 구원론 논의에서 영화가 주목받지 못하

---

7) John Calvin, *Commentary on the Gospel of John*, trans. William Pringle, Calvin's Commentaries 18 (Edinburgh: Calvin Translation Society, n.d.; repr., Grand Rapids: Baker, 1998), 184 (요 17:21).

8) John Calvin, *Commentaries on the Second Epistle of Peter*, trans. John Owen, Calvin's Commentaries 22 (Edinburgh: Calvin Translation Society, n.d.; repre., Grand Rapids: Baker, 1998), 371 (벧후 1:4); *Institutes*, 1.15.5도 참고하라.

9) Calvin, *Second Epistle of Peter*, 370 (벧후 1:4).

는 것이 다음과 같은 내용들이 부족한 까닭이라고 생각한다.

① 우리를 대표하시는 그리스도의 인성이 영화롭게 되는 것으로서 구원에서 승천이 가지는 의미

② 구원 사역을 완성하는 분이신 성령

③ 칭의가 '단번에 완전히 얻는 것'이라는 특징을 강조하기 위한, 납득되는 염려에서 출발한 종말론적 측면

탄식하시는 성령

성령의 '탄식'에 관해 무언가를 언급할 필요가 있다. 완성을 향한 이 갈망이 지금 여기 성령 안에 있는 우리의 삶에 반드시 필요하기에 더욱 그러하다.

"피조물이 다 이제까지 함께 탄식하며 함께 고통을 겪고 있는 것을 우리가 아느니라"(롬 8:22).

헬라어가 그 요점을 강조한다. 온 피조 세계가 '함께 탄식(*systenazei*, 쉬스테나차이)'하며 '함께 고통(*synōdinei*, 쉬노디네이)'을 겪는다. 칼빈의 표현을 반복하자면, '혼란스러운 물질을 사랑하셨던' 성령은 인류가 그들의 것들을 쏟아부어 피조 세계를 파괴할지라도 피조 세계를 포기하시지 않는다. 나는 이 말씀에서 그것이 인간의 기도로 의인화되고 있다고 생각한다. 피조 세계는 인간의 반역으로 인해 자신을 억누르는 저주의 굴레가 끝나기를 기도한다. 여기서 '함께 탄식'하며 '함께 고통'을 겪는다고 번역된

헬라어 동사는, 저주의 무게 아래에서 피조 세계가 공동체적으로 함께 짐을 짊어지고 있음을 강조한다. 그러나 바로 네 절 뒤에 다음과 같은 말씀이 이어진다.

"이와 같이 성령도 우리의 연약함을 도우시나니 우리는 마땅히 기도할 바를 알지 못하나 오직 성령이 말할 수 없는 탄식으로 우리를 위하여 친히 간구하시느니라"(롬 8:26).

성령은 아직 승리를 만끽할 기분이 아니시다. 굴레가 너무나 많으며, 성령의 통치에 대해 너무나 많이 반역하고 저항하며, 그 통치를 억누른다. 그러나 우리의 기도는 굴레로부터 풀려나 하나님의 영광을 받아 누리기를 기대하는 온 피조 세계와 함께 성령의 '탄식'에 참여한다.

이 모든 일이 대체 영화와 무슨 연관이 있는가? 모든 것이 연관되어 있다. 영화를 향한 미래의 소망, 곧 하나님의 자녀가 나타나는(롬 8:19 참고) 미래를 향한 소망은 피조물과 택자 모두로 하여금 성령과 함께 걸음을 내딛게 만든다. 심지어 이 글을 쓰고 있는 지금도 나는 이것이 정확히 무슨 의미인지를 알지 못한다. 그러나 성령은 아신다. 이 사실은 나로 하여금 기도하게 한다. 피조 세계가 나와 함께 '기도'하고 있다. 하나님의 자녀가 나타나는 것만이 영원히 정해진 운명이기 때문이다. 온 피조 세계가 탄식하고, 나도 탄식한다. 그러나 이 모든 것보다 더 "성령이 말할 수 없는 탄식으로 우리를 위하여 친히 간구"(롬 8:26)하신다.

고린도후서 4장은 탄식하시는 성령에 관해 또 다른 중요한 내용을 언급한다. 존 레비슨은 이렇게 쓴다.

지금 바울은 부활체에 대한 완벽한 교리를 쓰고 있지 않다. 오히려 그는 자신이 처한 맥락 안에서 에스겔의 환상을 반영하고 있다. 즉, 현재의 고통 가운데 탄식하는 신자는 이제 확신 가운데 에스겔의 환상이 실재가 될 그때를 기대할 수 있다(고후 4:16-18 참고). 죽어서 아무것도 없는 뼈에 새 힘줄, 새 살, 새 가죽이 덮일 것이다. 에스겔 36장과 37장처럼 하나님이 담보로 '영을 그 속에 두셨으므로' 신자들은 확신할 수 있다.[10]

이 모든 것이 생명을 가리킨다. 그냥 삶이 아니라 '풍성한 삶'이다. "이 환상은 측량할 수 없는 생명, 곧 소망과 고통과 죽음의 그림자를 넘어서는 생명에 관한 것이다."[11]

데살로니가전서 4장 3-8절에서도 "바울은 에스겔의 환상에서 세 가지 측면(이스라엘에게 주어진 성령, 거룩함, 하나님을 아는 지식)을 선택하여 데살로니가 성도들의 상황에 적용한다."[12] 그들은 "성령의 기쁨으로 말씀을 받아"(살전 1:6) "우상을 버리고 하나님께로 돌아와서"(살전 1:9) 성적 부도덕을 회개해야 했다.[13] 이것은 단지 과거의 회심과 미래의 부활이 아니라, 현재 진행되는 충만하게 하시는 은사를 말한다. 성부는 "성령을 주신 하나님"(살전 4:8)이시다.[14] "그러므로 바울의 관점에서 성령으로 충만해지는 것

---

10) John Levison, *Filled with the Spirit* (Grand Rapids: Eerdmans, 2009), 262.
11) Ibid.
12) Ibid., 265.
13) Ibid.
14) Ibid., 266.

은 인간과 이 땅의 권역 바깥에서 일어나는 영적 변화가 아니다……성령으로 충만해지는 것은 이와 달리 이 세상의 초등 학문의 영을 바꾸고(갈 4:3 참고) 인간 관계를 재구성하며(갈 4:4-7; 롬 8:12-17; 몬 1장 참고) 두려움의 지배력(hegemony)을 해체시키는 것이다(롬 8:15 참고)."[15]

이 내적 탄식이 무엇을 의미하든, 이 탄식은 앞선 어떤 시대와도 질적으로 다른 새로운 세계를 먼저 맛봄으로 말미암아 불 지펴진 열정일 뿐인다. 장차 올 시대를 열고 삼위일체의 사역을 완성하시는 분인 성령은 완전히 새로워질 세상을 향한 소망으로 우리를 붙드신다.

"기록된 바 하나님이 자기를 사랑하는 자들을 위하여 예비하신 모든 것은 눈으로 보지 못하고 귀로 듣지 못하고 사람의 마음으로 생각하지도 못하였다 함과 같으니라"(고전 2:9).

우리는 이를 위해 준비되었는가? 물론 아니다. 그러나 내주하시는 성령이 이를 위해 우리를 준비시키신다. 그리고 '탄식'하는 기도는 이 소망으로 우리를 이끈다.

---

15) Ibid.

12장 | 성령과 신부

"성령과 신부가 말씀하시기를 오라 하시는도다. 듣는 자도 오라 할 것이요, 목마른 자도 올 것이요, 또 원하는 자는 값없이 생명수를 받으라 하시더라…… 이것들을 증언하신 이가 이르시되, 내가 진실로 속히 오리라 하시거늘, 아멘 주 예수여 오시옵소서"(계 22:17,20).

교회가 있는 곳에 하나님의 성령이 계시며, 하나님의 성령이 계신 곳에 교회와 모든 은혜가 있다. _이레니우스[1]

성령을 믿는 것과 거룩한 공교회를 믿는 것, 당신은 신경에서 이 둘이 얼마나 가깝게 있는지를 알 것이다. 오순절에 보이지 않게 오신 것은 이 위

---

1) Irenaeus, *Against Heresies* 5.6.1.

대한 성전이자 그리스도의 신비한 몸을 가시적으로 성별하고 헌납하여 복음 아래 키워지도록 하신 것이다. _토마스 굿윈[2]

최근 수십 년간 '세 번째 항목'의 신학에 많은 관심이 집중되었다는 사실은 거의 의심의 여지가 없다.[3] 그러나 문제는 과연 '선지자들을 통하여 말씀'하심으로써 그리스도를 드러내시고, '보편적이며 사도적인 하나의 거룩한 교회'를 창조하셨으며, 이 땅의 부대(campaign)를 '죄 용서를 위한 하나의 세례'로 이끄시고, '몸의 부활과 영생'에 이르기까지 인도하시는 분으로서 성령에 초점을 맞추고 있느냐 하는 것이다. 연약할 뿐만 아니라 죄악된 사역자들을, "하나님의 동역자"(고전 3:9)요 '하나님이 우리를 권면하시는 통로로서 그리스도를 대신하는 사신'(고후 5:20 참고)까지는 아니라 하더라도, 어떻게 "그리스도의 일꾼이요 하나님의 비밀을 맡은 자"(고전 4:1)로 여길 수 있단 말인가? 어떻게 평범한 물이나 빵과 포도주가 언약 의식이라는 맥락에서 하나님이 주시는 구원의 담보물로 여겨질 수 있다는 말인가? 그리고 어떻게 성령의 비가시적 작용이 이런 가시적 의식으로 식별될 수 있다는 말인가? 그러나 이처럼 이의를 제기하게 하는 유의 가정들은 사람이 행하는 말씀과 설교를 하나님의 말씀과 동일시하는 것 또는 성육신 자체에 의문을 품게 만들 수 있다(그리고 실제로도 자주 그러하다).

---

2) Thomas Goodwin, *The Works of the Holy Ghost in Our Salvation*, vol. 6 of *The Works of Thomas Goodwin*, 12 vols. (Edinburgh: James Nichol, 1863), 9.
3) 일반적으로 신경은 삼위일체의 각 위격에 따라 세 부분으로 나뉜다. 따라서 '세 번째 항목'은 성령론을 가리킨다.

성령과 교회

많은 복음주의자들이(나도 그들 중에 있다) '교회 기독교(churchianity)' 에서 자랐다. 이 표현은 형식주의와 예전주의의 냄새가 난다고 우리를 직접 비꼬는 것이다. 많은 경우, 성령으로 거듭나는 것은 교회에 속하는 것과 대립되는 것으로 여겨진다. 또 한편 어떤 교회들은('교회 기독교'라 불리는 그런 교회들) 교회를 성령보다 더 중요시하는 것 같으면서도 이혼을 수용하곤 한다. 이는 물론 극단적 묘사이다. 그러나 내가 보기에 튼튼한 교회론 없이 성령을 다시금 중요하게 여겨야 한다고 말하는 것은 삐뚤어진 신앙이다.[4] 성령과 교회를 대립시키는 것은 교회사에서 극단적이고도 신비주의적인 운동의 오랜 전통이었다. 우리 시대에서는 놀랍게도 이런 극단적인 견해들이 너무나 많이 주류가 되었다. 이렇게 접근하기 전에 성령을 교회와 동일시함으로써 성령을 길들이려는 반대 경향성을 살펴보자.

성령을 교회와 동일시하다: *Totus Christus* 변종

성령과 그리스도를 (둘을 함께 교회로) 한데 뭉뚱그리는 극단적 모습은,

---

4) 제2차 바티칸 공회 이후, 그리고 교황 베네딕트의 영향 이후 '성령 공동체'에서 은사를 강조하는 것은 다른 부류와 함께 로마 가톨릭의 교회론 안에서 상당히 큰 영향을 끼쳐 왔다. 아모스 영(Amos Yong)과 같은 젊은 오순절 신학자들이 교회론에 상당히 관심을 가질 뿐만 아니라, 특히 로마 가톨릭의 교회론에 (종교개혁 전통은 건너뛰면서) 공감하기까지 한다. 더 나아가 전 세계에서 주류 교회들 사이의 공식적 협의는 이 주제와 관련해 굉장히 인상적이고도 통합적이며 성경적인 기초를 가진 접근들을 만들어 냈다. 한 가지 주목할 만한 예로 다음을 보라. *Baptism, Eucharist and Ministry 1982-1990: Report on the Process and Responses*, Faith and Order Paper No. 149 (Geneva: WCC Publications, 1990).

교회를 성육신하신 성령으로 확신하는 러시아 정교 신학자 세르게이 불가코프에게서 찾아볼 수 있다.[5] 존 밀뱅크(John Milbank)는 불가코프의 독특한 주제에 자신만의 추천사를 제시하였는데,[6] 그에 따르면 미래의 정통 기독교는 "삼위일체 모두의 삼중 성육신에 대해" 말해야 할 것이다.[7] 성경의 근거가 전혀 없다는 점은 차치하더라도, 이 견해는 위격의 구별되는 속성들을 혼동하고 있다. 성령은 자연 안에서 역사하시는데, 살펴보았듯이 성자를 성육신 가운데 우리의 인성과 연합시키기도 하셨다. 그렇다고 해서 성령이 성육신의 주체인 것은 결코 아니다. 심지어 비유적으로 성령의 '성육신'을 말하는 것조차 범주를 혼동하는 오류이며, 위격 간의 구별에 필수적인 비공유적 속성을 소멸시키는 것이다.

그러나 성령을 교회와 동일시하는 것은 더 긴 역사를 가진 그리스도를 그분의 교회와 동일시하는 의견의 일부이다. 성령이 교회로서 성육신하셨다는 것은 굉장히 독특한 의견이지만, 성령을 교회의 영혼(soul)으로 생각하는 것은 교회사에서 흔했다.[8] 콩가에 따르면, 교회는 그리스도의 "인간

---

5) Sergei bulgakov, *The Comforter*, trans. Boris Jakim (Grand Rapids: Eerdmans, 2004). 사실 불가코프는 자신의 관점을 '경건한 범신론'이라고 부른다. 더 정확하게는, '범재신론'이라고 덧붙이기도 한다. 그러나 그가 "성령은 모든 존재를 포함하는, 혼돈에서 질서로 가는 도상에 있는 이 세계 자체이다"라고 할 때 차이를 정확히 구별하기가 어렵다(199-200).

6) John Milbank, "Alternative Protestantism," in *Radical Orthodoxy and the Reformed Tradition: Creation, Covenant, and Participation*, ed. James K.A.Smith (Grand Rapids: Baker Academic, 2005), 38-39.

7) Ibid., 39. 이는 그가 어거스틴의 심리학적 유비와 성령이 사랑-은사의 실체화라는 내용에서 더 깊이 추론하여 내린 결론이다.

8) 이브 콩가는 교부 시대에서부터 시작해 이에 관한 몇몇 자료들을 언급한다. Yves Congar, *I Believe in the Holy Spirit*, trans. David Smith, Milestones in Catholic Theology (New York: Crossroad, 1999), 2:18.

적이고도 가시적인 공동체이다. 그리스도에게는 교회가 필요하다. 프뉴마에게 소마가 필요하듯 말이다."[9] 오리겐과 마찬가지로, 드 루박(de Lubac)은 머리와 몸의 언약적 관계를 플라톤적 인간론으로 대체한다. 가장 먼저 사라진 것에 주목하라. 바로 예수님이다. 예수님의 가시성(그분의 인성)이 그분에게서 교회로 이동되었다. 그런데 성령도 교회의 영혼으로 여겨지면서 사라져 버렸다. 물론 이 개념은 유비에 불과하지만, 부적절하다. 예수님이 성령을 자신의(그리고 교회의) 영혼으로 하는 교회가 되셨다(그리고 그 반대도 사실이다). 더 나아가 동일선상에서(특히 아퀴나스와 같은 선상에서), 교회의 영혼이 피조된 은혜인지 피조되지 않은 은혜(성령)인지 분명하지가 않다.[10]

이런 궤도에 있는 중요한 발전 중 하나는 어거스틴의 '토투스 크리스투스(totus Christus)' 개념이다. 그리스도와 연합하는 것은 동시에 그분의 몸에 연합하는 것이다. 이 연합은 너무나 강력해서 그리스도를 머리로, 교회를 몸으로 하여 '온전한 그리스도(the whole Christ, totus Christus)'라고 부르는 것이 정당하다.[11] 어거스틴은 이 원리를 『요한 서신에 관하여 1.2』(On the Epistle of John 1.2)에서 반복한다. 그리고 어느 설교에서 그는, 비록 그리스도는 우리 없이도 온전하시지만, 자신의 몸이 없이 온전케 되기

---

9) Yves Congar, *Divided Christendom: A Catholic Study of the Problem of Reunion* (London: G.Bles, 1939), 70-71.

10) George Sabra, *Thomas Aquinas' Vision of the Church* (Mainz: Matthias Grünewald Verlag, 1987), 101.

11) Saint Augustine, *Homilies on the Gospel of John 1-40,* ed. Allan D. Fitzgerald, trans. Edmund Hill, Works of Saint Augustine III.12 (Hyde Park, NY: New City, 2009), 21.8.

를 선택하지 않으셨다고 덧붙인다(Sermons 341.1.1 참고). 또한 어거스틴은 이 생각을 마태복음 25장 31-46절과 사도행전 9장 4절에서 도출한다.[12] 두 본문 모두에서 예수님은 자기 백성을 그분 자신과 동일시하신다. 핍박받는 자에게 선을 베푸는 것을 그분 자신에게 하는 것이라 말씀하시고, 사울에게 "어찌하여 나를 박해하느냐?"(행 9:4)라고 물으신다. 어거스틴이 도나투스파(Donatist)의 분리주의가 그리스도의 몸을 찢고 있다고 보았기에, 이런 진술들은 논쟁을 불러일으켰다. 히포의 주교 어거스틴은 이 이단이 그리스도가 육신으로 오셨다는 성육신 자체에 의문을 제기하는 것이 아니냐고 물었다.[13] 존 버나비(John Burnaby)가 설명했듯이, 동방 교부들의 가르침을 받은 이들은 이런 개념을 이상하게 여기지 않을 것이다.[14]

그러나 이어지는 시대에 이 성경적(특히 바울적인) 가르침이 크게 잘려나갔다. 특히 위 디오니시우스(Pseudo-Dionysius)를 통해 전해진 기독교 신플라톤주의의 영향으로, 교회는 셀 수 없는 존재의 단계(일자, 곧 하나님에서 시작해 마리아와 성인을 거쳐 일반 성도와 심지어 교회에서 거의 교제에 참여하지 않는 사람에 이르기까지)로 나누어진 사다리이자 피라미드로 여겨졌다. 1302년 교황 보니파스 8세(Boniface VIII)는 교황칙서 '우남 상툼

---

12) Tarsicius J. van Bravel, "The 'Christus Totus' Idea: A Forgotten Aspect of Augustine's Spirituality," in *Studies in Patristic Christology*, ed. Thomas Finan and Vincent Twomey (Portland, OR: Four Courts, 1988), 84-94.

13) van Bavel, "The 'Christus Totus' Idea," 84-88.

14) John Burnaby, *Amor Dei: A Study in the Religion of St. Augustine*, The Hulsean Lectures, 1938 (London: Hodder and Stoughton, 1960), 102. 이러한 어거스틴의 사유는 "헬라 신학이 그리스도의 신비적 몸이라는 교리에 적용한 실재론"에서 직접 도출한 것이다.

(*Unam Sanctam*)'을 공포하여 이 피라미드 전체를 다스리는 영적·임시적 주권이 이 땅의 기관에 있음을 선포했다. 즉, 몸이 영혼에 종속되듯이, 국가는 교황을 머리로 하는 교회에 종속된다. 그리고 이 그리스도의 대리자에게 순종하는 것이 구원에 필수적인 것으로 여겨진다.

더 나아가, 서방의 고-스콜라주의 신학(the high scholastic theology)에서는 점차 성례의 효과가 성령이 아니라 사제에 있는 것으로 여겨졌다. 사제가 서임할 때 빵과 포도주를 그리스도의 몸과 피로 바꿀 수 있는 새로운 능력을 주입받는다는 것이다.[15] 더글라스 패로우에 따르면, 예수님의 자연적 몸이 공간의 제약에서 완전히 벗어났다는 토마스 아퀴나스의 진술에 근거하여, 화체의 기적이 "그리스도를 온전히 교회의 소유로 만들었다." "참으로 이는 교회가 강림을 제어할 수 있게 되었음을 의미했다. 종이 울릴 때 '부재하신 그리스도(*Christus absens*, 크리스투스 압센스)'가 '임재하신 그리스도(*Christus praesens*, 크리스투스 프라에센스)'가 되었다……그리스도와 함께 받침대에 편안히 무릎 꿇은 자녀로서 교회는 곧 그리스도의 종이 아니라 지배자가 되었다. 즉, 교회의 마리아적 자아는 이미 성찬 논쟁의 시작부터 어찌할 도리가 없었는데, 후에는 끝을 모를 정도가 되었다."[16]

화체 교리는 로마 가톨릭의 교회론을 형성했고, 심지어 더 깊은 신학적 비유적 전제들을 드러냈다. 그리스도가 승천 후에 몸으로 부재하시다는

---

15) Heinrich Denzinger, *Enchiridion Symbolorum, Definitionum et Declarationum de Rebus Fidei et Morum*, ed. Peter Hünermann, 43rd ed. (San Francisco: Ignatius, 2012), 959-960,964.

16) Douglas Farrow, *Ascension and Ecclesia: On the Significance of the Doctrine of the Ascension for Ecclesiology and Christian Cosmology* (Edinburgh: T&T Clark, 2004), 157.

것은 성령의 필요를 강조하는 이야기가 아니었다. 왜냐하면 예수님은 기능적 의미에서 교회 안에, 그리고 교회로서 돌아오셨기 때문이다. 비록 예수님이 비가시적으로 자신의 편재하신 신성을 통해 통치하시지만, 자신의 땅에 속한 가시적 형태는 자신의 몸인 교회이다. 이런 형태의 토투스 크리스투스는 교회의 가장 큰 비전을 제시했으나, 그 대가는 컸다. 주님의 인성과 주님이 우리에게 주신 바 영화롭게 된 인성을 연합시키시는 성령을 교회로 대체한 것이다. 이는 불가피하게 성령을(그리스도도 함께) 길들이게 하였으며, 성령은 교회적 존재와 활동에 내재하는 분 정도로 전락했다. 이런 유혹이 비단 로마 가톨릭에만 국한되지는 않는다. 교회에서 성령을 격하시키는 데 이바지한 몇몇 요소들을 짧게라도 설명할 필요가 있다.

정교 신학자들 사이에서 '그렇다면 성령을 불러야 할 필요가 있는가?'라는 염려가 자주 제기되었다. 그들은 성령을 부르는 기도(epiclesis)가 성별에 필수적이지만, 서방 예전에서는 사용되지 않는다는 사실을 지적했다.[17] 성령은 더 격하되면서, 아퀴나스의 때에 성례는 몸에 약이 들어가 고치듯이 피조된 은혜를 영혼에 주입하는 것으로 이해되었다. 그리스도와 교회의 연합에 대해 전적으로 성경에 국한하여 시작된 논의에서 머리와 지체의 모든 구분이 점차 생략되었고, 성령과 더불어 하나님 나라가 교회

---

17) 성령 강림 기원 기도의 중요성에 대해 다음을 보라. John D. Zizioulas and Luke Ben Tallon, *The Eucharistic Communion and the World* (London: Bloomsbury T&T Clark, 2011), xi-xii, 8-11, 21-28, 130. 다음을 참고하라. Simon Chan, "The Future of the Liturgy: A Pentecostal Contribution," in *The Great Tradition – A Great Labor: Studies in Ancient-Future Faith*, ed. Philip Harrold and D.H. Williams (Eugene, OR: Wipf&Stock, 2011), 65; Yves Congar, *I Believe in the Holy Spirit*, 3:267-272.

와 동일시되었다. 트렌트 공회는 교회가 모든 영혼과 몸을 다스리는 능력을 지닌 법적 기관이라는 생각을 다시금 공고히 했다.[18]

19세기 후반에 요한 아담 묄러(Johann Adam Möhler)는 '개혁 가톨릭주의' 교회론을, 교회를 본질적으로 절대적인 권력을 소유한 법적 기관으로 보는 트렌트 공회 이후의 교회 관념으로 전환해 더 유기적으로 발전시켰다. 그러할지라도 묄러의 접근은 교회를 통해 그리스도의 성육신이 지속된다는 관념을 훨씬 더 공고히 하였다. "교회는 비가시적이며 영적이고도 영원한 것을 향해 고정되어 있다……그러나 교회는 비가시적이기만 한 것이 아니다. 왜냐하면 교회는 하나님의 나라이기 때문이다. 교회는 개인의 우연한 집합이 아니라 규율에 따라 종속되어 있는 부분으로 된 질서 지어진 체계이다." 이런 위계를 통해 "하나님은 대상화되고, 공동체 안에 성육신하게 된다. 그리고 오직 공동체에만 그렇게 하신다……그래서 교회는 그리스도의 성령을 소유하되 수많은 개인으로서나 영적 인격들의 합으로서가 아니라 압축된 신실한 한 연합체로서, 개개의 개성을 뛰어넘는 공동체로서……다수가 하나로서 소유하는 것이다." 그리스도의 임무는 "인류를 연합체로서, 전체로서, 그리고 이 사람 저 사람 개인이 아닌 존재로 하나님에게 다시 연합시키는 것이다."[19]

칼 아담(Karl Adam)은 교회를 그리스도 안에서 공동의 교제를 누리는

---

18) Robert Bellarmine, *De controversies,* tom. 2, liber 3; *De ecclesia militante,* cap. 2.
19) Karl Adam, *The Spirit of Catholicism,* trans. Justin McCann (New York: Crossroad, 1997), 31-32 (강조는 저자의 것).

연합체(unity)일 뿐만 아니라, 교황을 머리로 하는 위계질서 안에서 수적으로 하나인 단일체(unicity)로 이해한다.[20]

아담은 자신이 속한 시대와 공간을 다소 냉담하게 묘사하면서, 동시에 열정적으로 주장한다. "한 하나님, 한 믿음, 한 사랑, 한 사람, 이것이야말로 교회에 아름다움을 불어넣고 예술적 형태를 주는 흥분되는 생각이다."[21] 그는 헤겔과 유사하게 외친다. "하나님은 오직 하나의 완전체에서만 그분 자신을 실재화할 수 있다. 개인이 아닌 전체로서의 인간에서만 가능하다."[22] 그 결과로서 "그리스도의 몸의 구조적 기관들은 이 시공간에서 실재화된 교황과 주교들이다."[23] 이 모든 근거들에 대해 칼 아담은 이렇게 말한다. "그리스도의 몸으로서, 그리고 하나님 나라가 이 땅에서 실현된 것으로서 가톨릭교회는 인간의 교회(the Church of Humanity)이다."[24]

개신교 안에서도 성령이나 그리스도를 교회에 길들이고자 하는 유혹이 있다. 프리드리히 슐라이어마허는 양태론에 찬성하면서, 성령을 예수 공동체와 한데 뭉뚱그렸다.[25] 우리도 예수님이 창제한 공동체에 참여함으로

---

20) Ibid., 38.
21) Ibid., 41. 당대의 많은 가톨릭, 그리고 개신교 신학자들처럼 아담은 먼저 히틀러의 지배를 환영했다. 크릭(Krieg)이 쓴 『가톨릭주의의 영혼』(*The Spirit of Catholicism*)의 서문에 따르면, 그는 히틀러에 찬성하였으나 6개월 뒤에 그 정권을 비판했다(xii).
22) Adam, *Spirit of catholicism*, 53.
23) Ibid., 97.
24) Ibid., 159-165.
25) 임마누엘 칸트는 삼위일체 교리는 사실상 양태론과 차이가 없다고 주장했다. "The Conflict of the Faculties," in *Religion and Rational Theology*, ed. Allen W. Wood and George di Giovanni, trans. by Marry J. Gregor and Robert Anchor (Cambridge: Cambridge University Press, 1996), 264; Friedrich Schleiermacher, *The Christian Faith*, trans. and ed. H.R.Mackintosh and J.S.Stewart (London: T&T

써 예수님이 얻은 그의 명제적 '신의식'을 얻을 수 있다.[26] 슐라이어마허는 '국가적 영혼'이라는 유비를 제시하면서 성령을 삼위일체 중 구별되는 한 위격으로 보지 않고, 교회의 '공동 영혼'으로 보았다.[27] 그에 따르면, 예수님이 떠나신 것이 좋은 이유는, 교회가 그분의 인격적 현존을 대체하여 그분의 생명(실재의 신적 전체와 가지는 특별한 관계)을 공동체 안에서, 그리고 공동체로서 연장할 수 있기 때문이다.[28] 결국 성령은 삼위 하나님의 한 위격이 되는 대신에 공동체의 인격이 되어 버린다. 나는 복음주의자들 역시 교회를 그리스도의 성육신의 연장으로 본다는 점을 길게 다룬 바 있다.[29] 이는 이제 너무나 익숙한 모습이다. 그러나 예수님과 성령과 교회가 우리 사고 안에서 단순하게 합쳐진다면, 그들 간의 실질적인 연합은 사라지고 만다. 우리가 살펴보았듯이, 예수님이 고별 강화에서 강조하셨던 것은 바로 이렇게 서로 다른 인격들 간의 역설적 연합이었다.

더 최근에는 앵글로-가톨릭 신학자인 그래함 워드(Graham Ward)가, 몸으로 오신 예수님의 '전치(轉置, displacement)'가 손실이 아니라 그분의 인격적 존재가 교회 안에서, 그리고 교회로서 화체된 것이라고 주장하였다. 그는 자신의 "승천에 대한 해석이 '몸이 아닌 지성의 승천'이라는 오리겐

Clark, 1928), 738,741.
26) Schleiermacher, *Christian Faith*, 121.
27) Ibid., 121.2.
28) Ibid., 124.
29) Michael S. Horton, *People and Place: A Covenant Ecclesiology* (Louisville: Westminster John Knox, 2008), 5-6.

의 해석과는 다르다"고[30] 주장한다. 그러나 워드의 논의는 그와 상반되는 판단을 거의 가라앉히지 못한다. 그리스도의 편재성(ubiquity)이 교회로 전이되었다는, 꽤나 극단적인 이런 관념에 따르면, "우리는 유대 혈통으로 이루어진 몸과 연결되어 있지 않다……이는 아무런 의미도 없는데, 왜냐하면 이제 교회가 그리스도의 몸이기 때문이다. 따라서 예수님의 몸을 이해하기 위해 우리는 오직 성경이 증언하는 대로 그 몸의 본성과 관련하여 교회란 무엇이며 무슨 의미를 가지는지를 검증할 수 있을 뿐이다."[31] 워드는 "닛사의 그레고리가 13번째 아가서 강해에서 지적했듯이, 교회를 보는 사람은 누구든지 그리스도를 직접 본 것이다"라고 인용한다.[32]

이와 비슷하게 로버트 젠슨(Robert W. Jenson)은 사도 바울이 인간의 몸을 단지 다른 존재를 포용하는 인격으로 여겼다고 주장한다. "바울의 존재론에서 이런 개인적 포용은 현대인들이 '몸'이라고 할 때 가장 먼저 떠올리는 생물학적 실체를 구성할 수도, 구성하지 않을 수도 있을 것이다."[33] 젠슨은 고린도인들이 회중 가운데서, 그리고 성찬 빵에서 그리스도의 몸을 분별하지 못한 것에 대한 흥미로운 통찰을 제시한 후,[34] 한 걸음 더 나아가 그리스도 스스로가 자신의 개인적 몸을 교회와 성찬에서 찾았다고

---

30) Graham Ward, *Cities of God*, Routledge Radical Orthodoxy (London: Routledge, 2001), 112.
31) Ibid., 112-113 (강조는 저자의 것).
32) Ibid., 116.
33) Rober W. Jenson, *The Triune God*, vol. 1 of *Systematic Theology*, 2 vols. (New York: Oxford University Press, 1997), 205.
34) Rober W. Jenson, *The Triune God*, vol. 2 of *Systematic Theology*, 2 vols. (New York: Oxford University Press, 1997), 211-213.

주장한다.

교회와 성찬은 참으로 그리스도가 우리를 위해 자신을 내주신 것이다. 그리스도가 교회를 그분 자신을 위한 포용으로 취하셨기 때문이다. 부활하신 그리스도가 어디서 자신을 찾으시는가? 신자들이 성찬을 위해 모인 곳에서 찾으신다. '나는 누구인가?'라는 질문에 그분은 이렇게 답하신다. '나는 이 공동체의 머리이다. 나는 이 공동체를 대상으로 하는 주체이다'……다시 말하지만, '이 공동체의 대상은 교회가 둘러 모인 빵과 잔이며, 나는 그 빵과 잔의 주체이다.'[35]

마지막 두 가지 사례는 극단적인 토투스 크리스투스를 대표한다.[36] 이런 제안들은 성령이 지체들을 영광스러운 머리에 연합시키시는 사역을 향하게 하기보다, 필연적으로 예수님을 증발시키고 교회로 그를 대체하게 한다.

다시금 승천과 오순절의 교차점을 인식하는 것이 중요하다는 사실이 분명해진다. 성령의 중개가 없다면, 인간 개인을 우주적 교회의 개성으로 탈바꿈하는 이런 제안들은 예수님을 영으로 만들어 버린다. 더글라스 패로우는 만약 우리가 예수님이 몸으로 정말 떠나셨음을 설명하고자 한다

---

35) Jenson, *The Works of God*, 214 (강조는 저자의 것).
36) 이에 대해서는 다음의 탁월한 비판을 보라. Ian McFarland, "The Body of Christ: Rethinking a Classic Ecclesial Model," *International Journal of Systematic Theology* 7.3 (2005):225-245.

면 예수님의 모든 부분이 떠난 것이라는 사실을 다시금 상기시킨다.

'예수님은 어디에 계신가?'라는 질문은 관념적인 질문이 아니다. 이 질문은 더 큰 질문인 '예수님은 누구신가?'를 결정짓는다. 만약 첫 질문에 대한 대답이 '모든 곳'이라면, 두 번째 질문에 대한 답은 '모든 것'이 되어야 한다. 이런 접근은 이레니우스적이며 성육신적이고 반(反)영지주의적이라고 주장하지만, 실상 영지주의와 상당히 가깝다. "영지주의의 가장 큰 특징을 보편구원론, 신인협동설, 그리고 범재신론에서 찾을 수 있다. 이 모두는 이레니우스적이라기보다 오리겐적이라고 이름 붙이기에 합당하다."[37]

토투스 크리스투스에 극단적으로 접근하는 방식은 언제나 비판받아 왔다. 월터 캐스퍼(Walter Kasper)는 이렇게 탄식했다. "어떤 이는 현대 신학에서 성령론이 종종 교회론의 기능이 되어 버렸다는 인상을 가진다. 성령이 제도로서의 교회를 담보하는 분이 되셨고, 성령론은 교회론 위에 있는 초월적인 관념적 체계가 되어 버렸다."[38] 헤리베르트 뮐렌(Heribert Mühlen, 1927-2006)은 교회를 그리스도의 성육신의 연장으로 보는 관념이 가톨릭 교회론의 기저에 깔린 약한 성령론의 원흉이라고 판단했다. 몇 가지 측면에서 다르긴 하지만, 이브 콩가는 뮐렌의 비판에 공감하면서 다음과 같이 요약했다.

---

37) Douglas Farrow, *Ascension and Ecclesia: On the Significance of the Doctrine of the Ascension for Ecclesiology and Christian Cosmology* (Edinburgh: T&T Clark, 2004), 220-221.

38) Walter Kasper, *The God of Jesus Christ* (London: SCM, 1984), 139.

교회를 (요한 아담) 묄러가 말한 '성육신의 연장'으로 보아서는 안 된다. 이는 이후 로마 학파가 수용한 원리이다. 오히려 예수를 메시아로 기름 부은 동일한 인격적 성령이 '교회'에 임재하여 활동하시는 것으로 이해해야 한다. 그렇다면 교회의 신비를 교의적으로 가장 적절하게 정의하는 진술은 다음과 같을 것이다. "여러 인격 안에, 즉 그리스도와 그의 신자인 우리 안에 있는 오직 한 위격이신 성령."[39]

뮐렌에게 교회는 성육신의 연장이 아니라, 성부가 지속적으로 성령을 수여하시는 행위였다. 편향되었던 기독론적 교회론에서 더 튼튼한 성령론으로의 전환은 의미심장한 결과를 가져온다. 아이덴 니콜스(Aiden Nichols)가 토투스 크리스투스에 관한 뮐렌의 생각에 반박하는 데서 이를 찾아볼 수 있을 것이다.

물론 이 위격(persona)의 연합은 말씀과 그 말씀이 마리아의 태에서부터 취한 인성이 이룬 위격적 연합이 아니다……도리어 이는 성령이 중개하심으로써 나타난 한 위격(*una quaedam persona*)의 연합이다. 성령은 한 위격이시며, 그리스도 안에서나 우리 안에서나 동일하시다.[40]

---

39) Congar, *I Believe in the Holy Spirit*, 1:22-23.
40) Aidan Nichols, *Figuring Out the Church: Her Masks, and Her Masters* (San Francisco: Ignatius, 2013), 29.

성령을 교회에서 분리시키다

칼 바르트가 보인 반응은 대부분 로마 가톨릭과 자유주의 개신교의 가르침에서 포착된 내재주의와 초월성을 길들이려는 경향에서 비롯되었다. 그는 가시적·비가시적 교회와 실재(계시 행위)와 표지(성경, 설교)를 쯔빙글리보다 더 뚜렷하게 대립시켰다. 그는 "교회에서 성육신이 지속된다거나 연장된다는 말이 틀렸을 뿐만 아니라 심지어 신성모독적"이라고 담대하고도 정확하게 주장했다.[41] 그러나 하나님과 인성, 하나님의 말씀과 인간의 말, 성령 세례와 물 세례에 대한 구분은 자주 이분법으로 빠진다. 이런 이분법들이 각각 영원과 시간의 지도 위에 속한다는 인상을 거부하기가 어렵다. 다시금 우리는 은혜의 수단들과 그것들을 통해 성령이 세우시는 교회의 상관관계를 본다. 바르트에 따르면, "개혁 교회와 개혁파 신학은 (심지어 취리히에서도)" 쯔빙글리의 가르침을 "붙들 수 없었고," "뒤로 물러서" 칼빈의 "성찬주의"를 취하였다.[42]

하나님의 절대적 자유를 지키기 위해, 바르트는 피조 세계의 대리자가 오직 은혜를 증언할 수 있을 뿐 전달할 수는 없다고 주장했다. "교회의 일은 사람의 일이다. 결코 하나님의 일이 될 수는 없다."[43] 쯔빙글리는 성령이 '통로나 운반체'를 필요로 하지 않는다는 입장을 고수했다.[44] 유사하게

---

41) Karl Barth, *Church Dogmatics*, ed. G. W. Bromiley and T. F. Torrance (Edinburgh: T&T Clark, 1957-1975), IV/3.2, 729 (이후 *CD*라고 표기).

42) Barth, *CD* IV/4, 130.

43) Karl Barth, *The Epistle to the Romans*, translated by Edwyn C. Hoskyns from the sixth edition (London: Oxford University Press, 1933), 353.

44) Ulrich Zwingli, *Commentary on True and False Religion*, ed. Samuel Macauley Jackson and Clar-

바르트에게도 그리스도는 교회와 철저하게 구분되어야 했다. "그분은 그분이시고, 그분의 일은 그분의 일이다. 모든 그리스도인의 행위는 이에 반립한다. 그리스도인의 신앙과 세례도 이에 포함된다."[45] 결과적으로 바르트의 개념에서 교회는 그 안에서 간혹 계시의 기적이 일어나는 이 세상에 속한 또 하나의 기관을 제외하고는 역사와 가시성을 잃어버리게 된다.[46] 바르트의 실재론적 존재론은 이를 강조한다. "교회는 그것이 일어날 때이다."[47] 이렇게 근본적으로 (그의 로마서 강해의 특징이었던) 모든 신적인 것과 모든 인간적인 것을 가르는 것이 그의 후기 저작들에서까지도 놀랍도록 일관되게 나타난다. 초기 저작에서 바르트는 가시적 교회와 비가시적 교회를 "에서의 교회"와 "야곱의 교회"라고 대립시킬 정도로까지 나아갔다.[48] 따라서 어떤 현대 신학이 기독론과 교회론을 한데 융합시켜 버림으로써 사실상 하나님과 교회적 주체 간의 차이를 소멸시킨 셈이라면, 바르트는 서로 간의 밀접한 관계를 소멸시켜 버린 셈이다.

성령과 교회를 대립시키는 것에 관해 전혀 다른 논의가 최근 몇십 년간 주목받고 있다. 바르트의 대립이 그리스도와 제도적 교회 사이의 대립이었다면, 이 새로운 궤도는 성령론을 강조한다. 전통적인 교회론은 그리스도 중심적이었으며, 교회를 그리스도의 몸으로 보았다. 이런 초점과 함께 계

---

ence Nevin Heller (Durham, NC: Labyrinth, 1981), 204-205, 214-215, 239.
45) Barth, *CD* IV/4, 88 (강조는 저자의 것).
46) Barth, *Epistle to the Romans*, 343.
47) Barth, *CD* IV/1, 652.
48) Barth, *Epistle to the Romans*, 299.

시와 구속을 특히 강조했으며, 이는 루터교와 개혁파, 그리고 로마 가톨릭과 정교의 신앙고백이 지지했던 바 '교회 외에는 구원이 없다(*extra ecclesiam nulla salus*, 엑스트라 에클레시암 눌라 살루스)'라는 금언과 연결되었다.[49] 이러한 접근을 비판하는 사람들은 더 성령 중심적인 설명이 더욱 개방적이고도 보편적이며 다원적인 신학을 세울 수 있게 한다고 주장한다.[50] 클라크 피녹은 원래 여러 종교를 포용할 수 있는 신학의 기독론적 기초를 찾다가 더 성령론적인 기초를 찾았노라고 말한다.[51] 피녹은 이 점에 대한 그의 생각에서 헤겔을 중요한 원천으로 삼았다.[52] 그는 성령이 '영으로서의' 인간에 대하여 예수님과 교회의 개별성을 초월하여 직결성(directness)과 직접성(immediacy)을 가진다고 주장한다.[53]

---

49) 이 금언은 역사적으로 세 전통 모두가 가르쳤던 것과 다르게 현대 로마 가톨릭에서(주류 개신교는 물론이고) 해석되고 있다. 2차 바티칸은 무신론자들을 포함해 "자기 탓 없이" 로마 가톨릭교회와 무관한 자들의 구원을 긍정하기 위해 암시적 신앙(implicit faith) 교리를 사용한다. 흥미롭게도, 웨스트민스터 신앙고백(1646)은 "일반적으로"라는 단어를 덧붙여 오직 하나님께만 안 바 되었고 어떤 이유로든 공적으로 교회에는 들어오지 않은 자가 있을 수 있음을 인정한다.

50) 주류 개신교의 수많은 자료들을 제시할 수 있다. 오순절 신학자들의 예는 다음과 같다. Amos Yong, *Beyond the Impasse: Toward a Pneumatological Theology of Religions* (Grand Rapids: Baker Academic, 2003); Samuel Solivan ("Interreligious Dialogue: An Hispanic American Pentemostal Perspective," in *Grounds for Understanding: Ecumenical Reponses to Religious Pluralism*, ed. S. Mark Heim (Grand Rapids: Eerdmans, 1998), 37-45. 타 전통들에 대해 너그러운 해석을 보이는 저서인 Veli-Matti Kärkkäinen 의 *Pneumatology: The Holy Spirit in Ecumenical, International, and Contextual Perspective* (Grand Rapids: Baker Academic, 2006)은 성령론 지향적인 포용주의에 대한 공감을 발전시키기도 한다. 더 명확하게는 같은 저자의 다음 책에 진술되어 있다. "Toward a Pneumatological Theology of Religions: A Pentecostal-Charismatic Theological Inquiry," *International Review of Mission* 91.361 (2002).

51) Clark H. Pinnock, *Flame of Love: A Theology of the Holy Spirit* (Downers Grove, IL: InterVarsity Press, 1996), 49, 186-87. 그는 이 질문에 대해 6장에서 집중한다.

52) 다음을 보라. Clark H. Pinnock, *Tracking the Maze: Finding Our Way through Modern Theology From an Evangelical Perspective* (Dallas: ICI University Press, 1996), 103.

실제로 개신교 종교개혁자들이 '열광주의'라고 부른 이들의 특징이 여러 전통에 속한 많은 신학자들에게 점점 당연한 것으로 받아들여지고 있다. 성령을 '보이지 않는, 개인적인, 내적이고도 의지적인, 직접적인, 즉흥적인' 것으로 여기며, 다수의 개인 의지가 보편적이고도 다원적인 집합으로 나타나게 된 것이다. 이는 가시적이고도 교회적이며 외적이고, 언어적이며, 중보하는 이가 있고, 믿음과 삶의 연합과 함께 교회의 공식적 형태와 사역을 지닌 것에 대립된다. 이런 추세는 '영적이지만 종교적이지 않은'이라는, 이제는 익숙해진 명제 아래 이런 대립을 제시하는 이 시대의 세속 정신과 맥을 같이한다.

칼 라너(Karl Rahner)에 따르면, "하나님은……그분 자신을 언제 어디서나 모든 이에게 그분 존재의 최고 중심으로서 그분의 성령을 이미 전달하셨다.[54] 그러나 성령 길들이기의 또 다른 방식인 것은 아닐까? 성령을 우리 자신의 내적 영혼이나 교회의 내적 영혼으로 혼동함으로써, 우리가 제어할 수 있는 어떤 존재로, 심지어 우리 자신으로 만들어 버리는 것은 아닐까? 성령의 목소리는 혼잣말로 드러났다. 그리함으로써 우리는 삼위일체 신앙고백의 개별성을 희생시킬 뿐만 아니라, 하나님께 심판받고 구원받은 우리 존재의 가능성 자체를 포기해 버렸다.

오늘날 많은 그리스도인들에게(심지어 예전이 강한 전통에 속한 이들마저

---

53) Pinnock, *Flame of Love*, 73.

54) Karl Rahner, *Foundations of Christian Faith: An Introduction to the Idea of Christianity*, trans. William V. Dych (New York: Crossroad, 2004), 139.

도), 그리스도가 제정하신 대로 신실하게 말씀이 선포되며 성례가 집전되는 곳에서 성령이 가시적으로 일하신다는 생각은, 더 이상 직관적인 것이 아니다. 많은 이들이 교회라는 이름(term)을 구원할 유일한 길은 교회를 비가시적 교회와 동일시하는 것밖에 없다고 여기는 듯하다. 즉, 다양하게 표현되는 가시적이고도 구체적인 제도보다, 온갖 시간과 장소에서 하나님의 택자들이 가지는 영적 교제를 그리스도로부터 온 진정한 권위와 성령으로부터 온 진정한 능력을 받은 것으로 여기는 것이다. 성령은 선교와 연관되며 종종 (대립까지는 아니더라도) 설교, 성례, 제자도라는 교회의 사역과 다소 긴장 관계를 가진다.

그러나 이것은 넓게는 삼위일체의 경륜적 활동을, 좁게는 성육신을 심각하게 오해한 것이다. 성부는 성자를 보내시고, 성령은 성자에게 우리의 본성을 입히셨다. 성부와 성자는 성령을 우리의 마음에 보내 거듭나게 하시고, 우리를 산 포도나무 줄기인 그리스도에게 접붙이셨다.

이제까지 성령의 사역은 일관되게 역사 속에서 공적이고도 손에 잡히는 것과 연결되어 있음을 살펴보았다. 더 나아가, 성령은 교회를 무장시켜 그리스도의 통치를 드러내는 이 땅의 공식적인 대사로 삼으시고, 자유하게 하는 왕의 말씀을 듣고 땅 끝까지 나아가는 임무를 주어 우리를 파송하신다. 따라서 교회의 파송은 성부가 성자를 보내시며 성부와 성자가 성령을 보내시는 것과 동일한 경륜에 속한다. 결과적으로, 성령 충만한 사명과 제도적 교회를 구분하는 것은, 성령이 누구이며 어떤 질서로 일하시는지, 그리고 우리가 오늘날 이 세계에서 무엇을 하고 어떻게 거하도록 부름 받았는지를 가장 본질적인 차원에서 오해하는 것이다.[55] 내가 두려워하는 바는 우리가 가시적 교회를 비가시적 교회의 감옥으로 보는 영지주의로 슬며시 넘어가는 것이다.

에버리 덜레스(Avery Dulles)는 바르트와 한스 큉(Hans Küng)의 차이를 지적하면서, 경험적 교회는 단지 하나님의 사역으로 일어나는 나라와 구별되는 인간의 사역이 아니라고 반박한다. "전체적으로 신약에서 사용된 에클레시아(*ekklesia*)라는 용어가 종말론적 용어였다는 점에 주목해야 한다. 이는 회합 또는 집회를 의미하며, 더 구체적으로는 종말에 현실로 나타날 완전한 성도의 집회를 의미한다."[56] 덜레스는 바르트의 주장처럼 넘겨 버리지 않는다. "(교회는) 참으로 온전해질 것이다……예수님이 제자들과 나누시는 마지막 만찬은 궁극적으로 하늘나라에서 메시아가 베푸시는 만찬을 미리 맛보는 것이었다……그 어디에서도 제자들의 공동체가 하늘에서 해체될 것이라고 말하지 않는다. 열둘이 보좌에 앉을 때에 이스라엘의 열두 지파를 판단하게 될 것이다."[57] 신약은 모든 부분에서 교회의 존재가 해체되는 것이 아니라 완성될 것을 기대한다.[58] 전투 중인 교회(*ecclesia militans*)와 승리한 교회(*ecclesia triumphans*) 사이의 차이는 여전히 중요

---

55) 다음을 보라. Reinhard Hütter, "The Church," in *Knowing the Triune God: The Work of the Spirit in the Practice of the Church*, ed. James J. Buckley and David S. Yeago (Grand Rapids: Eerdmans, 2001), 38-39. 요약을 위해서는 그의 책 *Suffering Divine Things: Theology as Church Practice* (Eerdmans, 1999)를 보라. 이 글은 이 점에 대한 명료하면서도 중요한 논의를 제공한다.

56) Avery Cardinal Dulles, *Models of the Church*, 2nd ed. (New York: Doubleday, 1987), 97-98.

57) Ibid., 98.

58) Ibid., 98-99.

하다.[59] 덜레스는 적어도 이 점에서는 전통적 개신교도(적어도 개혁파)들의 이해와 가깝다. 이들은 교회를 하나님의 놀라운 시점에 우연히 발생한 것이 아니라 세속적 기관으로 이해했다. 만약 실재의 완성이 교회의 붕괴를 의미한다면, 현존하는 것이 빈 표지 외에 무엇일 수 있겠는가?

레슬리 뉴비긴(Lesslie Newbigin)이 바르트의 해석을 가리켜 종교개혁자들을(심지어 루터도) 넘어가는 것이라고 비판한 것은 옳다. 바르트는 말씀 선포 사건을 언약 공동체의 역사와 대립시킨다. "종말론에 속한 것이 역사적인 것을 완전히 밀어내 버렸다."[60] 말씀과 성례가 교회를 창조하며 유지하는 것은 사실이지만 "그것들이 새로운 교회를 창조하거나 무로부터(ex nihilo) 교회를 창조하지는 않는다……복음의 말씀과 성찬이 세워지는 것은 언제나 실존하는 그리스도인 교회의 생명 안에 있는 사건이다"라는 뉴비긴의 말은 옳다.[61] 모든 시공간으로 확장된 언약 공동체라는 맥락 안에서 주일마다 절반만 실재화된 종말론적 사건이 일어나는 셈이다. 언약 공동체는 시간을 필요로 한다. 이는 단지 한 사건일 수 없다. 운석처럼 떨어진 계시에 의해 이 땅에 남겨진 구덩이도 아니다. 사람이든 장소든 사건이든 제도든, 오늘날의 가시적 연합은 말씀, 성례, 권징이라는 외적 표지를 통해 사도들과 역사적으로 연결되어 있다. 그러할지라도, 어떤 교회도 당연시해서는 안 되는 성령의 자유로운 사역만이 전해지는 개별적

---

59) Ibid., 99.
60) Lesslie Newbigin, *The Household of God: Lectures on the Nature of the Church* (London: SCM, 1953), 50.
61) Ibid., 50-51.

말씀과 개별적 성례가 하나님의 언약과 하나님 나라의 역사의 연장일 수 있는 유일한 이유라는 사실을 반드시 덧붙여야 한다.

존 웹스터(John Webster)는 이 관계에 대해 바르트보다는 덜 극단적으로 설명한다. 그는 "성부는 무로부터 피조된 상대 존재가 나와 성령의 내적 생명인 사랑의 관계를 맺기를 뜻하신다"는 사실을 강력하게 주장한다.[62] 매튜 레버링(Matthew Levering)은 이렇게 말한다.

> 그러나 웹스터는 '교회가 하나님과 맺는 참여적이면서도 중보적인 관계라는 강력한 교리'가 '하나님과 피조물의 절대적 차이를(심지어 하나님이 피조물을 향해, 또는 피조물 안에서 행하는 행위에서까지) 모호하게 할까 봐 두려워한다(Ibid., 163). 웹스터를 위한 해결책은 교회를 구체적으로 십자가 아래 두고, 성령의 사역을 '하나님과 피조된 요소들의 협동의 일환'으로 여기는 것이 아니라 순전한 은혜로 강조하는 것이다(Ibid., 181).[63]

바르트만큼 극명하게 대립을 드러내지는 않은 웹스터는, 교회의 활동을 증언하는 자리에 둔다. 웹스터는 교회가 그리스도 안에서 하나님의 은혜를 증언하지만, "하나님의 임재와 활동을 실재화하거나 공유하는" 데서

---

62) John Webster, "On Evangelical Ecclesiology" in *Confessing God: Essays in Christian Dogmatics II* (London: T&T Clark, 2005), 153; Matthew Levering, *Engaging the Doctrine of the Holy Spirit: Love and Gift in the Trinity and the Church* (Grand Rapids: Baker Academic, 2016), 364에서 재인용.

63) Levering, *Engaging the Doctrine of the Holy Spirit*, 364n8.

는 그 어떤 역할도 하지 않았다고 주장한다.[64] 그러나 레버링은 이에 올바르게 답한다. "높임 받으신 그리스도께서 자신의 성령을 부어 주신 종말의 사람들은 회개를 증언하고 약속을 찬미하며 복음을 권하는 것보다 더 많은 것을 한다."[65] 만일 교회가 그리스도를 대체하지 않는다면, 그리스도에게서 떨어져 나올 수도 없다. 교회의 본질을 지체들의 작용으로 축소시키는 것은 곧 교회를 높임 받으신 머리와 내주하시는 성령 모두에게서 분리하는 것이다. 더 나아가, 에프라임 라드너(Ephraim Radner)는 가시적 교회가 너무 약해져 성령의 임재가 사라졌다고 주장한다.[66] 그러나 이는 그리스도가 약속을 지키지 못하셨다고 말하는 것과 같다.

간단히 말해, 오늘날 많은 개신교 교회론의 전제는 그 정신이나 내용이 제도권 종교개혁보다 극단주의에 더 가깝다. 로마 가톨릭이 성령이 반드시 중보하셔야 하는 그리스도와 교회 간의 간극을 잊었다면, 극단적 개신교도들은 성령을 개인 안에서 직접 만남으로써 이 간극을 극복하고자 했다. 이런 개인주의는 독립적이고도 평등주의적인 교회론 경향에서 드러난다. 로마 가톨릭의 교회론은 구분되어야 할 것들, 즉 그리스도와 가시적 교회, 그리고 이에 따라 중생과 물 세례, 성별된 빵과 포도주가 그리스도의 몸과 피로 변하는 것 등을 혼동하는 경향을 보인다. 사실상 성찬에서 피조계에 속한 표징 자체가 실재에 의해 대체됨으로써 소멸된 셈이다. 교

---

64) John Webster, *Holiness* (Grand Rapids: Eerdmans, 2003), 55.
65) Levering, *Engaging the Doctrine of the Holy Spirit*, 365.
66) Ephraim Radner, *A Brutal Unity: The Spiritual Politics of the Christian Church* (Waco: Baylor University Press, 2012).

회의 활동은 곧 그리스도의 활동이다. 반대로 재세례파들은 연합되어야 할 것을 분리하는 경향을 보였다.

교회 안에 있는 성령

이렇게 대립되는 경향들에 반응하기 위하여, 성경에서 성령을 가리키는 표현 중 "교회의 영"이라는 말을 찾을 수 없다는 사실을 보이는 것으로 시작하는 것이 좋겠다. 삼위 하나님의 제삼위는 아버지의 영, 그리고 아버지와 아들의 영이라 불린다. 주님이요 생명을 주는 분이신 성령은 심지어 내주하시는 담보이자 새롭게 하시는 주체로 제시될 때에도 경건한 신자나 거룩한 교회의 소유로는 불리지 않는다. 어쨌거나 나는 성령께서 자신의 말씀으로 지정된 사람과 장소와 물건들에 기꺼이 스스로 매이셨다는 사실을 주장해 왔다. 그러나 성화는 화체와는 다르다. 거룩해지고 경건해지며 성령이 내주하시는 것은, 피조물이 아니게 되는 것이 아니라 피조물인데도 하나님의 은혜의 선택을 받았음을 나타내는 것이다. 피조물은 존재적으로 여전히 피조물이다. 실재를 중보하기 위해 표징이 실재로 변할 수는 없는 노릇이다. 그리해야만 하나님에 참여하기 위해 구별될 수 있다.

레슬리 뉴비긴이 관찰하였듯이, 교회를 '성육신의 연장'으로 보는 이론은 "사르크스(sarx)와 소마(sōma)를 혼동한 데서 시작된다."[67] "그리스도의 부활한 몸은"(즉, 그분의 자연적 몸이 아닌 교회로서의 몸은) "육적인 것이 아니라 영적인 것이다"라고 뉴비긴은 관찰한다. "그리스도는 우리를 그분

---

67) Newbigin, *Household of God*, 80.

의 육신의 몸에 접붙이기 위해 오신 것이 아니라, 영의 몸에 연합시키기 위해 오신 것"이므로 승천하실 때에 성령을 보내겠다고 약속하셨다.[68] 그러나 이 말을 덧붙여야 하겠다. 성령은 자신이 창조한 선물들이 아닐뿐더러 교회의 영혼이 아니다. 어떻게 이런 개념이 교회가 종국에는 스스로에 관해 말하며 스스로를 구원하며 스스로에 연결되었다는 것으로 결론 나는 것을 피하게 할 수 있을까? 이 개념에서 관계는 위격 간의 관계가 아니라, 한 위격 안의 본성 간의 관계이다.

"영혼(프뉴마)이 몸(소마)을 필요로 하듯이, 그리스도는 교회를 필요로 하신다"[69]라는 콩가의 금언은 로마 가톨릭 개념의 형이상학적 배경을 드러낸다. 이에 따르면, 우리에게는 신약에서 우리가 발견하는 육체(이 시대의 힘)와 영(장차 올 시대의 능력을 가지는 것)의 역동적인 종말론적 구분이 아니라, 존재론적 상태 구분이 있다. 현재 우리를 위해 존재하시는 동안 예수님은 교회라는 물리적 몸을 필요로 하는 영혼인 것이다. 더 나아가, 이 유비는 성령뿐만 아니라 그리스도를 교회의 영혼(프뉴마)으로 말한다. 결과적으로 예수님은 인성(예수님이 우리보다 앞서 가셔서 아버지 우편에서 영광을 받으신 그 인성)을 잃어버린 것이고, 성령은 이 구조 안에서 뚜렷한 역할 없이 남겨진다.

이것이 동방 정교회가 라틴 교회의 성찬 의식에서 '성령을 부르는 기도'

---

68) Ibid.

69) Yves Congar, *Divided Christendom: A Catholic Study of the Problem of Reunion* (London: G. Bles, 1939), 70–71.

가 잠식된 것을 그토록 한탄하는 이유이다. 이는 중보자로서의 교회가 은혜의 계단을 가득 채워서 성령의 사역이 필요 없어진 것은 아닐까 더 깊이 의심하게 만든다. 개혁파 신학이 신학적으로, 예전적으로 그 성찬 의식을 다시 도입한 것은 심각한 잘못이었다. 월터 캐스퍼가 설명하듯이, 로마 가톨릭에서는 제2차 바티칸 공회 이후 시행된 예전적 개혁 이후 성령을 부르는 기도가 다시 시행되었다. "누구든지 개혁파의 성찬 교리가 생소하다면 칼빈에게로 돌아가야 한다. 그리하면 이 가르침의 보편적 중요성에 대해 알게 될 것이다"라고 그는 말한다.[70] 신실한 교회론은 성령을 교회에 길들이는 것이 아니라, 예수님과 성령과 교회 사이에 존재하는 긍정적인 차이를 인식할 것이다. 이 차이가 구원과 참되게 연합하게 한다.

이런 잘못된 가르침에 대한 올바른 반응은 어거스틴의 사상인 토투스 크리스투스를 회복하는 것이다. 그는 이 친밀한 관계가 너무나 가까워서 그리스도와 교회가 우나 쿠아이담 페르소나(una quaedam persona), 즉 '말하자면 한 사람'이라고까지 말할 수 있다고 했다.[71] 그러나 어거스틴의 토투스 크리스투스에서 '말하자면'이 라칭거(Ratzinger)의 '존재의 융합' 개념에서는 '거의 말 그대로'가 되어 버린다.[72]

---

70) Walter Cardinal Kasper, "The Renewal of Pnewmatology in Contemporary Catholic Life and Theology: Towards a Rapprochement between East and West," in *The Holy Spirit, the Church and Christian Unity: Proceedings of the Consultation at the Monastery of Bose, Italy (14-20 Oct. 2002)*, ed. D. Donelley, A. Denaux, and J. Famerée, BETL (Leuven: Leuven University Press, 2005), 9-34.

71) Augustine, *Ennaration on Psalm 30* 2.4; Nichols, *Figuring Out the Church,* 29에서 재인용.

72) Joseph Cardinal Ratzinger, *Called to Communion: Understanding the Church Today,* trans. Adrian Walker (San Francisco: Ignatius, 1996), 37.

어거스틴의 토투스 크리스투스 사상은 그리스도와의 연합 교리를 또 다르게 표현하는 방식일 뿐이다. 그리고 그는 그의 삼위일체론에서 성령이 이 연합을 가능하게 하는 필수적 존재라고 본다. 이는 정확히 칼빈이 이 성경 구절들을 해석하는 방식이다. 어거스틴의 주해를 거의 똑같이 말한다.

성자가 우리와 연합하시기까지 스스로를 어떤 의미에서 불완전하다고 여기시는 것은 교회의 가장 큰 영예이다. 우리가 그분과 함께하기 전까지 그분이 자신의 모든 지체를 가졌다고 여기지 않으시고 온전하다고 여기지도 않으신다는 사실을 아는 것은 우리에게 얼마나 큰 위로인가! 따라서 고린도전서에서 사도는 인간의 몸을 들어 비유한다. 그는 단 하나의 이름 그리스도 아래 온 교회를 포함시킨다.[73]

개혁파 신학은 언제나 어거스틴적인 모티프를 사용하기를 기뻐했다. 요한과 바울에게서도 이 점이 분명히 드러난다. 그러나 이 토투스 크리스투스는 형이상학적 기초라기보다는 종말론적 개념으로 이해되었다. 물론 형이상학적이고 존재론적인 측면에서 간접적으로 영향을 끼쳤다. 여전히 피조물인 상태에서 첫 열매이신 그리스도의 종말론적 생명으로 성령에 의해 붙잡힌 바 된 사람의 영혼은 완전히 변화되고, 종국에는 몸도 그렇게

---

[73] John Calvin, *Commentaries on the Epistles of Paul to the Galatians and Ephesians*, trans. William Pringle (Grand Rapids: Eerdmans, 1957), 218, 에베소서 1:23 주해 중, 특히 요한복음 15장과 17장의 칼빈 주석도 보라. 칼빈은 모든 저작과 설교에서 어거스틴만큼이나 이 개념을 많이 다루었다.

될 것이다. 그러나 신약에서 어거스틴과 루터와 칼빈이 그랬듯이, 그리스도와 교회의 관계는 남편과 아내의 관계이다. 연합 안에서 '한 몸'이지 '존재의 융합'이 아니다. 머리와 지체, 포도나무 줄기와 가지, 첫 열매와 추수의 관계이지 영(프뉴마)과 몸(소마)의 관계가 아니다. 그리스도와 우리 모두에게 영향을 주는 '이미'와 '아직' 사이의 종말론적 긴장은 여전히 남아 있다.[74] 헤르만 바빙크는 이를 잘 요약했다.

교회가 그리스도를 떠나 존재할 수 없듯이, 그리스도도 교회 없이 존재하지 않으신다. 그분은 "만물 위에 교회의 머리"(엡 1:22; 골 1:18 참고)이시고, 교회는 그분이 형성하신 몸이며 그분으로부터 성장을 받는다(엡 4:16; 골 2:19 참고). 따라서 성숙해지는 것은 "그리스도의 장성한 분량"(엡 4:13)까지 크는 것이다……그분과 함께한 그리스도라 불릴 수 있다(고전 12:12 참고). 그리스도가 성부의 우편으로 올려져 영광 받으신 것은 교회를 온전케 하시기 위함이다……새 창조가 그리스도 안에서 객관적으로 일어났음이 확실하듯이, 교회에서 성령으로 말미암아 주관적으로도 일어난다는 사실 또한 확실하다. 교회는 유기체이지 집합이 아니며, 부분에 앞서는 전체이다.[75]

---

74) 사도 바울에 따르면, 이 마지막 때에 교회가 나타나는 것은 권세와 머리들을 이기신 그리스도의 승리를 드러내는 것이기도 하다. "측량할 수 없는 그리스도의 풍성함"을 선포함으로 "영원부터……감추어졌던 비밀의 경륜"이 드러나 "교회로 말미암아 하늘에 있는 통치자들과 권세들에게 하나님의 각종 지혜를 알게 하려" 하신다(엡 3:8-10 참고).

75) Bavinck, *Reformed Dogmatics*, 3:474,524(강조는 저자의 것).

성령의 목적은 우리 주님께 육신으로 돌아와 달라고 부르짖는 우리에게 자신이 그리스도와 교대하셨으니 그만 울라고 달래시는 것이 아니다. 교회를(또는 어느 한 목사를) 대변인으로 세우려고 오신 것도 아니다. 반대로 성령의 내주하심은 우리와 믿음을 통해 연합된 바로 그분이 육신으로 오실 것을 갈망하게 만든다. 성령을 올바르게 구하는 것은 언제나 우리를 '이미'와 '아직'의 긴장 가운데 둔다. 교회로 하여금 우리를 위해 죽으시고 다시 사셨으며 이제 우리를 중보하고 자신의 완전한 영광을 나누어 주시기 위해 다시 오실 그리스도를 기억하게 한다. 그리스도는 비록 승천하셨지만, 친밀하면서도 분리되지 않게 자신의 몸 된 교회와 연합하신다. 그러나 이런 일을 긍정적으로 받아들이기 위해 기독론의 영역에서 별난 일을 벌여야 하는 것이 아니다. 굳건한 성령론을 받아들이면 된다.

비가시적 교회는 성령의 일하심으로 말미암아 가시적 교회가 된다. 여전히 영광스러운 아내가 아니라 불완전한 신부이지만 말이다. 성령 때문에 교회는 역사적 기관도 아니고, 오랜 전통 가운데 지속된 효과도 아니며, 단지 성찬 집회 시 발생하는 종말론적 사건도 아니고, 그리스도의 가시적인 몸의 현재적 실재와 상관없는 미래적 실재도 아니다. 그것은 절반만 실재화된 하나님 나라에서 동시에 세 가지 모두에 해당된다.

성령의 왕국 대 교회

모더니스트이자 가톨릭 신학자인 알프레드 로이지(Alfred F. Loisy)는 이렇게 투덜댄다. "예수님은 와서 왕국을 선포하셨는데, 온 것은 교회였다."[76] 그는 상당한 분량을 할애하여 '교회 백성'과 '왕국 백성'을 규정한다. 그리고 성령은 특히 후자와 동일시된다. 그러나 보수에서 자유주의 진영까지 넓은 스펙트럼이 존재한다. 적어도 더 복음주의적인 진영에서 왕국을 강조하는 것은, 생의 전 영역을 그리스도의 주재권 아래로 돌리고자 하는 아브라함 카이퍼의 관점에 영향을 받은 화란 '신칼빈주의'의 특징으로 받아들여진다.[77] 대부분의 대변자들이 왕국과 교회 모두를 긍정적으로 보는 카이퍼를 따랐으나, 대체로 왕국을 더 포괄적이고도 근원적인(inspiring) 것으로 여겼다.

스콧 맥나이트(Scot McKnight)는 다수의 현대 신학이 왕국에 비해 교회를 축소시키는 방향으로 가고 있다고 말한다.[78] 어떤 면에서 이런 현상은 앞 장에서 살펴본 잘못된 선택과 유사해 보인다. 이런 관점에서 동방 정교, 로마 가톨릭, 개혁파 교회는 모두 내적으로 교회 조직에 초점을 맞추는(사도 바울에 더 가까운) 특징을 가진 반면, 왕국에 집중하는 그리스도

---

[76] Alfred F. Loisy, *The Gospel and the Church*, Classics of Biblical Criticism (Self-published in French in 1903; Buffalo, NY, Prometheus Books, 1988), 152.

[77] 일종의 대헌장 역할을 하는 카이퍼의 *Lectures on Calvinism* (Grand Rapids: Eerdmans, 1943)은 프린스턴 대학에서 1898년 로렌스 스톤 강연 시리즈 중 하나로 강연된 것이었다. 역사적 뿌리에 대해서는 다음을 참고하라. James Bratt, *Dutch Calvinism in Modern America* (Eugene, OR: Wipf&Stock, 1984). 또한 훌륭한 변호에 대해서는 다음을 참고하라. Albert Wolters, *Creation Regained* (Grand Rapids: Eerdmans, 1985). 이 운동은 1980년대부터 미국에서 보수주의 진영(특히 프란시스 쉐퍼와 찰스 콜슨의 저서들을 통해)뿐만 아니라, 더 진보적인 리처드 마우, 니콜라스 월터스토프와 알빈 플랜팅가의 굉장한 관심을 불러일으켰다.

[78] Scot McKnight, *Kingdom Conspiracy: Returning to the Radical Mission of the Local Church* (Grand Rapids: Brazos, 2014).

인들은 예수님과 산상수훈에서 풀어 놓으신 왕국에 사는 것에 더 관심을 가진다.

자유주의 신학에서 왕국은 인류가 공의, 평화, 정의로 차츰 진보해 가는 윤리적 사상과 같아져 버렸다. 월터 라우셴부쉬(Walter Rauschenbusch)는 예수님을 신이신 구원자요 죄인의 대속으로 여기지 않고 선지자로 여긴다. 이것은 리츨리안(Ritschlian)에 가까운 노선을 따르는 것이다. "예수는 항상 하나님 나라를 말하셨다. 그리고 기록된 말씀 중 두 군데에서만 '교회'라는 단어를 사용하셨다. 그러나 두 장 모두 신빙성에 의문이 있다. 예수에게는 나중에 자신을 대신해 일할 제도적 기관을 세우고자 하는 생각이 전혀 없었다고 말해도 무리가 없을 것이다."[79] 라우셴부쉬는 왕국이 교회에 종속되면서 갈수록 교리와 예배, 설교와 성례에 초점이 맞춰지고, 윤리가 잠식당했다고 주장한다. 그 결과 중세 교회가 부패하였고 개신교가 사회 구조를 개혁하는 데 실패했다고 본다.[80] 라우셴부쉬는, 예수님께서 자신의 삶을 통해 고통받는 인간의 경험을 연대한 것에서 그분의 죽음이 부수적인 것이라고 여긴다. 그는 이렇게 말한다. "만일 (예수님이) 30년을 더 사셨다면, 그는 자신의 사상과 하나님에 대한 종교적 실재화를 공유하는 더 위대한 사회를 형성할 수 있었을 것이다. 그리고 이는 하나님과 인류의 관계를 바꿀 수 있는 새로운 인류의 중심(nucleus)이 되었을 것이다."[81] 또

---

79) Walter Rauschenbusch, *A Theology for the Social Gospel* (New York: Macmillan, 1917), 132.
80) Ibid., 133-134.
81) Ibid., 266.

한 이렇게 덧붙인다. "우리는 윤리적인 것이 아닌 성찬의 방법으로 구원을 받든지, 예수의 도덕적 성품을 우리 자신의 성품으로 흡수함으로써 구원받을 수 있다. 모든 이들이여, 자신이 어떤 구원을 원하는지 판단하자."[82]

특히 오늘날 주류 신학에서, 성령은 가시적 교회와는 다른 존재로서 왕국으로 여겨진다. 앞에서 설명했듯이, 이는 초기 재세례파가 주장한 내용이며, 더 넓게는 다양한 형태의 극단적 개신교도들이 주장한 바였다. 그러나 이 신학의 현대판에서, 왕국은 이 세상 안에서 승리하는 힘으로 이해되는 경향이 있다. 적어도 가장 최근의 형태에서는 역사와 자연과 몸이 중요하게 다루어진다. 그야말로 모든 것이 '성례전적'이다. 적대감을 불러일으키는 것은 유일한(the) 성육신이며, 유일한(this) 교회이고, 유일한(these) 성례가 가진 개별성이다.

어떤 형태에서는(특히 칸트, 헤겔, 슐라이어마허, 리츨, 하르낙) 왕국이 바로 세상이다. 극단적 재세례파인 토마스 뮌처와 같은 이들이 주장하는 승리는 어쨌거나 '영지주의적'인 것이 아니냐는 의문이 남는다. 새로운 '성도들'은 그들이 가진 고차원적 지식이 모든 성경과 교회와 전통을 초월한다고 배운다. 그리고 적절한 도덕 교육과 사회적 설계를 통해 납덩이가 절대영혼의 황금으로 변화할지도 모른다고 설득당한다.

잘 알려진 대로(또는 그 악명대로), 알버트 슈바이처는 1906년에 자유주의계와 정통계 모두를 놀라게 하는 주장을 펼쳤다. 바로 예수님이 자신의 사명을 이해한 것이 실상 완전한 오해였다는 것이다. 그는, 예수님이 자신

---

82) Ibid., 273.

이 메시아의 왕국을 돕고 있다고 확신했으나, 자신의 죽음으로써 그 이상을 끝장내 버렸다고 말한다. 그리고 그를 따르던 이들이 그 '왕국'이 순전히 영적인 실체, 즉 '교회'로 변화될 것임을 인식했다는 것 정도가 그가 남긴 결과라고 주장한다.[83] 만일 누군가가 슈바이처의 의견을 따른다면, 슈바이처 이후에 딱히 말할 것이 없다. 예수님이 본 왕국은 존재하지 않으며, 그가 본 적이 없는 교회가 사실상 그의 기억을 멀리서나마 연장시키는 유일한 실체인 셈이다.

그러나 슈바이처의 '일관된 종말론'은 과속 방지턱 역할은 하는 것이 증명되었다. 자유주의 개신교도들(그리고 많은 가톨릭교도들)은 대부분 칸트-리츨적인 승리주의로 돌아섰다. 급진적 개신교 초기에 나타난 충격은 하비 콕스(Harvey Cox), 위르겐 몰트만(Jürgen Moltmann)과 다른 여러 자유주의 신학자들의 저서에서 명백하게 드러난다. 원하는 곳에 강림하시는 자유로운 성령을 강조하지만, 심지어 오순절과 은사주의 진영에서도 성령을 신자 개개인의 소유로 여기거나 어떤 부흥운동 정도로 여기는 경향 또한 명백하다.

프랭크 마키아의 『성령으로 세례받다』(*Baptized in the Spirit*)의 한 장은 '왕이신 그리스도와 성령의 왕국'이라는 주제를 다룬다.[84] 거기서는 먼저,

---

[83] Albert Schweitzer, *The Quest of the Historical Jesus* (Minneapolis: Fortress, 2001), 478. 더 최근에는 Dale C. Allison Jr.가 슈바이처의 주장을 반복하고 있다. *Constructing Jesus: Memory, Imagination, and History* (Grand Rapids: Baker Academic, 2010): "역사적인 조로아스터와 같이 이 역사적 예수는 죽은 자들의 부활을 예언하였고, 곧 하나님의 우주적 심판과 악이 없는 새롭고도 목가적인 세상이 올 것이라고 예언하였다." 그러나 이는 유형화되는 데 실패했다(157).

[84] Frank D. Macchia, *Baptized in the Spirit: A Global Pentecostal Theology* (Grand Rapids: Zondervan,

비인격화 경향이 나타난다. 곧 성령은 왕국을 완성으로 이끄시는 분이 아니라 왕국 자체이다. 성부나 성자를 '왕국'이라고 칭하는 것만큼이나 이상하고 충격적으로 들리지 않는가? 다음으로, 성령을 왕국과 동일시하는 것은 교회를 성령의 성육신으로 보는 것과 마찬가지로, 주체와 주체가 영향을 주는 영역을 구분할 수 없게 만든다. 이런 성령의 내재화로 치러야 할 심각한 대가는 교회와 왕국, 개인, 세계, 그리고 운동이 바로 성령이므로 성령에 의해 창조될 수도 없고 유지될 수도 없으며 완성될 수도 없다는 것이다. 성령에 의해 심판받거나 구원받을 수도 없으며, 자신 외부에서 오는 말씀을 들을 수도 없다.

그러나 왕국과 교회의 대립은 단지 급진적 개신교에 국한되지 않는다. 제2차 바티칸 공회 후 주류 로마 가톨릭 신학자들은 리처드 맥브라이언(Richard P. McBrien) 신부와 유사한 선상에서 논쟁을 벌였다. 저서『우리에게 교회가 필요한가?』(*Do We Need the Church?*)에서 맥브라이언은 이렇게 말한다. "교회는 더 이상 하나님의 구원 계획의 중심으로 여겨지지 않는다. 모든 사람이 교회의 구성원으로 부름 받지 않으며, 이런 회원권이 현재의 구원이나 미래의 구원을 보장하는 표가 되지도 않는다. 구원은 하나님 나라에 참여하는 것이지, 기독교 교회에 가입함으로써 얻는 것이 아니다."[85] 그는 덧붙인다. "모든 사람은 왕국으로 부름 받았다. 왜냐하면 모

2006), 89. "Christ as the King and the Spirit as the Kingdom"라는 제목을 생각할 때 1장에서 마키아가 성령 세례 모티프와 왕국 모티프를 종합하고자 하는 노력은 흥미롭다.

[85] Richard P. Mcbrien, *Do We Need the Church?* (London: Collins, 1969), 228.

든 사람이 복음으로 살도록 부름 받았기 때문이다. 그러나 복음을 사는 것은 가시적이고도 제도화된 기독교 공동체의 회원이 되는 것과 필연적으로 연결되지는 않는다."[86] 토마스 쉬한(Thomas Sheehan)의 저서 『초림: 하나님 나라는 어떻게 기독교가 되었나』(The First Coming: How the Kingdom of God Became Christianity)는, 오늘날 로마 가톨릭 진영에서 왕국과 교회를 어떻게 대립시키는지를 보여 주는 또 하나의 예이다.[87] 레버링이 지적하듯이, 제랄드 오콜린스(Gerald O'Collins)까지도 교회가 왕국을 섬긴다고 주장한다.[88] 레버링에 따르면, "이렇게 교회는 왕국의 신하이며 따라서 왕국이 온전히 도래하면 더는 필요 없다고 표현하는 분리적인 언어는, 교회를 단지 법적 의미로만 이해하는 것이다."[89] 하나님이 모든 이들에게 은혜를 주시므로, 계시는 반드시 보편적이어야 한다. 레버링은 이렇게 설명한다. "오콜린스는 '초자연'과 '자연'을 구분하려 하지 않는다. 하나님이 주시는 초자연적 계시와 인간이 탐색한 결과로 얻는 하나님에 대한 자연적 지식을 구분하는 경우도 마찬가지이다."[90]

의심할 여지 없이 다원주의적이고도 보편주의적인 신학의 관심은 대부분 세속 문화에서 교회가 마주하는 압력에 의해 결정된다. 이 세속 문화는

---

86) Ibid., 161.
87) Thomas Sheehan, *The First Coming: How the Kingdom of God Became Christianity* (Random House, 1986).
88) Gerald O'Collins, *The Second Vatican Council and Other Religions* (Oxford: Oxford University Press, 2013), 195.
89) Levering, *Engaging the Doctrine of the Holy Spirit*, 14.
90) Ibid., 15에서 O'Collins, *Second Vatican Council,* xi를 설명한다.

외적으로 더 크고도 높은 충성심으로 나누는 모든 종교적 진술에 적대적이다. 레버링은 다이애나 에크(Diana Eck)의 예를 든다. 그는 '그리스도의 몸'이라는 이미지를 위계적인 것으로 여겨 '가정'의 이미지로 바꾸고자 한다. "이 세계 기초를 이루는 가정은 결국 다원주의가 될 것이다."[91] 더 나아가 "하나님의 복이 있는 이런 왕국은 교회보다 더 넓다. 이는 하나님의 왕국이지 기독교 교회가 아니다."[92] 레버링은 이를 적절하게 판단한다.

세계를 연합체로 보는 에크의 관점은, 보편 인류가 살아 계신 하나님의 역사적 행위를 통해 우리의 깨짐과 다른 이들에게 가한 위해를 극복할 필요가 있는, 용서와 긍휼이 필요한 인간이라는 사실을 무시한 인식이다. 우리의 소외된 상태를 회복하고 우리를 변화시키는 사랑의 은사로 말미암아 사랑과 공의의 관계를 세우기 위해서는, 예수 그리스도와 성령 안에 있는 긍휼의 하나님이 필요하다.[93]

더 나아가, 에크는 죽음을 끝으로 여긴다. 따라서 우리의 유일한 소망은 이생에만 존재한다.[94] 성령과 이 왕국을 포함해 모든 거룩한 것이 내재적 관점으로 환원되었다. 즉, 세속화되었다.

---

91) Diana Eck, *Encountering God: A Spiritual Journey from Bozeman to Banaras* (Boston: Beacon, 2003), 228; Levering, *Engaging the Doctrine of the Holy Spirit*, 303에서 재인용.
92) Eck, *Encountering God*, 230; Levering, *Engaging the Doctrine of the Holy Spirit*, 303에서 재인용.
93) Levering, *Engaging the Doctrine of the Holy Spirit*, 303.
94) Ibid.

그러하기에 역설적이게도, 종교개혁의 교회들이 계속 그들의 신앙고백을 붙들고 그 교회론을 주장하는 것과, 후기 공회주의 교회론들이 교회의 구원론적 의의를 엄청나게 축소시키는 것을 함께 보게 된다. 루터와 칼빈, 키프리아누스와 어거스틴, 그리고 모든 교부들에게 교회는 신자의 어머니였으며, "교회의 그림자 너머에는 죄 용서도, 구원도, 소망도 없었다."[95]

성령의 능력 안에서 왕국이 되는 교회

"성령과 신부가 말씀하시기를 오라 하시는도다 듣는 자도 오라 할 것이요 목마른 자도 올 것이요 또 원하는 자는 값없이 생명수를 받으라 하시더라"(계 22:17).

성령과 교회는 함께 세상을 어린양의 혼인 잔치로 초대한다. 교회는 전달자일 뿐만 아니라, 그 잔치의 사랑받는 신부이다. 그러므로 교회는 왕국의 대리자일 뿐만 아니라, 왕국의 종착점 자체이다. 이 세계의 그 부분이 바로 그리스도께서 자신의 몸이라 부르시는 부분이다. 왕국에게 '오라!'라고 부르시는 것은 가시적 교회의 사역과 거기에 참여하는 것과 분리될 수 없다.

성령과 피조계에 속한 은혜의 수단을 반립하는 명제로 제시하는 주장은, 이 거짓된 선택을 해체하는 데까지 이른다. 만일 성령이 단지 개인의 마음에 직접 역사하신다면, 교회는 개인의 경험을 공유하는 친한 사람들

---

[95] Calvin, *Institutes*, 3.1.4; the Westminster Confession of Faith 25.2.

의 모임 정도로 전락하고 말 것이다. 반면 만일 성령이 피조계의 방편을 통해 일하며 본질적으로 사회적이시라면, 교회는 참으로 제사장 나라이며(계 5:10 참고), 많은 지체들로 이루어진 한 몸이고(고전 12:12-14 참고), 동일한 줄기에 붙어 있으므로 함께 연결된 가지들(요 15:1-4 참고)이 될 것이다. 성령이 말씀과 성례를 통해 그들을 그리스도와 연합시키시므로 그들은 하나가 된다. 또한 성령이 각 신자에게 인격적으로 내주하시므로, 교회의 연합은 앞에서 살펴본 로마 가톨릭의 가르침에서처럼 '존재의 융합'으로 여겨질 수 없다. 오히려 각 지체는 그리스도 안에서 택함 받았고 구속 받았으며 의롭다함을 받았고 중생했으며, 결국 영화롭게 될 것이다. 그러나 각 지체들이 몸의 머리이신 그리스도 안에 있으므로, 성령은 예표적으로 예루살렘 성전에 내주하실 때조차도 온 교회에 내주하신다.

이처럼 만일 왕국이 단지 성령 충만한 주체들의 공동체로서 이 시대의 왕국 안에서 해방을 가져온다면, 더는 삼위 하나님의 은사가 아니라 사라져 가는 이 시대에 역사 안에서 이루어지는 또 다른 사회정치적 운동에 지나지 않을 것이다. 무엇이 교회를 또 하나의 특별한 관심으로 모인 집단이나 이데올로기 집단이나 정치 운동 위원회가 아닌, 거룩한 교제(*communio anctorum*)로 만드는가? 확실히 교회는 인간 사회와 조직의 보편적 특징들을 드러낸다. 어쨌든 교회는 삼위 하나님께서 존재하게 하시고 성자의 신화된 인성과 연합하게 하신 인간으로 이루어진 창조물이다. 이는 하늘에서 신랑을 위해 준비된 신부처럼 내려온 것이다. 교회는 여타 조직이나 연합체와는 달리, 스스로의 내적 가능성을 기초로 하여 생겨나지 않았다. 교회는 성부 하나님에 의해 입양되었고, 성자를 그 머리로 하며, 성령을 중생하게 하고 능력을 주시는 주님으로 둔다. 그 이유만으로도 교회는 하나이며, 보편적이며 사도적이고 거룩하다.

동시에 만일 교회가 왕국과(대립시키는 것은 차치하고) 무관하게 정의된다면, 교회는 그 선교적 정체성을 잃게 되고, 다른 집단이나 자선단체들과 같이 자기고립적이며 스스로를 섬기는 기관이 되어 버릴 것이다. 어느 경우이든, 교회를 성령의 피조물로서 신랑을 위해 하늘에서 내려온 신부라는 종말론적 관점으로 보는 것이 아니라, 유사한 외모와 도덕적 관점과 의식을 가진 죄인들의 힘을 통해 진화한 인간 사회로 보게 된다.

다시 말하지만, 예수님과 사도들은 왕국을 우리가 받는 선물로 묘사한다. 예수님은 세상이 교회를 핍박할 것이라고 제자들에게 말씀하셨다. 그러나 이렇게 약속하신다.

"적은 무리여 무서워 말라 너희 아버지께서 그 나라를 너희에게 주시기를 기뻐하시느니라"(눅 12:32).

"내가 이 반석 위에 내 교회를 세우리니 음부의 권세가 이기지 못하리라"(마 16:18).

역사상 우리가 세운 다른 모든 제국은 쓰러졌으나, '우리는 흔들리지 않는 나라를 받았다'(히 12:28 참고). 그리스도 자신이 성령과 함께 선물이 되시며, 그러하기에 왕국으로서의 교회가 존재하고 유지되고, 복음 전파와 세례와 성찬을 통해 땅 끝까지 성장할 것이다. 이는 철저하게 피조 세계에 속하는 은혜의 방편을 통해 이루어지는 하나님의 은혜의 사역이다. 대리

자로서 우리가 해야 할 역할도 있다. 적극적으로 그리스도의 겸손과 긍휼이 넘치는 사랑, 그리고 의로움을 본받는 것이다. 그러나 우리의 '뜻과 행함'보다 더 풍성하고도 깊은 무언가가 있다. 바로 성령이 우리로 하여금 그리스도를 닮는 것을 넘어 그리스도와 연합하게 하신다는 사실이다. 교회는 그리스도의 성육신이지만, 그분의 구속 및 화목 사역을 되풀이하거나 연장시키는 존재가 아니다. 오히려 교회는 그리스도와 완전히 구분되는 피조물이요 죄인이지만, 그리스도를 증언하도록 부름 받았다.

예수님이 가르치신 왕국은 무엇인가? 그리고 과연 이 왕국은 사도들이 교회라고 표현한 것과 본질적으로 다른 것인가? 예수님은 왕국을 큰 잔치로 묘사하신다.

"동서로부터 많은 사람이 이르러 아브라함과 이삭과 야곱과 함께 천국에 앉으려니와"(마 8:11).

"또 천국은 마치 바다에 치고 각종 물고기를 모는 그물과 같으니, 그물에 가득하매 물가로 끌어내고 앉아서 좋은 것은 그릇에 담고 못된 것은 내버리느리라"(마 13:47,48).

왕국은 "죄 사함"(눅 24:47; 행 2:38, 13:38, 22:16, 26:18 참고)이다. 그리고 왕의 이름으로 죄를 용서하는 권세는 사도들의 정체성의 핵심이었다(마 16:19, 18:18 참고). 성령과 죄 사함의 긴밀한 연관성은, 예수님께서 하늘나라의 사역을 위해 제자들을 준비시키면서 숨을 내쉬며 명령하신 데서 명백히 드러났다. 예수님은 "성령을 받으라"(요 20:22)라고 말씀하신 뒤에 곧바로 이렇게 덧붙이셨다.

"너희가 누구의 죄든지 사하면 사하여질 것이요"(요 20:23).

왕국은 악한 자에게 결혼식 예복을 입힌다(마 22:1-14 참고). 이는 예수님 위에 한량없이 부어졌던 성령과 동일한 성령이 거룩한 전으로 지어져 가는 "산 돌"(벧전 2:5)들인 그분의 백성들에게 내주하시는 영역이다. 동과 서에서 온 순례자들이 교회로 모여 성령으로 세례를 받는다. 세례 요한은 하나님 나라가 도래했다는 핵심적인 표지였다. 그들은 정기적으로 함께 모여 왕국에서 있을 혼인 잔치를 미리 맛보는 음식을 나누고, 권징과 사도들의 가르침과 기도에 헌신한다(행 2:42 참고). 지상 명령이라고 알려진 왕국의 대헌장은, 사도들을 보내 그리스도의 이름으로 복음을 전파하며 세례를 주고 가르치는 것이다(마 28:19; 막 16:15,16 참고). 참으로 우리 주님은 베드로에게 그분의 양들을 먹이고 돌보라고 분부하셨다(요 21:15-17 참고). 예수님에 따르면, 성령을 보내시는 가장 중요한 목적은 그분이 다시 오실 때까지 제자들로 하여금 땅 끝까지 이르러 복음의 증인이 되도록 하시는 것이었다(행 1:8 참고).

이것이야말로 사도들(특히 바울)이 강조한 점이 아니었는가? 복음서에 따르면, 성령의 임무의 궁극적 목적은 하나님 나라의 확장을 위하여 신자들을 무장시키는 것이 아닌가? 그들은 세계로 뻗어 나가 "죄 사함을 받게 하는 회개"(눅 24:47)를 선포하는 증인이 될 것이다(눅 24:45-49 참고). 이것이 바울이 전한 메시지 아니었던가?

더 나아가, 복음서는 왕국 임무 중이신 성령의 인도를 받는 은사 공동체를 교리와 성경과 직분과 예전에 짓눌리는 제도 교회와 대립시키기는커

녕, 사도들의 편지를 통해 그 드라마를 밝히 드러내 기록한다. 고별 강화에서 살펴보았듯이, 성령은 즉흥적인 계시라는 근거 없는 원천이 아니라 그리스도의 임무에 자신의 사역을 묶으신다. 바로 성령께서 모든 때와 장소에서 기초가 될 사도들의 정경을 영감하셨으며, 직분자들을 부르고 무장시키며, 서로 사랑하게 하시고, 선교를 위해 온몸을 무장시키신다. 그리고 예수님은 자신의 교회를 세우겠다고 약속하실 때(마 16:18 참고) 그분의 말씀과 성령으로 그 약속이 완성될 것을 알고 계셨다.

누군가가 복음서가 말하는 하나님 나라와 서신서가 말하는 교회를 비교한다면, 은사적이고도 역동적인 성도의 나라와 모든 때와 장소를 아우르는 제도로서의 나라 사이의 간극은 사라질 것이다. 예수님은 마지막으로 "주께서 이스라엘 나라를 회복하심이 이때니이까?"(행 1:6)라고 묻는 제자들에게 고별 강화의 내용을 전해 주시고, 일관되게 오순절에 부어질 성령을 기다리라고 말씀하신다. 이것이 바로 정복이다. 예수님이 왕국의 회복에 관해 묻는 제자들에게 답하면서 약속하신 일을 성취하는 것이다.

복음서 전체에서 예수님은 이스라엘 회중을 재정의하시고, 그 범위를 다시 그리신다. 바울도 그러했다(엡 2:11,22 참고). 예수님은 '다른 양들'을 참이스라엘의 테두리 안으로 모으실 것이며, 한 무리의 유일한 목자가 되실 것이다(에스겔 34장의 성취로서 요한복음 10장 참고). 산상수훈을 가르치신 예수님에게 하나님 나라는 더 이상 지정학적 나라가 아니라, 온 세계에 흩어져 말씀과 성령을 통해 생육하고 번성하는 아브라함의 자손이다. 이것이야말로 바울이 전한 바 '그리스도가 오심으로 말미암아 옛언약은 헌

것이 되고 아브라함 언약은 이제 성취되었다'라는 메시지의 기본 골자가 아닌가? 바울이 이해한 우주적 전투, 곧 '혈과 육이나 이 세상의 무기로 상대하는 것이 아닌 우리의 씨름'(엡 6:12; 고후 10:4 참고)이 바로 예수님의 설교에서 나오지 않는가?

바울이 여기서 권면하는 바가 누가복음 10장에 나오는 놀라운 칠십 인의 보고와 그토록 다른가?

"칠십 인이 기뻐하며 돌아와 이르되 주여 주의 이름이면 귀신들도 우리에게 항복하더이다. 예수께서 이르시되 사탄이 하늘로부터 번개같이 떨어지는 것을 내가 보았노라. 내가 너희에게 뱀과 전갈을 밟으며 원수의 모든 능력을 제어할 권능을 주었으니 너희를 해칠 자가 결코 없으리라. 그러나 귀신들이 너희에게 항복하는 것으로 기뻐하지 말고 너희 이름이 하늘에 기록된 것으로 기뻐하라 하시니라"(눅 10:17-20).

두 경우 모두, 그리스도를 따르는 이들은 악의 세력을 이기신 그리스도의 승리를 누리지만, 무엇보다도 그들이 택자 안에 속했다는 사실을 기뻐해야 한다. 교회는 뱀들(사탄의 군대)을 부술 것이며, 예수님에 관해 "증언하는 말씀"(계 12:11)으로 그들에게 승리할 것이다.

민족 국가가 땅 끝까지 국경을 확장하기 위하여 해체된다. 여호와는 끝내 이스라엘의 유일한 왕으로 알려지실 것이다. 상속의 기초가 되는 성부의 복은 그 상속자들이 신실한 데 대한 대가로 주어지는 것이 아니라 영적 빈궁에 대한 선물이다(마 5:1-12 참고). 교회는 '산 위에 있는 동네'로서, 분노와 음란함과 이혼과 법정 소송과 관련하여 사회 전반보다 더 높은 도덕적 수준으로 헌신적 관계를 맺는 곳이다(마 5:14-37 참고).

교회는 자신을 압제하는 이들에게 간청하고 어리석은 친절로 답하는 것이 아니라, 하늘 본향과 그리스도 안에 있는 온갖 좋은 은사들을 확실히 소유함으로써 핍박을 견딘다(마 5:38-48 참고). 충격적이게도 예수님은 다음과 같이 명령하신다.

"그런즉 가이사의 것은 가이사에게, 하나님의 것은 하나님께 바치라"(마 22:21).

그러나 교회에서 지도자들은 이방 통치자들처럼 힘을 행사해서는 안 되며, '섬김을 받으려는 것이 아니라 도리어 섬기려 하고 자기 목숨을 많은 사람의 대속물로 주시는' 왕을 닮아야 한다(마 20:28 참고).

이 모든 것들이 사도들이 명령했던 것들이 아닌가? 그들은 심지어 악한 통치자까지도 하나님의 종으로 여기고 순종하였다(롬 13:1-7; 벧전 2:13-17 참고). 그들은 박해하는 자들에 대해 인내하며 비폭력적으로 반응해야 했고, 서로 사랑 안에서 순종하며, 교회 안에서 이루어지는 세속적인(temporal) 일들에 대한 차이들을 받아들여야 했다.

예수님은 제자들에게 숨을 불어넣으셨고, 그들은 성령을 받았다. 예수님은 사도들에게 하나님 나라의 열쇠를 주심으로써 교회의 표지가 되게 하셨다. 즉, 복음을 선포하고 세례를 주며 예수님이 분부하신 모든 것을 가르쳐 지키게 함으로써, 그들은 하나님 나라의 문을 열고 닫을 것이다(마 16:17-19, 18:18-20; 요 20:22,23 참고). 이 복음서의 기사들을 볼 때, 사탄과 죽음과 지옥과 율법의 저주를 이기신 예수 그리스도의 승리가 아니라면 그 무엇이 사도 바울의 메시지요 사역일 수 있겠는가? 로마 법정에까지 이른 이들은 바로 온 세계로 뻗어 가는 아브라함의 가족이다. 열방이 이스라엘의 왕에게 기꺼이 순종하고자 시온으로 밀려 들어간다.

그러므로 신약은 교회를 왕국으로 확장하고자 하는 기초 정도로 여겨 교회와 왕국을 대립시키는 것이 아니라, 교회를 이 땅의 왕국 자체로 대한다. 스콧 맥나이트가 논하듯이, "왕국은 왕의 통치를 받는 백성들이다." 그리고 이 진술은 교회를 묘사한다. "예수님은 현재의 교회(백성들)와 미래의 왕국(백성들)을 연결하신다. 그분은 베드로가 현재 교회에서 하는 일을 장차 하나님이 왕국에서 할 일과 연결시키신다……교회와 왕국은 떼려야 뗄 수 없는 관계이다……그렇다면 교회는 지금 현실화된 나라로서 현존하며 사람으로 이루어진 것이다."96)

교회와 왕국을 하나로 보려는 것에 대해, '왕국을(그리고 성령의 구원 사역을) 교회의 공적인 사역으로 제한하리라고 추측할 수 있다'라는 반박은 납득할 만하다. 우리는 정말로 하나님 나라가 주일에 함께 모여 예배하는, 스스로 그리스도인이라 고백하는 이들일 뿐 그 이상 아무것도 아니라고 믿는가? 이러한 반박은 오해에서 비롯된다. 비록 왕국이 오늘날 이 세상에서 교회 안에서, 그리고 교회 자체로 가시화될 수 있더라도, 이 용어는 두 측면으로 이해되어야 한다. 가장 우선적으로 교회는 사람이다. 자기 자녀들과 함께 신앙을 고백하는 신자들이다. 그들은 주님이 분부하신 가르

---

96) Scot McKnight, *Kingdom Conspiracy: Returning to the Radical Mission of the Local Church* (Grand Rapids: Brazos, 2014), 87.

침뿐만 아니라 특히 주님의 약속과 그에 대한 가시적 인침인 성찬을 포함한 모든 좋은 은사들을 받기 위하여, 그들의 충성을 서약하며 위대한 주님의 일을 감사로 고백하기 위하여, 그들의 죄와 하나 된 신앙을 고백하기 위하여, 주님에게서 사면을 얻고 보호하심을 구하기 위하여, 그리고 교제를 통해 가족으로서 서로를 품어 주기 위하여 언약의 주로 말미암아 공적으로 모인다. 그리하여 씻어지고 배를 채워 그리스도의 증인이자 빛과 소금으로 세상으로 흩어진다. 그곳에서 부르심을 통하여 이웃들을 사랑하며 섬긴다. 이것 역시 교회의 사역이다. 그러나 이는 더 좋은 본향을 구하는 순례자들, 곧 하나님의 일을 은밀하게 수행하는 자로서 이 세상에 흩어진 교회의 사역이다.

기독론과 교회론은 계속 구분된다. 왜냐하면 그리스도는 영원히 몸이 아니라 머리이시기 때문이다. 머리는 영광을 받으시며, 따라서 성도들의 마지막 영화를 보증하신다. 몸은 아직 영화롭게 되지 못하였다. 그렇다 하더라도 그리스도와 그분의 왕국이자 교회는 분리되지 않는다. 왜냐하면 성령께서 지체들을 머리에 연합시키시기 때문이다.

결론: 성령은 밖으로 향하는 교회를 창조하신다

비록 교회가 삼위 하나님이 '말씀하신 바'대로 드러나지 못하더라도, 여전히 그것은 그리스도 안에 있는 '보편적이며 사도적인 하나의 거룩한' 교회이며, 마지막 날에는 성령에 의해 그렇게 드러나게 될 것이다. 이런 맥락에서 우리는 성령 안에서 성령의 열매를 '맺으며' 성숙해지고 봉사하는 가운데 몸을 세워 가는 성령의 은사를 나누기 위해 애쓴다. 타인과 외적 권위에서 멀어지고 자신 안으로 더 깊이 파고들게 하기보다, 성령은 공적 말씀과 사역을 통해 우리를 우리 밖으로 몰아냄으로써 우리로 하여금 밖을 향하게 하신다. 위로는 믿음으로 그리스도를 보며, 앞으로는 소망으로 기대하고, 밖으로는 사랑 안에서 우리 이웃들을 바라보게 하신다. 분열과 정복으로 어그러진 타락한 시대에, 성령은 전지구적 공동체를 창조하신다. 아무리 실패한다 하더라도, 이 공동체는 장차 올 하나님의 가족의 평화와 연합과 기쁨의 징표이다.

마치 부리에 끈을 물고 비행하시듯이, 성령은 그렇게 붙들지 않으면 흩어질 것들을 한데 붙들고 계신다. 성령은 구원의 고리를 연결하신다. 첫째로, 성령은 그리스도를 우리 인성과 죽음의 역사에 연합시키시고, 종말의 마지막 아담인 예수님이 죽음을 이기고 부활하게 하심으로써 영원을 시간에 묶으셨다. 둘째로, 성령은 우리를 그리스도와 연합시키심으로써 그리스도를 우리에게 묶어 아버지와 그리스도의 지체들에 연결시키셨다. 또한 모든 민족과 언어 가운데서 신자들을 한데 모아 그 교제 안에서 더욱 촘촘하게 엮으신다. 그러면서 동시에 성령은 지역 교회들을 더 큰 공회와 교제에 묶으신다. 셋째로, 성령은 그리스도의 구원하시는 역사의 '이미'와 장차 올 때의 '아직'을 묶으신다. 그분은 성부와 성자가 주시는 아라본, 즉 담보로서 우리의 궁극적인 구원을 보장하신다. 성령이 얼마나 많은 실타래를 한데 모아 하나로 만드시고, 분열과 혼돈에 질서를 가져오시는가!

위대한 저작 『삼위일체』(The Trinity)에서 어거스틴은 그 아름다움과 성경적 엄정함에 경탄하면서, 창조의 선함을 긍정하는 데서부터 그의 무르익은 사유를 전개하기 시작한다. 이 선한 세계는 인간의 반역으로 타락, 즉 부패했다. 어거스틴은 연합에서 분열로 떨어졌다고 표현한다. 그러나 그가 성경적이고도 삼위일체적인 용어들로 타락을 해석해 갈수록, 플라톤과 플로티누스의 잔향은 희미해져 간다. 아담과 하와, 그리고 그들의 모든 후손들은 교만과 탐욕으로 안식하지 못하게 되었다. 우리 모두는 성령으로 말미암아 말씀 안에서 아버지를 경배하는 데 실패했고, 스스로를 투쟁하는 개인들로 분리해 버렸다. 구원에서 성령은 우리를 다시금 그리스도께 묶으신다. 단지 창조 때 "만물보다 먼저 계시고 만물이 그 안에 함께 섰느니라"(골 1:17)라고 표현되는 말씀으로서가 아니라, 모든 지체가 결합하는 중심이 되는 머리로서 묶으신다(엡 4:16 참고). 더는 죄로 인하여 고립된 개인들로, 우리 자신의 왕국을 자율적으로 통치하고자 하는 자들로 흩어지지 아니하고, 우리는 교회로서 은혜로 말미암아 성령에 의해 그리스도 안으로 모인다.[97]

세속화된 서구에서 영성이라 불리는 것의 목표는, 우리를 다른 사람들이나 물리적 세계로부터 멀어지게 하여 '자기 자신과 만나게 하는 것'이며, 사실상 우리 자신의 영혼 가장 내밀한 곳에 있는 신성을 발견하게 하는 것이다. 이는 우리가 성경의 드라마에서 발견하는 바와는 정반대되는

---

97) 이는 이 저작을 관통하는 논제이다. 다음 책에 놀랍게 잘 요약되어 있다. Luigi Giuli, *The Theological Epistemology of Augustine's* De Trinitate (Oxford: Oxford University Press, 2009).

방향이다. 어거스틴이 관찰하듯이, 죄의 본질은 '우리 안으로 휘어 들어가는 것'이다. 우리는 종교와 영성을 이용해 이 완곡을 더 깊게 만들며, 자아로 하여금 우리 내면의 닫힌 존재를 향하게 만들 수 있을 것이다. 스토아 학파가 이상으로 여기는 현자의 모습이 거기에 해당한다. 즉, 외부의 번잡함과 실망스러움, 심지어 타자가 야기할 수 있는 고통을 완충시켜 주는 내적 평정과 무관심에 이르는 것이다.

이는 시편 기자가 말한 영성과는 가장 거리가 멀다. 시편 기자의 영성은 그에게서 감사와 찬양을 자아낼 뿐만 아니라 슬픔을 불러일으키기도 하며, 때때로 하나님과 그분의 뜻으로 혼란스러워하고 갈등하기도 하는, 하나님을 향한 절대 의존이다. 우리 자신으로부터 이끌려 나와 연약해지고 기대야만 하는 상황에 처하는 것이다. 그리고 우리 자신을 하나님과 다른 죄인들과의 교제에 의탁할 것을 결정해야 할 상황에 처하게 된다. 3세기 초 히폴리투스(Hippolytus)는 이렇게 가르친다. "모이기에 민첩하자. 거기서 성령이 열매를 맺으신다(*Festinet autem et ad ecclesiam ubi floret spiritus*, Apo. Trad. 31 & 35)."[98] 하나님과 다른 사람들과 교제함으로써 안으로 굽어 들어가는 존재에서 밖으로 이끌려 나올 때, 우리는 오히려 자기 자신과 자신의 정체성에 대해 더욱 잘 인식하게 된다. 심지어 삼위일체의 위격들도 다른 위격과의 관계성 안에서 스스로를 자각하신다. 첫 위격은 스스로를 아버지로 아신다. 이는 그분에게 영원히 낳은 바 된, 역시 성령의 사랑 안에서 아버지를 통해 스스로를 아들로 아시는 아들이 있기 때문이다. 또

---

98) Congar, *I Believe in the Holy Spirit*, 1:68.

한 성령은 다른 위격들 안에서, 그리고 그 위격들을 통하여 스스로를 사랑의 매는 띠로 인식하신다.

성육신에서 촉발된(cue) 그리스도인의 영성은 우리를 타인과 묶는다. 먼저 믿음으로 삼위 하나님과 묶이며, 그와 동시에 사랑을 통해 우리 이웃에 묶인다. 심지어 우리가 주님과 홀로 함께하기 위해 일상에서 벗어날 때에도 우리는 다시금 자신 밖으로 나오도록 부름 받는다. 그리하여 삼위 하나님과 누리는, 그리고 하나님이 우리를 연결시키신 입양 가족과 누리는 친밀함의 새로운 맛을 얻는다. 우리는 그리스도의 영혼으로 매주 모이는 것이 아니라 그분의 몸으로 모이며, 서로를 위해 손에 잡히는 몸이 된다. 우리는 개개인으로 모여 개인적인 묵상 안에서 서로를 만나는 것이 아니라, 선포된 말씀을 통해 자기 자신 밖으로 내몰린다. 세례와 성찬은 우리 영혼을 마주하는 개인적 사건이 아니라, 성령으로 말미암아 연합하게 된 성자와 다른 이들과 함께 누리는 것이다.

그리스도 안에서 우리 자신을 잃을 때, 우리는 그리스도(성령으로 말미암아 성부께로 우리를 데리고 가시는 분)를 얻을 뿐만 아니라, 우리 이웃과 우리 자신까지도 함께 얻는다. 타인의 목소리를 조용히 들을 때, 우리는 입막음을 당하는 것이 아니라, 도리어 인간으로서 합당한 감사의 목소리를 되돌려받는다.

승천으로 말미암아 지상의 교회는 투쟁하는 중이다. 교회는 그리스도의 말씀과 성령을 통해 세계를 정복하는 초자연적 전쟁의 한복판에 있다. 아직은 승리를 이루지 못했으며, 장차 모든 것들을 새롭게 하시기 위해 세상의 머리가 몸으로 다시 오실 것을 기다려야 한다. 현재 교회는 예비 신부이지, 아직 아내는 아니다. 또한 자라 갈수록, 신랑이 와서 자신이 서약한 신부를 데려가 혼인 잔치를 열기를 고대한다.

교회는 단지 선교의 도구가 아니다. 교회 자체가 선교이다. 하나님의 모든 목적은 자기 아들을 위해 신부를 선택하시는 방향으로 움직인다. 교회는 다른 어떤 것을 위한 발사대나 촉매제도 아니고, 무언가 더 큰 이유와 실재를 위한 도구도 아니다. 하나님은 영원 전부터 교회를 마음에 담고 계셨다. 그의 아들에게 중보자의 역할을 입혀 스스로의 피로 교회를 사실 정도로 말이다(행 20:28 참고). 성령은 우리를 함께 머리이신 그리스도께 연합시키시는데, 비가시적 교회에 비가시적 방편을 통해서만 하시는 것이 아니라, 역사 속에 있는 가시적 공동체로 가시적 방편들을 통해 연합시키신다. 이스라엘과 열방의 남은 자들이 종말의 때에 회집한 것이 교회이다. 천국에서도 교회는 결코 그냥 사라지지 않고 하나님께서 선언하신 대로 완성될 실재이다.

"그들이 새 노래를 불러 이르되 두루마리를 가지시고 그 인봉을 떼기에 합당하시도다. 일찍이 죽임을 당하사 각 족속과 방언과 백성과 나라 가운데에서 사람들을 피로 사서 하나님께 드리시고, 그들로 우리 하나님 앞에서 나라와 제사장들을 삼으셨으니 그들이 땅에서 왕 노릇 하리로다 하더라"(계 5:9,10).

오순절 설교는 여전히 울려 퍼진다.

"이 약속은 너희와 너희 자녀와 모든 먼 데 사람 곧 주 우리 하나님이 얼마든지 부르시는 자들에게 하신 것이라"(행 2:39).

그리고 요한은 이렇게 연결시킨다.

"성령과 신부가 말씀하시기를 오라 하시는도다 듣는 자도 오라 할 것이요 목마른 자도 올 것이요 또 원하는 자는 값없이 생명수를 받으라"(계 22:17).

주제 색인

ㄱ

고별 강화 • 201-209
교회
_교회를 세움 • 275-277
_사역 • 19, 389-402, 408, 436, 437, 507, 533
_성령과 교회 • 27-30, 98, 99, 209-211
_왕국으로서의 • 526-535
_ex opera operato • 432-436
구속
_구속사 • 131-168, 248-261, 272, 303, 314, 327-329, 388, 405, 447
_구속에서의 성령 • 131-145
_성육신과 구속 • 151-168
_적용 • 17, 50, 71, 72, 97, 98, 283, 284, 306, 343, 483
구원론 • 69, 172, 210, 349, 362, 483
그리스도
_교회와 그리스도 • 131,132, 475-477, 493, 499-503
_그리스도와의 연합 • 34, 35, 46, 63,

64, 68, 147, 163, 166, 187, 206, 210, 216, 218, 225, 245, 246, 249, 251, 284, 287, 292, 303, 306, 307, 313, 315, 316-321, 327, 339, 343, 348-350, 357, 359, 360, 364, 366, 369-371, 375
_그리스도의 증인 • 61, 248-250, 265, 268, 274, 385-403, 535
_부활 • 57, 64, 85, 89, 126, 150, 185, 191, 196, 201, 216, 223, 249, 263, 298, 299, 303, 304, 312, 313, 316, 331, 373, 385, 409, 461-465
_사역 • 165, 213-226, 340-262, 346, 394, 436-438, 456-460
_성례와 그리스도 • 474-476
_성육신 • 48, 109, 151-168, 492-529
_승리 • 211, 212, 289, 312, 365, 381-396
_승천 • 187, 202-207, 216-225, 245-250, 340, 356, 381-389, 452-460, 483, 484
_오심 • 62-64, 216, 243-246, 405, 448,

449
_주 • 57, 167, 225, 346
_중보자 • 29, 44-56, 66, 67, 126, 155
기도 • 280, 378, 400, 416, 484
깨끗(정결)하게 함 • 61, 179, 180, 367, 383

ⓛ
네페쉬 하야 *nepesh khayyah* • 87, 131
니쉬맛 하이임 *nishmat khayyim* • 84, 131
니케아 신경 • 23, 40, 140

ⓒ
도덕주의 • 172, 259

ⓡ
루아흐 엘로힘 *ruakh' elohim* • 42, 81, 174-177
루아흐 호크마 *ruakh' khokmah* • 329

ⓜ
마지막 때의 성소 • 67, 230, 265
명령(법)적 말씀(화행) fiat-word
　• 79-84, 137, 153, 297, 345, 354, 364, 405, 414
몸
_계시와 몸 • 135-151
_그리스도의 • 129-168, 218, 223, 311, 391, 392
_몸의 준비 • 129-168
_성육신과 몸 • 151-168
무로부터의 창조 *ex nihilo creation*
　• 73, 78, 79, 82, 86, 121, 137
믿음
_믿음의 행위 • 317, 358, 368
_회개와 믿음 • 202, 230, 332, 354

ⓗ
방언 • 152, 265-276, 299, 375, 396-410
범신론 • 24, 31, 102, 109, 113, 121
범재신론 • 24, 104, 105, 107, 112-123, 219
보편주의 • 219
부흥주의 • 22, 283
비인격화 • 24-36, 107-111, 118

ⓢ
사벨리안주의 • 46

삼신론 • 46
삼위일체
_삼위의 구별 • 47, 48
_삼위일체에 대한 이해 • 12, 13, 23-40, 47-51, 65-67
_새로운 관심 • 23, 24
_외적 사역 • 39, 40, 48-59, 209, 223, 354, 381, 413
새 창조 • 185-198, 215-226, 229-237, 283-316, 339-354, 371-379
생기, 생명의 숨(결) • 84-87, 121, 131-133, 174, 188, 249, 303, 304
생명나무 • 89, 174, 291
선물(은사)
_믿음의 • 375-379
_사랑의 • 375-378
_성령의 • 55, 265-375, 317, 318, 339-410, 462-464
_영적 • 55, 265-275, 317, 318, 339-410, 462-464
_표적으로서의 • 397-403
_하나님의 • 19, 202-207, 459, 465
성령
_어두운 면 • 173-175
_교회와 동일시 됨 • 491-503

_구별됨 • 39-46, 50, 108-110
_구속 역사에서의 • 131-135
_구원과 성령 • 339-379
_그리스도와의 차이점 • 207-226
_내재화 • 27
_내주하심 • 35, 61, 65-69, 98, 99, 216, 304, 312, 342
_능력 • 30, 160-166, 171-198, 398-396, 335, 452, 452
_본질적 속성 • 49-51
_사역 • 19, 71, 72, 136, 151, 192-194, 208-226, 242, 247-257, 277, 278, 283, 310, 318-320, 352-354, 372-379, 424
_생명을 주(시)는 분, 살리는 • 39, 46-59, 86, 111-124, 192-194, 249, 253, 300, 301, 358, 381-477
_섭리하시는 • 88-99
_성령과 계시 • 135-149
_성령과 말씀 • 438-444
_성령과 성경Scripture • 39-46, 51, 76-80, 138-140, 513
_성령과 신부 • 489-541
_성령과 영광 • 479-487
_성령과 은혜 • 413-477

_성령의 시대 • 229-280
_성령의 약속 • 140-151
_성령의 열매 • 63, 90, 363-378, 414, 428
_성례와 Eucharist and • 203, 425-431, 444-460, 474, 475, 425-431, 444-460, 474, 475, 500, 512-515, 528-530
_신구약에서의 • 174-178, 184-186, 213, 214, 229-262, 277-279
_신적 증인 • 174-178, 214
_심판하심 • 171-198, 209-213
_오심 • 177, 178, 230, 243, 246, 257-262, 278, 399
_온전하게 하심 • 60-65
_주 • 40-59
_지혜의 • 144, 267-272
성령론 • 12-18, 25, 107-123, 159, 162, 167, 172, 203, 348, 447, 455, 458, 475, 447, 455, 458, 475
성령을 부르는 기도 epiclesis • 496, 514
성별 • 286-314, 329, 354
성찬 Eucharist
_교회와 성찬 • 425

_성례전적 몸 • 475
_성찬에 존재하는 그리스도의 몸 • 475, 500
성찬(주의 만찬) Lord's Supper • 203-205, 264, 290-294, 413-422, 434-477
성화 • 340-343, 352, 370
세계영혼(세계정신) • 100-126
세례
_인침과 세례 • 327-336
_채워짐과 세례 • 327-336
_그리스도의 • 159, 242-249, 319, 320
_성령으로 세례(받음) • 283-336, 460-477
스토아학파 • 24, 301
신비주의 • 25, 33, 102-105, 117, 172, 313, 315
신플라톤주의 Neoplatonism • 100, 103, 301
심판
_교회를 향한 • 209
_구원과 심판 • 172-176
_마지막 날 심판 • 171-198
십계명 • 359, 387

ㅇ

양자 됨 adoption • 276, 343, 350-352, 359, 377
양태론 modalism, • 28, 46, 47, 118
영광의 구름 • 62, 178, 179, 187, 213, 232-242, 265
영지주의 • 25, 67, 97, 100, 156, 219, 409, 502, 509, 521
예언 • 140-150, 175, 176, 189, 190, 275-280, 396-410
완성(성취)
_교회의 • 301, 484
_그리스도와의 연합의 • 456, 457
_내재적 • 25
_성령에 의한 • 39, 48-59, 126, 174, 316, 343, 523
_장차 이루어질 • 184, 196, 197, 243
_피조 세계의 • 122
왕국(나라)
_성령의 • 418, 518-535
_하나님의 • 79, 198, 256, 292, 323, 363, 464-466, 496-498, 519-525, 534
_하늘나라 • 164, 509, 529
이원론 • 78-87, 100-115, 299
인침(인치심) • 327-336, 343

ㅈ

자유주의 • 26, 47, 96, 98, 120, 122, 297
종속설 subordinationism • 46, 47
중생(거듭남) • 252-260, 297-321, 343-347
지속되는 창조 creatio continua • 79

ㅊ

창조
_몸의 준비와 창조 • 131-135
_성령과 창조 • 71-79, 92-99, 137, 138
_하나님의 • 73-87, 104, 105, 120-122
칭의 • 347-350, 375

ㅋ

카타르티스몬 katartismon • 391

ㅌ

토투스 크리스투스 totus Christus • 491-503, 515, 516

ㅍ

파라클레테 Paraclete • 208, 220
팔링게네시아 palingenesia • 298, 310,

312, 314
펠라기우스주의 Pelagianism • 362
플라톤주의 Platonism • 24, 25, 100, 301, 447, 448

ㅎ

하나님
_만유의 아버지 되심 • 26
_영광 • 52, 73, 190, 261, 317, 331, 335
_하나님의 바람 • 42, 81, 82, 175
_하나님의 사역자 • 288, 390-396, 403-407
하이델베르크 요리문답 • 242, 359
협력주의 • 362-365
혼돈 • 73-92, 141-144, 195-198, 379, 414, 415, 536
혼인 잔치 • 526, 530, 540
화체 transubstantiation • 386, 425, 453, 495, 499, 513

인명 색인

ㄱ

개핀, 리차드, 주니어 Gaffin, Richard, Jr. • 278, 397
게이바, 브라이언 Gaybba, Brian • 20, 446
괴테 Goethe • 104
그렌츠, 스탠리 Grenz, Stanley • 421
그루뎀, 웨인 Grudem, Wayne • 401

ㄴ

나지안주스의 그레고리 Gregory of Nazianzus • 55, 135, 164, 448
뉴비긴, 레슬리 Newbigin, Lesslie • 510, 513
닛사의 그레고리 Gregory of Nyssa • 55, 439, 500
니콜스, 아이덴 Nichols, Aiden • 503

ㄷ

댑니, 라일 Dabney, D. Lyle • 23, 116, 117
더글라스, 매리 Douglas, Mary • 284
던, 제임스 Dunn, James, D. G. • 41, 405
데이비스 Davies, W. D. • 172
도드, 찰스 Dodd, C. H. • 172
둘레스, 에버리 Dulles, Avery • 509
드 루박, 앙리 de Lubac, Henri • 493
딜라드, 레이먼드 Dillard, Raymond • 189, 190

ㄹ

라너, 칼 Rahner, Karl • 507
라드너, 에프라임 Radner, Ephraim • 512
라스코, 존 아 Łasco, John à • 156
라우센부쉬, 월터 Rauschenbusch, Walter • 520
라이트 Wright, N. T. • 132
라칭거 Ratzinger, Joseph • 515
레버링, 매튜 Levering, Matthew • 446, 511, 512, 524, 525
레비슨, 존 Levison, John • 230, 266-269, 275, 301, 303-304, 329, 332, 334, 421n, 485
레오 13세 Leo XIII • 445

로이지, 알프레드 Loisy, Alfred • 519
루터, 마틴 Luther, Martin • 20, 131,
　349, 426, 428, 438, 440, 447-449,
　452, 460n, 482, 482, 506, 510,
　517, 526
루프, 웨이드 클라크 Roof, Wade Clark
　• 422
리델보스, 헤르만 Ridderbos, Herman
　• 283, 299n
리츨, 알브레히트 Ritchl, Albrecht
　• 172, 521
린지, 할 Lindsey, Hal • 96

ㅁ

마키아, 프랑크 Macchia, Frank • 14,
　522
맥나이트, 스콧 McKnight, Scot • 519,
　534
맥도넬, 킬리안 McDonnel, Kilian • 15
맥브라이언, 리처드 McBrien, Richard
　P. • 523
패컬, 워너 Packull, Werner O. • 100n,
　101-104
맥패그, 샐리 McFague, Sallie • 108,
　112-113

멀러, 리차드 Muller, Richard • 120
몰트만, 위르겐 Moltmann, Jürgen
　• 45n, 46n, 71, 96, 98, 110, 112,
　114n, 310, 522
묄러, 요한 아담 Möhler, Johann Adam
　• 497, 503
뮌처, 토마스 Müntzer, Thomas • 417,
　426, 521
뮐렌, 헤리베르트 Mühlen, Heribert
　• 502-503

ㅂ

바르트, 칼 Barth, Karl • 116n, 297,
　477n, 504-505, 509-512
바빙크, 헤르만 Bavinck, Herman • 57,
　517
바질 Basil • 19, 28, 55, 165, 468
바우어 Bauer, F. C. • 423
버미글리, 피터 마터 Vermigli, Peter,
　Martyr • 21, 121, 450, 452, 460,
　477n
베르나르 Bernard of Clairvaux • 349
버두인, 레오나드 Verduin, Leonard
　• 156, 157
베르코프, 헨드리쿠스 Berkhof,

Hendrikus • 109
보니파스 8세 Boniface VIII • 494
보스, 게르할더스 Vos, Geerhardus
• 283
본회퍼, 디트리히 Bonhoeffer, Dietrich
• 441, 477n
버나비, 존 Burnaby, John • 494
부포, 토드 Burpo, Todd • 11
부처, 마틴 Bucer, Martin • 21, 449
불가코프, 세르게이 Bulgakov, Sergei
• 468, 492
불링거, 하인리히 Bullinger, Heinrich
• 444, 459n
브라운, 레이먼드 Brown, Raymond
• 220

ⓢ
사돌레토 Sadoleto • 427
샌더스 Sander, E. P. • 172
섀퍼, 루이스 스페리 Chafer, Lewis Sperry • 451
소크라테스 Socrates • 266
쉬한, 토마스 Sheehan, Thomas • 524
슈바이처, 알버트 Schweitzer, Albert
• 263, 522

슈벤크펠트, 카스퍼 Schwenkfeld, Kasper • 156
슐라이어마허, 프리드리히 Schleiermacher, Friedrich • 47, 104, 172, 498, 499, 521
스테펀스 Stephens • 448
스토트, 존 Stott, John • 256, 257, 319, 322, 323, 327, 399, 400, 402
스트라보 Strabo • 266
시몬스, 메노 Simons, Menno • 156
스미스, 크리스천 Smith, Christian
• 436

ⓞ
아리스토텔레스 Aristotle • 123
아퀴나스, 토마스 Aquinas, Thomas
• 434, 452, 493, 495, 496
아타나시우스 Athanasius • 53, 54, 471n
어거스틴 Augustine • 19, 57, 103n, 115n, 118, 247, 431n, 446, 447, 455, 492n, 493, 494, 515-517, 526, 537, 538
에라스무스, 데시데리우스 Erasmus, Desiderius • 21, 447, 448, 449n,

456n

에벨링, 플로리안 Ebeling, Florian
• 418

에크, 다이애나 Eck, Diana • 525

에크하르트, 마이스터 Eckhardt,
Meister • 102-105

오리겐 Origen • 52, 166, 207, 208,
219, 417, 447, 448, 451, 471n,
483, 493, 502

오시안더, 안드레아스 Osiander,
Andreas • 456n, 483

오웬, 존 Owen, John • 12, 21, 68, 84,
93, 161, 165, 201, 255, 259, 260,
341, 366-368, 442, 475

오콜린스, 제랄드 O'Collins, Gerald
• 524

월래스, 마크 Wallace, Mark • 108-
112, 123, 173

워드, 그라함 Ward, Graham • 499

워필드 Warfield, B. B. • 19, 59, 446

웰스, 오슨 Welles, Orson • 97

웰스, 허버트 조지 Wells, H. G. • 97

웹스터, 존 Webster, John • 355, 511

이레니우스 Irenaeus • 115n, 166, 219,
447, 455-456, 489, 502

ㅈ

젠슨, 로버트 Jenson, Robert • 81n, 500

존슨, 루크 티모시 Johnson, Luke
Timothy • 264

지지울라스, 존 Zizioulas, John • 165,
166, 339

쯔빙글리, 울리히 Zwingli, Ulrich • 444,
448-456, 459n, 477n, 482, 504

ㅋ

캐스퍼, 월터 Kasper, Walter • 502, 515

카이퍼, 아브라함 Kuyper, Abraham
• 16, 22, 59, 72, 82n, 90-92, 125,
134, 157, 194, 254, 307-309, 343,
420, 429, 519

칸트, 임마누엘 Kant, Immanuel
• 499n, 521

칼빈, 존 Calvin, John • 20, 55, 80, 95,
97, 156, 252, 319, 341n, 348,
349, 357, 425, 427, 428, 438,
443, 446, 447-460, 477n, 482-
484, 504, 515-517, 526

캐르크캐이넨, 벨리-마티 Kärkkäinen,
Veli-Matti • 12, 20, 111, 116n,
172n, 424, 428, 446

캔리스, 줄리 Canlis, Julie • 458
캐제만, 에른스트 Käsemann, Ernst
　• 297
콕스, 하비 Cox, Harvey • 522
콩가, 이브 Congar, Yves • 19, 85, 98,
　425, 426, 438, 468, 492, 502, 514
큉, 한스 Küng, Hans • 509
크리소스톰, 요한 Chrysostom, John
　• 409, 447
클라인, 메러디스 Kline, Meredith
　• 174n, 178, 188, 460n, 461
클래이튼, 필립 Clayton, Philip • 114
키릴 Cyril of Alexandria • 251

허친슨, 로져 Hutchinson, Roger • 121
헌터, 제임스 Hunter, James D. • 435
험프리, 에디스 Humphrey, Edith M.
　• 365
헤겔 Hegel, G. W. F. • 25, 103n, 104,
　105, 113, 114n, 498, 506, 521
호프만, 멜히오르 Hoffman, Melchior
　• 156
히폴리투스 Hippolytus • 538
힐러리 Hilary of Poitiers • 19

ㅍ

패로우, 더글라스 Farrow, Douglas
　• 219, 449n, 455, 495
프랭크, 세바스천 Frank, Sebastian
　• 418
플라톤 Plato • 266, 429, 449n, 537
피니, 찰스 Finney, Charles G. • 432-434

ㅎ

하르낙, 아돌프 폰 Harnack, Adolf von
　• 423, 521

성구 색인

【구약】

창세기
1장 • 75, 77, 83, 364
1,2장 • 74
1-3장 • 303
1:1 • 78
1:2 • 42, 44, 77, 81, 91,
   112, 133, 153, 174,
   175, 177, 181, 197,
   284
1:3 • 154
1:11,12 • 79, 154
1:24 • 346
1:26 • 41
1:26-28 • 84
2:3 • 91
2:7 • 84, 112, 131, 174,
   185, 250, 300-302
3장 • 181
3:8 • 174, 175, 233
3:15 • 77, 136, 343, 410

3:23,24 • 148
4:9-11 • 126
4:26 • 131
6장 • 132
6:3 • 131, 378
10:1-32 • 274
15:6 • 256
17:7 • 472
17:11,13 • 472
17:14 • 473

출애굽기
8:19 • 43, 198
14:31 • 177
15:3 • 244
15:10,13 • 178
15:17-19 • 178
18:13-27 • 189
19장 • 214
19:5,6 • 254, 320
19:9 • 178, 213
19:18 • 178

28장 • 328
28:1 • 328
28:2,3 • 328, 329
31:1-11 • 43
31:3 • 44, 140, 267
31:3,4 • 95
31:3-5 • 329
31:18 • 198
32:34 • 176
33:2 • 176
33:14-17 • 179
33:15 • 233
35:31 • 140
36:30-35 • 43
38장 • 45
40:34 • 330
40:34,35 • 152
40:35 • 330

레위기
9:24 • 180
11:47 • 284

색인 553

12:4 • 330
12:6 • 330
18:28 • 290
19:19 • 286
25:29,30 • 330

민수기
6:4 • 330
11장 • 189, 235, 403
11,12장 • 189
11:1-3 • 190
11:1-12:8 • 189
11:11 • 189
11:16,17 • 403
11:17 • 189
11:24-29 • 142
11:25 • 189, 240, 403
11:25-29 • 189
11:29 • 257
11:31-35 • 190
12:6 • 189
12:9-15 • 190
22:28 • 96
24:2 • 195

신명기
10:16 • 192, 296
28:1-68 • 290
29:10-29 • 290
30장 • 296
30:6 • 193, 296
30:11-20 • 290
32장 • 180
32:8,9 • 180
32:10 • 181, 285
32:11 • 152, 181
32:13-14 • 181
32:15 • 181
32:24 • 181, 182
33:2 • 384
34:9 • 267
34:10 • 181

사사기
3:10 • 195
6:34 • 195
11:29 • 195
14:6,19 • 195

사무엘상
11:6 • 195
16:13,14 • 143
17:47 • 143

사무엘하
23:2 • 43

열왕기상
8:10,11 • 330
18:38 • 180

열왕기하
2:1-3 • 205
2:4 • 205
2:9 • 142, 205, 242
2:11,12-14 • 142, 205
2:14 • 205
4장 • 163

역대하
7:1 • 180

느헤미야
9:18-20 • 150

9:19,20 • 133

에스더
1:5 • 330

욥기
26:10-14 • 75
26:13 • 44
33:4 • 44, 50, 88, 91, 92

시편
19:1-4 • 83
19:7-14 • 83
23:4 • 160
32:1,2 • 256
50:2,3 • 384
51편 • 143
51:11 • 144, 237, 379
68편 • 382, 384-388
68:1 • 382
68:7,8 • 382, 383
68:8,9 • 384
68:11-13 • 383
68:17,18 • 383
68:18-36 • 383

68:19-23 • 383
68:29-34 • 384
74:9,10 • 405
74:12-14 • 76
78:40 • 142
97편 • 384
98:1 • 244
104:26 • 76
104:30 • 43, 44, 50, 93, 136
104:30,31 • 101
110:1 • 187
119:97 • 256, 360
139:7-10 • 44

이사야
2장 • 176
2:2 • 60, 176
2:12 • 176
2:19 • 176
4:4-6 • 180
6:1 • 330
8:18 • 384, 386
9:6 • 196
11:1 • 144, 157

11:2 • 144
11:2,3 • 159
11:3-9 • 144
13:6 • 176
13:9 • 176
13:20 • 285
26:19-27:1 • 76
28:11,12 • 273
32장 • 144
32:13,14-17 • 145
32:15 • 242
32:15,16 • 61
33:17 • 259
34:16,17 • 237, 238
40:13,14 • 44
42:1 • 145, 157, 176
42:1-7 • 238
42:10 • 238
43:1-3 • 462
44:3 • 145, 242
45장 • 196
45:1 • 195, 196
45:4-7 • 196
45:8 • 197
45:13 • 196

45:17 • 196
45:22-25 • 197
48:16 • 145, 176, 238
51:16 • 384
53장 • 196, 293, 306
53:8 • 461
53:12 • 300, 461
55:11 • 83, 346
59:20,21 • 146 •
59:21 • 43
60장 • 146
60:13 • 179, 238, 245
61장 • 176
61:1 • 62, 157
61:1,2 • 161, 318
63장 • 146
63:7-14 • 44
63:9 • 176
63:10 • 142
63:10-14 • 147
63:11-14 • 133

예레미야
1:2 • 43
1:8 • 43

1:15 • 43
1:19 • 43
2:6 • 285
9:11 • 285
10:22 • 285
23장 • 214
23:6 • 353
23:9 • 188
25:12 • 330
25:29,30 • 330
31:31,32 • 241
31:31-34 • 318, 373, 387
31:32 • 235
31:33 • 253, 256
31:33,34 • 241
31:34 • 253
46:10 • 176
49:18 • 285
49:33 • 285

에스겔
1:24 • 239
3:12,13 • 239
10:18-11:23 • 148

11:19 • 61
11:19,20 • 383
13:5 • 176
13:30-32 • 396
30:3 • 176
34장 • 531
36,37장 • 486
36:24-32 • 258
36:25,26 • 239
36:25-27 • 61, 318, 464
36:26,27 • 148
36:27 • 216, 239
37장 • 277, 296, 297
37:1-14 • 44
37:5 • 148
37:13,14 • 148
39:28,29 • 242
39:29 • 44, 148
43장 • 148
43:2 • 239
43:4 • 265
43:5 • 330
47:1-12 • 149

다니엘
5:11 • 267

호세아
6:7 • 182, 233, 292

요엘
1:19,20 • 190
2장 • 239, 251
2:3,5 • 190
2:28 • 60, 258
2:28-32 • 44, 150, 176, 189, 190

아모스
5:18-20 • 175, 176

오바댜
1:15 • 176

미가
4:1 • 61
4:1-5 • 176

스바냐
1:7 • 176
1:14 • 176

학개
2:5 • 133, 151, 183
2:5-9 • 151
2:7 • 183

스가랴
2:11 • 384
4:6 • 198
12:10 • 61

말라기
4:5 • 176

【신약】

마태복음
1:3 • 332
3:13 • 465
3:15 • 159
3:16-4:1 • 159

4:1 • 183
4:10,11 • 160
4:11,13 • 244
5:1-12 • 532
5:5 • 235
5:14-37 • 533
5:38-48 • 533
5:45 • 288
8:11 • 529
8:27 • 158
8:29 • 244
9:20-22 • 368
11:3 • 262
11:5 • 437
11:28-30 • 360, 361
12:18 • 249
12:25-29 • 244
12:28 • 158
12:28,29 • 212
12:29 • 245
12:31,32 • 163
12:32 • 229
12:40 • 42
13:47,48 • 529
16:17-19 • 533

색인 557

16:18 • 385, 528, 531
16:19 • 529
18:18 • 529
18:18-20 • 533
19:28 • 298, 309, 310
20:28 • 533
22:1-14 • 530
22:21 • 288, 533
23장 • 234
24장 • 234, 262
24:29-31 • 184
25:31,32 • 184
25:31-46 • 494
26:25-28 • 460
26:28 • 203
28:18 • 385
28:18-20 • 324
28:19 • 44, 317, 530
28:19,20 • 385
28:20 • 392

마가복음
1:10 • 243
1:12 • 243, 244
1:12,13 • 159
1:14,15 • 243
2:7 • 250
3:29 • 62, 163
5장 • 163
10:30 • 229
10:38,39 • 293
12:36 • 44
13:10,11 • 138
16:15,16 • 530

누가복음
1:3 • 138
1:32 • 62
1:34 • 153
1:35 • 152, 153, 155
1:38 • 153
1:41,42 • 154
1:67 • 154
2:25,26 • 154
2:40 • 154, 155
2:52 • 155, 159
3:21 • 465
4:1,2 • 160
4:8-13 • 160
4:13 • 244

4:16-21 • 162, 240
4:18 • 62, 249
4:18,19 • 318
4:18-21 • 176
4:29,30 • 162
7:18-23 • 258
9:31 • 164
10장 • 240, 385, 403, 532
10:17-20 • 186, 532
10:20 • 295
11:20 • 198
11:50,51 • 131
12:10 • 163
12:12 • 268
12:32 • 385, 528
12:49,50 • 258
18:30 • 229
20:34,35 • 229
24장 • 277
24:13-16 • 263
24:21 • 263
24:25-27 • 263
24:27 • 42
24:30,31 • 264

24:45-49 • 530
24:47 • 529, 530
24:49 • 61, 203, 214

요한복음
1:3 • 17
1:10 • 17
1:13 • 347
1:14 • 141
1:17 • 235
1:29 • 318
1:31 • 465
1:33 • 241, 318
2:19-21 • 223
3:4 • 257
3:5 • 345, 464, 465
3:5,6 • 44
3:10 • 464
3:16 • 376
3:34 • 142, 147, 158, 224, 243
3:34,35 • 304
3:36 • 288
4:1 • 465
4:34 • 158

5:39 • 42, 277
6장 • 206, 247
6:37 • 356
6:39 • 356
6:44 • 345
6:55,56 • 444
6:63 • 192, 437, 438
7:37-39 • 247, 294
7:38,39 • 247
7:39 • 260, 262
9장 • 437
9:6,7 • 437
10장 • 531
10:11 • 356, 390
10:14 • 390
10:15 • 356
10:17,18 • 223
10:30 • 52
13:36-38 • 204
14-16장 • 45, 202
14:1-14 • 206
14:5,6 • 204
14:8 • 204
14:9 • 52, 204
14:12 • 243

14:15-27 • 52
14:15-31 • 206
14:16 • 61, 207, 209, 212, 256
14:16,17 • 256
14:17 • 210, 216, 222, 248, 262, 345, 443
14:18 • 168, 216, 222, 248
14:18-20 • 222
14:20 • 217
14:25 • 121
14:25,26 • 268
14:26 • 139, 209
14:28 • 49
14:31 • 205
15장 • 246
15:1-4 • 527
15:1-5 • 206
15:3 • 321
15:13 • 376
15:16,17 • 207
15:18-20 • 210
15:26 • 268
15:26,27 • 218

15:27 • 214
16:2 • 209, 210
16:7 • 454
16:7,8 • 60, 175, 209
16:8 • 212, 331
16:10,11 • 212
16:12,13 • 443
16:13 • 64, 121, 139, 174, 214, 268
16:14 • 215, 222, 313
16:33 • 343
17장 • 217
17:9 • 356
17:19 • 296, 320, 480
17:21-23 • 217
17:22-24 • 479
20장 • 185, 250, 251
20:17 • 201, 350
20:19-23 • 186
20:20-23 • 437
20:22 • 87, 529
20:22,23 • 249
20:23 • 530
20:27,28 • 453
21:15-17 • 530

사도행전
1:1 • 138
1:4,5 • 203, 214
1:6 • 531
1:8 • 191, 203, 214, 324, 530
1:9 • 164
1:9-11 • 220
1:11 • 219, 453
1:16 • 44
1:21,22 • 403
2장 • 133, 212, 399
2:3 • 190
2:4 • 262, 265, 266, 268, 274
2:7-12 • 276
2:8 • 266
2:8-12 • 274
2:13,14 • 276
2:14-36 • 42
2:17,18 • 60
2:23,24 • 212
2:32 • 223
2:33 • 187, 245
2:34,35 • 187

2:36-39 • 279
2:37 • 213, 295, 463
2:38 • 188, 318, 463, 529
2:39 • 467, 540
2:41 • 213, 464
2:42 • 530
2:42,43 • 280
3:17,18 • 42
3:21 • 96, 202
5장 • 45, 407
5:3,4 • 44, 45
6장 • 396
6:5 • 267
8장 • 321-323, 468
8:3 • 210
8:9-11 • 323
8:13 • 323
8:14-17 • 321, 324
8:18,19 • 398
8:18-24 • 324
8:36,37 • 465
9:4 • 494
10:38 • 162, 243
10:44 • 467
10:44,45 • 467

10:45-48 • 468
10:46 • 269
10:47 • 465, 468
11:28 • 402
13:38 • 529
14:23 • 395
15:7-9 • 236
15:8,9 • 326
15:10,11 • 236
15:13-19 • 42
15:15-18 • 326
16:14 • 342, 346
17:3 • 42
17:31 • 223
19장 • 321, 322, 324, 407, 468
19:1 • 325
19:2 • 260, 325
19:2-6 • 321, 322
19:3,4 • 325
19:6,7 • 325
20:23 • 268
20:28 • 395, 416, 540
20:32 • 352
21:10,11 • 402

22:16 • 529
26:18 • 529
26:23 • 42

로마서

1:3,4 • 303, 347
1:4 • 164, 184, 185, 223
1:7 • 352
1:18 • 347
1:21 • 132
1:24 • 379
1:26 • 379
1:28 • 379
3:20-22 • 192
3:25 • 253
4장 • 241
4:1-8 • 256
4:11,12 • 240
5장 • 316
5:5 • 376
5:6-10 • 246
6장 • 252
6:1 • 316
6:1-10 • 314
6:3,4 • 462

6:4 • 223
6:12,13 • 363, 364
6:13 • 365, 370
6:14 • 364
6:23 • 306
7장 • 354
7:5,6 • 373
7:24 • 305
8장 • 331, 333
8:1 • 348
8:1,2 • 211
8:3,4 • 387
8:7 • 256
8:9,10 • 223
8:10 • 331, 358
8:11 • 44, 58, 165, 223, 306, 351, 437, 481
8:12-17 • 487
8:12-21 • 373
8:14 • 351
8:15 • 4, 63, 202, 331, 487
8:16,17 • 331, 351
8:17 • 307
8:18-24 • 312

8:18-28 • 375

8:18-30 • 298

8:19 • 485

8:20 • 126

8:22 • 484

8:23 • 61, 331, 373

8:25 • 312, 376

8:26 • 99, 307, 352, 485

8:26,27 • 208, 351

8:29 • 373

8:30 • 194, 343, 347

8:34 • 215

9-11장 • 255

9:1 • 44

9:6,7 • 471

10:6-8 • 474

10:8 • 67

10:17 • 347, 406, 440

11장 • 273

11:7 • 273

11:11,12 • 273

11:17,18 • 471

12장 • 274, 394, 396

12:1 • 370

12:1,2 • 130

13:1-7 • 533

13:4 • 288

13:14 • 188

14:17 • 256

15:13 • 335

고린도전서

1:2 • 353

1:30 • 353

2:6-16 • 268

2:7 • 139

2:9 • 487

2:10 • 43, 58

2:10,11 • 44

2:10-13 • 140

2:14 • 345

3장 • 442

3:9 • 392, 490

3:11,12 • 404

3:16 • 44, 307

3:16,17 • 190

4:1 • 490

4:6 • 406

4:8,9 • 299

6장 • 348

6:11 • 64, 348

6:19 • 190

7:1-7 • 299

8:6 • 17

9:1 • 403

10:1-4 • 293, 294

10:1-22 • 473

10:4 • 247

10:5 • 294

10:11 • 229

10:14 • 392

10:16 • 444

11장 • 290

11:27-32 • 473

12장 • 274, 394, 396

12:3 • 63, 167, 216, 346, 373

12:4-13 • 327

12:7 • 397, 398

12:8 • 396

12:9,10 • 396

12:11 • 398

12:12 • 517

12:12-14 • 527

12:13 • 52, 463, 465

12:28 • 396, 402
13장 • 375
13:1 • 270, 299
13:13 • 376
14장 • 399, 400, 403
14:5,6 • 270
14:7,8 • 270
14:9 • 270
14:10,11 • 274
14:10-12 • 270
14:13,14 • 400
14:14,15 • 270
14:16,17 • 270
14:18,19 • 271
14:20 • 272, 399
14:21,22 • 272, 273
14:23 • 273
14:24 • 213
14:33 • 274
14:36-38 • 272
14:40 • 274
15장 • 301
15:8,9 • 403
15:15 • 223
15:20 • 299
15:20-57 • 299
15:23 • 299
15:26 • 299
15:27 • 289
15:42-44 • 300
15:45 • 224, 249, 300, 315
15:45-47 • 223
15:45-49 • 300, 301
15:47,48 • 305
15:50-52 • 305
15:51 • 305
15:53 • 188
15:56,57 • 306

고린도후서

1장 • 332
1:1 • 352
1:20 • 52, 346
1:22 • 61, 307, 375
3장 • 257, 426
3:6 • 165, 191, 429
3:6-9 • 240, 319
3:7-9 • 191
3:7-11 • 387
3:9-11 • 241
3:11 • 192
3:14 • 224
3:16 • 45
3:17 • 45, 125
3:17,18 • 193, 224, 225
3:18 • 45, 225, 369
4장 • 311, 485
4:3 • 194, 311
4:4 • 194
4:6 • 52, 194, 311
4:10 • 311
4:16,17 • 311
4:16-18 • 486
5:2 • 188
5:5 • 375
5:15 • 370
5:15,16 • 215
5:16 • 201, 206
5:17 • 298, 310
5:20 • 490
6:1 • 392
6:16 • 190
7:1 • 340
8:9 • 191
10:4 • 532

11:4 • 24
11:5 • 24, 404
12:11 • 404
12:13 • 321
13:14 • 44

갈라디아서
1:11,12 • 404
2:20 • 54, 154
3,4장 • 241
3:6-14 • 240
3:17,18 • 241
3:20 • 234
3:23-29 • 240
3:24,25 • 254
3:27 • 188, 349, 463
4:1-7 • 373
4:3 • 487
4:4 • 155
4:4-7 • 487
4:6 • 63, 307
4:23-26 • 234
4:24 • 232
5장 • 371
5:5-13 • 364

5:16 • 364
5:16-25 • 363, 364
5:19 • 373
5:20,21 • 374
5:22-25 • 371
5:25 • 364, 365
6:10 • 396

에베소서
1장 • 334, 336
1-3장 • 386
1:1 • 352
1:4 • 334, 356
1:6 • 334
1:12 • 334
1:12,13 • 333
1:13,14 • 331,332
1:14 • 333, 334, 375
1:21 • 229
1:22 • 517
2:1 • 58, 344, 429
2:1-3 • 354
2:1-5 • 358
2:5 • 345
2:6 • 340

2:8,9 • 345
2:10 • 358, 370
2:11,22 • 531
2:11-22 • 275
2:12,13 • 320
2:14-17 • 161
2:15 • 188
2:19-22 • 190
2:20 • 402, 403, 442
2:21 • 442
3:5 • 268, 402, 403
3:16,17 • 225
4장 • 245, 382, 391, 394
4:1 • 370, 386
4:1-6 • 386
4:3 • 386
4:4 • 321
4:4,5 • 327, 463, 465
4:5 • 317
4:5,6 • 386
4:7 • 388, 389, 390
4:8 • 386, 389, 390
4:8-10 • 247
4:10 • 388, 389
4:11 • 389, 390

4:12 • 390, 392
4:12,13 • 390
4:13 • 188, 442
4:13,14 • 393
4:14 • 394
4:15 • 442, 517
4:15,16 • 393
4:16 • 517, 537
4:24 • 188
4:30 • 44
4:30-32 • 372
5:8 • 328
5:18 • 307, 371
5:18-21 • 328
5:19-33 • 371
5:21,22 • 372
5:26 • 465
6:12 • 408, 532
6:13-17 • 408

빌립보서
1:1 • 352, 395
1:6 • 125, 370
2:5-11 • 137
2:6-8 • 298

2:12 • 364
2:13 • 67, 364
3:6 • 210
3:21 • 224

골로새서
1:2 • 352
1:9,10 • 370
1:15 • 369
1:16 • 17
1:16-18 • 99
1:17 • 71, 537
1:18 • 257, 517
1:28 • 393
2:9 • 449
2:11 • 460
2:11,12 • 463
2:19 • 442, 517
3:10 • 188
3:16 • 30

데살로니가전서
1:6 • 486
1:9 • 486
2:13 • 66, 139

3:10 • 391
4:3-8 • 486
5:19 • 365

디모데전서
3:1-7 • 395
3:8-13 • 396
3:16 • 185, 223
4:13 • 406
4:14 • 404
5:17 • 395

디모데후서
1:9,10 • 354
1:14 • 406
3:1 • 229
3:14-17 • 43
3:16 • 87, 138

디도서
1:5 • 395
2:4 • 395
2:12 • 229
2:14 • 370
3:5 • 44, 314, 465

3:5-7 • 462
3:8 • 370

빌레몬서
1장 • 487

히브리서
1:1 • 138
1:1,2 • 406
1:2 • 17, 174, 229
1:2,3 • 78
1:3 • 317
2:8,9 • 289
2:13 • 386
3:1-6 • 234
3:7 • 44
4장 • 290, 295
4:1 • 147
4:1-13 • 473
5:8 • 155, 159
6장 • 290, 295, 444
6:1-12 • 473
6:4 • 466
6:4,5 • 64, 445
6:4-9 • 466

6:6 • 466
6:7,8 • 466
6:9 • 445, 466
6:13 • 52
6:13-20 • 466
6:15 • 466
7:6 • 260
8:5,6 • 234
8:13 • 235
9장 • 130
9:8 • 44, 268
9:13,14 • 353
9:14 • 43, 130, 164, 180, 223
9:26 • 229
10장 • 290, 295
10:1-4 • 253
10:5-10 • 130
10:10 • 353
10:11,12 • 193
10:12-14 • 253
10:15 • 44, 268
10:28,29 • 467
10:29 • 353
10:32-34 • 467

10:35 • 467
10:39 • 467
11:3 • 78, 391
11:13 • 260
11:39 • 260
11:40 • 236
12장 • 295
12:2 • 34, 137, 318
12:16 • 467
12:18-21 • 387
12:18-29 • 264
12:21 • 178
12:22 • 235
12:24 • 126
12:28 • 385, 528
13:2 • 396
13:5 • 379
13:12 • 353
13:20 • 390

야고보서
1:18 • 347

베드로전서
1:2 • 341, 350, 352

1:10-12 • 139
1:11 • 44
1:20 • 229
1:23 • 347
1:25 • 347
2:5 • 530
2:9,10 • 255, 320
2:13-17 • 533
2:25 • 390
3:18 • 164, 223
3:20,21 • 465
3:21 • 469
3:21,22 • 461, 463
4:10 • 397, 398
5:10 • 397

베드로후서
1:1 • 353
1:4 • 188, 481, 482
1:20,21 • 213
1:21 • 43, 44, 139
3:18 • 366

요한일서
1:9,10 • 360

2:1 • 208
2:1,2 • 211
2:7,8 • 245, 356
2:18 • 229
3:24 • 340
4:1 • 402
4:2,3 • 268
4:8 • 376
4:13 • 340

요한계시록
1:10,11 • 214
2:7 • 44
2:8-10 • 210
2:11 • 44
2:17 • 44
2:19 • 44
3:6 • 44
3:13 • 44
3:22 • 44
5:9 • 475
5:9,10 • 152, 540
5:10 • 527
10장 • 184, 186
10:1-3 • 184

11:19 • 235
12:7-9 • 77
12:11 • 532
14:2 • 265
19:10 • 213, 268
20장 • 186
20:14 • 306
21:7 • 373
21,22장 • 149
21:22 • 235
22:17 • 526, 541
22:17,20 • 489

옮긴이 **황영광** 목사는 서울대학교 언어학과(B. A.)를 졸업하고 총신대학교에서 목회학 석사(M. Div.)를 받았다. 현재 미국 트리니티 복음주의 신학교(Trinity Evangelical Divinity School)에서 조직신학 박사 과정 수학 중이다. 또한 훌륭한 동역자들과 함께 개혁주의 블로그 진짜배기(jinzzabegi.com)를 운영하고 있다.

21세기 리폼드 시리즈 19

성령의 재발견

지은이 | 마이클 호튼
옮긴이 | 황영광

펴낸곳 | 지평서원
펴낸이 | 박명규

편 집 | 정 은, 김희정, 김일용

펴낸날 | 2019년 11월 30일 초판

서울 강남구 선릉로 107길 15 지평빌딩 101호 06144
☏ 538-9640,1 Fax. 538-9642
등 록 | 1978. 3. 22. 제 1-129

값 25,000원
ISBN 978-89-6497-078-2-94230
ISBN 978-89-6497-013-3(세트)

메일주소 jipyung@jpbook.kr
홈페이지 www.jpbook.kr
페이스북 www.facebook.com/jipyung
트 위 터 @_jipyung